KB153463

중국해양대학교 한국연구소 총서 06

한국문학 속의 중국 담론

The discourse on china in korean literature

중국해양대학교 해외한국학 중핵대학 사업단

고려대학교 민족문화연구원 HK한국문화연구단 공편

책임편집 이해영·한홍화

이 저서는 2013년도 대한민국 정부(교육부)의 재원으로 한국학중앙연구원(한국학진흥
사업단)의 지원을 받아 수행된 연구임(AKS-2009-MB-2002).
또한 2007년도 정부(교육과학기술부)의 재원으로 한국연구재단의 지원을 받아 연구되
었음(KRF-2007-361-AL0013).

중국해양대학교 한국연구소 총서 06

한국 문학 속의
중국 담론

중국해양대학교 해외한국학 중핵대학 사업단/
고려대학교 민족문화연구원 HK한국문화연구단 공편
책임편집 이해영·한홍화

도서출판 경진

중국에서의 한국학의 가장 보편적이고 중요한 특색은 동아시아 이문화(異文化) 간 교섭에 의해 한국학의 범주와 내용이 새롭게 조정되고 한국학의 지식이 생산된다는 데 있다. 이는 한국에서의 한국학과도 다르고 미국이나 유럽의 한국학과도 다른 중국에서의 한국학만이 가질 수 있는 특수성이다. 문학작품은 이러한 이문화 간 교섭의 양상과 경계에서의 학문지식의 생성과 확산을 가능하게 하는 대표적인 텍스트이다. 이 책은 바로 한국문학작품을 중심으로 이러한 동아시아 이문화 간 교섭의 양상을 살펴보고 이것이 어떻게 경계에서의 학문지식으로 생성되고 확산되는지를 살펴보고자 기획된 것이다.

지금까지 중국에서의 한국문학 연구는 많이는 비교문학적 시각에서 이루어져왔으며 최근에는 경계에서 한국문학을 바라보기, 즉 동아시아 이문화 간 교섭으로서 한국문학을 해석하려는 새로운 시도들이 이루어지고 있다. 하지만 한국한문학과 고전문학 연구에는 여전히 이를 역외한문학으로 바라보고 한국학에 위치지우기보다 중화문화가 어떻게 역외에 수용되고 영향을 주었는지를 연구하는 중화문화의 역외 수용이라는 시각이 내재해 있다. 결국 주변국에 대한 중국문화의 영향을 연구하는 데 연구의 중심을 두고 있다. 한국 근현대문학의 경우는 기계적인 비교문학 연구가 만연되고 있다. 최근 한국문학번역원 등에서 의욕적으로 추진하고 있는 한국문학명저 번역사업 역시 번역된 한국문학명저의 중국 학계에서의 소통과 확산이 문제로 되고 있다. 이는 결국 중국 학계와 소통하고 교섭하기 위한 매개항의 설정이 제대로 이루어지지 못함으로 하여 중국 학계 내에서 한국학의 학문적 담론이 아직 형성되지 못한 것이 그 주된 원인이다. 이 책은 중국에서의 한국문학 연구에 나타나는 그러한 역외한문학적 시각 내지 담론 부재의 문제점을 최대한 극복하고자 하였다.

제1부-"한국 고전문학에 나타난 중국"에서는 고려와 원나라의 문학교류(김건곤), 전근대 한국 지식인의 중국 인식의 문제(황재문), 표해 기록에 나타난 중국 강남의 이미지(박명숙), 연행의 기록에 나타난 중국 형상 내지 중국 인식(임명걸), 한국 고전소설의 중국 배경(강상순), 16~17세기 대중국 무역 민담에 형상화된 중국의 이미지(박경남) 등 연구 주제들을 다루었다. 특징적인 것은 이 중 앞 네 편이 모두 실제적인 중국 체험을 근거로 하고 있는 문학적 기록에 대한 연구라는 점이다. 고려의 익재(益齋) 이제현(李齊賢)은 고려가 원나라에 복속되었던 시절 고려와 원 사이에 외교적 위기가 생길 때마다 원나라를 오가며 외교적 위기를 해결하였고 운양(雲養) 김윤식(金允植)은 전통적인 중국 중심의 조공-책봉체제의 동아시아 세계질서가 해체되는 시기에 영선사로 중국 천진에 파견되었다.『승사록』의 작가 최두찬은 표류하여 중국 定海縣에 이르렀으며 그곳에서 중국 어부들의 도움을 받아 구조되기도 하고 중국 관리 및 문인들과 교류하기도 하였다. 북학파로 널리 알려진 청장관(靑莊館) 이덕무(李德懋)는 38세의 나이로 陳奏使의 書狀官 沈念祖의 수행원으로 연행을 하였으며 그 체험을 기록한『입연기』를 남겼다. 연구자는 그러나『입연기』를 자세히 검토하면서 이덕무가 과연 북학파인가라는 근원적인 질문을 던지고 있다. 이처럼 연구자들은 체험주체가 중국에서 겪은 다양한 문화적 충돌과 교섭, 중국에 대한 인식 등이 작가의 주체적 시각에 근거해 다층적으로 담론화되어있는 것에 주목하여 그 문화적 교섭의 다양한 양상에 대해 분석하였다. 한국 고전소설의 인물, 역사적, 공간적 배

경으로서의 중국 배경이 갖는 의미를 분석하고 한국 고전소설이 중국을 배경으로 했던 보다 근원적인 원인을 구명한 강상순의 논문과 16~17세기 대중국 무역 민담에 형상화된 중국의 이미지를 분석한 박경남의 논문 역시 한중 간의 문화적 교섭의 다양한 양상에 대해 깊이 있는 분석을 진행하고 있다. 제2부-"한국 근·현대 한국문학에 나타난 중국"에서는 한일, 한중 간의 문학 번역의 문제(손성준, 이광재)와 중일전쟁 후, 한국인의 중국 인식의 문제(오태영), 일제 식민지시기 만주 이민작가들의 만주 인식의 문제(차희정, 김성옥, 이해영), 일제 식민지시기 만주를 여행한 작가의 만주 인식의 문제(한홍화)를 다루고 있다. 한일, 한중 간의 번역의 문제에서는 번역이 단순히 하나의 언어를 다른 하나의 언어로 옮기는 작업이 아니라 작가의 주체적 시각과 이념에 의한 선택과 배제의 과정이며 특수한 역사적 단계에서는 그것이 국가 내지 민족의 이데올로기와 연관되며 정치화와 탈정치화의 과정이 되기도 한다는 것을 지적하였다. 일제 식민지시기 만주 이민작가들의 만주 인식의 문제에서는 대표적인 만주 이민작가들인 박영준, 최서해, 강경애의 만주 인식 내지 중국 인식의 문제들을 작가의 이념적 문제, 체험의 실제 등과의 연관 속에서 다층적으로 다루었다. 일제 식민지시기 만주를 여행한 작가의 만주 인식의 문제에서는 만주국의 국민 되기와 일본인 되기, 즉 오족협화와 내선일체의 단층 사이에서 갈등하는 여행자 작가—함대훈의 모순된 인식을 보여주었다. 중일전쟁 후, 한국인의 중국 인식의 문제에서는 근대전환기부터 한국인의 중국 인식의 변화과정, 그리고 중일전쟁 후의 중국 인식의 변화의 문제를 다루고 있다.

이 책의 기획은 중국 조선-한국문학회, 중국해양대학교 한국연구소, 고려대학교 민족문화연구원이 공동으로 진행했으며 2014년 8월 말, "한국문학의 역동성과 동아시아 인식"을 주제로 칭다오에서 2014년 중국 조선-한국문학회 국제학술대회를 개최하였다. 이 책은 그 공동 국제학술회의를 기반으로 한 것이며 한중 양국에서 한국어와 중국어 두 가지 언어로 동시 출간된다. 학술대회의 성공적인 개최를 위해 지원을 아끼지 않으신 중국 조선-한국문학회 김병민 회장님과 채미화 부회장님께 진심으로 감사드린다. 또한 벌써 3년째 우리 중국해양대학교 한국연구소의 든든한 협력자가 되어준 고려대학교 민족문화연구원에 깊이 감사드린다. 그 중심에 언제나와 같이 민연의 최용철 원장님이 계셨고 양 기관의 교류와 협력을 위해 노심초사하신 민연의 강상순 교수님이 계셨다.

이 책은 동시에 중국해양대학교 해외한국학 중핵사업단 5차년도 사업 성과물이자 1단계 중핵사업의 총결산이기도 하다. 1단계 중핵사업을 수행하는 지난 5년간, 한국학진흥사업단과 中國海洋大學校 본부의 지원은 아무리 강조해도 지나침이 없을 것이다. 특히 中國海洋大學校 吳德星 총장님의 학문에 대한 남달리 넓은 포용력은 한국학이 中國海洋大學校에서 학문적 화두의 하나로 그 존재기반을 다질 수 있도록 했으며, 그것은 中國海洋大學校가 "海納百川 取則行遠"이라는 校訓을 직접 실천해나가는 과정이기도 했다. 中國海洋大學校 韓國研究所 소장이기도 한 본교 國際交流合作處 戴華 처장님의 지원 또한 우리에게는 큰 힘이 되었다. 기꺼이 외국어대학 청사 내에 한국연구소 공간을 지원하고, 지역학으로서 한국연구를 외국어대학의 학문적 연구의 한 방향으로 인정해 주신 中國海洋大學校 外國語大學 楊連瑞 學長님을 비롯한 本校 外國語大學 지도층의 國家別 및 地域別 연구에 대한 인정과 지원에 깊이 감사드린다. 楊連瑞 學長님은 본인이 뛰어난 語言學者이지만, 동시에 지역 연구에도 많은 관심을 보이고 있다. 한결같이 중핵사업을 지지하고 지원해 주시고 운영위원으로서 사업단의 운영과 공동연구에 함께해 주신 한국학과 이광재 학과장님께도

깊이 감사드린다. 그리고 지난 5년간 중핵사업의 발전을 위해 동고
동락을 해 온 중국해양대학교 해외한국학 중핵대학 사업단 전체 단
원들과 한국학과 교수님들의 그동안의 열과 성, 노고에 감사드린다.
"우리"의 오늘이 있기까지 그것은 참으로 서로의 인내와 이해와 양
보와 감싸안음이 없었으면 불가능했던 기여와 헌신의 시간들이었다.
지난 2012년 7월, 본교 캠퍼스에서 성황리에 개최되었던 해외한국학
중핵대학 단장협의회 첫 해외 회의에서 우리는 吳德星 총장님을 비
롯한 中國海洋大學校 본부의 한국학에 대한 학문적 인정과 확고한
지지를 감격스럽게 확인할 수 있었다.

끝으로 지난 5년간 우리 사업단의 학문적 성장과 발전을 내심 기
뻐해 주고 '황해권 한인공동체의 재구축'이라는 우리의 학문적 화두
에 관심을 갖고 함께 해 주신 도서출판 경진의 양정섭 사장님과 직원
들께 진심으로 감사드린다.

2014년 4월
벚꽃이 만발한 노산 캠퍼스에서
중국해양대학교 해외한국학 중핵대학 사업단
단장 이해영 삼가 씀

목 차

책을 펴내며 _____ 05

제1부 한국 고전문학에 나타난 중국

고려와 원(元)의 문학 교류 --- 15
: 이제현을 중심으로   [김건곤]
   1. 원 침략기의 고려 지식인 이제현 ···················· 15
   2. 이제현의 원나라에서의 활동 ······················· 16
   3. 이제현의 원나라에 대한 의식 ······················· 21
   4. 이제현과 원나라 문인의 교유 ······················· 34
   5. 이제현의 학문적·문학적 성취 ······················· 44

김윤식의 중국 인식 --- 48
: 영선사(領選使) 활동 시기를 중심으로   [황재문]
   1. 동아시아 세계의 변화와 김윤식의 위상 ············· 48
   2. 중국 인식의 구도 ································ 50
   3. 중국 인식의 양상 ································ 54
   4. 중국 인식의 성격 ································ 67
   5. 남은 문제 ····································· 72

『승사록』에 나타난 최두찬의 이념과 실천, 그리고 강남 -------------------- 75
                                                          [박명숙]
   1.『승사록』에 대한 학계의 관심 ····················· 75
   2.『승사록』에 나타난 최두찬의 이념세계 ·············· 76
   3.『승사록』에 나타난 강남 ························· 85
   4.『승사록』과 최두찬, 그리고 강남 ·················· 98

이덕무의 『입연기』에 나타난 중국 인식 ----------------------------------- 100

[임명걸]

1. 이덕무의 연행 사실과 『입연기』 ················ 100
2. 『입연기』의 특징 ················ 102
3. 청나라에 대한 인식 ················ 110
4. 이덕무가 선 자리 ················ 117

한국 고전소설 속 중국 배경과 중국 인식 ----------------------------- 123

[강상순]

1. 고전소설의 중국 배경에 대한 기존의 평가 ················ 123
2. 나말여초에서 17세기까지 한문단편소설 속 중국 배경의 양상과 그 의미
················ 127
3. 17~18세기 장편소설에서 중국 배경의 일반화와 그 요인 ············ 135
4. 19세기 장편소설 속 중국 배경과 중화 인식의 동요 ···················· 143
5. 한·중관계의 거울로서의 중국 배경 ················ 152

행운과 기회의 땅으로서의 중국 -------------------------------------- 156
: 16~17세기 대중국무역 관련 野談에 형상화된 중국의 이미지   [박경남]

1. 최대 교역국으로서의 중국 ················ 156
2. 대중국무역 관련 야담 작품 개괄 ················ 157
3. 야담 속 중서층 인물들의 연행(燕行) 동기 ················ 162
4. 행운과 기회의 땅으로서의 중국 ················ 169
5. 의주 상인의 정신을 되새기며 ················ 179

제2부 한국 근·현대문학에 나타난 중국

『오위인소역사』와 1900년대 번역의 한국적 특수성 ------------------- 191

[손성준]

1. 다섯 위인의 역설적 공존 ················ 191
2. 서양사로 구축되는 민족적인 것들 ················ 195
3. 『소년지낭 역사편』의 인물 선택 원리: 일본이라는 수렴점 ·········· 200
4. 『오위인소역사』의 번역과 결과적 탈정치의 양상 ···················· 212
5. 한국이라는 번역장(飜譯場)의 재인식을 위하여 ···················· 226

1949년 이전 중국에서의 한국작품 번역 소고 -------------------------------- 231
[이광재]
    1. 근대 중국번역문단의 번역관과 한국작품 번역 개관 231
    2. 1930년대 중국 번역문단의 특징과 한국문학의 번역 이유 233
    3. 『조선전설』 등 역서의 역자와 동기 237
    4. 역서의 내용과 특징 243
    5. 한국관련 책자 번역의 의의 248

천시의 눈, 연대의 혀 --- 256
: 중일전쟁 이후 중국 인식의 한 단면   [오태영]
    1. 서론: 동아시아 지역 질서와 중국의 위상 256
    2. 중화(中華)에서 지나(支那)로 262
    3. 전선기행과 폭지응징(暴支膺懲)의 수사학 273
    4. 대동아공영권(大東亞共榮圈)과 연대의 서사 283
    5. 결론: 새로운 중국 인식을 위하여 293

재만 시기 박영준 소설에 나타난 불안의 양상과 그 의미 ------------------ 301
[차희정]
    1. 만주 이주와 불안의 문제 301
    2. 궁핍과 타락의 추동, 주체의 분열과 만주 305
    3. 유폐와 분리의 절망 서사 311
    4. 재만 현실의 체념적 수용과 절망에의 침잠 316
    5. 만주와 박영준 소설의 불안, 그리고 남은 과제 322

최서해 소설에 나타난 중국, 일본 이미지와 전망 모색 -------------------- 327
[김성옥]
    1. '소재문학'이라는 편견과 소설의 진실성 문제 327
    2. 조선적 시각에 의한 중국, 일본 이미지 329
    3. 작가적 신념과 다양한 전망의 모색 336
    4. 통일된 의미망과 소설의 미학적 승화 343

강경애의 만주 인식과 사회주의 이념 --------------------------------- 348
[이해영]

1. 기타 간도 체험 작가와의 차이 ················· 348
2. 일제의 간도 토벌과 민족의 수난 ················· 351
3. 일제의 아편점금 정책의 허위성 ················· 354
4. 검거와 사회주의자의 투쟁 ················· 357
5. 체화된 사회주의 이념과 지식인의 자의식 ················· 359

만주 여행과 모순된 욕망의 문학적 재현 ------------------------- 362
: 함대훈의 장편소설 『북풍의 정열』을 중심으로   [한홍화]

1. 『북풍의 정열』이 갖는 문제성 ················· 362
2. 파편적인 여행체험과 학습된 만주 ················· 365
3. 개척의 공로와 국민으로 인정받기 ················· 369
4. 동양정신과 일본인 되기 ················· 377
5. 모순된 욕망과 그 한계 ················· 383

제1부 한국 고전문학에 나타난 중국

고려와 원(元)의 문학 교류   [김건곤]
: 이제현을 중심으로

김윤식의 중국 인식   [황재문]
: 영선사(領選使) 활동 시기를 중심으로

『승사록』에 나타난 최두찬의 이념과 실천, 그리고 강남   [박명숙]

이덕무의 『입연기』에 나타난 중국 인식   [임명걸]

한국 고전소설 속 중국 배경과 중국 인식   [강상순]

행운과 기회의 땅으로서의 중국   [박경남]
: 16~17세기 대중국무역 관련 野談에 형상화된 중국의 이미지

고려와 원(元)의 문학 교류[※]

: 이제현을 중심으로

김건곤

(한국학중앙연구원)

1. 원 침략기의 고려 지식인 이제현

우리 민족사에서 이민족의 침략과 지배를 가장 오래 받은 시기는 원(元, 蒙古)이 고려를 복속했던 때이다. 당시 원나라가 고려의 내정을 간섭하고 온갖 무리한 요구와 경제적 침탈행위를 일삼았음은 잘 알려진 사실이다. 이 시기를 대표하는 지식인이 익재(益齋) 이제현(李齊賢, 1287~1367)이었음은 두말할 나위가 없다. 그는 시인으로서 조선 삼천 년의 제일대가,[1] 문장가로서 고문창도자,[2] 소악부(小樂府)와 장단구(長短句)의 작가, 『역옹패설(櫟翁稗說)』을 저술한 비평가, 『국사』를 편찬한 역사가, 원나라의 고려 지배라는 민족적 수난기에 국권을 지켜낸 정치가라는 칭예를 받아 왔다.

※ 이 글은 필자의 『이제현의 삶과 문학』, 이회, 1996의 일부를 개고한 것임.
1) 金澤榮, 『韶濩堂文集』 권8 〈雜言〉 6(아세아문화사, 1978).
2) 李仁復, 〈益齋李文忠公挽詞〉(『東文選』 권21, 協成文化社, 1985); 鄭道傳, 『三峯集』 권5 〈陶隱集序〉; 金澤榮, 『韶濩堂文集』 권8 〈雜言〉 4.

고려와 원(元)의 문학 교류_[김건곤]　15

익재는 고려가 40여 년간의 대몽항쟁을 포기하고 강화도로부터 개경으로 돌아와 원나라에 예속된 지 17년 후인 1287년(충렬왕 13)에 태어나, 원이 망하기 1년 전인 1367년(공민왕 17)에 죽었다. 한 마디로 그의 일생은 원의 고려 지배와 때를 같이 했다고 할 수가 있다. 개인적으로 그는 6대 왕(충렬, 충선, 충숙, 충혜, 충목, 공민왕)을 섬기며 국가의 중책을 두루 역임하고 또 81세의 창수함으로써 영예롭고 복된 삶을 살았다고 하겠지만, 반면에 원나라와의 국가적인 문제가 생길 때마다 문필로 혹은 외교로 이를 해결하기 위해 분주히 오가며 국가의 존망을 걱정해야 했으므로 늘 불안한 삶을 살아야만 했다.

이 글에서는 당시 고려의 최고 문인이자 정치가로서 원나라에 자주 드나들었던 익재의 경우를 중심으로, 고려와 원나라의 문학 교류의 일면을 고찰하고자 한다. 이를 위해서 ① 익재가 원나라에 가서 어떠한 활동을 했는지를 구체적으로 살피고, ② 그의 원나라에 대한 인식을 검토하는 한편 고려인으로서 어떠한 문화적 긍지를 가지고 있었는가를 파악하며, ③ 고려 문인으로서 원나라 문인들과 어떻게 교유했는지 문학작품을 통해 분석할 것이다. 그러나 원나라 문인들의 문집에 익재와의 교유관계를 보여주는 시문이 거의 남아 있지 않아 아쉬움이 있다.

2. 이제현의 원나라에서의 활동

익재는 28세가 되던 해(1314, 충숙왕 1) 1월에 충선왕의 부름을 받고 원나라의 수도 연경(燕京, 北京)에 가게 되었다. 이때 충선왕은 충숙왕에게 양위하고 자신은 태위(太尉)로 있으면서 연경에 만권당(萬卷堂)을 짓고 학문 연구로 즐거움을 삼고 있었는데, "이곳에서 문학하는 선비들은 모두 천하에서 선발된 사람들인데, 나의 수하에는 아직 그런 사람이 없으니 나의 수치이다"하고[3] 원나라 문사들에 대적할 인물로 익재를 불렀던 것이다. 당시 원나라의 대표적인 학자·문인 요수(姚燧, 1239~1314), 조맹부(趙孟頫, 1254~1322), 원명선(元明善, 1269~1322), 장양호(張養浩, 1269~1329), 우집(虞集, 1272~1348) 등이 만권당에 드나들었으므로 익재는 그들과 종유함으로써 학문이 더욱 성취될 수가 있었다. 따라서 만권당에서의 생활은 그에게 학문적·사상적인 면에서 진일보하는 계기가 되었다고 할 수 있다. 또한 익재는 만권당에서 충선왕과 옛사람의 행적을 논하고, 고려 태조가 거란에서 보낸 낙타를 굶겨 죽인 이유, 고려의 학문이 두절되어 경명행수지사(經明行修之士)가 적은 이유 등에 대하여 문답하면서 왕의 자문에 응하였다.[4] 특히 충선왕은 중국 역대의 군신들의 득실을 논의하기를 좋아하였던 바,[5] 충선왕과의 만남은 익재가 역사에 대한 관심을 가지는 데 상당한 자극이 되었던 것으로 보인다.[6]

30세(1316, 충숙왕 3)에는 아미산(峨眉山)에 제사를 받들기 위하여 제관의 한 사람으로서 서촉(西蜀)을 다녀왔다. 그 노정은 연경(燕京)에서 출발하여 구점(九店), 정흥(定興), 신락(新樂), 중산부(中山府), 정형(井陘), 분하(汾河), 기현(祁縣), 황하(黃河), 화음(華陰), 무릉(茂陵), 마외(馬嵬), 대사관(大散關), 포성역(褒城驛), 잔도(棧道), 촉도(蜀道), 검문(劍門), 성도(成都), 금강(錦江), 부문진(符文鎭), 아미산(峨眉山)에 이르고 다시 뇌동평(雷洞平), 청신(靑神), 미주(眉州), 성도(成都), 장안(長安), 화음(華陰), 함곡관(函谷關), 민지(澠池), 맹진(孟津), 연경(燕京)으로 돌아오는

3) 李穡, 『牧隱文藁』 권16 〈鷄林府院君諡文忠李公墓誌銘〉.

4) 『櫟翁稗說』 前集1.

5) 『益齋亂藁』 권9 상 〈忠憲王世家〉: "王聰明强記 凡事一經耳目 終身不忘 每論三代漢唐君臣得失 衮衮不窮 尤喜大宋故事."

6) 鄭求福, 「高麗時代 史學史 硏究: 史論을 中心으로」, 서강대학교 박사논문, 1985, 166쪽.

길이었다. 그는 이르는 곳마다의 명승·고적을 대상으로 시를 읊었는데, 이 시들을 묶은 것이『서정록(西征錄)』이다.7) 이 책이 현재 전하고 있지는 않으나,『익재난고(益齋亂藁)』권1 소재 〈칠석(七夕)〉~〈비간묘(比干墓)〉까지의 한시 27제(題)와 권10 소재 〈서이장군가벽(書李將軍家壁)〉까지의 장단구 18결(闋)이 이때의 작품이다.8)

33세 때에는 보타산(寶陀山)에 향을 내리러 가는 상왕(上王, 충선왕)을 권한공(權漢功)과 함께 호종하여 강남을 유람하였는데, 역시 오가는 길에 많은 시들을 남겼다. 이때에도 도중의 산천과 승경을 기술하여『행록(行錄)』1권을 지었다고 한다.9)『익재난고』권1에 〈주중화일재권재상한공(舟中和一齋權宰相漢功)〉~〈회음표모묘(淮陰漂母墓)〉까지의 13제가 남아 있다. 강남 여행길에서 익재는 충선왕의 주선으로 고항(古杭) 오수산(吳壽山)으로부터 초상화를 받고, 북촌(北村) 탕병룡(湯炳龍)으로부터는 진찬(眞贊)을 받았다.10)

이상 두 번에 걸친 중국 여행에서 익재는 장엄한 산하, 기이한 풍속, 옛 성현들의 유적, 역사적인 고적들을 섭렵함으로써 견문을 넓히고 빼어난 기상을 기를 수가 있었다.11) 이것은 곧 그의 호한한 문학세계의 바탕이 되었다.

한편 익재는 이 기간 중에 계속해서 연경에 머물러 있었던 것이

---

7) 崔瀣,『拙藁千百』권1 〈李益齋後西征錄序〉: "益齋先生在延祐初 奉使降香峨眉山 有西征錄 楚僧可茅屋序矣."

8) 西蜀行 시의 작품과 저작지점에 관해서는 池榮在,「益齋 西蜀行 詩의 硏究」,『東洋學』제17집, 1987에서 자세히 분석하였다.

9)『高麗史節要』권24, 忠肅王 6년 3월: "三月 上王請于帝降御香 南遊江浙 至寶陀山而還 權漢功李齊賢等從之 命從臣記所歷山川勝景 爲行錄一卷."

10)『益齋亂藁』권4: 〈延祐己未 予從於忠宣王 降香江南之寶陀窟 王召古杭吳壽山令寫陋容 而北村湯先生爲之贊……."

11) 李穡, 〈益齋先生亂藁序〉: "奉使川蜀 從王吳會 往返萬餘里 山河之壯 風俗之異 古聖賢之遺跡 凡所謂閎博絶特之觀 旣已包括而無餘 則其疎蕩奇氣 胎不在子張下矣."

아니라, 고려와 원을 오가며 선부의랑(選部議郞), 성균좨주(成均祭酒, 29세), 판전교시사(判典校寺事), 진현관제학(進賢館提學. 30세), 선부전서(選部典書, 31세), 지밀직사사(知密直司事, 34세) 등 여러 벼슬을 역임하였다. 특히 34세(1320)에는 충선왕의 강남행에 시종한 공으로 단성익찬공신호(端誠翊贊功臣號)를 하사받고 고려왕부단사관(高麗王府斷事官)에 제수되었다.

익재의 나이 36세 때 그가 모시고 있던 상왕의 신변에 큰 변고가 생겼다. 고려 출신의 환관으로 원나라 황실의 총애를 받고 있던 백안독고사(伯顔禿古思)가 충선왕에 대한 묵은 감정을[12] 품고 왕의 불교를 좋아하는 것을 구실삼아 원나라 영종(英宗)에게 무고함으로써 서번(西蕃)의 철사결(撤思結)로 귀양을 가게 된 것이다. 이 해 겨울 익재는 고려에 있다가 연경로 가는 도중에 충선왕이 스스로 변명하지 못했다는 소식을 듣고는 울분을 이기지 못하여 〈황토점(黃土店)〉 3수와 〈명이행(明夷行)〉 1편을 지었다.[13] 연경에 도착한 익재는 만권당을 지키는 한편 당시 고려의 대신이던 유청신(柳淸臣)과 오잠(吳潛)에게 시를 지어 분하고 억울한 심정을 토로하고 임금에게 충성을 다할 것을 요청하였다.[14]

그러나 유청신과 오잠은 이듬해(1323, 충숙왕 10)에 도성에 글을 올려 고려에도 행성을 설치하여 원나라 본토와 같이 해 달라는 입성책(立省策)을 건의하였다. 원나라 조정에서도 그 실시에 대한 논의가 있자, 익재는 고려왕조를 존속시키는 것이 당시의 가장 중요한 문제라

---

12) 『高麗史』 권122, 〈任伯顔禿古思傳〉: 백안독고사가 어느 때인가 忠宣王에게 무례한 행동을 하였으므로 皇太后에게 청하여 杖刑을 가하고 남에게서 빼앗은 토지와 노비를 몰수하게 한 바가 있다.
13) 〈益齋先生年譜〉에는 34세의 일로 기록되어 있으나, 이색이 쓴 〈이제현묘지명〉에 36세의 일(至治 壬戌, 1322)로 되어 있으므로 이를 따른다.
14) 〈益齋先生年譜〉에는 35세의 일로 기록되어 있다.

고 생각하고[15] 『중용(中庸)』의 〈구경장(九經章)〉에 있는 "먼 데 있는 사람을 편안하게 한다"는 구절을 인용하여 행성 설치의 부당성을 조목조목 변석하여 그 의논을 중지시켰다.[16]

한편 익재는 상왕이 여전히 서번에 있었으므로 원나라의 승상 백주(伯住, 拜住)와[17] 원낭중(元郞中)에게[18] 글을 올려 왕의 석방을 위해 힘써 줄 것을 요청, 타사마(朶思麻)로 옮기게 하고 그곳으로 왕을 배알하러 갔다. 이때에도 오가는 길에 많은 시를 남겼는데, 앞서 두 번의 여행 때와는 달리 근심과 충성심으로 가득 차 있다. 이 시들은 『후서정록(後西征錄)』으로 펴냈으며,[19] 『익재난고』 권2 〈지치계해사월이십일발경사(至治癸亥四月二十日發京師)〉~『익재난고』 권3 〈조나(朝那)〉까지 35제가 남아 있다.

익재 53세 때(1339) 충숙왕이 죽자 정승 조적(曺頔)이 백관을 위협하면서 임금 측근의 소인들을 내쫓는다는 구실로 영안궁(永安宮)에 군대를 주둔시켰으나, 실은 심왕(瀋王) 고(暠)와 모의하여 정변을 꾀하고 있었다. 이 사실을 미리 안 충혜왕이 정예 기병을 거느리고 가서 쳐 죽였으나, 연경에 있던 그 잔당들이 온갖 죄로 왕을 모함하니 원나라 황제가 사신을 보내어 충혜왕을 불러다가 김윤(金倫) 등과 함께 투옥하게 하였다. 민심이 의아해 하고 불안하게 여기며 장차 화가 어디까지 미칠지 예측할 수 없게 되자, 익재는 격분하여 "나는 내가 우리 임금의 신하인 것만 알 뿐이다" 하고, 왕을 시종하고 연경에

---

15) 高柄翊, 「麗代 征東行省의 硏究」 하, 『歷史學報』 권19, 1962, 143~149쪽: 이전에도 충선왕 대에 洪重喜 형제에 의해 입성책이 제기되었지만, 그것은 충선왕과의 알력에 의한 것이었고, 이번의 경우는 고려왕조의 소멸을 의미하는 것으로 심각하게 받아들여졌다.
16) 『益齋亂藁』 권6 〈在大都上中書都堂書〉.
17) 『益齋亂藁』, 권6 〈上伯住丞相書〉.
18) 『益齋亂藁』, 권6 〈同崔松坡贈元郞中書〉.
19) 崔瀣, 『拙藁千百』 권1 〈李益齋後西征錄序〉: "至至治末 又迎太尉王 行過臨洮 至河州 有後西征錄 出示予俾序焉."

가서 글로써 변석하여[20] 왕을 복위케 하였다.

54세 때에는 충혜왕의 소환문제를 해결하고 귀국하였으나, 충혜왕이 계속 방탕한 생활을 하고 또 소인배들이 더욱 날뛰었으므로 자칫 모함을 받을 소지가 많았기 때문에 자취를 숨기고 나오지 않고, 56세(1342) 여름에는 『역옹패설』을 저술하였다. 57세에는 원나라 사신 타적(朵赤) 등이 교천사조(郊天赦詔)를 반포하러 왔다가 충혜왕의 비리와 무례를 구실로 왕을 잡아가자, 정동성(征東省)에 글을 올려 사면을 청하였다.[21] 그러나 충혜왕이 연경에서 2만여 리 떨어진 게양(揭陽)의 유배지로 가던 중 악양(岳陽)에서 죽자 사면 요청은 중단되었다.

58세 때는 충목왕이 8세의 나이로 즉위하자 그의 스승이 되었으며, 62세 때에는 표문(表文)을 받들고 원나라에 가서 뒤에 공민왕이 된 기(祺)를 세울 것을 청하였다.[22] 결과적으로 충정왕이 즉위하게 되자 익재는 이후 3년 간 벼슬길에 나가지 않았다.

3. 이제현의 원나라에 대한 의식

1) 대원의식

당시가 원나라의 침략기라는 점에서 우리는 당시 고려인에게서 지배민족에 대한 저항의식이나 민족자주의식을 기대해 봄직하다. 기존의 연구에서도 이러한 착안에서 출발하여 당시 문사들의 시문에서

---

20) 李穡, 〈李齊賢墓誌銘〉.
21) 『益齋亂藁』拾遺 〈上征東省書〉.
22) 〈益齋先生年譜〉에는 忠定王 세우기를 청한 것으로 되어 있으나 잘못임이 밝혀졌다(閔賢九, 「益齋 李齊賢의 政治活動」, 『震壇學報』 50호, 1981).

항몽(抗蒙)의식이나 민족주체의식을 찾고자 한 예가 더러 있었다.[23] 그러나『익재난고』를 일별하고 난 필자의 선입견으로는 과연 익재에 게서 그러한 의식을 발견할 수가 있으며, 또 그의 대원의식을 그렇게 해석할 수 있을까 하는 의문이 앞선다. 익재에게 원에 대한 저항의식 이 강하였다면 문집의 도처에 원에 대한 반감이나 혐오의 감정이 나타나야 할 것이나 그렇지 않기 때문이다. 어떤 역사적 사실에 대하여 국가와 민족을 앞세워 문면을 확대해석하고 미화할 수는 없는 일이 다. 따라서 여기에서는 익재의 시문을 통하여 대원의식을 재검토해 보고,[24] 한편으로 고려인으로서 어떠한 문화적 긍지를 가지고 있었 는가를 살펴보고자 한다.

익재는 고려가 원에 복속된 지 10여 년 후에 태어났고, 또 당시 원나라가 유럽과 아시아에 걸쳐 세계제국을 건설하고 있었으므로, 익재뿐만 아니라 이 시기 대부분의 문사들은 원의 존재를 기정사실 로 인정하고 나아가 원을 세계의 중심으로, 고려를 통일된 천하의 일부로 인식하고 있었던 것으로 보인다. 익재는 원과 고려를 동문(同 文)의 나라,[25] 본지(本支)의 관계로[26] 인식하는 한편, 비교적 자유로 이 의사를 표현할 수 있었던『역옹패설』에서까지 원을 '본조(本朝)'로 기술하고[27] 있으며 혹 원의 신하된 처지에서 글을 쓰기도 하였다.[28] 목은(牧隱) 이색(李穡) 역시 "원나라가 천하를 차지하여 사해가 통일 되자 삼광오악의 정기가 뭉치기도 하고 흩어지기도 하여 중화와 변

23) 朴性奎,「麗末詩人의 現實認識: 李齊賢의 抗蒙意識을 中心으로」,『우리문학연구』3, 우리 문학연구회, 1978; 金時晃「益齋硏究」, 계명대학교 박사논문, 1987.
24) 동시대인의 對元意識을 검토한 논문으로는 金宗鎭,「李穀의 對元意識」,『泰東古典硏究』 창간호, 1984를 참고할 수 있다.
25)『益齋亂藁』권9 하〈策問〉4: "幸際休明 天下同文."
26)『益齋亂藁』권8〈乞比色目表〉: "旣然得附於本支 何乃未同於色目."
27)『櫟翁稗說』前集1: "本朝經世大典 奎章閣學士虞集等撰."
28)『益齋亂藁』권2〈道見月支使者獻馬歸國〉및『益齋亂藁』권7〈文殊寺施藏經碑〉.

방의 차이가 없었다"고[29] 하여 당시 원의 존재와 고려의 위치에 대하여 어떠한 의심도 하지 않는 태도를 보이고 있다. 물론 당시의 시대적인 분위기나 개인적인 처지에 따라 원에 대하여 저항으로 일관할 수만은 없는 일이었겠지만, 이민족의 침략과 지배에 대하여 심각하게 문제의식을 느끼지 못한 이러한 몰인식(沒認識)은 최고 지식인으로서의 시대의식과 대원의식에 한계가 있었음을 말해 준다. 이러한 사고를 성리학적 유교의 세계주의로 물들여진 의식의 소산이나 역사인식의 세계주의화 경향으로 파악할 수도 있겠으나,[30] 근본적으로는 당시 문사들의 중국관, 즉 사대사상에서 기인하는 것이라고 할 수밖에 없다.

원나라 군사가 대대적으로 침범하여 경기(京畿)에까지 미치게 되었다. 이때 진양공 최이(崔怡)가 강화로 도읍을 옮기려고 여러 중신들을 청하여 의논하였는데, 문안공 유승단(兪升旦)이 "작은 나라가 큰 나라를 섬기는 것은 도리이니, 예의로 섬기고 신의로 사귄다면 저들 또한 무슨 명목으로 늘 우리를 괴롭히겠는가? 성곽과 종사를 버리고 섬으로 도망가 엎드려서 세월만 보내는 사이에 변경의 백성들로 하여금 장정은 모두 적의 칼날에 쓰러지게 하고 노약자는 모두 잡혀서 노예나 포로가 되게 하는 것은 나라를 위하는 장구한 계책이 아니다."라고 하였으나 진양공은 듣지 않았다. ……그리하여 수십 년 동안 북방의 주군은 모두 폐허가 되었다. 식자들은 지금까지도 이를 한스럽게 여기고 있다.[31]

29) 李穡, 〈益齋先生亂藁序〉: "元有天下 四海旣一 三光五嶽之氣 渾淪磅礴 動盪發越 無中華邊遠之異.
30) 金泰永, 「高麗後期 士類層의 現實認識」, 『창작과비평』 44호, 1977년 여름, 344쪽.
31) 『櫟翁稗說』 前集2: "天兵大擧 侵及京畿 晉陽公崔怡 欲遷都江華 請群公議 兪文安公升旦獨曰 以小事大理也 事之以禮 交之以信 彼亦何名而每困我哉 棄城郭損宗社 竄伏海島 苟延歲月 使邊陲之氓 丁壯盡於鋒鏑 老弱係爲奴虜 非爲國之長計也 晉陽公不聽……數十年之間 北方州郡 皆

원의 침략과 지배에 대한 익재의 반응과 대책은 유승단(兪升旦)의 의견에 전적으로 동의하는 것으로 나타나고 있다. 더욱이 인용문의 '식자(識者)'는 익재 자신으로 보아 무방할진대, 그러한 의견이 당시에 받아들여지지 않았음을 원망하는 태도이다. 즉, 몽고에 항거하여 강화도로 천도한 것은 잘못이며, 소국인 고려로서는 대국인 원을나라를 예의와 믿음으로 섬기고 사귀는 것이 도리에 맞을 뿐만 아니라, 사직을 보존하고 백성을 보호할 수 있는 계책이 된다는 생각이다. 즉, 익재의 사대의식에는 사직의 보존과 백성의 보호가 우선되어 있다. 따라서 익재가 원나라에 대하여 사대의식을 가졌다고 하더라도, 그것을 부정적으로 평가할 일은 아니라고 하겠다. 다시 말하면 익재는 이소사대(以小事大)가 보국(保國)의 한 가지 방도라는 인식 아래, 원에 대한 사대 역시 종전의 고려와 당·송 간의 관계와 다름이 없는 것으로 생각하고 사대 자체에 어떠한 회의도 갖지 않았던 것이다.

익재의 이러한 사대의식은 기본적으로 그의 대외의식이 항거나 대립보다는 우호와 타협을 중시한 결과로 생각된다. 그는 고려 태조가 거란과 우호를 끊은 것은 좋은 계책이 아니라고 하고, 또 덕종(德宗) 때 거란성의 격퇴문제를 둘러싼 논쟁에 대해서도 화친을 끊고자 한 왕가도(王可道)의 의논이 우호를 계속 유지하여 백성을 편안하게 하자는 황보유의(皇甫兪義)의 의논만 못하다고 하였다. 나아가 그는 지성(至誠)으로 감동시키든가 아니면 기책(奇策)을 써서라도 우호를 유지하여 나라를 보전하는 것이 바람직하다고 생각하였다.[32] 욕심이 많고 사나워서 믿을 것이 못 된다는 거란에 대해서조차 이러한 태도

爲丘墟矣 識者至今以爲恨."

[32] 『益齋亂藁』 권9 하 〈靖王贊〉: "契丹貪暴 不足保信 聖祖深以爲誡 然而幸其一災而棄舊好 亦非
計也……德王未及方剛之年 尤宜戒之闘 王可道議絶和親 不若皇甫兪義繼好息民之論也 靖王嗣位
三年 我大夫崔延暇如契丹 四年契丹使馬保業寔來 自是復尋懽盟 感之匪由至誠 致之必有奇策."

를 가졌던 익재로서는 당시 세계를 지배하고 있던 통일제국 원에 대하여 사대의 예를 취하는 것이 이상할 리가 없었다. 이러한 인식은 그가 평소 학문을 통해 익혀 온 유교의 왕도정치(王道政治) 사상과 깊은 연관이 있지만, 한편으로 민족적 수난을 극복할 적극적인 항쟁 의지나 시대사적 고민보다는 사대라는 소극적·고식적인 안정 속에 머물러 있다는 비판을 받을[33] 소지도 없지 않다. 그러나 역사와 현실에 대한 이러한 인식의 한계는 앞서 목은의 예에서 보는 바와 같이 익재의 경우에만 드러나는 것이 아니었다. 당시의 고려인들에게 항몽은 사직의 종말을 뜻하는 것으로, 사대는 사직의 보존과 백성의 보호를 위한 최선의 방책으로 받아들여졌음은 부인할 수 없다. 이점은 익재가 항몽투쟁을 벌인 삼별초(三別抄)를 '천한 무리'로 표현하고, 또 입성책이 제기되었을 때 원나라에 고려왕조의 존속을 간절히 요청한 것에서도 알 수 있다.

한편 익재의 글에는 항몽의식이라 해석할 수 있는 글귀들도 더러 보이지만, 이것 역시 원의 고려 지배에 대한 부당성 혹은 고려의 독립을 전제로 한 저항의 의미를 내포하는 것이 아니라, 다만 원의 고려에 대한 부당한 대우와 간섭을 시정해 달라는 요구에 그치고 있다. 충선왕이 참소를 입었다는 소식을 듣고 지은 〈황토점〉을 보면, 참소한 간신배에 대한 격분에 한정되어 있지 충선왕을 귀양 보낸 원나라 조정에 대한 항의나 부정적인 저항감은 드러나지 않고 있다.[34]

寸腸氷炭亂交加   짧은 창자에 얼음과 숯이 어지러이 뒤섞이듯

---

33) 金泰永, 앞의 논문, 341쪽.
34) 朴性奎 교수는 忠宣王이 참소를 입고 유배 간 것을 기점으로 익재의 의식이 격렬한 항변으로 전환된 것으로 보고, 〈黃土店〉 시를 蒙古 權府에 도전하고 응결된 저항의식을 표출한 것으로 해석하였다(朴性奎, 앞의 논문, 57~59쪽).

一望燕山九起嗟　　　한 번 연산 바라보매 아홉 번 탄식일세.

誰謂鱣鯨困螻蟻　　　고래가 개미에게 곤욕당한다고 누가 일렀던가?

可憐蟣蝨訴蝦蟆　　　가련하다, 이와 서캐가 개구리를 헐뜯다니.

才微杜漸顔宜赭　　　난을 막을 재주 없으니 얼굴만 붉어지고

責重扶顚髮已華　　　엎질러진 일 부여잡을 책임에 머리만 희어지네.

萬古金縢遺冊在　　　만고의 금등이 끼친 뜻 책 속에 남아 있으니

未容群叔誤周家　　　관숙과 채숙이 주나라를 그르치지 못하리라.35)

〈황토점〉 3수 중 가장 감정이 고조되어 있는 것이 이 세 번째 시이
다. 제1수에서는 새처럼 몸에 날개가 있다면 구름 위로 날아가 원나
라 조정에 하소연하고 싶다는 심정을 나타내고, 제2수에서는 허공에
'돌돌(咄咄)'이라 쓰며 임금의 문하에 계명구도(鷄鳴狗盜)할 사람이 없
음을 탄식하였다. 이 시 역시 탄식과 속수무책의 심정이 주조를 이루
고 있다. 해결방법으로 제시한 금등유책(金縢遺冊)도 소인배들이 아
무리 참소를 하더라도 끝내는 누명을 벗게 될 것이라는 기대일 뿐,
당면의 문제를 타개할 만한 적극적인 대책은 되지 못한다. 이 시에서
익재의 생각은 임금이 참소를 입은 사실에 고착되어 있을 뿐, 국가와
민족의 문제로 확대되고 있지 않다. 즉, 원과의 관계에서가 아니라
간신과의 관계에서 지은 것이다. 원 황실의 고려 출신 환관이던 백안
독고사(伯顔禿古思)가 충선왕을 원나라 영종(英宗)에게 무고한 사실을
고려하면, 이 시의 '전경(鱣鯨)'과 '누의(螻蟻)', '하마(蝦蟆)'와 '기슬(蟣
蝨)', '주가(周家)'와 '군숙(群叔)'의 대귀가 충선왕과 백안독고사의 관
계임이 분명히 드러난다. 익재의 이러한 인식의 한계는 이 사건과
관련하여 지은 다른 시에서 "지극한 정성이면 하늘도 감동시킬 수

_____

35) 『益齋亂藁』 권2 〈黃土店〉 3.

있다고 믿었는데, 천자가 간신의 모함을 용납할 줄 뉘 알았으랴? …… 구구한 오(吳)·설(薛)은 어떤 자들이기에 스스로 외쳐 황제의 대궐에 호소했던가?"라고[36] 직접적으로 나타내고 있는 데에서 거듭 확인이 된다.

또한 유청신·오잠 등이 원의 도당에 글을 올려 고려를 원의 한 성(省)으로 만들어 병합할 것을 건의하였을 때, 익재가 행성(行省) 설치의 부당한 이유를 들어 이의 철회를 요청한 〈재대도상중서도당서(在大都上中書都堂書)〉도 글 전체의 요지는 "고려의 옛 습속을 바꾸지 말고 종묘사직을 보전해 주기(不更舊俗 以保其宗社)"를 간청한 것이지 원에 대한 저항의식을 나타낸 것이라고는 볼 수 없다. 따라서 이 글 역시 기본적으로는 원에 대한 사대를 인정하고 있으며, 종전까지 원과 유지해 오던 관계가 그대로 유지되기를 바라는 것 이상은 아니다. 간혹 "國其國 人其人 使修其政賦而爲之藩籬(그 나라는 그 나라에 맡기고 그 백성은 그 백성대로 살아가게 하며, 그 政事와 貢賦를 닦게 하여 울타리가 되게 하소서)"라는 구절을 들어 익재의 자주의식·주체의식만을 강조하기도 하나, 이 구절 역시 사대를 전제로 하고 있으며 그 범위도 "不更舊俗 以保其宗社"를 벗어나지 않는다. 이 점은 "爲之藩籬"에서 보는 바와 같이, 고려가 원의 외곽 울타리, 즉 제후국이 되겠다는 데에서도 알 수가 있다.

그런데 익재의 대원의식이 종묘사직의 보전을 위한 사대의 차원을 넘어 오히려 원으로 지향되어 있음을 지적하지 않을 수 없다. 이런 경향은 원의 신하가 된 처지에서 쓴 글이나 중국 유람 시에 지은 시문에서 특히 잘 나타나는바, 거기에는 으레 원의 덕화와 태평성대를 칭송하거나 사대에 따른 혜택에 만족하는 태도를 보이고 있다.

---

36) 『益齋亂藁』권2 〈題長安逆旅〉 4: "早信忠誠可動天 孰云仁聖竟容奸…… 區區吳薛何爲者 自鼓矓胡徹帝闕."

① 邇來事大義彌敦　　요즘 사대하는 의리 더욱 돈독하여
　　世承禁臠榮諸藩　　대마다 받는 혜택 모든 번방의 첫째라네.37)

② 大元盛德冠百王　　원나라의 훌륭한 덕 백왕의 으뜸이라
　　一劒撥亂邦基肇　　한 칼로 혼란 제거하고 왕업을 일으켰네.
　…………………　　…………………………………………
　　方今欲慕舜衣垂　　오늘날은 바로 순임금의 의수를 사모하여
　　服遠不貴用干戚　　먼 나라 복종시키되 무기를 쓰지 않는다네.
　…………………　　…………………………………………
　　百川流水注滄溟　　온갖 시내 흐르는 물이 바다로 들어가듯
　　萬丈孤松挂蘿蔦　　우뚝한 소나무에 댕댕이 덩굴 매달리듯.
　　物無巨細知所歸　　크건 작건 모두가 돌아갈 곳 아는데
　　矧我大邦能字小　　하물며 큰 나라가 작은 나라 사랑함에랴.38)

③ 宋日西羌屢震驚　　송나라 때는 서쪽 오랑캐가 자주 침범함에
　　因將國尾付書生　　쇠잔한 나라를 문인에게 맡겼었네.
　　聖元四海淸如鏡　　원나라는 온 천하가 거울처럼 맑아
　　未用胸中十萬兵　　흉중의 십만 군사를 사용할 필요 없다네.39)

④ 聖元德字同乾坤　　원나라의 덕화가 천지와 같으니
　　外薄四海皆藩宣　　멀리 사해 밖까지 모두 번국이라네.
　　瓜分封疆樹懿戚　　땅을 나누어 친척을 봉하였고
　　碁置列省專兵權　　열성을 배치하여 병권을 장악했네.

---

37)『益齋亂藁』권2 〈在上都奉呈柳政丞吳贊成〉.
38)『益齋亂藁』권2 〈道見月支使者獻馬歸國〉.
39)『益齋亂藁』권3 〈涇州〉.

| 至元以來兩甲子 | 지원 이래 갑자년 두 번 지나도록 |
| 野老奠枕羲黃年 | 야인들 모두가 태평세월에 살았네.[40] |

⑤ 皇恩豈啻千金賜	황제의 은혜가 어찌 천금뿐이랴
家寶須將萬葉傳	가보로 반드시 만세에 전하리라.
安得與君眞致此	어느 날에 그대와 이런 말 타고서
玉鞭金勒去朝天	옥 채찍 금 굴레로 천자에게 조회 갈까.[41]

 인용한 시구에서 우리는 익재의 의식이 원으로 상당히 경도되어 있음을 쉽게 파악할 수 있다. 특히 ②의 시에서는 익재 자신이 고려인이라는 처지를 떠나 원의 신하된 입장에서 월지국(月支國)의 사신에게 작은 나라가 큰 나라를 섬기는 것이 순리이니 원에 사대하여 혜택을 입을 것을 권하고 있고, ③의 시에서는 송나라와 원나라를 비교할 때 원이 우월하다고 생각하고 있으며, ⑤의 시에는 익재의 극단적인 원 지향의식이 분명히 드러나 있다. 이러한 원 지향적인 의식은 일면 그의 잦은 원 왕래와 중원 유람, 원나라 문사들과의 교유 등과 상당한 관련이 있으며, 또한 "세조가 천하를 통일한 후 학문하는 선비들을 등용하였으므로, 헌장과 문물이 모두 중화의 옛 모습을 회복하였다"고[42] 판단할 정도로 원의 문화를 추숭한 태도와도 무관하지 않은 것으로 생각된다. 그러나 실제로 원의 고려에 대한 정치적 간섭과 경제적 침탈을 상기하면 익재가 원나라의 덕을 백왕의 으뜸이라 하고 또 그 정사를 순(舜) 임금이 의상을 드리우고 있는 덕치(德治)에 비견한 점은 이해하기가 곤란하다. 이런 마당에 익재에게

---

40) 『益齋亂藁』 권3 〈朝那〉.
41) 『益齋亂藁』 권4 〈奇參政宅月山雙馬手卷〉.
42) 『櫟翁稗說』 後集2: "世祖旣一四海 登用儒雅 憲章文物 皆復中華之舊."

원에 대한 반감이나 저항의식이 일어날 수 없는 것은 당연한 일이다. 그러나 익재가 결코 원나라에 아부를 한 것은 아니었다.

2) 문화적 긍지

익재의 사대사상은 기본적으로 소국인 고려가 대국인 원을 섬김으로써 고려의 습속을 바꾸지 않고 종묘사직을 보존해야 하는 것이어서 맹자의 "智者 以小事大 保其國"의 사상을 따르고 있는 셈이다. 따라서 익재가 사대사상을 가졌다고 하더라도 사대가 자주와 상치되는 개념이 아니고 자기보전의 한 방편인 만큼, 한족이나 몽고족과는 다른 고려인으로서 민족·자주의식을 가졌음은 물론이다. 다시 말하면 원에 대한 사대를 통해 고려를 보전하려는 의식이 곧 민족·자주의식이며, 그것은 사대 속에서의 자주로 이해할 수가 있다. 익재의 자주의식은 오늘날 국제관계에서 말하는 주권국가로서 원과의 대등한 관계를 희구하는 데까지 확대되었다고 보기는 어려우며, 적어도 정치적 위계(位階)의 상하 관계를 어느 정도 용인하는 범위 내에서 원이 고려 나름의 통치와 법속(法俗)을 인정해 줌으로써 사직을 보존하고 백성을 보호할 수 있다고 믿는 차원의 것이었다. 이러한 사정은 다음의 글에서 확인할 수가 있다.

왕씨의 군신과 사직의 이름을 바꾸지 않게 하고 의관과 풍속을 아울러 그 제도 대로 따르게 함으로써 산과 바다의 어리석은 백성들이 옛일의 편안함을 얻게 하여 주신다면, 태조와 세조께서 저의 나라를 어여삐 여겨 돌보시던 뜻이 어찌 더욱 밝아지지 않겠습니까?[43]

---

43) 『益齋亂藁』拾遺 〈上征東省書〉: "使王氏君臣社稷 不替其名 衣冠風俗 幷仍其制 山海愚民 獲安舊業 別太祖世祖 勤恤小邦之意 豈不益明."

이 인용문은 익재의 나이 57세 때(1343) 원에 잡혀 간 충혜왕의 방면을 위해 정동성에 올린 글의 일부로서, 37세 때 행성의 설치를 반대하여 올린 〈재대도상중서도당서(在大都上中書都堂書)〉 중의 "國其國 人其人 使修其政賦"와 "不更舊俗 以保其宗社"라는 구절과 같은 맥락으로 표현을 달리한 것이다. 특히 고려 군신의 명칭 존속, 사직의 보존, 의관과 풍속의 유지, 백성의 보호를 요청한 것은 민족의식·자주의식에서 발로된 것이라고 할 수가 있다. 이러한 요구는 원에 대한 사대 속에서 고려왕조의 존속과 자주적인 통치를 위한 최대한의 양보이지만, 결코 원에 동화되거나 속국이 되어서는 안 된다는 의지의 표현이기도 하다.

그러면 익재의 이러한 민족의식·자주의식이 어디에서 비롯된 것인가를 살펴볼 필요가 있겠다. 그것은 곧 고려왕조의 장구한 역사와 문화에 대한 자긍심에서 나온 것이라고 할 수가 있다. 그의 고려인으로서의 문화적 긍지와 자부심은 어떠한가? 먼저 그의 고려왕조에 대한 애정과 긍지는 다음 시에서 엿볼 수 있다.

① 海上箕封禮義鄉　　바닷가에 있는 기봉 예의의 나라에서
　　曾修職貢荷龍光　　조정(원)에 조공 바쳐 은총을 입었네.
　　……………………　　………………………………………………
　　扶持自有宗祧力　　예부터 부지하는 조상의 힘 있으니
　　會見松都業更昌　　송도의 우리 왕업 또다시 창성하리.[44]

② 松巒龍盤擁明堂　　용이 서린 듯 송악산은 대궐을 감싸고
　　威鳳樓前千步場　　위봉루 앞에는 천보장이로세.

---

44) 『益齋亂藁』 권2 〈題長安逆旅〉 3.

先王遺風及子孫　　선왕의 유풍이 자손에게 미치자
每年此地宴群臣　　해마다 여기서 뭇 신하 잔치하네.[45]

①의 시에는 고려가 기자(箕子)가 봉한 나라의 후신으로서 예의의 나라라는 데 긍지를 가지고 어떠한 고난이 있더라도 왕조가 다시 번창할 것이라는 기대를 나타내고, ②의 시에서는 송경(松京)의 왕궁에 대한 애정을 바탕으로 역대 왕의 풍교와 그 영향에 자득하는 마음을 읊고 있다. 이것은 고려와 고려문화에 대한 강한 자부심에서 우러나온 언표가 아닐 수 없다.

고려문화의 우수성, 고려인의 탁월성에 대해서는 장양호가 익재에게 준 시에서 "삼한의 문물은 본디부터 훌륭한데, 뛰어난 현인을 또 보게 되었네"라고[46] 읊고, 원 세조도 "고려는 작은 나라인데도 모든 기술이 중국보다 낫고 선비들은 모두 경서에 능통하여 공맹(孔孟)의 학을 배우므로 중국인보다 우월하다"라고[47] 인정한 바 있다.

익재의 고려문화에 대한 자긍심은 대원 관계의 여러 글에서 고려의 왕업이 400여 년이나 되었음을 누차에 걸쳐 강조하고 있는 데서도 찾아볼 수 있다.

또 생각하건대, 우리나라의 시조 왕씨가 바다 모퉁이에 개국한 지 426년이요 자손이 서로 계승하여 온 지도 28세나 되는데, 송·요·금을 거쳐 오면서도 사신을 통하여 왕래하며 견제만 할 뿐이었습니다.[48]

---

45) 『益齋亂藁』 권2 〈十一月十五日〉.
46) 『益齋亂藁』 권1 〈張侍郎詩附〉: "三韓文物盛當年 刮目青雲又此賢."
47) 『元史』 권159 〈趙良弼傳〉.
48) 『益齋亂藁』 拾遺 〈上征東省書〉: "又念小邦始祖王氏 開國海隅四百二十六年 子孫相繼二十八世 歷宋遼金 通使往來羈縻而已."

고려의 오랜 역사를 내세운 이면에는 왕조의 정통성과 전통성을 과시하는 한편, 400여 년 된 왕업을 하루아침에 인위적으로 끊어 없앨 수도 없고 쉽게 멸망하지도 않는다는 인식이 내재되어 있다. 익재는 왕위의 계승 여부는 천명에 따라야 한다고 믿었으며,[49] 또 고려의 역사가 오래된 것은 종묘와 사직의 신령들이 국가적으로 어려운 일이 있을 때마다 음으로 보살펴 주었기 때문이라고[50] 생각하였다. 그리고 윗글에서 과거 송·요·금과의 외교방법을 굳이 거론한 것은, 당시 고려가 원의 부마국으로 전락되어 주권을 행사할 수 없는 처지에서, 원의 부당한 정치적 간섭과 처사를 우회적으로 지적하고자 한 의도라고 할 수가 있다. 이 점은 곧 한민족이 역사적으로 타민족에게 정복·지배되었던 과거가 없었음을 나타낸 것으로, 민족의식·자주의식의 소산이라 할 것이다.

이상과 같이 익재의 민족의식·자주의식은 고려문화에 대한 자부와 장구한 역사에 대한 긍지에서 발로되었으며, 이러한 의식은 대원관계의 글 중 고려의 역사적 전통을 강조하고 언어와 습속의 이질성을 주장하며,[51] 또 고려를 색목국(色目國)과 동등하게 대우해 주기를 요청한 글 등을 통해서 쉽게 확인할 수가 있다. 특히 〈걸비색목표(乞比色目表)〉에서는[52] 표면적으로 원 황실과 고려 왕실의 혼인과 고려에서 시집간 황후에 의한 황태자 탄생을 그 이유로 내세우고 있지만, 그 이면에는 고려의 역사와 문화가 여타 민족의 그것보다 우월하다는 의식이 깔려 있다.

익재의 이러한 문화적 긍지와 그에 따른 민족·자주의식은 그의 여

---

49) 『益齋亂藁』 권9 하 〈肅王贊〉.
50) 『益齋亂藁』 권6 〈金公行軍記〉.
51) 『益齋亂藁』 권6 〈在大都上中書都堂書〉: "言語與上國不同 趨舍與中華絶異."
52) 『益齋亂藁』 권8.

러 역사 서술에서도 엿볼 수가 있다. 〈태조찬(太祖贊)〉에서는, 비록 충선왕의 말을 빌리긴 했지만, 고려 태조와 송 태조의 규모와 덕량이 같음을 전제하고 창업수통(創業垂統)과 고토회복(古土回復)의 웅지를 비교하여[53] 고려 건국에 대한 자부심을 나타내고 있으며, 또 〈문왕찬(文王贊)〉에서는 "송나라는 매년 어진 이를 포상하는 명을 내리고, 요나라는 해마다 장수(長壽)를 축하하는 예를 표시했으며, 동으로 왜(倭)는 바다를 건너와 보물을 바치고, 북으로 맥(貊)은 국경을 넘어와 물산을 교역해 갔다"라고[54] 하여 당시의 국력과 번성했던 문물에 대한 긍지를 내보이고 있다. 뿐만 아니라 『역옹패설』에서는 원나라의 우집(虞集) 등이 편찬한 『경세대전(經世大典)』 가운데 고려와 관련하여 잘못 기술된 부분, 즉 고려와 몽고 간의 초기의 사실과 달로화적(達魯花赤)의 피살에 대한 반론을 제기하고[55] 있는데, 이 역시 민족의식에서 나온 것이라고 할 수 있다.

4. 이제현과 원나라 문인의 교유

익재가 충선왕의 부름에 따라 연경의 만권당에 간 것은 28세 때(1314)의 일이다. 이에 앞서 충선왕은 보탑실령공주(寶塔實怜公主)와 불화 문제로 무고되어 원에 숙위(宿衛)로 불려가 10년간 머물러 있으면서 뒤에 무종(武宗)과 인종이 된 태자들과 친하게 지내는 한편, 인종을 도와 내란을 진압하고 무종을 옹립하는 데 공을 세워 심양왕(瀋

---

53) 『益齋亂藁』 권9 하 〈太祖贊〉.
54) 『益齋亂藁』 권9 하 〈文王贊〉: "宋朝每錫褒賢之命 遼氏歲講慶壽之禮 東倭浮海而獻琛 北貊扣關而受廛."
55) 『櫟翁稗說』 권1.

陽王)에 봉해지는 등 원 황실의 총애를 받고 있었다. 한편으로는 인종이 동궁(東宮)으로 있을 때(1307~1310)에는 태자태사(太子太師)가 되어 당시의 명사이던 요수(姚燧, 1239~1317)·소구(蕭㪅, 1241~1318)·염복(閻復, 1236~1312)·조맹부·원명선·장양호 등을 대궐의 관리로 천거하고,56) 또 이들 외에 왕구(王構, 1245~1307)·우집(虞集, 1272~1348) 등과도 교유하며 문예를 즐기곤 하였다.57)

충선왕이 만권당을 설치한 것은 고려왕과 심양왕을 각기 충숙왕과 고(暠)에게 양위한 1314년이다. 곧 익재가 연경에 도착하던 해이다. 따라서 원나라 문사들의 생몰연대로 볼 때 염복과 왕구는 충선왕과는 교유하였지만 만권당의 개설 이전에 죽었으므로 익재와는 만날 수가 없었다.58) 익재는 당시 만권당에 출입하던 문사들과 종유하였던바, 그들로부터 학술·문학·사상 등에 걸쳐 영향을 받은 바가 적지 않았을 것임은 쉽게 짐작할 수가 있다. 목은은 이와 관련하여 "원나라 조정의 큰 선비 학자들과 교유하여 견문을 넓히고 기질을 변화하여 학문을 연마한 결과 진실로 높고 정대한 학문의 경지에 이르게 되었다"고59) 평가하였다.

익재가 교유한 이들 문사들의 개개인의 행적과 학술 등에 관해서는

---

56) 『益齋亂藁』 권9 상 〈忠憲王世家〉: "公主之乳媼 與本國患得之人 潛謀以公主失愛 訴于中宮 以故入入宿衛者 十年 武宗仁宗龍潛 與王同臥起 晝夜不相離 大德十一年 王與丞相達罕等定策 奉仁宗掃內難 以迎武宗 功爲第一 封瀋陽王 推忠揆義協謀佐運功臣駙馬都尉 勳上柱國 階開府 儀同三司 寵眷無出右者 仁宗爲皇太子 王爲太子太師 一時名士姚燧·蕭㪅·閻復·洪華·趙孟頫·元明善·張養浩輩多所推轂 以備宮官."

57) 『益齋亂藁』 권9 하 〈太祖贊〉: "忠宣聰明好古 中原博雅之士如王構·閻復·姚燧·蕭㪅·趙孟頫·虞集 皆遊其門 盖嘗與之尙論也."

58) 李穡은 〈益齋亂藁序〉와 〈李齊賢墓誌銘〉에서 閻復과도 從遊했다고 하였으나 잘못이다. 이 점에 관해서는 池榮在, 「益齋 長短句의 硏究」, 성균관대학교 석사논문, 1977에서 밝혀진 바 있다.

59) 李穡, 〈益齋先生亂藁序〉: "朝之大儒縉紳先生 若牧庵姚公·閻公子靜·趙公子昻·元公復初·張公養浩 咸遊王門 先生皆得與之交際 視易聽新 摩厲變化 固已極其正大高明之學."

기존 논문에서 소개된 바 있다.[60] 여기에서는 그들 중 익재와 비교적 교분이 깊었던 것으로 보이는 조맹부·장양호·원명선 세 사람에 한하여 창화시(唱和詩)를 중심으로 그 문학적 교유를 살펴보기로 한다.

1) 조맹부

주지하는 바와 같이 조맹부(趙孟頫, 1254~1322)는 시·서·화 삼절로 유명하다. 뿐만 아니라 그가 유학제거(儒學提擧)로 임명되기도[61] 한 것으로 보아 당시 원에서 세력을 넓혀가던 정주학(程朱學)에도 상당한 소양이 있었음을 알 수가 있다. 익재는 33세나 연장인 그와 가장 절친하였던 것으로 보인다. 즉, 익재의 시문에서 여타 문사들에 비해 더 많이 언급되고 있다. 익재가 30세에 서촉의 아미산으로 제사를 받드러 갈 때 조맹부는 다음과 같은 고시 1수를 지어 송별하였다.

三韓望巴蜀	삼한에서 파촉을 바라보면
相去萬餘里	거리가 만 리도 넘을 테지.
棧閣如登天	잔도는 하늘로 올라가는 듯하며
劍門不可踰	검문산도 넘기가 어려우리.
誰令觸炎熱	누가 이 더위를 무릅쓰고
鞍馬事馳驅	말 타고 내달리도록 했던가.
王事有期程	왕실의 일이란 정해진 일정 있나니
吾敢求安居	사사로이 편안함을 구할 수야 없지.
道路何綿邈	길은 무척이나 멀고도 멀며
山川亦盤紆	산천 또한 구불구불 얽혔으리.

---

60) 池榮在, 앞의 논문; 鄭玉子, 「麗末 朱子性理學의 導入에 대한 試考」, 『震壇學報』 51, 1981.
61) 『元史』 권172 〈趙孟頫傳〉.

賴彼多古跡	자못 가는 곳마다 고적이 많아
庶可慰躊躇	스스로 위로하며 머뭇거릴 수 있지.
勿云錦城樂	금성이 너무 좋다고 말하지 말게나
早歸乃良圖	일찍 돌아오는 것이 상책일 걸세.
秋高天氣淸	하늘이 높고 날씨가 깨끗할새
矯首西南隅	머리 들어 서남쪽 바라본다네.[62]

　여정의 험난함을 걱정하고 임금에 대한 신하의 도리를 일깨우는 한편 고적(古跡)에의 탐닉을 경계하며 일찍 돌아오기를 당부하는 데서 조맹부의 익재에 대한 자상함을 읽을 수 있다. 특히 마지막 구절에는 익재로 향한 조맹부의 심경이 잘 나타나 있다. 뿐만 아니라 익재가 오강(吳江)에서 뱃놀이할 때 "오강의 뛰어난 경치 천하에 드물다는 말을, 내가 처음 조송설(趙松雪)에게서 들었었네"라고[63] 읊은 데서 볼 수 있듯이, 조맹부는 중국의 고적과 승경에 관하여 익재에게 자세히 일러준 듯하다.

　한편 익재는 조맹부의 송별시에 즉시 답을 하지 못하고 아미산에서 돌아오는 길에 위 시구 중 "勿云錦城樂 早歸乃良圖"라는 구절이 생각나서 〈이릉조발(二陵早發)〉이라는 시를 지어서 부쳐 주었다.[64] 그 시에서 익재는 "일에 맞닥뜨릴 때마다 가슴이 복잡해질 줄 뉘 알랴, 시를 읊을수록 머리카락만 더 빠지네. 두건은 꺾이고 갖옷조차 해어지니, 용문(龍門)을 향하여 이응(李膺) 보기가 부끄럽네"라[65] 하

---

62) 『益齋亂藁』 권1 〈趙學士詩附〉.
63) 『益齋亂藁』 권1 〈吳江又陪一齋用東坡韻作〉: "吳江淸勝天下稀 我初聞之趙松雪."
64) 『益齋亂藁』 권1 〈二陵早發詩序〉: "予之將如成都也 內翰松雪趙公子昂 以古調一篇相送 有勿云錦城樂 早歸乃良圖之句 十月北歸 雪後二陵道中 忽憶其詩 作此寄呈."
65) 『益齋亂藁』 권1 〈二陵早發〉: "觸事誰知胸魂磊 吟詩只得髮鬖鬖 塵巾折角裘穿縫 羞向龍門見李膺."

여 사행의 고달픔을 토로하였다. 조맹부가 익재의 장도를 걱정한 것
과는 달리 익재의 심사는 보내준 시에 대한 사례보다도 개인의 신변
에 한정되어 있다. 곧 연장자에 대한 의례적·투식적인 표현이 없는
것으로 보아 격의 없이 교유했음을 짐작할 수가 있다.

　그러나 익재는 조맹부의 시·서·화에 매료되어 그를 숭앙하는 동시
에 많은 영향을 받았던 것으로 보인다. "유독 식재(息齋)와 송설(松雪)
을 사랑하노니, 그들의 화풍이 한 번 세상을 휩쓸었네"라고[66] 극구
칭찬하고 있는 데에서 조맹부의 그림에 경도되었음을 확인할 수가
있다. 또한 익재는 조맹부의 시와 글씨에 대하여도 다음과 같이 읊은
바 있다.

珥筆飄纓紫殿春	따뜻한 봄날 대궐 뜰에서 붓을 가지고
詩成奪得錦袍新	시 한 편 지어 새 금포를 빼앗았네.
侍臣洗眼觀風采	시신들 눈을 씻고 그 풍채 바라보니
曾是南朝第一人	일찍이 남조의 제일인이었네.

風流空想永和春	풍류는 부질없이 영화시절 생각하나
翰墨遺蹤百變新	수묵의 남은 자취는 여러 번 변했었네.
千載幸逢眞面目	천 년 만에 다행히 참모습을 보았는데
況聞家有衛夫人	더구나 집에는 위부인도 있다 하네.[67]

　연작으로 된 이 시는 서촉에 다녀온 후 연경의 만권당에서 종유할
때 조맹부의 시에 화답한 것이다. 첫 번째 시는 탈금(奪錦)의 고사[68]

---

66) 『益齋亂藁』 권4 〈和鄭愚谷題張彦甫夏雲山圖〉: "獨愛息齋與松雪 丹靑習俗一洗空."
67) 『益齋亂藁』 권1 〈和趙學士〉.
68) "唐나라 則天武后가 龍門으로 유람 갔을 적에 君臣에게 시를 짓게 하고는 1등에게 錦袍를

를 인용하여 조맹부의 재주를 남조(南朝)의 제일인자로 칭송한 것이다. 여기에서 익재가 굳이 '남조'라 함은 조맹부가 송나라 황실의 후손임을 드러낸 것이다. 두 번째 시는 조맹부의 글씨가 당대의 종장(宗匠)임을 추켜세우고 천 년 만에 나올 수 있는 그런 인물을 직접 만나볼 수 있었던 자신의 행운을 기뻐하는 동시에, 역시 글씨에 능했던 조맹부의 부인까지[69] 칭송한 것이다.

익재의 조맹부에 대한 쏠림이 이와 같고 보면, 설혹 연장자를 의식한 의례적인 표현이라고 하더라도 당대의 조맹부의 명성을 고려할 때, 익재에게 미친 조맹부의 영향은 충분히 헤아릴 수가 있다. 특히 고려와 원의 교류 이후 조맹부의 글씨가 우리나라에 전해져 성행하게 된 것은[70] 이를 잘 반증해 준다.

2) 장양호

장양호(張養浩, 1269~1329)는 원나라의 대표적인 문학인 산곡(散曲)의 대가로 잘 알려져 있다. 어려서부터 볼만한 행실이 있었으며 주야로 독서에 힘써서 초수(焦遂)에 의해 동평학정(東平學正)에 천거되어 벼슬길에 나아갔다. 인종이 동궁에 있을 때 특별한 총애를 입어 감찰어사에 제수되었으며, 인종이 즉위하여 진사과를 설치하자 예부시랑

하사하기로 약속하였는데, 東方朔가 먼저 시를 지어 바치자 금포를 하사하였다가, 뒤이어 宋之問이 지어 바친 시가 더 아름다웠으므로 그것을 빼앗아 송지문에게 주었다."(『隋唐嘉話』;『국역 익재집』에서 재인용)

69) 끝 句의 말미에 "學士夫人管氏亦工書"라 細注하였다. 衛夫人은 晉나라 李矩의 아내로 鍾繇의 필법을 전수받아 隸書와 楷書에 능했으며, 王羲之·王獻之가 그에게서 배웠으므로 글씨를 잘 쓰는 부인을 일컫는다.

70) 徐居正, 『筆苑雜記』 권1: "自元以來 學字者 皆法趙孟頫焉 先生平生手跡 遍滿四海 其流傳東國……竊謂 高麗忠宣王入元朝 構萬卷堂 日與當世名儒六七人 從容談論 趙公其一也 我國文儒如李先生齊賢侍從亦多 王之東還 文籍書畵 馱載萬籤 趙之手跡 滿於東方 盖由此也."

으로 지공거를 맡았다가 예부상서를 거쳐 영종(英宗) 초에 참의중서성사(參議中書省事)를 지냈다.[71] 그와 인종의 관계, 인종과 충선왕의 관계로 미루어 만권당에서의 충선왕 및 익재와의 교유를 짐작할 수가 있다.

그는 익재보다 18세 연장으로, 익재가 30세에 서촉 사행 길에 오를 때 〈강호장단구(江湖長短句)〉 1편을 지어 증별한 바 있다. 그 장단구는 확인할 수가 없고, 다만 익재가 차운한 장양호의 시, 즉 그때 같이 지어 부친 것으로 보이는 시가 『익재난고』에 실려 있다.

三韓文物盛當年 삼한의 문물은 당세에 훌륭하여
刮目靑雲又此賢 청운지사 보게 되니 이가 또 현인일세.
壯志玉虹纏古劒 장대한 뜻은 옥무지개가 고검(古劍)에 둘렸는 듯
至誠石虎裂驚絃 지극한 정성은 화살로 석호(石虎)도 쪼갤 듯하네.
一鞭嵐翠遊山騎 채찍 휘두르며 푸른 산에 노닐 제
滿紙珠璣詠月篇 주옥같은 영월편(詠月篇)은 종이에 가득하리.
此去浣花春政好 이번의 완화계(浣花溪) 길 시절 정말 좋으니
白鷗應爲子來前 백구도 그대 위해 날아올 걸세.[72]

장양호는 고려의 문물이 예전부터 융성했음을 전제하고 익재의 장대한 뜻과 임금에 대한 지극한 충성을 들어 청운의 선비와 현인에 비견하는 한편, 익재가 가는 곳마다 읊을 시편들이 주옥같으리라고 문학적 재능을 칭송하고 있다. 곧, 익재의 장도에 당하여 기운을 북돋아 주려 했음을 알 수가 있다.

---

71) 『元史』 권175 〈張養浩傳〉.
72) 『益齋亂藁』 권1 〈張侍郎詩附〉.

한편 익재는 이 시에 차운하여, 〈강호장단구〉를 보내준 데 대하여
다음과 같은 시로써 사례하였다.

天慳文章數百年	하늘이 수백 년 아끼던 문장을
一時輸與濟南賢	일시에 제남의 현인에게 실어 주었네.
縱橫寶氣豊城劒	번득이는 기운은 풍성(豊城)의 칼과 같고
要妙古音淸廟絃	오묘한 소리는 청묘(淸廟)의 비파인 듯하네.
便覺有功名敎事	명교에 공로 있는 줄 문득 알겠는데
誰言費力短長篇	장단구에만 힘쓴다고 누가 말하랴.
興來三復高聲讀	흥이 날 때 두세 번 소리내어 읽으니
萬里江山只眼前	만 리 강산이 눈앞에 뵈는 듯하네.[73]

익재는 장양호의 문학·기개·명교(名敎)를 들어 칭찬하는 것으로써
사례에 대신하고 있다. 제3구의 '縱橫寶氣'와 제5구의 '有功名敎事'는
장양호가 시무(時務)를 상소하여 상서성(尙書省)의 철폐를 주장하다
가 파직당한 일과 저서 『삼사충고(三事忠告)』 3권을[74] 염두에 두고
한 표현인 듯하다. 특히 익재는 장양호의 문장을 하늘이 내려 주었다
고 하고, 또 그의 문학이 요묘(要妙)하고 옛스러워 『시경』의 〈청묘시
(淸廟詩)〉에 가락을 맞춘 비파소리처럼 여운이 길다고 하였는데, 이
를 익재와 관련하여 생각해 보면 그의 문학에서 많은 영향을 받았음
을 짐작할 수 있다. 그것은 제7~8구에서 〈강호장단구〉를 소리 내어
읽어보니 만 리 고국의 강산이 눈앞에 와 닿는 듯하다고 감흥을 나타
낸 데에서도 확인이 된다.

---

73) 『益齋亂藁』 권1 〈張希孟侍郎見示江湖長短句一篇以詩奉謝〉.
74) 『元史』 권175 〈張養浩傳〉.

따라서 위의 두 시편에서 보는 바와 같이, 두 사람은 나이의 차이에도 불구하고 서로의 학문적·문학적 재능을 인정하고 존중하는 가운데 문학을 매개로 하여 교유했음을 알 수가 있다. 더욱이 30세밖에 되지 않은 익재에 대한 장양호의 찬사는 당시 익재의 학문과 문학의 수준을 엿볼 수 있게 한다.

3) 원명선

원명선(元明善, 1269~1322)은 20세 전에 강남에 유학하여 당대의 큰 선비인 오징(吳澄)에게 수학하여 문장으로 이름이 났으며, 특히 『춘추』에 정통하였다. 연경에 오기 전 강서·금릉에 있을 때에는 매양 우집(虞集)과 학문·문학으로 강마하였으며, 일찍이 문장으로 드러나 진·한(秦·漢) 사이에 출입한다는 평을 들었다. 인종이 동궁에 있을 때 태자문학(太子文學)에 발탁된 후로 역대 왕의 총애를 받았으며, 성종·순종·무종·인종의 실록 편찬에 참여하고 또 『상서』에서 정치에 관련된 글들을 뽑아 임금에게 올리기도 하였다. 1315년(인종 延祐 2)에는 회시(會試)의 고시관과 정시(庭試)의 독권관이 되었던바, 그가 선발한 문사는 후에 명신이 많았다고 한다.[75]

원명선도 익재가 아미산으로 떠날 때 아래의 시로써 증별하였다.

峨眉山色夢中靑	아미산 빛 꿈속에 푸르더니
人自鷄林使錦城	계림에서 사람이 금성으로 사신 왔네.
九域圖經歸一姓	구역(九域)의 모든 도경(圖經) 한 성씨로 돌아오매
四川風物契三生	사천의 풍물은 삼생(三生)의 연분일세.

---

75) 『元史』 권181 〈元明善傳〉.

捫參歷井眞虛語	삼성(參星)·정성(井星) 만지는 건 참으로 헛말이니
詠月吟風足此行	풍월 읊기를 이번 길에 실컷 하리.
細問孔明當日事	공명(孔明)에겐 당시 일 자세히 물어보고
遼東却對幼安評	요동에선 유안(幼安)의 평가도 접하리라.76)

익재를 칭찬하지는 않았지만, 원나라의 천하통일에 따라 서로 만나게 된 것은 전생의 인연이라 하여 친근감을 나타내고, 한편으로 익재가 사행 길에서 풍물들을 읊고 전대의 사적들을 답사할 수 있을 것이라고 격려하고 있음을 볼 수 있다. 특히 원명선의 익재에 대한 각별한 정분은 제1~2구에서 꿈속에서의 현시(顯示)를 표현한 데 잘 나타나 있다.

익재는 이에 대한 답례로 위의 시에 차운하여 〈봉화원복초학사증별(奉和元復初學士贈別)〉이라는 시를 지었다.

昔從傾蓋眼能靑	지난 적에 잠깐 반갑게 서로 만나
載酒同遊遍洛城	술을 싣고 낙성 여러 곳에서 함께 놀았지요.
直欲執鞭如魯叟	곧장 말채찍을 잡은 공자처럼 하려 했으니
豈惟結襪比王生	어찌 버선을 신기게 한 왕생에 비할 뿐이리오.
感公燈火三更話	등불 켜고 밤늦도록 들려주신 이야기 고마운데
慰我關山萬里行	관산의 만 리 길 떠나는 나를 위로해 주시다뇨.
更得新詩入囊褚	새로 지은 시 한 편 또 받아보니
劍南人識汝南評	검남 사람들 여남의 평판을 안다오.77)

---

76) 『益齋亂藁』 권1 〈元學士詩附〉.
77) 『益齋亂藁』 권1 〈奉和元復初學士贈別〉.

두 사람 사이의 교유와 익재의 원명선에 대한 태도가 여실히 나타나 있다. 술을 싣고 낙성에서 함께 놀고, 등불 켜고 밤늦도록 정겨운 이야기를 나눴다는 데서 교분의 정도를 짐작할 수 있으며 '청안(青眼)'78)·'집편(執鞭)'79)·'결말(結襪)'80)·'여남평(汝南評)'81) 등과 같은 시어에서 익재가 원명선을 얼마나 존경했는지 알 수가 있다. 특히 제3~4구의 '執鞭'과 '結襪'은 익재가 원명선을 위하여 천한 일이라도 하겠으며 또 그를 일부러 수고롭게 하여 명성을 떨치게 하겠다는 뜻이다. 따라서 익재의 이러한 존경의 태도로 미루어, 원명선이 『춘추』에 정통하고 실록을 편찬한 사실들은 익재의 학문과 역사인식에 상당한 영향을 주었을 것으로 생각된다.

5. 이제현의 학문적·문학적 성취

이 글에서는 원의 고려 간섭기에 고려의 대표적인 문인이었던 익재 이제현을 중심으로 원나라 문인과 고려 문인 간의 문학적 교류의 일면을 고찰하고자 하였다. 이에 익재의 원나라에서의 활동, 대원의

---

78) 青眼: 阮籍이 喪을 당했을 때 嵇喜가 찾아와 조문하자 白眼으로 쳐다보고 그 아우 嵇康이 술과 거문고를 가지고 오니 青眼으로 맞았다고 한다. 곧 반갑게 본다는 뜻이다(『晉書』 권49 〈阮籍傳〉).

79) 執鞭: 孔子가 "富者를 구해서 된다면 나는 말채찍을 잡는 일이라도 하겠다"고 하였다(『論語』〈述而〉).

80) 結襪: 漢나라의 張釋之는 유명한 廷尉였는데, 王生이라는 노인이 버선을 신겨 줄 것을 청하자 석지가 공손히 신겨 주었다. 어떤 사람이 왕생에게 "왜 그렇게 하여 모욕을 주었는가?" 하고 묻자, 자신은 늙고 미천해서 장석지를 유익하게 해 줄 수가 없어서 일부러 모욕을 주어 그의 겸손한 덕을 드러나게 하려 했다고 하였다(『史記』 권102 〈張釋之傳〉).

81) 汝南評: 後漢 때 汝南에 살고 있던 許劭는 식견이 높아 그의 종형 許靖과 함께 명망이 있었는데, 고을 사람들의 인물을 평판하기 좋아하여 한 달에 한 번씩 品題를 하였다. 이 때문에 여남의 풍속에 月旦評이 있게 되었다(『後漢書』 권68 〈許劭傳〉).

식, 원나라 문인들과의 교유양상을 구체적으로 검토하였다. 앞서 논의한 바를 요약하는 것으로 결론에 대신한다.

익재는 28세 때 충선왕의 부름을 받고 연경의 만권당에 갔는데, 당시 원나라의 학사 요수(姚燧), 조맹부(趙孟頫), 원명선(元明善), 장양호(張養浩), 우집(虞集) 등이 거기에 드나들었으므로 그들과 종유함으로써 학문과 문학이 더욱 성취될 수가 있었다. 만권당을 중심으로 한 익재의 원 문사들과의 교유는 비록 그 기간이 2년 내외로 짧았다고 하더라도, 그들이 익재보다 15년 이상의 존장(尊長)으로서 또 당대의 명유(名儒)·문호(文豪)·명필(名筆)로서 30세 전후의 익재에게 학술·문학·예술 등 다방면에 걸쳐 적지 않은 영향을 미쳤을 것이다. 익재 또한 원의 학문·문학적 분위기를 직접 접함으로써 안목을 넓히고 사고를 새로이 할 수 있는 계기가 되었다고 할 것이다. 굳이 이들 문사의 영향 관계를 따진다면 조맹부는 서화, 장양호는 문학, 원명선은 학문에 있어서 주로 영향을 미쳤다고 하겠다.

한편 익재는 고려가 원나라에 복속된 지 10여 년 후에 태어났고, 또 당시 원나라가 유럽과 아시아에 걸쳐 세계제국을 건설하고 있었으므로, 원의 존재를 기정사실로 인정하고 원을 세계의 중심으로 고려를 통일된 천하의 일부로 인식하고 있었다. 따라서 그는 원과 고려를 동문(同文)의 나라 혹은 본지(本支)의 관계로 인식하는 한편, 원나라에 대한 사대에 어떠한 회의도 가지고 있지 않았다. 오히려 그의 대원의식은 사대의 차원을 넘어 원으로 상당히 경도되어 있었다. 한편 사대와 자주가 상호 대립적인 개념이 아니고 이소사대(以小事大)가 자기보전의 한 외교적 방편인바, 익재는 사대 속에서의 자주를 추구하였다. 원나라에 올린 여러 편의 상서에서 고려의 400여 년 된 왕업의 전통을 강조하며 고려의 습속 유지와 종묘사직의 보존을 주장한 것은 문화적 긍지에 바탕을 둔 민족의식·자주의식의 단적인 예이다. 그러나 이민족의 침략과 지배에 대하여 심각하게 문제의식을 느끼지 못한 것은 그의 시대의식과 대원의식의 한계라고 할 수가 있다.

그러나 익재의 원나라에서의 활동은 그가 고려의 최고 문인이 될 수 있는 밑거름이 되었다. 그는 서촉(西蜀)의 아미산(峨眉山)으로 제사를 지내기 위해, 강남의 보타산(寶陀山)으로 충선왕을 시종하여 향을 내리러, 그리고 서번(西蕃)으로 충선왕을 배알하러 세 차례에 걸쳐 장거리 여행을 하였던바, 오가는 길에 중국의 장엄한 산하, 기이한 풍속, 성현들의 유적, 역사적인 고적들을 두루 섭렵하며 견문을 넓히고 빼어난 기상을 기를 수가 있었다. 그는 이르는 곳마다의 명승고적에 대해 시를 읊었는데, 이때 지은 작품들이 그의 대표작으로 일컬어지고 있다. 곧 중국 주유(周遊)는 그의 호한한 문학세계의 바탕이 되었던 것이다.

참고문헌

『論語』, 『史記』, 『元史』, 『晉書』, 『後漢書』

金宗直, 『高麗史節要』

金澤榮, 『韶濩堂文集』

徐居正, 『東文選』

_____, 『筆苑雜記』

李 穡, 『牧隱文藁』

李齊賢, 『益齋亂藁』

_____, 『櫟翁稗說』

鄭道傳, 『三峰集』

鄭麟趾 外, 『高麗史』

崔 瀣, 『拙藁千百』

高柄翊, 「麗代 征東行省의 研究」(下), 『歷史學報』 19호, 1962.

金時晃, 「益齋研究」, 계명대학교 박사논문, 1987.

金宗鎭, 「李穀의 對元意識」, 『泰東古典研究』 창간호, 1984.

金泰永, 「高麗後期 士類層의 現實認識」, 『創作과 批評』 44호, 1977년 여름.

閔賢九, 「益齋 李齊賢의 政治活動」, 『震壇學報』 50호, 1981.

朴性奎, 「麗末詩人의 現實認識: 李齊賢의 抗蒙意識을 中心으로」, 『우리문학연구』 3집, 1978.

鄭求福, 「高麗時代 史學史 研究」, 서강대학교 박사논문, 1985.

鄭玉子, 「麗末 朱子性理學의 導入에 대한 試考」, 『震壇學報』 51호, 1981.

池榮在, 「益齋 西蜀行 詩의 研究」, 『東洋學』 17, 1987.

_____, 「益齋 長短句의 研究」, 성균관대학교 석사논문, 1977.

한국고전번역원, 『국역 익재집』, 민족문화추진회, 1979.

김윤식의 중국 인식

: 영선사(領選使) 활동 시기를 중심으로

황재문

(서울대학교 규장각한국학연구원)

1. 동아시아 세계의 변화와 김윤식의 위상

운양(雲養) 김윤식(金允植, 1835~1922)은 전통적인 세계 질서가 새로운 세계 질서로 재편되는 시기에 활동했던 인물이다. 중국을 중심으로 하는 '조공-책봉체제'의 전통적인 동아시아 세계 질서가 해체되고,[1] 개별 국가가 모두 독립국으로 인정되는 '조약체제'의 세계 질서가 이를 대신하게 되었던 것이 당시의 상황이었다. 이는 곧 과거에 '중국'이 지니고 있던 위치가 흔들림을 뜻하는 것이었다.

따라서 당시에는 동아시아의 지식인들이 중국에 대해 과거와는 달리 인식하게 될 가능성이 있었다고 할 만한데, 특히 김윤식의 사례는 주목할 만하다. 김윤식은 유신환과 박규수의 문하에서 전통적인 학문

---

1) 책봉 체제의 존재는 중세 세계질서의 보편적인 특징이었으며, 그 성립과 해체 과정을 기준으로 삼아 문명권 혹은 근대 민족국가의 우열을 따질 수는 없다. 문명권에 따른 책봉 체제의 존재 양상에 대해서는 조동일, 「책봉체제」, 『문명권의 동질성과 이질성』, 지식산업사, 1999, 11~109쪽 참조.

을 익혔으며, 조선의 관료로서 세계 질서의 재편 및 재정립과 관련된 업무를 담당하였기 때문이다. 요컨대 유교적 교양을 갖춘 지식인이 당시의 민감한 국제 정세를 살핀다면 어떤 의식의 변화가 나타날 수 있는가 하는 문제를 김윤식을 통해 살필 수 있으리라고 기대할 만한데, 김윤식의 정치사상이 지닌 특징에 주목한 단행본이 최근에 여럿 출간된 것은 이러한 맥락에서도 이해할 만한 바가 있는 듯하다.[2]

이 글에서는 김윤식의 사유 일반에 대한 선행 연구의 성과를 바탕으로 하되, 영선사 활동 시기의 중국 인식에 대해 주목하여 논의를 진행하고자 한다. 이는 두 가지 이유 때문이다. 우선 중국에 체류하면서 중국 및 국제정세의 변화를 체험한 것이 이 시기이기 때문이며, 다음으로는 그러한 변화에 대한 자신의 생각을 기록으로 남긴 것이 또한 이 시기에 집중되어 있기 때문이다.

급변하는 당시 국제 정세의 변화를 직접 체험한 인물이 김윤식 한 사람만은 아니었다. 서구에 사절로 파견되었던 민영환과 민영익이 있었고, 서구에 머물면서 새로운 지식과 제도를 목격한 유길준과 윤치호가 있었다. 또 김옥균을 비롯한 '개화파'들은 일본을 통해 서구식 문물과 제도를 도입하고자 하였다. 이들은 모두 전통적인 교양의 바탕 위에서 새로운 국제질서에 대한 대응을 위해 고심하였다고 할 수 있다. 그렇지만 김윤식은 적어도 두 가지 점에서 이들과 구별된다. 우선 과거로부터의 지속과 변화가 직접 나타나고 있던 중국에서 활동하였으며, 다음으로 일기와 시문을 통해 상황의 변화에 대한 자신의 감회를 남겼다.

이 글에서는 김윤식의 일기인 『陰晴史』를 주로 검토의 대상으로

---

2) 장인성, 『장소의 국제정치사상』, 서울대학교출판부, 2002, 1~516쪽; 기무라 간, 김세덕 역, 『조선/한국의 내셔널리즘과 소국의식』, 산처럼, 2007, 1~461쪽; 김성배, 『유교적 사유와 근대국제정치의 상상력』, 창비, 2009, 1~356쪽.

삼을 것이며, 문집인 『雲養集』에 수록된 작품들을 통해 논의를 보완할 것이다. 『음청사』는 사실상 영선사 활동 시기의 사행록이라 할 수도 있으므로,[3] 이 글의 논의는 앞선 시기의 조천록 및 연행록에서의 중국에 대한 인식이 어떠한 변화를 보이는지에 대한 검토의 의미도 가질 수 있을 것으로 기대한다.

2. 중국 인식의 구도

김윤식이 영선사(領選使)의 임무를 부여받고 조선을 떠난 것은 1881년 9월 26일의 일이었다. 김윤식은 권한을 부여받아 선발한 學徒 및 工匠 등을 이끌고 중국 땅을 향하였으며, 목적지인 天津에 도착한 뒤로부터 영선사로서의 임무를 수행하였다. 영선사는 원래 청나라로부터 신식 무기 제조법 등을 배우기 위해 파견된 것이지만, 김윤식의 경우에는 이와 함께 미국과의 조약 체결을 위해 중국 관리들의 협조를 구하는 임무가 맡겨져 있었다. 김윤식 스스로 "議約事"와 "學造事"를 거론하였듯이,[4] 두 가지 모두 중요한 임무였다고 할 수 있을 것이

---

3) 『陰晴史』는 김윤식이 50여 년간 작성한 일기인데, 현재 1881년 9월부터 1921년 12월까지의 것이 전한다. 원래는 관직에 나아간 1865년부터 일기를 썼다고 한다. 국사편찬위원회에서 활자화하여 한국사료총서 제6권(『음청사』, 1958) 및 제11권(『속음청사』, 1971)으로 간행하였다. 국사편찬위원회의 활자본에서는 1881년 9월에서 1883년 8월까지의 것을 "음청사", 1887년부터 1921년까지의 것을 "속음청사", 그리고 1883년에서 1887년까지의 것을 "追補陰晴史"라고 명명한 바 있다. 이 가운데 "음청사"만을 따로 놓고 보면 영선사로 선발된 시점부터 귀국하기까지의 일을 주로 기록하고 있어서, 그것 자체로 일종의 사행록 또는 연행록이라고 해도 크게 잘못된 말은 아닐 것이다. 아내의 죽음처럼 귀국 이후의 일이 일부 첨부되어 있지만, 이 또한 영선사행과 관련이 있는 사건이며 서술 또한 상세하지 않다.

4) 이 말은 유배 기간 중인 1892년 6월에 쓴 「天津奉使緣起」(『속음청사』(상), 227~229쪽 및 『운양집』 14)에 나온다. 김윤식은 李鴻章과의 필담에 대해 언급하면서 "의약사가 8~9할이었고, 학조사는 1~2할에 지나지 않았다(蓋議約事居十之八九, 而學造事不過一二耳)"고 말하

다. 영선사행 또한 일종의 使行이지만, 부여된 임무의 성격이나 예정된 체류 기간 등에서 이전의 사행과는 다른 면모를 가진 것이었던 셈이다.

중국에 대한 인식의 구조를 결정짓는 요소는, 이 가운데 "의약사" 쪽에서 찾아볼 만하다. 당시 중국에 대한 인식을 변화시킬 만한 요인 가운데 가장 중요한 것이 조선과 청나라 사이의 관계 설정 방식이었는데, "의약사", 즉 미국과의 조약 체결 문제는 이에 대한 결론을 포함하지 않을 수 없었기 때문이다. 국가 간의 조약 체결을 위한 교섭에 나선 미국의 입장에서는, 조선이 중국과 어떤 관계에 있는지를 분명히 해 두지 않고는 교섭을 진행하기 어려웠을 것임은 쉽게 짐작할 수 있다.

오늘날의 시각에서 보면, 조선과 청나라 사이의 관계를 어떻게 설정할 것인지에 대한 답은 분명해 보이기도 한다. 그렇지만 중세적인 세계 질서 속에서 살아온 당대인들에게 있어서는, 이 문제에 대해 결론을 내리는 일은 그리 단순하지 않았을 것이다. 전통적 질서를 유지해야 하는 명분과 새로운 질서를 규정해야 하는 현실, 그리고 그러한 결론에 따른 이익 또는 손실과 같은 복잡한 문제들을 고려해야 했다. 김윤식이 이런 점에 대해 고민했음은 『음청사』에서 살펴볼 수 있는데,5) 다만 그에 대한 해답을 청나라 관리들보다 앞서서 제시한 것은 아니었다.

였다. 그런데 여기에 언급된 비중은 "이홍장과의 필담을 기록한 종이[談草]"의 내용상의 비율이라는 점은 분명히 해둘 필요가 있다. 이 글로부터 영선사 김윤식의 임무 가운데 의약사의 비중이 8~9할이었다는 식의 결론을 도출하는 사례가 적지 않은데, 적어도 이 글의 문맥으로부터 그러한 결론을 바로 이끌어내기는 어렵다. 「天津奉使緣起」는 당시의 담초들을 모아서 印東植이 편찬한 『天津談草』의 편찬 시말을 밝힌 글이다.

5) 김윤식은 이홍장과 함께 몇 가지 조약 초안을 검토하였으며, 그 검토 결과에 자신의 의견을 덧붙여 국왕에게 보고하였다. 이에 대한 사례는 김성배, 앞의 책, 2009, 175~178쪽 참조.

청나라의 李鴻章이 제시한 해법은 '屬邦論'이었다. 조선은 청의 屬邦이지만 내치와 외교에 있어서는 自主라는 것이 그 요점이었다. 적어도 형식적인 면에서는 조공-책봉체제의 중세적 세계 질서를 최대한 보존하고자 한 것처럼 보이는데, 아마도 그 이면에 청나라 측의 셈법이 작동하고 있었기 때문일 것이다.6) 다만 "외교"를 거론한 점 등의 차이가 있으므로, 과거의 조공-책봉체제 형식과 일치하는 것은 아니라고 할 수 있다.

그렇지만 속방론의 논리가 독립국가 간의 근대적인 조약 체결에서 그대로 수용될 수 있는가에 대해서는 논란의 여지가 있었다. 이홍장 또한 이러한 점을 인식하고 있었던 듯한데, 조선 측에 '朝美修好通商條約'의 제1관에 청의 속방임을 명시할 것을 요구하는 한편으로 이것이 어려울 때에는 조약문 이외에 별도의 조회를 통해 속방의 관계를 분명히 하도록 권한 데서 이를 짐작할 수 있다.

한편 당시 새로운 국제 질서를 대변하는 것은 '萬國公法'이었다.7) 『음청사』에서도 김윤식과 중국 관리들 사이의 대화에서 만국공법이 언급된 사례를 여럿 찾아볼 수 있다.8) 또한 그 맥락을 살펴보면, 김윤식과 중국 관리들 모두 만국공법이 새로운 국제질서를 대변함을 분명히 인식하고 있음을 짐작할 수 있다. 특히 김윤식은 "조선이 스스로를 지키는 길은 오직 만국공법을 준수하여 이웃나라에 신뢰를 잃지 않는 데 있다"고 판단하였고 조선 사람들이 이를 제대로 알지

---

6) 위의 책, 2009, 179쪽에서는 이홍장이 사대 관계를 온존시키려는 '근대+전통'의 의미에서 속방론을 제기하였을지 모른다고 추측한 바 있다. 사대 관계란 곧 중세적인 세계 질서의 핵심에 해당한다.

7) 만국공법의 내용과 의의에 대해서는 김용구, 『만국공법』, 소화, 2008, 1~223쪽 참조. 김용구는 '만국공법'의 개념이 동아시아에 유입된 시점을 漢譯書인 『만국공법』이 중국에 전해진 1863년으로 보았으며, 책으로서의 『만국공법』이 조선에 전해진 시점을 1876년 2월 이전으로 추정하였다.

8) 『음청사』 1881년 12월 19일, 1882년 2월 11일, 3월 4일, 5월 4일, 5월 14일, 6월 30일.

못하는 현실을 비판한 바도 있다.[9] 물론 이와 같은 단편적인 언급을 통해 이해의 깊이를 단정하기는 어렵지만, 적어도 당시의 국제 질서에서 그것이 상당한 중요성을 지닌다는 점은 이해하고 있었음이 분명하다.

김윤식이 '속방론'과 '만국공법'의 사이에서 선택한 길은 속방론의 논리였다. 이는 김윤식이 특별히 사대주의적이었거나 당시의 정세와 시대 변화에 어두웠기 때문은 아니었다. '屬邦'과 '屬國'이 다른 의미를 지닌 말이라고 이해하는 입장에 서 있었으며, 자주권과 안보를 동시에 취할 수 있는 실리적인 방안이라고 판단했기 때문이었을 것이다.[10] 또 미국과의 조약 체결에 있어서 조선 정부가 속방론의 수용 여부보다는 미곡의 유출 및 서양 종교의 포교 금지 등의 문제에 더 관심을 기울이고 있었기 때문일 수도 있고,[11] 김윤식이 속방론 및 만국공법의 논리 가운데 어느 쪽에 중심을 둘 것인지에 대한 실질적인 선택권을 갖지 못했기 때문일 수도 있다. 또 청나라 땅에서 琉球國과 베트남의 소식을 접하는 과정에서 김윤식이 만국공법의 한계와 위험성을 인식했기 때문일 수도 있다.

실제 미국과의 조약문에는 속방론이 명시되지 못하였다. 그렇지만 그러한 결과와는 별도로, 김윤식이 속방론의 논리에 따라 현실의 중국을 인식하는 구도를 마련하게 되었을 것임은 추론할 수 있다. 김윤

---

9) 『음청사』 1882년 2월 11일, 79쪽. "然小邦自守之道, 惟在謹守公法, 無失信於他邦, 可也. 而敝邦人, 視公法如邪學, 不欲掛眼." 이러한 판단은 1892년의 글인 「時務說」에도 이어지는데, 「시무설」에서는 "公法" 대신 "條約"이라는 말을 사용하였다.

10) 김성배, 앞의 책, 2009, 175~183쪽. 김성배는 『추보음청사』에 나타난 내용을 근거로 하여 김윤식이 "속방"과 "속국"을 다른 의미로 파악하고 있다고 지적하였으며, 김윤식은 '자주+안보'라는 兩得의 실리 차원에서 속방론을 수용한 것이라고 추정하였다.

11) 김윤식과 이홍장의 筆談을 보면, 조선 정부에서 미곡과 종교의 문제에 더 관심을 기울이고 있었음을 짐작할 수 있다. 반면 이홍장의 최대 관심사는 속방론의 명시 여부였던 것처럼 보인다(『음청사』 1882년 3월 4일, 103~114쪽 참조).

식이 1890년대까지도 이홍장의 식견을 높이 평가하는 입장을 유지하였으며,[12] 이후의 일기에서도 속방론에 대한 이견은 드러내지 않았기 때문이다. 그렇다면 그가 중국을 보는 시각은 속방론처럼 "복합적"인 것이었다고 말할 수 있을 것이다. 또 그것은 속방론이 제기된 배경이 그러하듯이 만국공법의 새로운 요구를 의식한 것이었다고 할 것이다. 요컨대 그것은 전통적인 인식과 논리의 틀을 유지하면서도 변화의 요소를 내포하였다고 할 것인데, 이하에서는 일기와 시문을 통하여 어떠한 지속과 변모가 있었는지 구체적으로 살펴보고자 한다.

3. 중국 인식의 양상

1) 민간의 풍속에 대한 감회

김윤식은 이전의 연행사보다 오랜 기간 동안 중국에 머물렀지만, 민간의 풍속을 접할 수 있는 기회는 그리 많지 않았던 것처럼 보인다. 적어도 『음청사』에 기록된 분량을 기준으로 하면, 그렇게 판단할 수 있다. 사실 김윤식은 두 가지 임무를 수행하느라고 중국의 풍속을 돌아볼 만한 여유가 없는 상황에 처해 있기도 하였다. 그럼에도 불구하고 이국의 풍속에 대한 관심 자체가 없었다고 말하기는 어려운데, 미국과의 조약 체결 문제가 정리된 뒤 관리가 아닌 인물을 만날 기회를 청한 데서 이를 짐작할 수 있다.[13] 조선에서 天津으로 가는 길,

---

12) 한 가지 예로 1892년의 글인 「時務說」에서 "지금 시무를 가장 잘 아는 이는 북양대신 소전 이공이다(當今識時務者, 宜莫如北洋大臣少荃李公)"라고 한 것을 들 수 있다.

13) 『음청사』 1882년 5월 11일, 159쪽. 김윤식은 趙璧이라는 인물을 추천받았으며, 이후에 그의 집을 방문하였다.

그리고 이홍장과의 면담 등을 위해 天津과 保定府 사이를 왕래하는 길 등에서 중국의 풍속을 관찰한 사례를 찾아볼 수 있다.

> (가) 아내를 맞이하는 이를 보았다. 신랑은 앞에 있는 수레에 타고 부인은 뒤따르는 붉은 가마를 탔는데, 저물 무렵이 되어서 갔다. 오히려 古禮를 볼 수 있었다. 말을 탄 사람 여섯이 앞에서 인도하였고, 또 예닐곱 사람은 앞에서 걸어가면서 음악을 연주하였다.14)
>
> (나) 佛卓의 좌우에는 널 셋을 놓아두었는데, 배 모양과 같았다. 대개 중국의 민속에는 사람이 죽으면 불상 앞에 널을 놓아두고 곧바로 매장하지는 않는다. 시간이 많이 지나 백골이 쌓이니, 또한 괴이한 일이다.15)
>
> (다) 승려 네 사람이 모두 담배쌈지를 차고 있었다. 우리 동방의 승려들은 담배를 가장 엄격하게 금지하니, 술이나 고기 먹기를 금지하는 것보다 더 심하다. 중국 승려들의 풍속은 이와 같으니, 또한 기이하다 할 만하다.16)

天津으로 가는 길에 본 혼례, 장례, 승려 흡연의 풍속을 각기 다루었는데, 상세하게 묘사했다고는 말하기 어렵다. 각각에 대해 "오히려 옛 예법을 볼 수 있다(古禮猶可見也)", "괴이한 일이다(怪事也)", "기이하다 할 만하다(可異)"고 말하였는데, 여기에 진지한 평가의 감정이 담겨 있는지는 분명하지 않다. 중국의 풍경이나 기후에 대해 조선과 같거나 다르다고만 간단히 언급한 것과 별다른 차이를 찾아보기는

---

14) 『음청사』1881년 11월 7일, 16쪽. "見娶婦者, 夫乘車在前, 女乘紅轎車隨後, 乘昏而去. 古禮猶可見也. 騎馬者六人前導, 又六七人步行, 鼓樂在前."

15) 『음청사』1881년 11월 10일, 18쪽. "佛卓左右置柩三, 如舟形. 蓋中州民俗, 人死則置柩於佛前, 不卽葬埋, 年久積骨, 亦怪事也."

16) 『음청사』1881년 11월 10일, 20쪽. "僧徒四人, 皆橫煙俗. 我東僧徒, 最禁煙, 甚於酒肉. 中州僧風如是, 亦可異."

어려운 듯하다.[17] 세시풍속에 대해 언급할 때에 보인 관심의 정도나 서술의 태도 또한 이러한 수준에 머물고 있다.[18]

여기서 김윤식이 중국의 풍속을 접하고 서술한 태도에 어떤 특징이 있는지 논하는 것은 쉽지 않다. 수많은 연행사의 관심 및 서술의 방향이 일정할 수는 없기 때문이다. 그렇지만 스승인 박규수와의 특별한 관계를 고려하면,[19] 박규수가 보인 중국 풍속에 대한 관심의 방향과 조금 다르다는 점은 주목할 필요가 있을 듯하다. 박규수는 중국의 의복에 대해 특별한 관심을 보였는데, 이는 그것으로부터 三代의 古道를 찾고자 하였기 때문이었다.[20] 혼례 풍속을 보고서 "古禮"를 볼 수 있다고 하였으니 김윤식 또한 당대의 풍속으로부터 삼대 혹은 먼 과거의 풍속을 떠올렸을 가능성이 있다고 하겠는데, 그러한 과거에 대해 특별히 평가하지는 않았다. 또 그러한 풍속을 과거의 중국에 접근하기 위한 실마리로 삼지도 않았다. 이런 차이가 중국의 위상 변화로부터 유래한 것인지는 분명하지 않지만, 중국의 풍속으로부터 무엇인가를 배우거나 찾아내겠다는 생각이 없어지거나 약해졌다는 점은 분명한 듯하다.

---

17) 『음청사』에는 1881년 11월 6일(16쪽 11월 16일(21쪽) 등 여러 곳에 황사에 대한 언급이 보이는데, "마른 먼지가 자리처럼 쌓였다(旱塵如席)"는 정도로 상황만을 표현하였다. 넓은 들판의 풍경을 거론하면서 조선과는 다르다고 하였고, 신기루를 언급하면서 조선에도 이러한 현상이 나타난다고 하였다.

18) 『음청사』 1881년 12월 29일, 59쪽에서는 별다른 除夕의 세시풍속이 없다고 하였고, 1882년 1월 1일, 60쪽에서는 신년의 인사는 "東俗"과 다르지 않다고 하였다.

19) 김윤식은 스승인 朴珪壽와 특별히 친밀한 관계였다. 김윤식은 8세에 부모를 잃어 숙부의 손에 양육되었는데, 그를 기른 숙모는 박지원의 손녀 곧 박규수의 사촌누이였다. 한편 김윤식은 박규수의 언행을 뒷날까지 회고하였는데, 독일에 한문학교가 설립되었다는 소식을 기록하면서 박규수가 이전에 했던 말을 덧붙인 것은 한 가지 사례가 될 만하다. 이에 대해서는 『속음청사』(상) 1890년 7월 15일, 125쪽 및 1891년 2월 17일, 157쪽 참조. 김윤식은 박규수의 동생 朴瑄壽가 편찬한 『說文解字翼徵』의 서문을 쓰기도 하였다.

20) 복식에 대한 박규수의 관심에 대해서는 김명호, 『환재 박규수 연구』, 창비, 2008, 183~203쪽 참조.

사실 이와 같은 관점에서는 중국의 풍속이란 조선의 풍속과 대등한 차원의 대상이 되며, 또한 일종의 흥밋거리 수준을 벗어나기 어려울 것이다. 따라서 여기에 대해 논평을 붙이거나 이를 깊이 탐구하지는 않는 것이 오히려 자연스러울 수 있다. 그렇지만 예외적으로 김윤식이 강한 관심을 보인 풍속이 있었다. 그것은 바로 纏足의 풍습이었다.

김윤식은 전족으로 인해 짐승 발굽처럼 변한 발을 가진 중국 여성을 보았는데, 이를 "弊俗"이라 지적하면서 안타까운 마음을 표하였다. 또 따로 글을 써서 이 풍속에 대해 논하였다.[21] 다음은 그 글의 일부이다.

아아. 하늘이 만물을 낼 때는 각기 맡긴 바가 있다. 사람에게는 두 손과 두 발이 있으니, 손으로는 일을 하고, 발로는 걸음을 걷는다. 하나라도 없으면 곧 廢人이 되니, 이는 하늘을 폐하였기 때문이다. 『周易』에 이르기를, "하늘에 근본을 둔 것은 위와 가깝고 땅에 근본을 둔 것은 아래와 가깝다"고 하였다. 사람이 생겨날 때 머리가 둥근 것은 하늘을 본뜬 것이요, 발이 네모난 것은 땅을 본뜬 것이다. 발이란 것은 아래와 가까운 기관이다. 생각건대 부인네는 땅의 道를 지니고 있으니, 마땅히 아래와 가까운 기관을 남자보다 더 잘 보호해야 할 것이다.[22]

전족한 발에 宮鞋를 신는 것은 여성의 발을 훼손하는 풍속이다. 그것이 여성에게 물리적인 고통을 준다는 점은 누구나 짐작할 수 있

---

21) 『음청사』 1881년 11월 12일, 19쪽. "見一女子蹣跚過車前, 視其足如獸蹄, 卽所謂弓鞋也. 戕其天形, 狃於弊俗, 不禁傷惜之甚, 爲作弓鞋說."

22) 『雲養集』 권8 〈弓鞋說〉(김윤식, 한국문집총간 328, 민족문화추진회, 2004, 359쪽). "嗚呼. 惟天生物有任. 惟人具兩手兩足, 手以任事, 足以任步. 闕一則爲廢人, 卽所以廢天也. 易曰, 本乎天者親上, 本乎地者親下. 人之生也, 頭圓象天, 足方象地, 足者親下之器也. 惟婦人有地道焉. 是宜護其親下之器, 甚於男子."

을 것인데, 김윤식은 한 걸음 더 나아가서 이를 하늘의 이치를 해치는 행위로 규정하였다. 이를 위해 여성-땅-발을 연관시키는 논리를 『주역』에서부터 이끌어 내었다. 이러한 논리 자체가 적절한 것인지는 논란의 여지가 있지만, 이를 통해 전족이라는 풍속에 대한 강한 반대를 이끌어 내는 것은 자연스러워 보인다. 실제 김윤식은 글의 말미에서 肉刑을 없앤 漢 文帝의 공덕에 비기면서 전족 풍속의 폐지를 주장하였다.

김윤식이 내린 결론은 근대적 또는 여성적 시각에서 지극히 자연스러운 것이라 할 수 있다.[23] 오히려 이 글의 문제성은 그것이 중국에 대한 비판으로 이어질 가능성이 존재한다는 데 있을 듯하다. 동아시아 세계 질서의 중심이며 따라서 배움의 대상이어야 할 중국에 이처럼 바람직하지 못한 풍속이 존재하고 있으니, 문제를 제기한 김윤식은 중국을 비판하거나 더 나아가서 비난해야 할 입장에 처하게 된 것이다. 만약 이 풍속이 오랑캐, 즉 중국 외부로부터 유래한 것이라면, 그리 어렵지 않게 곤란함을 면할 수 있었을지도 모른다. 그렇지만 그가 갖고 있는 지식에 따르면, 전족은 한족의 것일 가능성이 높아 보였다.

결국 김윤식은 "성인의 나라(聖人之邦)"에 신체를 훼손하는 전족의 풍속이 이미 唐宋 말엽에 나타났다고 지적하면서, "娼女"가 어리석은 아이를 유혹하던 수단이 세상에 퍼진 것이리라고 추정하였다.[24] 그

---

23) 김윤식이 보여주는 여성 및 여성의 권리에 대한 특유의 감각과 관련지어 이 결론을 이해할 수도 있다. 김윤식은 귀양지에서 부녀자의 개가를 청하는 상소에 대해 관심을 보였으며, 손녀와 아들의 소실을 여학교에 입학시켰다. 『속음청사』 1901년 1월 2일 및 1909년 9월 14일 참조.

24) 『雲養集』 권8 〈弓鞋說〉(김윤식 편, 한국문집총간 328, 민족문화추진회, 2004, 359쪽). "今四海之外, 未聞有毁軆之俗, 而獨諸夏有之. 夫諸夏聖人之邦也, 女子人道之始也. … 或謂漢女欲自表異, 故纏其足, 此護非之辭也. 嘗見元人小詞, 往往有弓鞋之語, 意者自唐宋末造, 已有此風. 不知何許娼女祖齲齒折腰之故智, 始欲以此妖惑狂童, 遂以漸染成俗, 爲千餘年難醫之疾. 豈不傷哉."

는 이 추정에 어떤 근거가 있는지 밝히지 않았으며, 오늘날에 그 견해가 사실인지 판정하기도 어렵다. 다만 이러한 견해를 내놓은 이유에 대해서는 짐작해 볼 수 있는데, 아마 중국의 '보편적' 풍속이라고는 받아들이고 싶지 않은 감정이 있었기 때문이라는 것도 가능한 해석일 것이다.

이상에서 살핀 바에 의하면, 김윤식은 중국의 민간 풍속에 대해서는 특별한 기대를 갖지는 않았던 것으로 해석할 수도 있을 듯하다. 그래서 중국의 문물을 배우기 위한 사행임에도 불구하고, 민간의 풍속은 배움의 대상이거나 연구의 대상은 아니었다. 거기에서 三代 문화의 유산을 찾아보려는 노력도 없었고, 異族 왕조인 청나라를 비하할 만한 흔적을 찾아보려는 생각도 없었다고 할 만하다. 또 어느 정도 중립적인 감회가 중국의 위상이 천하의 중심에서 천하를 구성하는 하나의 나라로 바뀐 현실과 대응되는 것이라면, 「궁혜설」에서 드러낸 시각은 변화된 국제 질서에도 불구하고 중국에 대해 갖게 되는 특별한 감정의 반영이라고 할 수 있을 것이다. 결국 이러한 복합성은 김윤식의 영선사행이 가진 맥락과 조응하는 것으로 해석할 수 있을 것이다.

2) 사회의 현실에 비판적 진단

『음청사』에 과거로부터 전래된 중국의 민간 풍속에 대해 적극적으로 평가한 사례는 많이 보이지 않지만, 당대의 중국 현실 상황에 대해 관찰하고 기록한 사례는 드물지 않게 나타난다. 이는 어느 정도는 '영선사' 김윤식의 임무와 관심 때문일 것이다. 김윤식이 조선의 현실 상황에 맞는 "時務"를 파악하고 실천하는 것이 자신의 역할이라고 인식하고 있었음은 이미 알려진 사실인데,[25] 이와 같은 시각에서는 먼저 개화 정책을 실천하고 있는 중국의 현실 자체가 교재의 구실을 할 수 있었을 것이다. 청나라 관리로부터 개화의 실천 방향을 듣는 한편으로, 김윤식은 개화 정책이 진행 중인 중국의 현실을 직접 살펴보아야 하는 입장이었던 셈이다.

김윤식이 중국의 현실 가운데 가장 긍정적으로 묘사한 부분은 아마도 교육 문제일 것이다. 영선사는 학도 및 공장들의 학습을 관장하고 있었는데, 김윤식은 이 일을 하면서 天津에서의 교육 현황에 대해 자세히 관찰하였다. 또 이와 함께 자신이 이끌고 온 조선인 학도들의 교육이 부진한 데 대해 근심하기도 하였다. 사실 중국 땅에 와서 신기술을 익히던 학도들은 한정된 기간과 예산, 향수병 및 질병과 도난 사건, 중국 관리들의 기대에 미치지 못하는 기본 지식 등 여러 가지 어려움을 겪고 있었는데, 그 때문에 예정된 기한을 채우지 못하고 귀국하는 이들이 적지 않았다. 물론 "따로 상을 주어 격려할 만하다"는 칭찬을 들은 宋景和와 같은 이도 있었지만,[26] 학습 태도나 자질을 지적받는 이들이 더 많았다. 따라서 김윤식이 중국인 학생들과 견주어서 조선인 학도들의 학습 태도에 대해 한탄한 것은 잘못이라고는 할 수 없지만, 조선인 학도들의 입장에서는 다소 부당하다고 여길 만도 하였다. 다만 김윤식이 기대와 부러움이 섞인 복합적인 감정을 가지고 중국의 교육 제도와 학생들의 학습 태도를 바라보았다는 점은 분명한 사실일 것이다.

같은 맥락에서, 김윤식이 天津 이외의 곳에서 마주친 중국 學童들의 모습을 묘사한 장면들도 주목할 만하다. 김윤식은 무리지어 책을 읽고 있는 중국 학생들의 모습을 보고서 "그 부지런함이 이와 같으

---

25) 김성배, 앞의 책, 2009, 139쪽; 『속음청사』(상) 1891년 2월 17일, 156쪽. 조선에 있어서의 "時務"의 내용에 대해서는 1892년의 글인 「時務說」에 자세하게 서술되어 있다.
26) 『음청사』 1882년 6월 7일, 172쪽.

니, 조선 사람이 미칠 바가 아니었다"고 감탄한 바 있으며,[27] 사찰에
모여서 글을 읽는 아이들의 정연한 모습을 인상적으로 묘사하기도
하였다.[28] 김윤식의 감탄이 당시 중국의 교육열을 정확히 반영한 것
인지는 더 따져보아야 할 문제이지만, 적어도 『음청사』에서는 중국
인의 교육 제도와 상황을 상당히 긍정적으로 그려내고 있음은 분명
한 듯하다.

그렇지만 교육 문제를 제외한다면, 김윤식이 진단한 중국의 현실
은 그리 긍정적인 것만은 아니었다. 오히려 부정적인 측면이 더 많았
는데, 그 가운데 가장 근심스럽게 바라본 점은 바로 아편의 폐해였다.

李增榮은 나와 나이가 같은데 얼굴에 병색이 있었다. 아편의 해독 때문
임을 물어보고서 알았다. "어찌 끊지 않는가."라고 물었더니, "끊고 싶지
만 끊을 수 없다."고 답하였다. 대개 아편의 해독이 중국에 퍼진 지는 이미
오래되었다. 처음에는 법을 세워 嚴禁하였지만, 사람들이 잇달아 죽는데
도 이를 범하는 자는 더욱 늘어났다. 이에 어쩔 수 없이 금지를 완화시키
고 세금을 거둬들이게 되었다. 지나는 길가 가게의 간판에 "洋煙"이니 "洋
藥"이니 "廣土"니 하는 것을 판다고 써 놓은 것이 모두 이것이다. 서양인
들은 피우지 않으니, 오직 중국인들만 피해를 심하게 입는다. 근년에는
중국 각처에 양귀비를 심어서 중국인들 스스로 아편을 만든다. 우리나라
의주 사람들 가운데도 사서 피우는 이가 많다고 하는데, 이처럼 만연하면
장차 어디엔들 이르지 않겠는가. 근심하고 한탄하지 않을 수 없다.[29]

27) 『음청사』 1881년 11월 1일, 14쪽. "過松站鋪舍, 窓光下聞群兒讀書聲. 想是商人子弟, 習兔園
   冊子, 而其勤如是, 非東人所及也."
28) 『음청사』 1881년 11월 12일, 19쪽.
29) 『음청사』 1881년 11월 8일, 17쪽. "李增榮, 與吾同庚, 面有病色. 詢知爲鴉煙之害. 問何不斷
   喫, 答曰, 欲止不能. 蓋鴉煙之流毒中州已久, 始未嘗不立法嚴禁, 死去相續, 犯者愈衆, 不得已弛
   禁收稅. 所經貨鋪招牌上, 發賣洋煙·洋藥·廣土云者, 皆此物也. 洋人不喫, 獨中州人被害尤甚. 近"

여기서 거론된 李增榮이라는 인물은 객점의 주인이다. 그의 형이 지방관의 신분이라고 하였으니, 상층 가문 출신일 것이다. 그럼에도 처음 보는 사람이 병색을 느낄 정도로 건강을 해쳤으니, 중국에서의 아편의 폐해는 널리 퍼져 있었던 상황이라고 할 수 있을 것이다. 김윤식이 아편 관련 정책에 대한 정보를 어디서 얻었는지는 분명하지 않지만, 철저한 금지 정책으로부터 세금으로 억제하는 정책으로의 전환 과정과 이유, 중국 현지에서 아편을 생산하는 데 이른 당시의 현실 등을 비교적 상세하게 서술하고 있다. 이는 조선에서도 아편에 대해 경계해야 할 것이라는 판단이 섰기 때문일 것이다.

김윤식은 郭文奎라는 45세의 무인, 그리고 科業을 익히는 30세 정도의 인물에게서도 아편으로 인한 피해 사례를 찾아내고 있다.[30] 이들은 당초에는 통증 또는 병증을 완화시키기 위해 아편을 피우게 되었지만 해로움을 깨닫고 끊고자 할 때는 이미 끊을 수 없는 지경에 이르게 되었다고 털어놓았다. 김윤식은 이들을 보면서 아이들의 학습열과는 상반되는 당대 중국의 심각한 문제점을 깨달았을 것이다.

김윤식은 중국이 안고 있었던 또 하나의 문제로 개화 정책에 대한 대중적인 반감을 지적하였다. 중국으로부터 개화 정책을 배우고자 했던 영선사 김윤식의 입장에서는, 중국 사회 내부의 이러한 상황은 상당히 당혹스러운 것이었을 것이다. 물론 개화에 대한 사회적 반감이 조선의 경우만큼 심각한 수준에 이르지는 않았다고 할지라도, 그것이 가까운 미래에 조선도 겪게 될 문제일 수 있으므로 김윤식은 그에 대해 근심하는 심정을 표하였다.

邦均店의 벽에서 이홍장을 비판하는 2수의 시를 발견한 일은, 그

年以來, 中州各處, 各種罌粟殼, 自製鴉煙. 我國義州人亦多買喫者云, 似此蔓延, 將何所不至哉. 不勝悶歎."
30) 『음청사』 1881년 12월 22일, 49쪽; 1882년 3월 16일, 120쪽.

대표적인 사례라고 할 수 있다.[31] 이 壁上詩들은 이홍장을 금나라에 굴복한 秦檜에 빗대서 비판하였는데, 이는 곧 당시 중국인들이 청 정부의 정책을 賣國의 뜻으로 인식하고 있음을 의미하는 것이었다. 또 이 가운데 "장군은 전쟁을 주장하니 진실로 적수가 없고, 재상은 화친을 내세우니 다만 구차히 편안코자 할 뿐이라(將軍主戰眞無敵, 宰相和戒但苟安)"는 구절이 있으니, "재상"으로 지칭되는 이홍장은 비판의 주된 표적이 되는 셈이었다. 김윤식은 이러한 인식이 시를 써놓은 사람만의 것은 아니라고 판단하였는데, 이날 저녁에 店主 郭子香과 필담을 나누면서 이를 확인하였다.

이홍장을 개화 정책의 모범으로 생각하고 있던 김윤식으로서는, 여기에 대해 당혹감을 느끼지 않을 수 없었다. 이후 김윤식은 許其光과의 필담에서 다시 이 시들을 거론하였는데, 이때 이홍장의 노력에도 불구하고 중국에는 아직도 불복하는 민심이 있음을 지적하였다. 또 자신이 쓴 차운시를 보여주며, 그 논리에 반박하는 뜻을 밝혔다.[32] 차운시에서는 "책 읽는 이 마땅히 합변의 이치 알 것이거늘, 급히 약을 쓴들 이미 고황에 든 병을 어찌하리오(能讀書宜知合變, 急投劑豈己膏肓)"라고 하였는데, 이는 중국의 현실을 직시하면 이홍장이 취하는 정책이 적절한 것임을 알 수 있다는 의미로 풀이할 수 있다. '主和'는 어쩔 수 없는 상황에서 취하게 된 정책이니, 여기서 벗어나기 위해서는 힘을 키우면서 때를 기다려야 옳다는 말인 셈이다. 또 이러한 발언은 중국을 본받아 개화와 자강의 정책을 펴는 조선 관리의 입장 표명으로 이해해도 좋을 것이다.

김윤식은 天津에서 중국의 새로운 기술과 문물을 접하면서 그 효

---

31) 『음청사』 1881년 11월 16일, 21쪽.
32) 『음청사』 1882년 2월 11일, 81쪽; 『운양집』 권3 「邦均店次壁上韻」(김윤식 편, 한국문집총간 328, 274쪽).

용성에 대해 긍정적으로 인식하였으며, 때로는 조선의 현실에 비추어서 도입하는 것이 필요하며 가능한가를 따져보기도 하였다. 다만 신문에 대해서는 다소 불만스런 태도를 보였는데, 이는 제도 자체보다는 당시 중국 신문의 내용에 대한 것이었다. 신문은 영선사 일행의 학습 항목에 포함되어 있지는 않았지만, 김윤식은 중국 신문을 통해서 여러 가지 정보를 얻고 있었다. 그런데 그 내용 가운데는 잘못된 것도 적지 않았다. 다음의 일기에서 그 가운데 하나의 사례를 찾아볼 수 있다.

涑文[許其光]이 신보를 꺼내 보였다. 우리나라의 작년 逆獄과 우리나라에서 일본에 총기 2만 자루의 제조를 맡긴 일에 대해 논하였는데, 중국 또한 일본에 총기 제조를 맡겼다고 하였다. 사실과 벗어난 말이 많았다. 내가 "신보는 어떤 사람이 주필인지 모르겠으나 겨우 풍문을 얻어듣고 인쇄하는 것 같습니다. 늘 실상과 어긋나는 것이 많으니, 근거로 삼을 수 없을 듯합니다."고 써서 보였다. 허속문이 이르기를, "말이 중국인의 일에 걸리면 그 사람이 반드시 책임을 지게 됩니다. 그러니 감히 망령되이 쓰지는 못할 것입니다. 만약 귀국에서라면 어떤 법으로 처벌하시겠습니까?"라고 하였다. 나는 "처벌할 법이 없습니다."고 하였고, 함께 크게 웃었다.[33]

翰林 출신인 허기광(許其光, 1827~?, 호는 涑文)은 천진의 관리들 가운데 김윤식과 가장 많은 대화를 나눈 인물인데, 때로는 비교적 자유롭게 자신의 생각을 드러내기도 하였다. 허기광이 "申報"에서 보여준

---

33) 『음청사』 1882년 2월 4일, 77쪽. "涑文出示申報, 論我國昨年逆獄事, 及我國托造鎗砲二萬桿於日本, 中國亦托造於日本, 語多爽實. 余書示曰, 申報未知何人主筆, 纔得風便登軟廠, 每多失實, 不足爲據. 涑文曰, 語涉中國人事, 其人必有致責, 故不敢妄書. 若貴國當何法處之. 余曰, 處之無法. 相與大笑."

기사 가운데 조선이 일본에 2만 자루의 총기 제작을 맡겼다는 말은 사실일 리 없었다. 그렇지만 무기 제조 및 사용 기술을 배우기 위하여 중국에 온 김윤식의 입장에서는, 전혀 사실과는 다르다는 점을 굳이 변명해야 했다. 허기광 또한 그런 상황을 충분히 이해할 수 있었고, 그래서 한번 웃고 지나갈 수 있었을 것이다.

이로부터 일주일 뒤에는 김윤식이 다시 신문 기사를 소재로 허기광에게 질문을 하였다. '중국신문[中報]'에 대서특필된 "중국이 일본을 정벌하고자 한다(中國欲伐日本)"는 기사의 신빙성에 대해 물은 것인데, 허기광은 "신문에는 과장과 거짓이 많다(申報本多張誑)"는 답변을 하였다.[34]

결국 김윤식과 허기광 두 사람 모두 중국의 신문에 사실과 다른 기사가 많다는 점을 인정한 셈인데, 사실 19세기 말의 세계 각국 신문을 살펴보면 이런 문제가 중국에서만 나타났던 것이 아님을 확인할 수 있다. 그렇지만 영선사행 당시의 김윤식이 이런 점까지 생각했을 것 같지는 않다. 그렇다면 아마도 허기광의 발언처럼 '중국 신문에 과장과 거짓이 많다'는 정도의 인식을 갖는 데 그쳤을 듯하다.

이상에서 살펴보았듯이 김윤식은 당대 중국의 현실에 대하여 나름대로 관찰하고 있었다. 그렇다면 이러한 현실들의 총체로서의 중국의 국력은 어느 정도라고 이해했을까. 중국의 개화를 위한 노력들을 살피면서 성과를 흡수하고자 했던 상황이고 보면, 영선사 김윤식은 이러한 면에서 관심을 가졌을 법하다. 이는 청나라의 개화 정책이 본받을 만한 것인지, 그리고 청나라의 국력이 '속방'의 관계로 규정될 조선에 도움이 될 만한 것인지의 문제와 연관되어 있기 때문이다.

그렇지만 이에 대한 직접적인 언급은 찾아보기 어렵다. 다만 중국

---

34) 『음청사』 1882년 2월 11일, 82쪽.

의 국력이나 위상이 과거와는 달라졌다는 인식은 어느 정도 가졌으리라고 짐작된다. 김윤식은 이미 아편전쟁에서 중국이 패했다는 사실을 있었으며, 러시아와 일본의 행동에 분노한 중국인들이 전쟁을 일으킬 것이라는 신문기사를 보았을 때 어느 쪽이 이길 것인지 말하지 않았기 때문이다.

또 한편으로는 김윤식은 당시 중국의 국력이 강하지 않다는 점을 중국인들 스스로도 깨닫고 있었으리라고 생각한 듯하다. 그는 이홍장 등의 정책은 현재의 모욕을 견디면서 미래를 위한 준비를 하는 것으로 이해하고 있었다. 당장은 황제가 어리고 군비가 제대로 갖추어지지 않았기 때문에, 섣불리 러시아나 일본과 전쟁을 시작하지 않았다는 것이다.[35] 또 김윤식은 3년 정도 안에 사건, 즉 전쟁이 일어날 것이라고 생각하였는데, 여기에는 곧 3년 뒤의 중국은 전쟁을 치를 수 있을 만큼 국력을 강해질 것이라는 예상이 담겨 있다고 보아도 좋을 것이다.

요컨대 현재 중국의 국력은 강하지 않지만 멀지 않은 미래에는 강해질 수 있을 것이라는 것이 김윤식의 판단이라 할 수 있을 것이다. 물론 이홍장이 추진하는 정책이 성공적인 결실을 맺는 것이 그러한 판단의 전제가 될 것이다. 이는 어떤 의미에서는 중국이 더 이상 과거와 같은 문명의 중심으로서의 지위를 누릴 수 없음을 인식하면서도 그러한 과거의 회복 가능성을 기대해 보는 심리의 반영이라고 이해할 수도 있을 것이다.

---

35) 『음청사』 1882년 2월 11일, 82쪽의 허기광과의 필담을 옮긴 이 부분에는 "가만히 생각하건대(竊見)"라는 말로 시작되는 주석이 붙어 있다. 이러한 주석은 『음청사』에서 발견하기 어려운 예외적인 것인데, 김윤식 자신의 예측과 평가를 직접 제시하고 있어서 주목할 만하다.

4. 중국 인식의 성격

앞에서는 영선사 활동 기간 동안의 일기를 중심으로 김윤식이 지닌 중국 인식의 면모를 살펴보았다. 이제 그것이 어떤 의미가 있는지를 역사적·문화적 맥락에서 살펴보고자 한다.

조선 후기 이래의 역사적 상황을 고려하면, 이때 관건이 되는 것은 청나라에 대한 태도일 수 있다. 청나라는 만주족 왕조이기 때문에, 조선에서는 청나라의 건국과 함께 조공–책봉체제를 중심으로 한 세계 질서 인식에 내적 균열이 발생한 상황이었기 때문이다. 이미 전통적인 화이론을 대신하여 소중화론이 등장하였으며, 조선 후기에는 '조선중화주의'로 명명할 수 있는 세계관이 널리 퍼져 있었다.[36] 물론 개인에 따라 차이는 있었지만, 이른바 북학파까지를 포함하여 다수의 조선 후기 지식인들이 소중화론 또는 조선중화주의와 가까운 세계관을 지니고 있었음은 부정하기 어렵다. 이러한 배경하에서, 청나라와의 새로운 관계 설정을 고민해야 했던 김윤식의 경우에는 과연 어떠했을까를 질문해 볼 필요가 있을 것이다.

이 문제에 답하는 데는 하나의 난점이 존재한다. 그것은 김윤식이 '청나라'를 상대로 교섭을 해야 하는 관리의 처지였으며, 따라서 설사 자신이 조선중화주의적인 시각을 갖고 있다고 하더라도 이를 직접적으로 드러내기는 어려웠을 것이라는 점이다. 실제로 영선사 활동 당시의 일기와 시문에서는 소중화론이나 조선중화주의의 흔적을 찾아보기는 어렵다. 그렇지만 이것만으로 화이론에 대한 김윤식의

---

36) 우경섭, 『조선중화주의의 성립과 동아시아』, 유니스토리, 2013, 15~41쪽 참고. 우경섭은 조선중화주의를 "오랑캐 만주족이 세운 청나라에 의해 한족의 정통왕조인 명나라가 멸망한 뒤 중화문명의 적통이 조선으로 계승되었다"(15쪽)는 의미로 풀이하였으며, 이러한 세계관이 17세기 중반부터 20세기 초반까지의 유교지식인들의 사고와 행동을 규정하는 중추적 이데올로기로 작용하였다고 지적하였다.

입장이 어떠한지를 단정 지을 수는 없을 것이다.

여기서 더 정밀하게 살피기 위해서는 일종의 가정법이 필요할 것으로 판단된다. 즉, 만약 김윤식이 소중화론 혹은 조선중화주의적 사유를 지닌 인물이었다면, 특정한 상황에 있어서 어떻게 표현하였을까를 예상하고 과연 그러한지를 따져보는 것이다.

우선 3장에서 살펴보았던 「宮鞋說」로 다시 돌아가 보자. 김윤식이 전족의 풍속을 비판하면서 '여성-땅-발'을 연관시키는 논리를 활용했음은 앞서 살펴본 바 있다. 땅과 연관된 존재인 여성에게 발이 가장 소중한 기관이라고 한 것이 그 논리의 핵심이다. 이 논리를 확장한다면, '남성-하늘-머리'의 연관성 또한 이끌어낼 수 있다. 즉, 하늘과 연관된 존재인 남성에게 머리는 가장 소중한 기관이라는 논리가 성립되는 것이다. 이러한 관점에서 본다면, 중국의 풍속 가운데 변발이 논란거리가 될 만하다. 유명한 魯迅의 일본 유학 경험을 떠올리지 않더라도 변발은 청나라 남성들의 특징적인 면모일 수 있는데, 그럼에도 불구하고 김윤식은 이에 대해 주목하는 글을 남기지 않았다.

변발이 김윤식의 눈에 특이해 보이지 않았거나 나쁜 풍속으로 보이지 않았을 수도 있다. 또 청나라 관리들의 눈을 특별히 신경 써야 하는 상황이었기 때문에 자신의 생각을 드러내지 않았을 수도 있다. 그렇지만 김윤식이 만약 소중화론적 시각을 지니고 있었다면, 잠깐이라도 이에 대해 언급하거나 귀국한 이후에라도 그 풍속을 비판하는 글을 썼어야 자연스럽지 않을까 생각해 볼 수 있다. 전족이 중국 일반의 풍속 또는 한족으로부터 유래한 풍속이라면 변발은 만주족으로부터 유래한 풍속이어서, 소중화론자의 입장에서는 변발의 문제에 대해 논하는 것이 더욱 자연스러울 법하다. 그럼에도 불구하고 김윤식은 변발은 거론하지 않고 전족은 집중적으로 비판하였다.

영선사로서의 활동을 다시 살펴본다면, 만주족 출신 관리와 면담

할 때 특별한 반응을 보이지 않았다는 점도 함께 생각해 볼 만하다. 만주족 출신의 文瑞는 자신이 旗人이기 때문에 솔직한 성격이니 불편한 것이 있으면 거리낌 없이 이야기하라고 말하였고, 자신은 장백산 출신임을 잊지 않고 있으니 이웃나라로서의 정의가 있다고 하면서 친절하게 대하였다.[37] 이때 김윤식이 어떤 생각을 가졌는지 확인하기는 어렵지만, 적어도 불편한 감정을 드러내지는 않았다. 만약 김윤식이 소중화론적 사유를 지니고 있었다면, 문서의 태도를 접하고 불쾌감을 가지는 것이 자연스러울 듯하다. 또 만주족과 조선 사이의 관계를 따져서 문서의 발언이 잘못된 것임을 밝히려 들 수도 있을 것이다. 그렇지만 김윤식은 특별한 발언을 하지 않았으며, 한족 출신의 관리나 지식인을 만났을 때와 별다른 차이를 보이지는 않았다.

조금 시간이 흐른 뒤의 일이기는 하지만, 신해혁명에 대해 언급할 때에도 이러한 태도는 유지되는 것으로 보인다.[38] 김윤식은 혁명당의 취지를 "만주족 정부를 전복시키고 愛新覺羅氏를 제거하며 漢族으로 공화정부를 조직하는 것"이라고 기록하고 있지만, 신문기사를 바탕으로 전개 과정에 대해 객관적으로 서술할 뿐 자신의 감정을 드러내지 않았다. 이는 당시 중국에 머물고 있던 김택영이 보인 반응과는 상당히 대조적인 것이었다.[39] 이 사례를 살펴보면 김윤식과 김택영의 세계 인식에는 상당한 거리가 있었다고 해석할 수 있는데, 그 차이의 중심에는 화이론 또는 소중화론의 영향력 정도가 있다고 보

---

37) 『음청사』 1881년 12월 11일, 41쪽.

38) 『속음청사』(하) 1911년 10월 16일, 352~353쪽.

39) 신해혁명 이후 김택영의 반응에 대해서는 황재문, 「金澤榮 詩에 나타난 遺民意識」, 『한국한시연구』 13, 한국한시학회, 2005, 143~149쪽 참조. 특히 張詧이 보내준 음식을 받고서 "(음식이) 향기롭고 신선함이 배나 더하니 漢官의 몸이 되었기 때문일까(芳鮮增一倍, 爲自漢官身)"라고 노래한 〈謝退翁歲饋三首〉에는 이러한 인식이 직접 드러나기도 한다. 김택영은 한족의 국가가 세워진 이후에 중국의 국적을 취득하였는데, 이 또한 만주족 국가에 대한 부정적 인식과 연관된 것으로 해석할 수 있다.

아도 좋을 것이다.

이러한 사정은 한시에 있어서도 다르지 않은 듯하다. 김윤식은 영선사 활동 시기의 시편에 '析津于役集'이라는 제목을 붙여 『운양집』에 실었는데, 이 가운데서 화이론적 사유가 보이는 작품은 찾아보기 어렵다. 이후 『운양속집』에서는 『운양집』 편찬 당시에 누락되었던 작품들을 찾아서 수록하였는데,40) 역시 화이론적 사유를 보이는 작품은 보이지 않는 듯하다.41)

다만 청나라에 패배한 기억을 상기시키는 유적을 방문하여 시를 읊은 일도 있는데, 이에 대해서는 더 깊이 따져볼 필요가 있다. 다음의 작품은 「靑石嶺」인데, 영선사행 도중에 쓴 것으로 추정된다.

暮登石嶺上	저물녘 청석령에 올라서,
長吟石嶺歌	청석령 노래 길게 읊었네.
石嶺多風雨	청석령엔 비바람이 많은데,
翠華昔日過	임금의 수레 이리로 지나갔었네.42)

"石嶺歌"란 곧 봉림대군(효종)이 청나라 땅으로 들어가면서 부른 시조를 가리킨다. 패전의 아픔을 간직하고 청나라로 들어가는 대군이 자신의 처량한 행색을 노래한 작품이기에, 이 노래를 읊는다는

---

40) 『운양속집』 권1(김윤식 편, 한국문집총간 328, 528쪽). "赴天津時及東還後, 與華人贈答者, 而甲寅刊集時失其本草, 未得備載. 後偶於故紙堆中得之, 故補遺附之."

41) 〈二十六韻, 奉贈周玉山觀察〉(위의 책, 536~537쪽)의 경우에는 "再造皇恩大"의 구절이 보이는데, 여기서의 "再造皇恩"은 청나라 황제가 임오군란 당시 조선을 도와준 은혜를 지칭한 것이다. 명나라 황제가 임진란 당시 조선에 구원병을 보낸 일을 흔히 일컬을 때 흔히 "再造之恩"이라는 말을 사용하는데, 이와 유사한 말을 청나라 황제를 칭송하는 데 사용한 점은 특이하다고 할 만하다. '명나라에 대한 의리'와 소중화론은 서로 연관되어 있으므로, 이 작품에서는 소중화론을 의식하지 않는 김윤식의 태도를 엿볼 수 있다.

42) 〈靑石嶺〉(위의 책, 529쪽).

것은 청나라에 대한 다양한 이미지를 머릿속에 떠올린다는 의미일 수 있다. 그 가운데 청나라에 대한 복수심 같은 것도 포함되었을 수도 있다.

김윤식이 청석령에 올라서 느꼈을 감정이 어떤 종류였을지, 또 어떤 수준이었을지 단정하기는 어렵다. 시에서 드러난 것만 본다면, 청석령에 올라서 봉림대군의 노래를 부르고 비바람이 많은 그 고개를 넘어갔을 봉림대군의 처량한 모습을 상상해 보는 정도였다고 할 수 있다. 이러한 과정에서 대명의리나 대청복수의 감정을 떠올렸을 수도 있고, 영선사로서 청석령을 지나는 자신의 모습과 예전 봉림대군의 행색 사이에 어떤 연관성을 찾아보았을 수도 있다. 만약 전자의 경우라고 하더라도, 그 강도가 강했으리라고 생각하기는 어렵다. 이 작품이 화이론적 사유 또는 대청복수론적 사유의 단서를 보이는 예외적인 사례라는 점을 고려하면, 김윤식이 중국을 바라보는 시각에는 조선중화주의적인 화이론의 요소는 거의 없거나 매우 약했을 것이라고 판단해도 좋을 것이다.

이상에서 살펴본 바처럼 김윤식이 소중화론 또는 조선중화주의적인 사유를 가지지 않았거나 드러내지 않았다고 한다면, 그것은 조선과 청나라 사이를 규정하는 맥락의 변화를 상징적으로 보여주는 것이라고 할 만하다. 즉, 김윤식에게 있어 현실의 중국은 더 이상 오랑캐가 세운 나라가 아닌 것이다. 또 앞에서 살펴보았던 바와 같이 더 이상 동아시아 문명의 중심으로 특별한 지위를 갖는 나라도 아니었다고 할 수 있다. 즉, 영선사행 당시 김윤식에게 있어 중국은 조선이나 일본과 같은 하나의 국가이며, 조선보다 앞서서 서구의 제도와 기술을 받아들이고 있는 국가였다고 할 수 있을 것이다. 김윤식이 이러한 점을 명확히 인식하고 표현하였는가는 또 다른 문젯거리이지만, 당시의 국제 현실이 영선사 김윤식을 점차 이러한 인식으로 이끌

고 있었음은 부정하기 어렵다.[43]

5. 남은 문제

영선사는 중국으로부터 새로운 기계와 기술을 도입하기 위해 파견되었으며, 중국의 관리들과 외국과의 조약 체결을 위한 교섭 방법에 대해 협의하였다. 이는 결국 새로운 세계 질서하에서 조선과 중국의 관계를 다시 설정하는 일이었던바, 김윤식은 그 과정에서 중국의 현실을 살피고 중국에 대한 인식을 새롭게 하였다. 이 글은 그 인식의 양상을 몇 가지 차원에서 검토하였다.

우선 김윤식은 만국공법에 따라 중국의 위상이 과거와는 달라진 점을 인식하면서도 조선과 중국 사이의 특별한 관계를 유지하고자 하는 논리를 따르고자 하였음을 확인할 수 있었다. 이러한 구도하에서 당대 중국의 현실을 객관적으로 파악하였으며, 부정적인 측면에 대해서는 비판적인 진단을 내리고 있었다. 이때 중국을 만주족 국가로서의 청나라로서가 아니라 조선보다 앞서서 개화 정책을 펴는 국가의 이미지로 파악함으로써 앞선 시기의 중국 인식과는 달라진 면모를 보여주었다고 평가할 수 있다.

이 글의 논의는 김윤식의 일기와 시문을 통하여 중국 인식의 면모와 의의를 살피는 데 초점을 두었다. 그렇지만 김윤식이 한국문학사에서 지닌 위상을 고려하면, 앞으로 그의 중국 인식이 문학 또는 문

---

43) 김윤식의 인식에서 중국이 하나의 국가로 객관화됨에도 불구하고, 경쟁의 상대로 나타나지는 않는다는 점도 주의할 필요가 있다. 아직 "物競"과 "天擇"과 같은 사회진화론적 사유가 구체화되기 이전이기는 하지만, 그럼에도 불구하고 중국을 조선과 특수한 관계를 지닌 상대로 이해하고 있음은 김윤식의 중국 인식에 있어 또 하나의 특성으로 언급할 만하다.

학사상에서의 성취에 미친 영향에 대해서도 논의를 펼 필요가 있을 것이다. 김윤식은 당대에 문장가로서 이름이 높았으며,44) 박지원과 박규수를 계승하겠다는 의지를 지닌 인물이었다. 김윤식의 경우 중국 인식의 양상은 곧 변화된 현실에 대한 대응의 의미를 지니기도 하는 것이므로, 그의 문학 전반에서 이러한 대응의 양상과 대비해 보는 것도 의미 있는 연구 과제일 것이다.

---

44) 문장가로서의 김윤식의 면모 및 평가에 대해서는 황재문, 「운양 김윤식 산문 연구」, 『한국문화』 38집, 서울대 규장각한국학연구원, 2006, 81~83쪽 참조.

金允植 편, 『陰晴史』(한국사료총서 6, 국사편찬위원회, 1958)

_____ 편, 『續陰晴史』(한국사료총서 11, 국사편찬위원회, 1971)

_____ 편, 『雲養集』(한국문집총간 328, 한국고전번역원, 2004)

기무라 간, 김세덕 역, 『조선/한국의 내셔널리즘과 소국의식』, 산처럼, 2007.

김명호, 『환재 박규수 연구』, 창비, 2008.

김성배, 『유교적 사유와 근대국제정치의 상상력』, 창비, 2009.

김용구, 『만국공법』, 소화, 2008.

우경섭, 『조선중화주의의 성립과 동아시아』, 유니스토리, 2013.

장인성, 『장소의 국제정치사상』, 서울대학교출판부, 2002.

조동일, 「책봉체제」, 『문명권의 동질성과 이질성』, 지식산업사, 1999.

황재문, 「金澤榮 詩에 나타난 遺民意識」, 『한국한시연구』 13호, 한국한시학회,
        2005.

_____, 「운양 김윤식 산문 연구」, 『한국문화』 38집, 서울대 규장각한국학연구원,
        2006.

『승사록』에 나타난 최두찬의 이념과 실천, 그리고 강남※

박명숙

(중국소주대학교)

1. 『승사록』에 대한 학계의 관심

『승사록』은 최두찬이 1818년 4월 8일 포구에서 뭍으로 돌아오는 배에 몸을 실었다가 파도에 실려 중국 定海縣에 표착 후, 그곳에서부터 조선으로 돌아오는 과정에서 겪은 일련의 체험들을 일기체 형식으로 적은 글이다. 시기적으로는 지금으로부터 가장 가까운 19세기에 최두찬이 남긴 글『승사록』은 15세기의 최부『표해록』과는 달리 최근에야 학자들의 관심 대상이 되었다. 이와 같은 연고로『승사록』에 관한 연구가 아직까지는 그리 많은 편이 아니다. 연구사를 보면, 윤치부가 초기 연구자에 속한다. 그는『승사록』을 해양문학으로 간주하고 이에 대해 개략적인 연구를 진행하였다.[1] 최근에는『승사록』을 주요 연구대상으로 삼은 연구 성과들도 속속 나오고 있는 실정[2]

※ 이 글은「고전과 해석」제15집(고전문학한문학연구학회, 2013.10)에 게재되었던 논문을 다소 개고한 것이다.

1) 윤치부,「한국 해양문학 연구: 표해류 작품을 중심으로」, 건국대학교 박사논문, 1992.

인데, 이 가운데서 특히 표해록군 작품과의 비교를 통해『승사록』에 나타난 작자의 시각과 비판의식을 포괄적으로 다루고자 했던 이은주의 성과가 가장 돋보이는 것으로 평가된다.

이 글에서는 기존 연구 성과를 참조하면서 여타 관련 정보를 통해 도출 가능한 최두찬의 행적과 이념 그리고『승사록』에서 보여준 중국에서의 체험 등을 통하여 최두찬의 유교적 이념이 중국이라는 공간에서, 그 중에서도 특히 강남에서 어떻게 체현이 되었으며 그로부터 최두찬에게 강남은 과연 어떻게 안겨왔는지를 살펴보고자 한다.[3] 주지하다시피 최두찬은 유교 교육을 받은 지식인이다.『승사록』을 통해서 그의 이념과 실천에 대하여 고찰하는 것은 그 당시 일반 지식인, 특히 과거에 급제했으나 출사에는 이르지 못한 특정 부류 지식인들의 인식을 살펴보는데도 도움이 될 뿐만 아니라『승사록』의 문학사적 의의를 재고찰하는 데도 일조할 것으로 판단된다.

2. 『승사록』에 나타난 최두찬의 이념세계

『승사록』이란 작품을 고찰하기에 앞서 우선은 저자에 대해서 살피는 것이 적절한 수순일 것이다. 그의 행적에 관해서는 알려진 것이 많지 않다. 최두찬은 본관이 永川이며 자는 應七, 호는 江海散人이라

---

2) 이은주, 「19세기 표해록의 모습과 변모양상: 최두찬의 『승사록』을 중심으로」, 『국문학연구』 제9호, 국어국문학회, 2003; 김성진, 「〈강해승사록〉의 서지 사항과 창화기속에 대하여」, 『동양한문학 연구』 26집, 동양한문학회, 2008; 박동욱, 「최두찬의 『승사록』에 나타난 한중 지식신의 상호인식」, 『동아시아문화연구』 45집, 2009; 範金民·羅曉翔, 「朝鮮人眼中的清中期中國風情」, 『史學集刊』 3, 2009.

3) 이 글에서 인용한 『승사록』 내용은 박동욱이 번역한 『승사록: 조선 선비의 중국 강남 표류기』(휴머니스트, 2011)임을 밝힌다.

는 것과 1779년에 慈仁縣 上台裏에서 태어나서 1821년에 세상을 작고했으며 슬하에 2남 1녀를 둔 것으로 되어 있다. 경오년(1810)에 과거에 급제했으나 따로 공직을 맡거나 유명 문인들과 교유를 나눈 경력이 없는 것으로 추정된다. 이 가운데서 특기할 만한 것은 부모에 대한 효도 행적이라 할 수 있다. 1791년 어머니의 임종 시 손가락을 베어서 그 피로 어머니를 소생시키려 노력했으며 기대와는 다르게 그대로 돌아가자 예의법도에 따라 殯括하고 상을 치렀는데 이 일로 말미암아 마을 사람들이 모두 그를 효동이라 불렀다고 한다. 또한 1811년 아버지가 돌아가셨을 때에는 3년 동안 시묘살이를 했다고 한다. 정리해 보면, 최두찬의 일생에서 기록에 남을 만한 것은『승사록』집필과 효도행적이라 볼 수 있겠다.

수많은 중생들과 마찬가지로 역사 속으로 소리 없이 사라질 뻔했던 최두찬이란 존재가 학계에 알려질 수 있었던 것은『승사록』이란 텍스트에 의해서이다. 따라서『승사록』면면을 고찰해야만 그 인물에 대해서 입체적으로 조망할 수 있을 뿐만 아니라『승사록』이 최부의『표해록』과 다른 양태로 구성될 수밖에 없었던 이유도 그 윤곽이 드러날 것으로 판단된다.

1) 유교와 보편적 유교인

『승사록』에 의하면, 최두찬은 경오년(1810)년에 향시에 합격했지만 관직에는 등용되지 못한 것으로 드러난다. 그러나 지방관원들과 두루 친분이 있어 당시 중국으로 표류하기 바로 전까지만 해도 방어사 趙義鎭이 치러준 향별연에 초대받기도 하였다.

『승사록』을 살펴보면, 그는 일처리와 행동방식에 있어서 늘 유교를 따랐다. 바다에서 표류할 때 큰 풍랑에 배가 거의 뒤집어지려 하자 논어를 인용하면서 사람의 생사만 물었을 뿐, 말에 대해서는 묻지 않은[4] 행위가 전형적인 예라고 할 수 있다. 또 다른 한 예로, 표류 시에 중국 어부들이 그들을 바다에서 구해 주고 음식도 후하게 대접했으나 뭍으로 내려올 때에는 그들 일행의 얼마 안 되는 집기를 모조로 빼앗은 일이 있었다. 여기에 대해서 최두찬은 의로움으로 시작해서 이로움으로 마친 것이 한스럽기는 하다면서도 옛사람의 말을 빌어 "공자가 다른 사람에게 은덕을 베풀었다면 공자는 그 일을 잊을 것이요, 다른 사람이 공자에게 덕을 베푼 것이 있다면 공자는 그 일을 잊지 않을 것이다"라면서 어부들의 은덕을 잊을 수 없다고 강조하였다.[5]

그의 이러한 유교적 인식 및 언행관은 중국 땅에 들어서서도 일관되었다. 최두찬 일행이 표류를 끝내고 처음 들어선 곳은 중국 절강 보타산의 관음사이다. 그들은 관음사에서 무려 나흘씩이나 머물렀으나 『승사록』지면에 옮겨 적은 내용은 웅장하고 화려한 관음사의 경관뿐이다.[6] 불교의 승지에 대한 관점 피력이 부적절하다고 판단하였기에 소략하게 언급만 하고 지나간 것으로 추정할 수 있는 대목이다.

5월 4일, 최두찬이 정해현에서 요청을 받아 현주를 만나기 전 姚繩齊에게 선비가 대부를 사적으로 뵐 때에 그 예의가 공적인 상황에서와는 어떻게 다른가 하고 묻는다.[7] 여기서 최두찬이 아직 관직에 진출하지 못한 선비와 이미 관직으로 진출하여 관리가 된 공인 사이의 격, 그리고 그 격에 따른 예의 차이를 중요시함을 인지할 수 있다. 유교적 신분계층으로 보았을 때 자신은 아직 관리로 진출하지 못했

---

4) 『승사록』 4월 8일, 81쪽. "至風勢益急, 船幾覆沒, 餘以傷人不問馬之義, 決意投洋, 船隻小定."

5) 『승사록』 4월 25일, 98~99쪽. "恨者, 始之以利, 豈不爲義丈夫瑕累耶?然古人有言曰, "公子有德於人, 公子忘之, 人有德於公子, 公子勿忘" 漁舟子之德, 不可忘也."

6) 『승사록』 4월 26일, 101~102쪽.

7) 『승사록』 5월 4일, 109쪽. "謂姚曰, "……今則私覿.士見大夫之禮也, 必有異同之數, 敢問"."

기에 관리보다 낮은 위치에 있음을 스스로 자각하고 그 신분에 걸맞은 행동을 취하려는 기본자세가 이렇게 나타난 것이다. 이로부터 군군, 신신, 부부, 자자, 즉 유교에서 말하는 본분의식이 최두찬의 기본 소양일 가능성을 다시 한 번 확인할 수 있게 된다. 이와 같이 몇몇 대표적인 사례를 통해 최두찬이 사람을 대하거나 일을 처리함에 있어서 모두 유교교리를 준거로 내세우는 모습을 소략하게나마 살펴볼 수 있었다.

2) 조선 선비의 소중화인 자의식

최두찬은 동일한 유교인의 신분으로 강남 문인들과 아주 긴밀한 교류를 진행했다. 그러나 필경 나라가 다르고 언어와 풍속이 다르기에 일부 문제에 있어서는 입장차이가 있을 수밖에 없다. 그 중에서도 특히 그 당시 만주족이 지배계층이고 한족이 피지배계층이었던 청나라란 국가에 대한 입장차이가 주목된다. 그는 그 당시 조선사회에 널리 퍼져있던, 조선이야말로 화의 적통임을 자부하는 인식을 근간으로『승사록』에서 조선이 소중화임을 은근히 강남문인들에게 자랑하고 있다.

吳申浦가 조선이라는 나라에 대해서 물어보자 비록 나라가 작고 모퉁이의 궁벽한 곳에 있으나 기자가 와서 팔조금법을 만들어 주었을 뿐만 아니라 날마다 삼강을 쓰고 오륜을 행한다고 그는 강조한다.8) 이는 비록 외딴 곳에 있고 나라가 작아도 내실 있게 유교를 시행함을 뜻하는 맥락으로서 당시 화이론 기준으로 오랑캐라고 여겨졌던 만주족의 지배를 받고 있는 청나라와 비교를 진행한, 말하자면

---

8)『승사록』5월 4일, 110쪽. 因作筆話曰, "情問貴國山川風俗?" 余仍說 "山川, 則南北, 四千餘里, 東西一千五百里, 風俗則小邦, 僻處海隅, 有東夷之稱, 而箕師東來八條……日用三鋼, 常行五常."

은근한 자기국가 자랑이 아닐 수 없다. 그 뿐만이 아니다. 정해현에 도착한 첫날 주원장의 후손이 찾아왔을 때 생긴 불유쾌한 일을 사실 그대로 적고 있다.

5월 3일 사인 朱佩蘭이 찾아왔다. 내가 물었다. "그대는 주자의 후손이 아닙니까?" 주패란이 말하였다. "아닙니다. 나는 명태조의 후손입니다." 김이진이 말하였다. "그대는 망국의 황량한 성터에서 기장이 자라는데 아무런 감회가 없습니까?" 주패란이 불쾌해하면서 김이진과 나눈 필담 종이를 갈기갈기 찢어버렸다. 김이진도 부끄러워하며 물러났다. 주패란이 사사로이 나에게 말하였다. "저 사람은 진실로 분별이 없는 사람이군요." 하며 시를 써주었다.[9]

이 일이 『승사록』에 적혀져 있다는 사실 자체가 최두찬 역시 김이진과 같은 관점을 바탕에 깔고 여기에 대해 검증해 보고 싶은 호기심이 있었다는 증거이다. 다만 상대방의 입장을 고려해 민감한 사안에 대해서 물어보지 않았을 뿐이다. 조선이야말로 명나라의 적통을 이은 소중화라는 인식이 이렇게 우회적으로 나타난 것이 위의 사례라고 볼 수 있다.

이뿐만이 아니다. 청나라 사대부들이 최두찬이 쓰고 있던 두건에 대한 태도를 적은 대목에서 이와 같은 인식은 더 확실하게 드러난다. 중국 지식인들이 자신의 삿갓 그리고 탕건을 좋아하는 이유는 그러한 것이 모두 명나라 것이었기 때문이라고 『승사록』은 적고 있다. 孫顯元이란 중국인이 그가 쓴 관에 관심을 표하면서 굳이 써 보려고

---

9) 『승사록』 5월 3일, 107쪽. "三日, 士人朱佩蘭來訪. 余問曰, "公無乃子朱子之後耶?" 朱曰, "否, 我明太祖之後也" 金以振曰, "公無黍離之感耶?" 朱大不悅, 取金以振筆談紙, 扯裂之, 金慚而退, 而朱私謂余曰, "彼誠妄人" 仍贈詩曰."

하여 이를 건네주었고 옆에 있던 사람들도 모두 번갈아 써 보았다. 최두찬이 이를 "新亭"에 비유하자 손호원이 급급히 이는 시휘에 관계되니 입 밖에 꺼내지 말라고 당부한다.[10] 이는 연행록에서 보이는, 일부 조선 문사들이 남겨 놓은 글들과 일맥상통하면서도 다른 부분이 있는 대목이다. 연행록을 살펴보면 당시 정치에 민감한 사항들을 의논하였을 때 적었던 종잇조각을 찢어버리거나 혹은 태워 버리는 중국문사들의 행위들이 나타난다. 예를 들면, 홍대용이 장감생과 주감생이라는 중국인하고 의관제도에 논의할 때 명나라라는 글자를 일부러 한 글자 낮춰 써서 높이는 뜻을 보이니 장감생이 보고나서 찢어버린 일화를 적으면서 "汉人들이 두려워하고 조심하는 태도가 매양 이러하도다"[11]라고 감탄하였으며, 박지원은 "사람들의 문자를 보면 (…중략…) 반드시 역대 황제들의 공덕을 늘어놓고 당세의 은택에 감격한다는 것은 모두 한인들의 글이다. 대개 스스로 중국의 유민으로서 항상 걱정을 품고 혐의하는 경계를 이기지 못하여, 입만 열면 칭송을 하고 붓만 들면 아첨을 함으로써 (…중략…) 한인들의 마음도 이미 괴롭다는 것을 알 수 있겠다. 사람과 필담을 할 때는 비록 심상한 수작을 한 것이라도 말을 마친 뒤에는 곧 불살라 버리고 쪽지 하나도 남겨 두지 않는다"[12]라고 논평을 내렸다. 반면 최두찬은 다만 자기가 봤던 사실만 적고 있을 뿐 그에 대한 자신의 의견을 토로하지 않은 데서 그 같고 다름이 저절로 드러난다.

---

10) 『승사록』 6월 6일, 254~256쪽. "乃於商篋中, 得宕巾, 華人愛之曰, "冠亦明制, 巾亦明制, 先生一身渾是明制" 一日, 孫顯元謂余曰, "先生冠是何冠?"余曰, "東國所謂宕巾也", 孫乞暫借, 余許之, 孫乃著之, 顧影俳徊, 似有喜色, 已而在座者, 皆以次輪著……餘於屛處作筆話以示曰, "今日不無新亭之感" 孫藏之袖左右皆曰, "什麼?"孫乃貼手中……仍曰"此系時諱, 慎勿出口"."

11) 홍대용, 『燕記』漢人之畏愼每如此(한국고전번역원의 사이트를 참조).

12) 박지원, 『黃教問答』. "觀人文字……必鋪張列朝之功德. 感激當世之恩澤者. 皆漢人之文也. 蓋自以中國之遺民. 常懷疢疾之憂. 不勝嫌疑之戒. 所以開口稱頌. 擧筆諛佞……漢人之爲心. 亦已苦矣. 與人語雖尋常酬答之事. 語後卽焚. 不留片紙."(한국고전번역원의 사이트를 참조)

전반 『승사록』을 살펴볼 때, 최두찬은 인간적으로 그 무엇에 대해서나 긍정적으로 생각하면서 살아가는 아주 낙천적인 인물이다. 그러기에 큰 파도가 밀려와도 코를 드렁드렁 골면서 잘 수 있었고, 자신들을 구해준 어부들이 나중에는 그들이 갖고 있던, 얼마 되지도 않는 물건을 빼앗을 때도 이에 대해서 만약 빼앗기지 않으면 결국은 수부의 물건의 되었을 것이라면서 자아위안을 하는 데 그칠 뿐 어부들의 강도짓에 별다른 비판을 가하지 않는다. 또한 강남에서 북경으로 이송되면서 굶는 일이 다반사로 일어났을 때에도 바다에서의 경력과 비교하면 이는 아무 것도 아니라는 식으로 일행을 위로한다. 이와 같이 최두찬은 웬만해서는 성을 내거나 옴니암니 옳고 그름을 따지는 성격이 아니다. 따라서 무엇을 집요하게 추구하는 스타일이 아니기에 『승사록』이 최부의 『표해록』에 비해 상대적으로 비판의식이 결여되었다는 평가를 내릴 수 있다. 그러나 단순히 최두찬의 성정을 근거로 그에게 비판의식이 결여되었다는 성급한 평가를 내리기에 앞서 왜 이런 글쓰기를 했는지에 대해서 다른 요인도 중요하게 살펴보는 것이 보다 적절할 것이다.

  관직에 오르지 못한 선비인 최두찬이 본분의식도 강하다는 점을 위에서 개략적으로 언급하였다. 이와 같은 추정이 정확하다면, 그는 "그 자리에 처하지 않으면 그 일을 도모하지 않는다"[13]는 유교의 논리를 자신의 행위준칙으로 삼은 인물일 수밖에 없다. 즉, 자신이 아직 公人이 아닌 점을 늘 염두에 두었기에 그릇되거나 합당치 않다고 판단되는 사항에 대해 함구했을 가능성이 높고 이는 상기 준칙의 자연스러운 결과일 뿐이다. 그렇다면 이러한 글쓰기 태도가 강남 이미지를 그려내는 데에도 그대로 적용되었을 것이고 『승사록』을 보아

---

13) 『論語·泰伯』. "不在其位, 不謀其政."

이러한 판단은 정확한 것으로 여겨진다. 이에 대해서는 아래 장절에서 상세히 다루기로 한다. 그러나 본인의 사유근간에 저촉되는 사항에 대해서는 최두찬 역시 함구의 하한선을 명확히 하는 양상이다.

> 양공이 답장하였다. "大作이 유창하고 고상하여 感佩가 심하였습니다. 다만 칭찬이 너무 지나쳐서 부끄럽습니다. 위관이 전해준 글에는 반드시 일컫기를 難夷라 하였습니다." 내가 답장하였다. "춘추의 의리에 오랑캐이면서 중국에 나간다면 중국의 작은 나라가 되니 또한 小中華입니다. 아마도 합하께서는 성인께서 경서를 저술한 뜻을 깊이 살피지 않은 듯합니다. 어찌 대놓고 이처럼 배척하십니까? 제 마음이 조금 언짢습니다." 양공이 답신에서 말하였다. "外夷라 한 것은 중국에 대해 상대적으로 말한 것이지 낮추어 본 것이 아닙니다."[14]

위에서 보다시피 위송관 梁銊이 최두찬의 글을 평가하기를 오랑캐로서는 참 있기 어려운 문장이라고 하자 발끈한다. 최두찬이 발끈하는 이유는 이런 단어 사용이 자신의 정체성에 대한 모독이라고 생각했기 때문이다. 최두찬 역시 그 당시 일반 조선의 지식인과 마찬가지로 오랑캐인 만주족의 통치를 받고 있는 청나라는 이미 만주족에 의해 오랑캐가 되어 가고 있거나 그렇게 되었다고 생각하고 있었던 것이다. 반면에 비록 청나라 속국으로 존재하지만 명나라의 옛것을 그대로 지켜나가고 있는 조선이야말로 중화의 중심에 서 있다고 여기고 있었다. 이런 조선을 오랑캐라 하는 것은 도저히 그냥 넘어갈 수 없는 원칙적인 문제로 판단하였기에 성정이 유한 최두찬이라고 해도

---

14) 『승사록』 6월 30일, 310~311쪽. "梁公覆書曰, "大作流利淸空佩甚, 但過獎抱媿"委官傳論文字, 必稱難夷余答曰, "春秋之義, 夷而進於中國, 則中國之小邦, 亦小中華也, 恐閣下不深原聖人著經之旨, 而何其面斥如是也?鄙意甚未妥"梁公答書曰, "外夷者, 對中國而言, 非卑之也"."

역시 화를 냈던 것이다. 『승사록』에서 그가 화를 낸 일은 이 사례가 유일하다. 이로부터 미루어 보아, 오랑캐와 화의 구분이라는 화두는 최두찬에게 있어서 근원적 인식의 영역에 속하는 문제라는 것이 분명해진다.

최두찬 일행은 북경을 넘어 조선을 향하던 도중 황제의 행차를 만나게 된다. 황제가 전부 백마로 출행하던 모습을 보고 중국이 부유하다는 것을 인정하면서도 오직 부유함만 있지 중화문화의 징표인 수레와 복식의 제도에 있어서 상하의 구별이 없어져 임금인지 목사인지 알 수 없다고 하면서 송나라, 명나라의 옛 제도는 모두 사라져 버린 것 같다고 적었다.15) 이와 같이, 상하 관계가 실종되어 가는 데 대한 걱정에서 수직질서에 따른 본분의식을 중하게 여기는 태도를 잘 읽어낼 수 있다. 그뿐만 아니다. 『승사록』의 말미에 〈실로설〉, 〈의복설〉, 〈가색설〉, 〈분묘설〉, 〈주차설〉 등이 적혀져 있는데 그 가운데 〈실로설〉에서는 조선의 가옥 제도는 상하의 구분이 있고 공사의 제한이 있으나 중국은 그렇지 않아 일반 백성과 같은 보잘것없는 신분과 저잣거리에 사는 천한 자라 하더라도 재물의 여유가 있으면 건물과 담이 매우 크고 훌륭하여 담장의 높이가 몇 길이 되는데 모두 벽돌이고, 가옥에는 네 개의 문을 사방에 설치하되 온통 붉은 색이 칠해져 있다고 했다. 〈의복설〉에서도 조선의 의복제도는 경대부에서 사서인까지 등급이 분명하여 분수에 맞게 옷을 입으나 중국 사람들은 온몸이 비단투성이어서 귀천의 구분이 없다고 한탄하고 있다.16)

---

15) 『승사록』 9월 16일, 391쪽. "是日, 天子先驅過去. 至巳時, 官人報乘輿已發向二道境矣.登高視之, 則驍騎校持弓挾道而馳者橫互百餘裏, 皆紅兜綠袍, 別爲三條而去.中央是黃道, 兩旁是扈從也.又有大車首尾相接, 過兩日不絕.純用白馬, 亦詩所謂比物而禮, 所謂行秋令之意也.可見中國之大, 四海之富, 而但車服之制無上下之別, 君乎牧乎? 宋明舊制, 掃地盡矣."

16) 『승사록』, 409~410쪽. "我國室廬之制, 有上下之分, 有公私之限, 而中國則不然, 雖士庶之微, 市井之賤, 苟財有餘則棟宇也, 牆垣也, 極其宏傑, 牆高數仞, 而皆是熟石也. 屋設四門, 而皆是丹

이 역시 중국사회의 등급제도가 무너지는 데 대한 반감의 표출이라고 할 수 있다. 이와 같이, 수직적 질서에 대한 강조는 자신이 아직 관직에는 진출하지 못했으나 스스로를 통치계층의 일원으로 생각하고 있으며 더 나아가 언젠가는 자신도 출사하여 백성을 교화하고 인도할 수 있을 것이라는 의지의 발로라고 봐도 무방할 것이다. 이를 다른 한 측면에서 접근한다면, 청나라가 중화의 옛 전통 특히 명나라의 문화를 지키지 않아서 오랑캐와 별반 다르지 않다고 완곡하게 지적한 것이기도 하지만 주로는 스스로의 입장을 잘 보여준 측면 자체에 본 연구는 더 많이 주목하고 있다.

3. 『승사록』에 나타난 강남

강남은 『승사록』에서 가장 큰 비중을 차지하고 있다. 비록 강남에 체류한 시간이 다른 곳에 비해 특별히 길었던 것은 아니지만 강남에 대한 기술이 텍스트의 2/3 분량을 넘을 정도로 그 비중이 압도적으로 높다. 또한 저자는 조선으로 돌아온 후 고향에다 정자를 짓고 이름을 강남정으로 명명하기도 했다. 이와 같은 사실들을 미루어 보아 강남이 최두찬에게 있어서는 아주 중요하고도 특별한 공간이었음이 분명하다. 어떤 이유 때문에 최두찬이 그렇게까지 강남에 매료되었고 또한 고향에 돌아가서까지 강남을 잊지 못하였는지 살펴보는 것이 『승사록』을 이해하는 다른 한 열쇠일 것이다.

漆也. 我東衣服之制, 自卿大夫至士庶人, 等級分明, 非但衣件色目之異, 雖綢緞布帛之屬, 隨其精粗, 視其 地位, 隨分服著.而華人則不然, 僧徒之微, 水火夫之賤, 皆衣錦履繡, 遍身綺羅, 無有貴賤之分.”

1) 풍요의 공간: 강남도시

최두찬이 천신만고 끝에 가까스로 도착한 지역은 강남이었고, 그가 바라본 강남은 풍요 그 자체였다. 죽음의 문턱에서 벗어나 도착한 곳이 그 어떤 곳일지라도 살았다는 안도감으로 인해 자연히 긍정적으로 눈에 비칠 가능성이 높다. 그러나 이러한 사정을 충분히 감안한 상황이라고 할지라도 최두찬의 눈에 들어온 강남은 자신이 보아 왔던 여타 지역과는 비교를 불허할 정도로 화려했음에 분명하다. 이런 강남에 대해 최두찬은 그 풍요로움과 화려함을 그리는 데 필묵을 아끼지 않았다.

우선 표류가 끝나 뭍의 시작을 알린 관음사부터 시작하여 처음 방문한 秀才 쓰世藏의 저택, 그리고 金士奎의 저택 모두 화려하고 으리으리하였다고 적고 있다. 특히 김사규의 집은 특별히 화려했던 것 같다. 아주 상세한 묘사가 그 반증이다. 그는 강남을 지나가면서 보거나 들렀던 각 현의 풍요로움과 화려함에 대해서 수없이 언급했다. 정해현17)의 풍경으로부터 시작하여 자계현,18) 상우현의 조아강,19) 회계현,20) 항주,21) 수수현,22) 소주,23) 무석24)에 이르기까지 자신의

---

17) 『승사록』 5월 14일, 160쪽. "定海縣: 夫定海乃中國之一下邑, 而金銀錦繡之富甲於南國, 是以高樓傑閣在在相望, 無一茆庁之舍.居人非錦繡則不著, 非魚肉則不食.觀音寺又定海之一小島也, 而沙門外設市井, 與我東名營等."

18) 『승사록』 5월 17일. "慈溪縣: 沿河村落率皆粉牆石門, 極其宏麗.或士大夫遊觀之所, 或商賈販鬻之場也.樹竹之饒, 蘆荻之勝, 誠水國之物色也.又有梧風橋吉慶橋, 所謂二十四橋也.皆夾河起梁, 築石爲橋, 瞥眼之頃, 雖不悉其名目, 如是者不知幾許所矣.每橋傍有高樓傑閣, 陸機所謂飛閣跨通波. 者也.又以冶容長袱, 當壚賣酒, 唐人所謂二八大堤女, 當壚依江渚者也."

19) 『승사록』 5월 19일, 166~167쪽. "上虞縣曹娥江: 江之兩岸,皆富商大賈家也, 瓦屋粉牆, 橫互十餘裏, 高樓傑閣, 壓臨江頭, 雜以佛宮梵宇間在閭閻.河之兩邊, 皆砑石堤防之.修竹蘆花, 夾江而生, 真淮海之勝地也.行十餘裏, 又有一大店, 第宅之宏麗, 如曹娥江, 而戶數倍之.平原廣野, 一望無際, 皆以水車灌溉.又於廣野之中, 高門大宅, 一字成行, 殆五十裏之遠, 而門外引水, 系以青雀黃龍之舳."

20) 『승사록』 5월 20일, 168쪽. "會稽縣: 城之周回, 殆二十餘裏.中有城隍廟.千門萬戶, 家家藏貨,

눈앞에 펼쳐진 번화함을 소상히 적고 있다. 그의 말대로 '강남은 토지가 비옥하고 산물이 좋아 촌락의 번화함은 글로는 능히 기록할 수 없고, 그림으로도 능히 베껴낼 수 없을 정도'[25]였다. 또한 그는 "강남의 여러 고을은 크고 작은 규모의 차이는 있어도 그 번화함은 한결같았다"[26]고 적고 있다. 그만큼 강남의 풍요로움은 거의 충격에 가까울 정도로 최두찬에게 안겨 왔다고 하여도 과언이 아니다. 그러나 이와 같이 여러 차례 강남의 풍요를 적고 있음에도 불구하고 이에 대한 가치판단을 하지 않았다는 점에 대해서는 꼭 짚고 넘어가야 할 필요성이 강하게 제기된다.

상식적으로, 공과 상이 발달하면 자연히 풍요로울 수밖에 없다. 그러나 유교적 관점에서는 이 부분이 그렇게 권장할 만한 사항만은 아니다. 주지하다시피, 유교적 입장에서는 사농공상의 차등화가 신분의식으로 직결된다. 강남을 가 본 사람이라면 여기에 대해서 간과할 리가 없다. 이 점을 최두찬은 의식적으로든 아니면 무의식적으로든 포착해 낸다. 그리고 사대부 가문이라 하여도 배를 두고 물건을 흥정하는 일을 면하지 못한다고[27] 적고 있다. 부유함 속에 내재한 공, 상의 작용 및 이와 연동된 신분의식은 유자인 최두찬을 어느 정도 곤혹스럽게 한 사항이었을 것이다. 따라서 그는 부유함을 있는 그대로

戶戶興販.舟楫連尾於城市, 士女摩肩於街路.山川之形勝, 城池之雄麗, 非寧波諸府之比也."

21) 『승사록』 5월 21일, 171~172쪽. "杭州: 餘到省城, 周覽山川, 則蘇長公所謂龍飛鳳舞, 萃於臨安者也.城池之雄, 官府之壯, 市井之羅列, 士女之遊戲, 誠天下之名藩也.意者浙江一帶, 爲曆代帝王之都, 故雖列爲屛翰, 而其物色則殊異乎五方歟.高門大宅, 連牆接甍, 朱樓曲檻, 臨街塡弄."

22) 『승사록』 6월 11일, 287쪽. "嘉興府秀水縣: 沿河兩岸, 皆層樓飛閣."

23) 『승사록』 6월 13일, 288쪽. "蘇州: 物色與浙江等."

24) 『승사록』 6월 15일, 291쪽. "無錫: 江南諸郡雖有大小, 而其繁華一也."

25) 『승사록』 5월 19일, 167쪽. "其土地之豐衍, 物産之美好, 村落之繁華, 筆所不能記, 畫所不能摸."

26) 『승사록』 6월 15일, 291쪽. "江南諸郡, 雖有大小, 而其繁華一也."

27) 『승사록』 5월 19일, 167쪽. "蓋吳人以水利資生, 故雖士夫家, 亦不免置船興販之事."

관조할 뿐 이에 대한 가치판단은 보류한 서술전략을 취했다. 이 점은 그가 가난한 齊魯에 도착했을 때 적은 글과 선명한 대조를 이룬다.

최두찬은 제노에 대해서 우선 저자와 촌락이 조선과 매우 흡사하다고 지적한 후 비록 가난하여 옷과 신발은 모두 수를 놓은 비단이 아니고 탁자에도 융단을 깔지 않아 화려함이 없기는 하지만 오히려 이를 검소함의 풍속을 좋아하기 때문인 것으로 그 이유를 적고 있다. 여기에 대해서, 어쩌면 성인의 유풍이 남아있어서인지도 모른다고까지 추측성적인 발언도 곁들인다.28) 사실 이러한 판단은 상당히 자의적이다. 한보 더 나아가 조선 역시 가난해서가 아니라 성인의 유풍이 남아 있기에 풍속이 검소하다고 스스로의 뜻을 정당화시키기도 한다. 이어서 숭상하는 풍속이 吳越과 같지 않았으니 또한 두 공이 남긴 교화라고 단정 짓고 있다. 이와 같이 강남과 齊魯를 대조하였을 때 최두찬의 가치관이 확연하게 드러난다. 그에게 있어서 강남의 풍요로움은 적극 추구해할 가치가 아니라고 판단되었기에 관조를 했던 것임에 틀림없다. 허나 물질적으로는 검소해야 한다는 유교의 사유 패턴을 따라 가난한 제노에 대하여서는 자기동일시하여 조선과 비슷하다고 강조했던 것이다.

한마디로 그는 사대부를 포함한 모든 사람들이 상업에 종사하면서까지 부를 구하는 사회상은 바람직하지 못하다고 생각하고 있었던 것이다. 더 나아가 물질적 부는 유자가 닦아야 할 수신에 독이 될 수도 있는, 경계해야 할 대상이었을 것이다. 이로부터 최두찬의 이러한 글쓰기 태도는 그의 성정으로부터 말미암은 것도 있지만 본분의식이 훨씬 더 중요한 요인이라고 판단할 수 있다. 아직 출사를 하지 못한 선비라는 강한 자기의식 속에서 자신의 기준에 도달하지 못했

---

28) 『승사록』 7월 4일, 319~320쪽. "市井村落, 甚似吾東, 五穀之早晚, 亦如之.衣履, 無錦繡之飾, 牀桌無氍毹之華.其地瘠民儉,豈或前聖之遺風歟."

거나 바람직하지 않다고 여겨진 부분에 대해서는 의견을 피력하지 않았을 뿐이다. 이러한 사고패턴은 전반『승사록』의 서술전략 혹은 서술특징이라고 해도 과언이 아니다.

2) 인정과 학식의 겸비: 강남인

최두찬의 강남 체험에 있어서 가장 큰 비중을 차지한 요인은 아무래도 강남인일 것이다. 강남인들의 넉넉한 인정, 강남지식인들과의 활발한 교류, 강남지식인들이 최두찬의 학문적 소양에 대한 긍정 등이 복합적으로 어우러져서 강남이미지를 그려내는 데 긍정적인 요소로 작용했을 것이라 판단된다.

최두찬은 강남의 풍부한 물산 보다는 강남인들의 후한 인심을 더 중요하게 생각했다. 그가 가는 곳마다 강남사대부들이 찾아와서 음식을 권하고 선물을 전해 주면서 갖은 호의를 베풀었다. 그가 강남의 풍속에 대한 평가를 보기로 한다.

　내가 표류하다 이 땅에 닿은 지도 이미 대엿새가 흘렀다. 남쪽 땅의 사대부들이 날마다 지나다가 맞이해서 함께 가니, 풍속의 순박하고 후함과 정리와 예의의 지극한 갖춤이 더욱 감동스러웠다. 그러나 다만 표류하는 사람의 처지라 멋대로 자리를 뜰 수 없어서 손님을 맞이하고 싶은 소원을 이룰 수 없으니 매우 한탄스럽다.[29]

위에서 보다시피, 강남의 풍속이 순박하고 후하면서도 정리와 예의가 지극히 갖추어져 있어 더욱 감동스러웠다고 그는 적고 있다.

---

29)『승사록』5월 6일, 126쪽. "余之流接此土, 已五六日矣, 南土士大夫, 日相經過, 邀與俱去.風俗之醇厚, 情禮之備至, 尤可感也.而但流隸蹤跡, 不可離次, 未遂掃門之願, 甚可歎也."

이방인인 최두찬이 감동스러울 정도로 환대를 받고 있다는 것은 그만큼 강남인들이 인심이 후하다는 징표이다. 강남인들의 환대에 부응하여 그들을 맞이하고 싶으나 청나라의 법에 의해 마음대로 거주한 곳을 떠나지 못하는 상황을 최두찬은 한탄스럽다고 푸념하고 있다. 이는 강남인들이 최두찬을 지극히 대접했던 사실에 대한 반증이기도 하다. 그가 강남에 머문 동안 정해현의 현주로부터 다섯 차례에 걸쳐서 옷, 종이 등 선물을 하사받았으며 그 외 녕파부 부대인의 선물을 제외하고도 김상화, 진여선 등 17명의 중국선비들로부터 부채, 서책, 작은 도장과 같은 여러 선물을 받았다.[30] 그뿐만이 아니다. 그가 강남에 대해서 좋은 인상을 가질 수 있었던 가장 큰 이유는 바로 강남지식인들과 정신적, 학문적 교류를 진행한 데 있었다.

이날 김상화와 진여선이 동학 예닐곱 사람과 함께 사마천의 〈사기〉와 〈兩浙輶軒錄〉을 가지고 와서 빌려주었다. 내가 필담으로 물었다. "여러분이 다시 오셨으니 제가 머물고 있는 집이 빛이 납니다. 누가 먼 땅에서 이런 정신적인 사귐이 있으리라고 생각이나 했겠습니까?"[31]

위에서처럼 강남 선비들이 최두찬에게 〈사기〉, 〈양절유헌록〉과 같은 책을 빌려다주면서 학문적 교류를 한 것은 시작이 불과했다. 강남 땅에 머무는 시간이 길수록 서로 수창하고 서문을 써 주는 등등 교류는 점점 빈번해지고 깊어져 갔다. 최두찬의 말처럼 '누가 먼 땅에서 이런 정신적인 사귐이 있으리라고 생각이나 했겠는가?' 허나 꿈같은

30) 박동욱, 「최두찬의 『승사록』에 나타난 한중 지식신의 상호인식」, 『동아시아문화연구』 45집, 2009, 36~37쪽 참조.
31) 『승사록』 5월 7일, 129쪽. "是日金爽花陳餘仙, 與同學六七人來, 以馬史兩浙輶軒錄, 見借. 余作筆話曰 "斂袵再屈, 弊館生色. 誰謂絶域有此神交也"."

일이 강남에서 현실적으로 일어났던 것이다. 많은 강남사대부들이 명성을 듣고 찾아온 것도 모자라 규방여자들이 직접 찾아와서『승사록』을 한 번 읽기를 원하는 상황이 연출되기도 한다. 그 장면을 보면 아래와 같다.

> 어떤 여사 대여섯 사람이 짤막한 종이를 보내와 "효렴군자께서 『승사록』이라는 작품을 갖고 계신다는 소식을 들었습니다. 한 번 봐서 규방의 비루함을 깨게 해주실 것을 엎드려 빕니다."라고 하였다. 내가 여자들이 글을 아는 것을 가상히 여겨 그 전부를 보여주었다. 두 사람은 읽고 네 사람은 담배를 빨면서 둘러 앉아 들었다. 입을 모아 글 읽는 소리가 들을 만하였다.[32]

이렇게 규방 아녀자들마저 찾아와서 『승사록』을 읽었다는 것은 최두찬이 강남지역에서 명문을 떨친 이국인임에 분명함을 반증한다. 또한 차례대로 글을 전하여 승루로부터 방장에 이르기까지 붓을 들고 글씨를 쓰는 사람들을 이루 다 셀 수 없었으며 담장과 뜰 사이에 때때로 종이 쪼가리가 남은 것을 보게 되면 전부 다 최두찬이 중국 사람들과 나눈 대화였다고[33] 봤을 때, 많은 지식인들이 최두찬과 교유를 원했음을 잘 알 수 있다. 이로부터 그가 그 당시 강남지역에서는 가장 인기 있었던 인물이었음을 거의 확정적으로 지적해 낼 수 있다.

---

32)『승사록』6월 5일, 231쪽. "有女史五六人, 送小紙來曰"聞孝廉君子有乘槎之作, 伏乞一覽以破閨房之陋" 餘嘉女子之能識字, 舉全部以示之, 二人讀之, 四人飮煙草, 環坐聽之, 聲喁喁可聞."
33)『승사록』6월 6일, 254쪽. "以次傳書, 自僧樓, 至於諸方丈, 操瓢弄墨者, 不可勝數, 牆砌間, 時見寸紙遺落者, 則皆與華人交話也."

3) 이념 실천의 장: 강남

위에서 누차 언급했듯이, 최두찬은 관직에는 등용되지 못하였고 그러면서도 지방하층관리들과 교유는 있었던 士이다. 그렇다면 유교에서 말하는 사란 과연 어떤 신분인가? 맹자는 "士는 仕로써 마치 농부가 경작에 종사하는 것과 같으니라"[34]고 하였다. 이로부터 알 수 있다시피, 士는 결국 仕가 되기 위한 존재로서 士가 되려면 修身을 거쳐야 한다.

『대학』에서 "도는 明德을 밝히는 데 있고, 백성을 새롭게 하는 데 있으며, 至善에 머무는 데 있다"[35]고 하였다. 이러한 목표에 이르려면 반드시 8조목, 즉 格物, 致知, 誠意, 正心, 修身, 起家, 治國, 平天下를 단계적으로 거쳐야만 했다. 즉, 우선 격물, 치지, 정심, 수신을 거쳐 학문이나 덕행을 닦은 후에 제가, 치국, 평천하, 즉 가정과 백성, 그리고 사회와 국가를 다스릴 수 있다는 것이다. 스스로를 닦는 데는 전제조건이 있는바, 격물, 치지, 성의, 정심, 수신이 바로 그것이다.

그러므로 이러한 기준을 근거로 최두찬이 과연 명실상부하게 수신에 이르렀는가를 살펴봐야 할 것이다. 『승사록』에 실려 있는, 강남 지식인들과 교유한 문장 자체만 보았을 때 격물치지가 깊이 있게 이루어졌다고 단정적으로 주장할 수는 없으나 상당한 학문적 소양은 쌓은 것으로 판단된다. 『승사록』에 인용한 문학전고와 역사 지리 전고를 모두 합치면 무려 32차례나 된다.[36] 또한, 자신들을 살려준 어부들에 대하여 감사한 마음을 간직하고 있으며, 부모에 대한 효도를 관련 근거로 하였을 때 성의, 정심에도 이른 것으로 추정할 수 있다.

---

34) 『孟子·滕文公下』. "士之仕也, 猶農夫之耕也."
35) 『大學』. "大學之道, 在明明德, 在親民, 在止於至善."
36) 박동욱, 앞의 논문, 27~28쪽 참조.

이와 같이 최두찬은 수신을 이룬 선비에 해당된다. 그러나 관직은 얻지 못한 상황임을 이미 거듭 지적하였다. 이러한 그가 강남땅에 머물고 있을 때 중국 선비들로부터 과거에 급제한 사람의 별칭인 효렴으로 불리면서 그 지방 사대부들과 학문적 교류를 진행한 것이 당사자에게 있어서 어떤 의미를 지니는가? 이를 분석하기에 앞서 최두찬이 『승사록』을 쓴 이유부터 살펴보는 것이 보다 바람직한 것으로 생각된다.

표류하여 강남에 도착한 그는 자신을 장건에 비유한다. 그 대목을 보면 아래와 같다.

> 무인년(1818) 4월 10일 오후 4시경에 큰 비바람을 만났다. 표류한 지 16일 만에 절강성 영파부의 정해현에 도착하였으니, 대개 만 리 남짓 떨어진 곳이었다. 옛날에 張騫이 외국에 사신을 갈 때 뗏목을 타고 황하의 근원을 찾다 우두성을 범하여 〈박물지〉를 지은 것이 세상에 전해진다. 나도 장건과 같은 부류라 할 수 있다.[37]

장건은 출사한 인물로서 한무제의 명으로 서역을 다녀왔고 공적 역시 큰 인물이다. 이러한 장건을 스스로와 비견했다는 것은 그만큼 강남 지식인들과 쌓은 교유 그 자체를 자신의 입장에서는 장건의 업적만큼 스스로 높이 평가하고 타인에 의해 그렇게 평가받고 싶은 무의식이 작용된 결과라고 풀이해도 너무 비약된 풀이는 아닐 것이다. 왜냐하면 최두찬의 입장에서 본인은 이미 수신을 마친 사람으로서 충분히 관직진출이 가능한 학식과 식견을 쌓았다고 생각했을 가능성이 크기 때문이다. 그러나 녹녹치 않은 현실 앞에서 상당히 엉거주춤

---

37) 『승사록』, 71쪽. "酒戊寅四月十日也.晡時遇大風雨, 漂流凡十六日, 到浙江寧波府之定海縣, 蓋萬餘里也.昔張騫使外國, 乘差窮河源犯牛斗, 作博物誌行于世, 余于騫類也."

한 위치인 지방 선비란 처지에 있어야만 했다. 그러던 그가 강남땅에 이르러 많은 지식인들과 교유하면서 그들로부터 학문적 수양에 대하여 인정을 받기에 이른 것이다. 최두찬의 학문적 소양에 대한 긍정은 정해현의 현주로부터 시작된다. 정해현의 현주는 문장이 신속하고 품격이 매우 높은 것을 칭찬하면서 백미 5석, 돈 2만 5천 문 등을 선물로 하사한다.38) 그뿐만 아니라 『승사록』의 서문을 쓴 徐廷玉의 "강해가 지은 여러 편의 시는 시운과 격식이 맑고 청초하여 시가 중에서 윗길을 얻었다 하겠으니, 소동파가 아른바 '섬농한 것을 간고한 필치로써 발현하였다'라고 한 것에 거의 가깝다"는 평가와 심기잠 (沈起潛)의 "바람을 만나 험한 것에 놀란 형상을 적어 모아 하나의 시집을 이루었으니, 그 중에는 '창해의 파도가 봄 뒤에 잦아진다'라고 한 것과 '봉래의 운무는 새벽이 되면 맑아진다'라고 한 시구는 격과 율이 침감한 것이 성당의 풍미에 못하지 않았다"라는 평가에 이어서 전편에 걸쳐서 여러 차례 등장한다.39)

그렇다면 최두찬은 왜서 강남 지식인들과 나눴던 교유, 수창 하나하나를 모두 『승사록』에 적었을 뿐만 니라 그들이 자신에 대한 평가 역시 하나도 빠짐없이 모두 적었을 것인가? 단순히 자기 자신의 학

---

38) 『승사록』 5월 14일, 153~154쪽. "縣主見公詩, 稱文章神速風格甚高, 仍有贈遺之教, 白米五石, 錢二萬五千文, 分給各人, 紙一軸, 墨一封, 扇一柄, 煙草六十封, 奉遺先生."

39) 『승사록』 5월 9일, 134쪽. "縣居林艮駢馬, 林渭壯, 程光輪來訪, 請借乘槎錄, 余出示之, 林覽畢, 作筆談曰, "先生乘槎之作, 筆致蒼古, 深得左史敘事之體, 詩調亦複不凡, 第鄙人學淺, 不能領略.明日當再來承誨"."

　　『승사록』 5월 14일, 153쪽. "吳將詩置縣主前, 縣主曰, "先生, 文章高妙, 令人起敬.第當繕寫入錄"."

　　『승사록』 5월 22일, 174쪽. 官員見七夕詩歎曰, "名作也"."

　　『승사록』 5월 23일, 175쪽. "周元瑾, 又書大字一聯, 兼作小序以贈之……門燦孝廉朝鮮宿學也……出其乘槎錄, 見示江海風景, 暸如指掌, 而唱酬諸作, 藻菜繽紛."

　　『승사록』 6월 2일, 217쪽. "尋雲孫輔元致書曰, "日昨承惠書詩幅, 竊有晉唐風味, 欣感之至"."

　　『승사록』 6월 5일, 230쪽. "慈柏又曰, "大作典而雅, 雅而典, 可敬可敬"然余何德以堪之."

　　『승사록』 6월 30일, 310~311쪽. "梁公覆書曰, "大作流利清空佩甚, 但過獎抱媿"委官傳諭文字, 必稱難夷."

문적 소양을 자랑하기 위해서만 이었을까? 그가 유교인이라는 점을 감안했을 때 이러한 글짓기 태도에는 또 다른 뜻이 숨어있음을 어렵지 않게 판단할 수 있다.

맹자가 이야기했듯이 '옛사람은, 뜻을 얻으면 그 은택이 백성들에게 입혀지고 뜻을 얻지 못하면 수신하여 세상에 드러냈다고 한다'[40]는 데서 그 근거를 찾을 수 있다. 출사를 행해도 좋을 만큼 수신이 이루어진 상태라는 자의식이 있어도 세상의 벽에 부딪치어 출사를 못한 상황에서는 차선책이 있다. 그것은 바로 학문이나 소양을 더 닦아 세상 밖으로 자신의 덕행이나 학문을 드러내는 방식이다. 역사 이래로 이와 같은 차선책은 선비들에게 있어서 그 나마의 위안을 가져다주는 긍정적 작용을 일으켰던 것이다. 그러므로 최두찬이 일일이 강남지식인들과의 수창을 적고 그들이 자신에 대한 높은 긍정을 적은 것은 출사까지에는 이르지 못했지만 그래도 세상을 위해 뭔가를 할 수 있음을 증명하는 증거로 남기고 싶었기 때문으로 풀이된다. 최두찬의 입장에서 그 신분이 현실적 제약으로 말미암아 수신에 머물러 있었던 선비에 불과하였지만 출사에 대한 욕구는 정당하고 당연한 목표였을 것이다. 비록 출사는 못했으나 수신의 구체적 내용인 학문적 소양과 덕행이 강남이라는 공간을 통해 간접적으로라도 체현될 수 있었다는 것이 그에게는 큰 위안이었을 것이다. 따라서 강남이 아주 특별하고 긍정적인 공간으로 안겨올 수밖에 없었다고 판단된다.

그렇다고 하여 그가 강남을 천편일률적으로 긍정만 한 것은 아니었다. 위에서 언급하다시피 강남의 부유함에 대한 가치판단의 보류는 불교에 대한 언급을 자제한 것과 같은 맥락이다. 당연한 결과이지만, 유교인 최두찬은 물질적 풍요를 반드시 추구해야 할 가치로까지

---

40) 『孟子·盡心上』. "古之人, 得志, 澤加於民; 不得志, 修身見於世."

는 상정하지 않고 있다. 본분 본위주의에 따르면, 修身하는 자에게 풍요는 유혹으로서 경계의 대상이다. 삼강 팔조목에 근거하면, 백성들의 편안한 삶과 부국강병에 대한 문제의식은 출사 후의 취급 사항이었다. 이는 이미 출사를 한 최부와는 상대적인 이념지향성을 보여준다. 최부의 『표해록』을 살펴보면 백성을 다스리는 관료로서 부국강병을 추구하는 국가관이 드러난다. 유교로 무장된 최부가 원하는 이상적 국가모델이 부국강병이지만 상업을 통한 부국강병은 바람직하지 못한 것으로 인식하고 있으며 여전히 농업을 부흥시켜 나라를 부강하게 해야 한다는 관점을 나타내고 있다.41) 이로부터 출사를 한 선비와 출사를 하지 못한 선비가 보여주는 작자의식이 확연히 다르게 드러남을 잘 알아갈 수 있다.

정해현을 떠나는 날 최두찬을 환송하기 위해 김상화가 많은 선비들을 집에 모여 놓고 향별연을 준비한 대목도 지금까지의 논조를 증명하는 다른 한 사례이다. 담소의 분위기 속에서 술도 거나하게 마신 후 좌중이 최두찬에게 이별시를 구해 한 수 적어 준다. 江文通이란 이는 깊은 슬픔으로 넋이 나간다고 하자 이에 답하여 최두찬은 "오직 원하는 것은 여러 형께서 일찌감치 과거에 급제하여 지위가 높은 자리에 이르게 되면 우리나라에서 사명을 띠고 온 사신에게 본국에 강해산인이라는 사람이 있느냐고 물어볼 수 있을 것이니, 이것으로 위로를 받고 권면이 되겠습니다"라고 하였다. 자리에 있던 사람들이 그 글귀를 돌려가며 살펴보고는 모두 시무룩하였다고 하면서 이 말을 한 이유를 적고 있다. 그 자리에 있었던 陳艅仙은 中書의 아들이었고, 李嗣良은 효렴의 조카였으며, 金爽花는 학관으로 있었기 때문이라고 설명한다.42) 최두찬은 이와 같이 무의식적으로나마 자신이 문

---

41) 박명숙, 「최부 『표해록』에 나타난 이념과 의미 및 강남 이미지」, 『온지논총』 27집, 2011, 127쪽.

장으로 강남에서 떨쳤던 소문이 자기가 만났던 강남지식인을 통해 조선으로 역수출되기를 바랐던 것이다. 조선인 최두찬은 자신이 겪었던 이러한 일들을 특히 조선의 지식인들이 알 수 있기를 강하게 바랐던 것이다. 그 자리에 있던 강남 지식인들이 시무룩해졌다는 것도 예측 가능한 자연스러운 결과이다. 최두찬과 교유했던 강남선비들도 그와 처지가 비슷한 위인들이 많다. 즉, 수신을 이루었으나 출사는 못한 무리가 바로 그들이다. 그러므로 상당수 강남 선비들도 최두찬을 만나 그와 마찬가지로 자신의 덕행이나 학문이 이방인인 최두찬을 통해 세상에 드러내 보이고 싶었다고 자연스럽게 유추할 수 있다. 이와 같이, 그와 비슷한 처지의 강남 지식인들은 최두찬에 대해 열광하는 과정에서 스스로에게도 위안과 희망의 근거를 마련할 수 있었던 것이다. 이렇게 신분과 처지가 비슷한 사람들이 서로 만나면서 각자 가치실현의 장을 만들어가면서 서로에 대한 칭찬과 긍정을 극대화해 나갔던 과정이 『승사록』이란 텍스트의 주조를 이룬다.

상술한 이유 중심으로 최두찬이 강남에 대하여 특별한 의미부여를 할 수 밖에 없었고 본국으로 돌아가서도 강남정을 짓고 강남을 그리워했던 맥락을 풀이하였다. 부언하면, 자신이 바라고 기다리던 출사는 아니지만 이를 증명 가능하다고 여긴 덕행과 학문을 세상에 드러내 보일 기회를 제공한 지역으로서 강남은 특별한 시공간일 수밖에 없었다. 그러므로 『승사록』에 갈무리된 강남은 풍요로움과 더불어 최두찬의 이념 실천의 장으로서 구실하였다는 데 큰 의미를 부여할 수 있다.

---

42) 『승사록』 5월 14일, 156~158쪽. "余以小牋答之曰, "此別甚悵, 天限華東.地分涯角, 一別後形影無憑, 江文通所謂黯然銷魂者也.惟願僉兄早拾科第, 位至通顯,則可與小邦命使, 便問本國有江海散人者, 以是慰勉焉" 在座者, 皆傳視悵然【時陳餘仙, 中書之子, 李嗣良孝廉之侄, 金爽花, 時在學官, 故云】."

4. 『승사록』과 최두찬, 그리고 강남

선비인 최두찬이 강남으로 표류하여 거기에서 겪었던 일을 위주로 적은 것이 『승사록』이란 텍스트이다. 이 글에서는 그의 이념을 살펴본 후 유교의식 중 出仕에 근거한 분석을 바탕으로 그가 바라본 강남의 이미지를 살펴보았다.

분석을 통해 최두찬은 유교교리를 내적으로 체화시킨 선비로 규정지을 수 있었다. 그러나 출사를 하지 못한 선비의 처지, 그리고 강한 본분의식으로 인해 유교교리에 어긋난다고 간주한 일들에 대해서는 함구했다는 점도 역시 논술하였다. 아울러 강남은 그의 학문적 소양을 세상에 드러나게 한 실천의 장으로 존재했음을 살필 수 있었다. 총체적으로 따져보면, 최두찬에게 있어서 강남은 풍요로움의 상징이라는 사실 그 자체를 넘어 출사를 지향한 내적 욕구를 간접적으로나마 실천하고 체험 가능케 한 장으로서 더 의미가 있다. 이런 맥락에서 최두찬에게 있어서 강남은 다른 지역으로는 대체 불가능한 아주 특별한 시공간의 장이었다고 할 수 있다.

『大學』, 『論語』, 『孟子』

김성진, 「『강해승사록』의 서지 사항과 창화기속에 대하여」, 『동양한문학연구』
        26집, 동양한문학회, 2008.

範金民·羅曉翔, 「朝鮮人眼中的淸中期中國風情」, 『史學集刊』 3, 2009.

박동욱, 「최두찬의 『승사록』에 나타난 한중 지식신의 상호인식」, 『동아시아문화
        연구』 45집 2009.

_____, 『승사록: 조선 선비의 중국 강남 표류기』, 휴머니스트, 2011.

박명숙, 「최부 『표해록』에 나타난 이념과 의미 및 강남 이미지」, 『온지논총』 27집,
        2011.

박지원, 「黃敎問答」, 『열하일기』, 상해서점출판사, 1997.

윤치부, 「한국 해양문학 연구: 표해류 작품을 중심으로」, 건국대학교 박사논문,
        1992.

이은주, 「19세기 표해록의 모습과 변모양상: 최두찬의 『승사록』을 중심으로」,
        『국문학연구』 제9호, 국어국문학회, 2003.

홍대용, 「燕記」, 『한국역대문집총서』 2604집, 경인문화사.

이덕무의 『입연기』에 나타난 중국 인식※

임명걸

(중국해양대학교)

1. 이덕무의 연행 사실과 『입연기』

청장관(靑莊館) 이덕무(李德懋, 1741~1793)는 조선조 후기 실학자 중에서 빼 놓을 수 없는 인물 중의 한 사람이다. 이덕무는 수많은 저술 활동과 다양한 학문적 활동을 진행했던 만큼 그에 대한 연구 역시 많은 업적이 누적되어 있다.[1] 이 글에서 이덕무의 『입연기(入燕記)』에 관심을 갖고 다루어 보고자 한 것은 이덕무의 『입연기』가 내용과 형식면에서 여타의 북학파 연행록과 구별되는 분명한 특색이 있기

※ 이 논문은 2013년도 정부(교육부)의 재원으로 한국학중앙연구원(한국학진흥사업단)의 지원을 받아 수행된 연구임(AKS-2009-MB-2002).
[1] 본인이 정리한 참고문헌만 해도 학위논문과 일반논문을 포함해서 수 십 편에 이른다. 하지만 대부분 이덕무 문학에 대한 연구였고 그의 연행록 『입연기』에 대한 연구는 극히 적은 편이다. 이에 대한 연구는 박문열, 「李德懋의 「入燕記」에 관한 研究」, 『국제문화연구』 13, 1996이 전형적이라고 할 수 있다. 여타의 경우는 북학파나 실학파의 연행록 연구에 이덕무의 연행록이 부분부분 다루어지고 있지만 대부분 보조적으로 다루어져 왔기 때문에 「入燕記」에 대한 연구라기보다는 다른 실학파 내지 북학파 연행록 연구의 보조 자료 역할을 벗어나지 모한 것이 사실이다.

때문이다. 따라서 『입연기』의 내용과 형식면에서 북학파 문인들과 구별되는 특징들을 밝혀내야만 『입연기』의 진정한 본모습과 이덕무 사상의 핵심을 밝혀낼 수 있다. 이 글은 이런 문제의식하에 『입연기』를 살펴보고자 한다.

이덕무는 1778년에 陳奏使의 書狀官 沈念祖의 수행원으로 연행을 하게 되었다. 1778년 3월 17일에 서울에서 출발하여 閏 6월 14일에 의주로 돌아왔다. 이때 이덕무와 절친했던 朴齊家도 正使 蔡濟恭을 수행하여 함께 연행길에 오르게 되었다. 당시 이덕무의 나이는 38세였다. 이덕무는 그 경험을 바탕으로 『입연기』라는 연행록을 저술하였다.

그는 연행을 통해 중국청나라의 발전된 모습을 직접 체험하고 자신의 학문을 검증했다. 그는 홍대용에게 소개받았던 李鼎元, 陸飛, 潘庭筠 등 청나라 석학들과 직접 만나 필담을 통한 교류를 하였고 북경의 서책시장인 유리창을 직접 들러서 새로 간행한 책들과 고서, 금서들을 열람하면서 조선에 소개되지 않은 책들의 書目을 베끼기도 하고 구입하기도 하면서 지식의 폭을 넓혔다. 1778년의 연행은 북학파에 있어 중요한 의미를 가지는 연행으로 박지원의 『열하일기』에도 영향을 미친다. 이덕무가 중국의 문인들과 직접적인 교류를 한 것은 이때가 처음이지만 그는 이미 중국문인들에게 그의 문학적 능력을 인정받은 바 있었다. 1777년에 유득공의 삼촌 柳彈素가 입연했을 때, 이덕무의 시집 『韓客巾衍集』을 가져가 청나라 문인 雨村 李調元에게 서문을 받았고, 潘庭筠에 의해 조선의 4가시인으로 인정받았다.

『입연기』는 이덕무의 『청장관 전서』의 66권과 67권에 상하권으로 수록되어 있다. 또한 고전번역원에서 번역한 국역본자료까지 있는 상태이다.

2. 『입연기』의 특징

이덕무의 연행록 『입연기』는 당시 북학파 지식인들의 연행록과 내용·형식면에서 분명한 차이를 보이고 있다. 이런 면을 보다 분명하게 보기 위해서 기타 북학파 문인들의 연행록과 같이 표로 제시해 살펴보면 아래와 같다.

북학파의 연행 관련 사항

연행연도	작품	이름	신분/동행 인물	작품 성격
1765	담헌연기 을병연행록	홍대용	자제군관	기사체(잡지) 국문기행문
1778	입연기	李德懋	수행원	日記體
	북학의	박제가	수행원	기사체(잡지)
1780	열하일기	박지원	자제군관	소설체, 기사체 (장르 혼합)
1782	설수외사	이희경	수행원	기사체(잡지)
1786	설수외사	이희경	수행원	기사체(잡지)
1790	연대재유록 열하기행시주	유득공	박제가(2회), 이희경	기사체(잡지) 시주
1794	설수외사	이희경	수행원	기사체(잡지)
1799	설수외사	이희경	수행원	기사체(잡지)
1801	연대재유록	유득공	박제가	기사체(잡지)

위의 표에서 나타나듯이 18세기 후반 북학파 지식인들이 집중적으로 연행을 하게 되었고 연행체험을 바탕으로 다양한 형식의 연행록을 남겼다. 하지만 연행록의 형식을 보면 이덕무의 연행록만 일기체임을 알 수 있다. 일기체 형식의 기록방식은 기존의 전통적인 연행록의 기록방식으로 오랜 전통을 가졌다고 보아야 한다. 하지만 18세기 중반기에 오면 기사체(잡지)형식의 기록이 나타나기 시작하였고, 북학파 지식인들은 대부분 이런 형식의 글쓰기 방식을 선택했다. 당시

북학파 지식인들과 밀접한 관계를 갖고 있던 그가 이례적으로 굳이 전통적인 일기체 형식을 고집했다는 것은, 분명 기타의 북학파 지식인들과 선을 긋는 이덕무 스스로의 의도적인 행위로 보아야 한다. 또 하나의 분명한 구별은 담화에 대한 기록이다. 북학파 지식인들은 중국에 지대한 관심을 갖고 중국의 많은 사람들과 만나 교류를 하면서 담화(필담)형식의 글을 대량으로 기록해 둔다. 이 또한 북학파 지식인들의 연행록에 나타나는 하나의 중요한 특징이라고 할 수 있다. 이에 주목한 연구 성과로 이미 석·박사논문이 나온 상태이다.[2] 이덕무의 경우도 많은 중국인과 교류를 하였지만 필담의 상세한 기록은 『입연기』에서 찾아 볼 수 없다. 青莊館이 燕京에 체류한 약 1개월 동안에 연경에서 직접 교유하였던 사람은 唐樂宇, 陶正祥, 馬照, 潘庭筠, 富商 林氏, 查祖馥, 徐紹新, 蘇楞額, 嵩貴, 沈心醇, 沈瀛, 李驥元, 李鼎元, 李調元, 李憲喬, 蔡曾源, 祝德麟, 黃道 등 약 20명에 달하고 있음을 확인할 수 있다. 그 중에서도 李鼎元(9回), 潘庭筠(5回), 唐樂宇 (5回), 陶正祥(5回), 祝德麟(3回), 李驥元(3回) 등과는 密接한 交分을 가졌다. 그럼에도 필담에 관한 기록이 극히 희소한 것은, 자신의 연행에 기록을 남김에 있어서 필담의 형식을 비켜 갔다는 것은 이덕무가 스스로를 여타의 북학파 지식인들과 구별 지으려는 의도적인 행위였다고 볼 수 있다.

내용적인 면에서도 마찬가지로 분명한 특징이 나타난다. 당시 북학파 지식인들은 중국의 선진적인 문물에 보다 깊은 관심을 가지고 문물을 주제별로 하나하나 상세하게 다루며 소개를 한다. 이런 원인 때문에 기사체 형식을 선택했던 것이다. 하지만 이덕무의 『입연기』의 경우는 문물에 대한 관심이 별로 나타나지 않고 있다.[3] 문물에

---

2) 이학당, 「熱河日記 중 필담에 관한 연구」, 성균관대학교 석사논문, 2000; 박향란, 「燕行錄 所載 筆談의 硏究: 洪大容·朴趾源 등을 중심으로」, 인하대학교 박사논문, 2011.

대한 관심이 적은 반면 중국 서책에 대한 관심은 여타의 북학파 문인들이 따르지 못할 정도였다. 따라서 서책의 상황에 대한 기록도 북학파 지식인들 중에 가장 상세하게 기록되어 있다.

당시 청나라의 신지식, 특히 이를 보여주는 서책에 대한 관심은 이덕무뿐만 아니라 모든 조선 식자층에게 해당되기도 한다. 이덕무는 누구보다도 서책에 관한 정보에 각별히 관심을 가지고 그 정보를 탐문하고 확인하기 위해 노력하고 이에 대한 기록을 상세하게 남기고 있다. 당시 북경 유리창의 서점은 새로운 지식·정보를 획득하는 창구였고, 하나의 거대한 보고였다. 북학파 지식인들도 이곳을 드나들면서 새로운 서적을 통해 지식·정보를 획득하고, 직접 체험한 바 있었다. 전근대 사회에서 서적을 통한 지식의 생성과 유통은 아주 오래된 전통의 하나였다. 북학파 지식인들도 연행 중에 유리창에 들러 많은 서책을 사들이는 것이 하나의 상례가 되다시피 하였다. 더욱이 북학파 지식인들은 서적의 구입은 물론 연행에서 획득한 서적의 정보와 견문한 새로운 지식을 조선학계에 전하려고 노력하였다. 이덕무의 『입연기』에서 유리창 서책방과 거기에 있는 서책들에 대해 집중적으로 소개한 기록을 보자.

연경의 冊房은 예부터 유명하였기 때문에 나는 책을 열람하고자 在先 및 乾粮官과 함께 유리창에 갔다. 우리나라에 없는 책과 희귀본만을 모두 기록하였다.[4]

---

3) 물론 하다도 없는 것은 아니다. 火壺(주전자의 일종)에 대한 기록 같은 것은 분명히 선진적인 문물에 대한 관심으로 볼 수 있으나 기타 북학파 문인들이 대량의 선진문물에 대한 기록에 비하면 너무도 약소한 편이다.

4) 李德懋, 『입연기』5월 19일조(원문은 고전번역원 DB 참조). "燕市書肆 自古而稱 政欲繙閱 於是余與在先及乾粮官 往琉璃廠 只抄我國之稀有及絶無者 今盡錄之."

李德懋가 유리창에서 기록한 책5)

冊房名	書 目	種類
嵩秀堂	『通鑑本末』『文獻續纂』『協紀辨方』『精華錄』『賦彙』『欽定三禮』『中原文憲』『講學錄』『皇華紀聞』『自得園文鈔』『史貫』『傅平叔集』『陸樹聲集』『太岳集』『陶石簣集』『升菴外集』『徐節孝集』『困勉錄』『池北偶談』『博古圖』『重訂別裁』『<u>古文奇賞</u>』『西堂全集』『帶經堂集』『居易錄』『知新錄』『鐵網珊瑚』『玉茗堂集』『傳道錄』『高士奇集』『溫公集』『唐宋文醇』『經義考』『古事苑』『笠翁一家言』『獪園』『子史精華』	37
文粹堂	『程篁墩集』『史料』『范忠宣公集』『樂城後集』『圖繪寶鑑』『方輿紀要』『儀禮節略』『冊府元龜』『獨制詩』『文體明辨』『名媛詩鈔』『鈴山堂集』『義門讀書記』『王氏農書』『山左詩鈔』『墨池編』	16
聖經堂	『<u>弇州別集</u>』『感舊集』『路史』『酒確類書』『施愚山集』『紀纂淵海』『書影』『青箱堂集』『<u>昭代典則</u>』『格致錄』『顧端公褋記』『沈碻士集』『通考紀要』『由拳集』『本草經疏』『閒暑日鈔』『倪元璐集』『史懷』『本草匯』『曹月川集』	20
名盛堂	『寄園寄所寄』『范石湖集』『名臣奏議』『月令輯要』『遵生八牋』『漁洋三十六種』『知不足齋叢書』『隸辨』『益知錄』『幸魯盛典』『內閣上諭』『帝鑑圖說』『臣鑑錄』『左傳經世鈔』『理學備考』	15
文盛堂	『王梅溪集』『黃氏日鈔』『食物本草』『八旗通志』『盛明百家詩』『皇清百家詩』『兵法全書』『虞道園集』『漁洋詩話』『荊川武編』『呂氏家塾讀詩記』『本草類方』	12
經腴堂	『<u>音學五書</u>』『<u>大說鈴</u>』『今詩篋衍集』	3
聚星堂	『安雅堂集』『韓魏公集』『吳草廬集』『宛雅』『詩持全集』『榕村語錄』	6
帶草堂	『堯峯文鈔』『精ърш筆記』『精華訓纂』『漁隱叢話』『觀象玩占』『篆書正』『明文授讀』『香樹齋全集』『七修類考』	9
郁文堂	『賴古堂集』『李二曲集』	2
文茂堂	『埤雅』『許魯齋集』『范文正公集』『邵子湘集』『闕里文獻考』『班馬異同』	7
英華堂	『帝京景物略』『群書事集淵海』『三魚堂集』『廣群芳譜』『林子三教』『楊龜山集』	6
文煥齋	『榕村集』『名媛詩歸』『舣膡』『穆堂集』	4
총12곳	總 136種	

　위의 내용을 통해 중국 당시의 유리창에 많은 책방과 대량의 서책들이 있었음을 알 수 있다. 이덕무의 경우는 12곳의 책방에서 무려 136종의 책을 기록하였는데 "我國之稀有及絶無者"를 골라 기록했다고 밝히고 있다. 새로운 지식과 정보를 전파할 수 있는 가장 빠른

---

5) 『입연기』 5월 19일조(원문은 고전번역원 DB 참조). 표 안의 밑줄 친 책은 당시 금서로 지적된 책임.

경로는 바로 서책을 통해서 이루어진다고 할 수 있다. 이덕무가 소개
한 위 서목들 자체가 조선의 식자층에게는 하나의 새로운 정보가 된
다. 이처럼 직접 중국에서 여러 책방에 들러 하나하나 확인하고 자기
나라에 없거나 희소한 것으로 판단되는 중요한 서적을 책방 이름과
거기에 비치된 책 제목까지 상세하게 기록한 것은 조선의 지식인들
중 중국 서책에 관심 있는 사람들로 하여금 유리창의 현황과 서책에
관한 정보를 정확하게 파악할 수 있게 하기 위한 것이라고 할 수 있
다. 하지만 여기서 한 번으로 끝나는 것이 아니라 탐문을 거듭함으로
써 보다 많은 정보를 입수하게 된다. 위의 자료는 5월 19일에 기록한
자료지만 25일과 28일에 유리창에 다시 가서 전에 보지 못했던 서점
에 들러 확인하는 기록이다.

> 觀象圈을 지나 順成門으로 나와 유리창에 가서 전일에 보지 못했던 冊
> 房 서너 군데를 들렀다. 陶氏의 所藏은 매우 훌륭했는데 五柳居란 현판을
> 걸었다. 도씨는 스스로 말하기를, "책을 실은 배가 江南에서 와 通州 張家
> 灣에 닿았는데, 내일이면 그 책을 이곳으로 수송하여 올 것이고 책은 모두
> 4천여 권이 될 것이다." 하므로, 우리는 그 書目을 얻어 가지고 돌아왔다.
> 거기에는 내가 평생 동안 구하려 하던 책뿐만 아니라 천하의 기이한 모든
> 책들이 매우 많았으므로 나는 비로소 浙江이 서적의 본 고장이라는 것을
> 알았다.
> 여기에 온 뒤 먼저 근일에 발간된 浙江書目을 구했었는데, 이 도씨 서목
> 에는 절강서목에 없는 것도 있었다. 그러므로 나는 그 서목을 적어 재선
> 에게 주었다.[6] (밑줄 강조-인용자)

---

6) 『입연기』 5월 25일조(원문 고전번역원 DB 참조). "與在先及乾粮官 觀天主館 以主人不在
不得詳觀其內 歷觀象圈 出順城門 過琉璃廠 又搜向日未見之書肆三四所 而陶氏所藏 尤爲大家
揭額曰五柳居 自言書船 從江南來 泊于通州張家灣 再明日 當輸來 凡四千餘卷云 因借其書目而

위의 예문은 이덕무가 박제가와 함께 유리창에 재차 들러, 전에 들르지 못했던 서점에 들러 새로운 것을 거듭 탐문하는 과정을 보여준다. 그래서 오류거 주인 도씨로부터 내일 강남에서 4,000여 권의 새로운 책이 북경에 들어온다는 소식을 알게 되고 그 서목을 얻어가지고 돌아와 확인 결과 "내가 평생 동안 구하려 하던 책뿐만 아니라 천하의 기이한 모든 책들이 매우 많았으므로 나는 비로소 浙江이 서적의 본 고장이라는 것"을 알게 된다. 이는 모두 거듭되는 탐문에서 얻어지는 수확이라고 할 수 있다. 아래는 28일의 기록이다.

재선과 함께 琉璃廠에 있는 五柳居란 冊房에 들러 江南에서 배편으로 온 奇書를 열람하였다. 서장관이 나에게 부탁하여 수십여 종의 책을 購入하였는데, 그 속에는 朱彝尊의 『經解』와 馬驌의 『繹史』등 稀貴本 이외에도 모두 좋은 책들이 있었다.[7]

이날도 역시 재선(박제가)과 함께 오류거에 들러서 강남의 배편으로 온 새로운 책들을 열람했다는 것은 서목으로 확인한 것들을 다시 구체적으로 어떤 것인지를 재탐문하는 과정이라고 할 수 있다. 여기서는 이덕무의 기록뿐이지만 동행한 박제가도 같은 입장이었을 것이다. 그리고 서장관이 부탁한 수십 종의 책을 구입했을 뿐만 아니라 희귀본에 대해서 소개하고 나머지 책들도 모두 좋은 책이라고 밝히고 있다. 이런 탐문과정에 대한 기록은 나흘 뒤인 6월 2일 한 번 더 이루어진다.

來 不惟吾之一生所求者 盡在此 凡天下奇異之籍甚多 始知江浙爲書籍之淵藪 來此後先得浙江書目 近日所刊者見之 已是璯觀 陶氏書船之目 亦有浙江書目所未有者 故謄其目 與在先"
7) 『입연기』 5월 28일조(원문 고전번역원 DB 참조). "(二十八日丁亥 大熱 留館) 與在先 往琉璃廠五柳居 閱南船奇書 書狀囑余沽數十種 其中朱彝尊經解 馬驌繹史 稀有之書 而皆善本也"

五柳居 陶生의 冊房에 가서 60匣의 『經解』를 열람하였다. 『경해』는 竹垞 朱彝尊과 憺圃 徐乾學이 소장한 책을 다 수집하고, 또 秀水의 曹秋岳, 無錫 의 秦對巖, 常熟 錢遵王·毛斧季, 溫陵의 黃俞邰의 藏書를 빌려 모은 것으로 모두 1백 40여 種인데, 『子夏易傳』으로부터 唐人의 글은 겨우 2~3종이고, 그 나머지는 대부분이 宋·元 諸儒의 撰述이며, 명나라 사람의 저술도 간혹 한두 種이 끼어 있으니, 참으로 유학과 經學의 書庫이다.

이 책이 간행된 지 벌써 1백 년이 넘었는데 우리나라 사람들은 까마득 히 모르므로 해마다 사신이 끊임없이 내왕하였으나, 수입해 오는 책이라 고는 고작 演義小說, 그리고 『八家文抄』와 『唐詩品彙』따위뿐이다. 이 두 종류의 책이 비록 실용에 도움이 된다고 할 수 있으나, 이 책이라면 집집 마다 있을 뿐만 아니라, 우리나라에서도 간행되는 것이니 다시 중국에서 구입할 필요가 없다. 그리고 이 책은 넓게 퍼져 있으므로 珍貴하지도 않고 값도 매우 저렴한데 조선 사신들은 올 적마다 별도로 돈을 준비해 와서 비싼 값으로 구입하니 우리나라 사람의 고루함이 이와 같다.[8]

이처럼 6월 2일도 새로운 정보를 얻는데 성공을 한다. 『經解』란 책 이 經學의 書庫라고 할 수 있다는 것이고, 책이 나온 지 100년이 넘었 지만 조선에서 모르고 있다는 사실을 밝히고 있다. 그러면서 중국에 와서 많은 책을 구입하지만 별로 유용한 책을 구입하지 못하고 별로 큰 의미가 없는 책들을 구입하는 조선 사람들의 문제점에 대해서도

---

8) 『입연기』 6월 2일조(원문 고전번역원 DB 참조). "初二日庚寅 熱 留館 往五柳居陶生書坊 檢閱經解六十套 經解者 朱竹垞彝尊 與徐憺圃乾學 搜憺圃, 竹垞所藏 又借秀水曺秋岳, 無錫秦 對岩, 常熟錢遵王, 毛斧季, 溫陵黃俞邰之藏 得一百四十種 自子夏易傳外 唐人之書 僅二三種 其 餘皆宋元諸儒所撰述 而明人所著 間存一二 眞儒家之府藏 經學之淵藪也 此書刊行已百年 而東 方人漠然不知 每年使臣冠盖絡繹 而其所車輪東來者 只演義小說及八大家文抄 唐詩品彙等書 此 二種 雖曰家用 然家家有之 亦有本國刊行 則不必更購 中國則此二書亦廣布 不必珍貴 價亦甚低 但朝鮮使來時 必別爲儲置 以高價賣之 東人之孤陋類如是"

비판하고 있다.

이상에서 이덕무가 북경 유리창의 책방에서 새로운 정보를 탐문하는 과정을 면밀하게 살펴보았다. 특히 그의 연행록은 일기체 형식으로 기록되었기에 구체적인 시간과 장소를 모두 밝히면서 4번이나 되는 재탐문 과정을 모두 밝히고 그 내용도 상세하게 기록하고 있다. 그 결과 이덕무는 중국의 서책유통과 판매 현황을 누구보다 상세하게 알게 되었고, 그것을 낱낱이 밝혀 조선의 식자층들로 하여금 그 제공한 정보에 따라 필요한 책들을 나중에 연행하는 사행원이나 書冊商을 통해 구입할 수 있도록 하였다. 박지원도 이덕무로부터 유리창에 관한 이야기를 많이 들어서 중국 서책에 관한 정보를 익히 알게 된 것을 기록하고 있다. 그 구체적인 내용은 아래와 같다.

> 선무문을 나가 오른 쪽으로 돌아서 유리창에 들어갔다. 첫 거리에 五柳居라는 세 글자가 적힌 집이 있는데, 여기가 屠鈺(陶正祥)이라는 사람의 서점이다. 지난해 무관 李德懋 등이 이 서점에서 책을 많이 샀다고 하여 오류거 이야기를 입에 침이 마르도록 하였기에, 지금 여기를 지나가려니 마치 오랜 친구를 만난 것처럼 반가웠다.[9]

이 예문은 연암이 이덕무로부터 유리창의 서책 방에 대한 정보를 이미 상세하게 전해들은 좋은 증거이다. 박지원도 이렇게 사전에 파악한 지식으로 인해 연경에 들렀을 때는 마치 "如逢故人"한 것처럼 반가웠다고 기록하고 있다. 그뿐만 아니라 이덕무도 유리창에서 많은 책을 구입한 사실을 알 수 있다. 연암도 중국에서 간행한 조선의

---

9) 박지원, 『열하일기』 「관내정사」 8월 3일조(김혈조 역, 돌배개, 2009, 434쪽 참조). 원문은 고전번역원 DB참조. "出門右轉 入琉璃廠 初街有五柳居三字題 此屠鈺冊肆也 前歲 懋官輩多貿此肆 津津說五柳居 今過此中 如逢故人"

『동의보감』을 보고 판본이 정교하여 사려고 했지만 값이 비싸 결국 사지 못하고 아쉬움을 나타내기도 했다.10) 이는 모두 서책을 통한 활발한 지식정보 교류가 이루어졌음을 보여주는 생생한 증거라고 할 수 있다.

이덕무는 현장에 가서 책방을 하나하나 직접 찾아가 확인하고 또 여러 차례 반복 탐문하는 과정을 상세하게 글로 표현하여 정보를 제공하고 있다. 또한 청장관은 '五柳居'의 所藏書가 매우 훌륭하고 주인 陶正祥이 서적에 관하여 해박한 지식이 있음을 알고, 도정상과는 교분을 맺고 그의 '五柳居'에서 奇書를 열람하고 朱彝尊의 「經解」, 馬驌의 「繹史」 등의 희귀본과 그 외의 좋은 서적들을 구입하기도 하였다. 뿐만 아니라, 靑莊館은 嵩秀堂에서도 「三禮義疏」, 「通鑑紀事本末」 등을 구입하였으며, 「御製全韻詩」, 「國朝詩別裁集」 등을 구입하기도 하였다.

3. 청나라에 대한 인식

북학파 지식인들은 기존의 청에 대해 무조건 부정 일변도로 가는 인식에서 벗어나 청을 객관적으로 바라보고 훌륭한 문물과 선진기술에 대해서는 적극적으로 배우자는 태도를 보이고 있다. 홍대용, 박지원, 박제가, 이희경의 연행록을 보면 이에 대한 기록이 분명하게 나타나 있다. 이는 북학파 연행록이 갖는 가장 중요한 특징이라고 할 수 있으며, 이들이 이용후생학파로 불리는 중요한 원인이라고 할 수 있다.

---

10) 박지원, 『열하일기』「구외기문」(위의 책, 177쪽).

하지만 이덕무의 경우는 위의 북학파 문인들처럼 청에 대한 긍정적인 면을 보여주는 부분이 별로 많지 않다. 오히려 곳곳에서 청에 대한 부정적인 감정을 갖고 있음이 확인 된다. 반면 중국 청나라 사람 중에 한족에 대해서는 대단히 긍정적 평가를 하는 것을 볼 수 있다. 아래 통주에 도착해서 중국의 관리 何裕城을 만나 그와 그의 사위 鮑紫卿에 대한 기록에서도 잘 나타난다.

통주 10리 좀 못 미쳐 갔는데 벌써 서남 일대에 배 돛대가 뾰쪽뾰쪽하게 보였다. …일행이 함께 山東 등처의 督糧道 兼管德常臨淸倉事務 加二級 何裕城의 배를 탔다. 배가 매우 정교하고 치밀하게 되어 있어 板屋에는 냉방과 난방을 구비하였고, 이리저리 꺾이어 중복되어 있었다. 床几와 器什은 하나하나가 모두 새롭고 정결하였다.

하유성은 浙江 山陰 사람으로 접대하는 말이 친절했고, 배 속을 두루 구경하도록 배려했다. 三使臣이 각각 부채 하나와 淸心元 3개를 주니 유성은 일어나 머리를 숙이면서 감사했다. 배꼬리에는 金龍旗를 세웠고, 돛대 앞에는 붉은 일산을 세웠다. 유성의 사위 鮑紫卿은 23세로 역시 절강의 秀士였다. 사신 일행이 館舍로 돌아온 뒤 한참 있다가 자경이 종이 2장에다 글을 써 갖고 말을 타고 왔는데, 하나는 趙松雪의 詩이고 또 하나는 詞였다. 筆勢가 경쾌해서 사랑스러웠고, 그의 용모 또한 빼어나게 단아했다. 삼사신이 小饌을 베풀어 접대하고 또 각각 부채·약·먹·붓·종이를 주었다. 이때 자경이 삼사신에게 綠紗 각 1필씩을 가져다 주었는데 이는 자기의 장인이 배에서 받은 부채와 약에 대한 답례였다. 준 것은 박한데 보내온 것은 너무 후해서 매우 걸맞지 않았다. 그래서 삼사신은 譯官 洪命福을 시켜 자경을 동반하고 가서 그 녹사를 되돌려 주고 되돌려 주는 뜻을 말하게 했다. 그랬더니 유성이 매우 섭섭해 하더라고 했다.11)

위 기록은 하유성과 그의 사위 포자경에 대한 기록인데 이덕무가
이들에 대해 긍정적임을 확인할 수 있다. 하유성과 포자경의 개인적
인 인품과 수양에 따른 당연한 평판이라고도 할 수 있지만 이덕무는
분명 이들에 대해 호감을 갖고 있는 것을 알 수 있다. 6월 16일에
청장관은 '五柳居'의 주인 陶(正祥)氏가 서장관이 구매한 서적을 수레
에 싣고 통주까지 뒤따라 와서 전해 주자, 陶生의 信實함에 감탄하였
음을 기록하고 있다. 이처럼 이덕무는 중국인 중에서도 한족에 대한
인식은 긍정적이라고 할 수 있다. 아래 전형적인 예 하나만을 더 들
기로 한다.

> 저녁에 삼하에 도착하였다. 먼저번 燕京으로 갈 적에 이곳 삼하에서
> 묵었었다. 그때 서장관이 『楊椒山集』과 『陳其年集』을 깜박 잊고 두고 간
> 일이 있었는데, 主人이 두 사람의 文集을 가져다 주니 <u>중국 사람들의 신의
> 를 알 만하다</u>.12) (밑줄 강조-인용자)

이 예문에서 이덕무는 중국인의 신의에 대해 탄복을 하고 있음을
알 수 있다. 오류거의 도씨가 통주까지 따라와 구매한 책을 건네 준
사건이나 삼하에 머물렀던 집 주인이 전에 두고 간 책을 돌려준 일은
이덕무에게 깊은 인상을 주었던 것이다. 그래서 "중국 사람들의 신

---

11) 『입연기』 5월 13일조(고전번역원 DB 참조). "未及通州十里 已見西南一帶帆檣 矗矗泠然開
襟 日晡渡河 時天旱水縮 差廣於混河 一行 同登山東等處督糧道兼管德常, 臨清倉事務加二級何
裕城之舟 舟甚精緻 建板屋凉樓暖房 曲折重複 床几器什 事事新潔 裕城 浙江山陰人 接話申申
請周覽舟中 三使各贈扇一淸心元三 裕城起立俯首而謝 舟尾建金龍旗 帆竿之前 建紅盖 女壻鮑
紫卿 年二十三 亦浙江之秀士也 還館良久 紫卿乘馬而來 書二紙 一趙松雪詩 一詞 筆勢翩翩可愛
貞亦秀雅 三使設小饌待之 又各贈扇藥墨筆紙 時紫卿 持贈綠紗於三使各一疋 盖其婦翁 回報舟
中所贈扇藥也 去者薄而來者厚 甚不相稱 三使使譯官洪命福 伴紫卿 還其紗於舟中 諭意而來 裕
城頗憮然云"
12) 『입연기』 6월 17일조(고전번역원 DB 참조). "夕抵三河 前日宿三河 書狀忘置楊椒山集 陳其
年集而去 主人出示二集 可見中原人之有信也"

의"에 대해서 높이 평가하고 있다.

하지만 이덕무의 중국에 대한 인식은 모두 이처럼 적극적이고 긍정적인 것만은 아니다. 5월 22일 太學에 배알할 때, 神聖한 殿 중에는 가는 곳마다 문지기들을 비롯하여 童男童女들이 절도가 없음을 개탄해 하고 있으며, 조선의 사신들이 烏帽에 團領을 입고 四拜의 예를 行하자 주변의 사람들이 모두 손가락질을 하고 비웃었음을 기록하고 있다. 특히, 조선에서는 성묘를 존엄하게 여겨 엄숙히 공경하는데 중국에서는 廟殿에 잡인들이 어지러운 이유가 무엇인지를 물었을 때, 青莊館 일행을 안내하던 助教가 어이없어 노기를 발하니 도대체 그 이유를 알 수 없는 노릇이라고 기록하고 있다.[13] 이는 분명 청에 대한 부정적인 기록이라고 보아야 할 것이다. 이런 부정적인 면에 대한 기록은 청에 대한 부정적 인식으로 이어진다. 6월 10일 기록에는 조선에 사신으로 온 적이 있는 崇貴가 시장을 돌며 값을 직접 물어보는데 대한 기록이 있다.

內閣學士 嵩貴는 珊瑚頂子를 달았는데 얼굴이 비대하며, 눈빛이 빛났다. 그는 階下를 돌아다니면서 보화를 가리며 값을 논하다가 馬頭 등을 보고 손을 들어 말을 건네었다. 숭귀는 滿州 사람으로 전에 勅使로 우리나라에 왔던 사람이다. 숭귀 혼자만이 온 것이 아니라 기타 宰相·郎署·擧人 등이 비단 옷에 輕車를 타고 그 수를 알 수 없을 정도로 많이 왔다. 明나라 때에 이런 풍속이 있었는지는 알 수 없으나 아마도 만주 풍속인 듯하니 駭怪한 일이다.[14] (밑줄 강조-인용자)

---

13) 『입연기』 5월 22일조(고전번역원 DB 참조). "使譯官金在協 傳語曰 東國聖廟 尊嚴肅敬 今此 廟殿 雜人紛拏 何也 助教初若憮然 後又怫然 未可知也"

14) 『입연기』 6월 10일조(고전번역원 DB 참조). "內閣學士嵩貴 戴珊瑚頂子 白晳肥大 眼光睟然 徘徊階下 指點寶玩 論其價直 見馬頭輩 擧手相語 貴滿洲人也 前以勅使來我國者也 不獨崇貴躬 來市肆 其他宰相郎署擧人之倫 衣錦衣 乘輕車而來 不知其數 明朝亦有此習否 抑或滿州之俗歟

위의 내용은 시장에 나와 구경을 하는 중국 사대부 관리들에 대한 기록이다. 여기서 사대부 관리들이 시장에 나와 직접 물건 값을 흥정하고 따라온 마부와 같이 말을 건네며 같이 다니는 것을 예와 체통에 맞지 않는 "만주인의 풍속"으로 보고 "해괴"한 것이라고 부정적인 시각으로 바라보고 있다. 청에 대한 부정은 청에 굴하지 않은 조선의 인물에 대한 기록에서도 간접적으로 타나난다. 6월 12일 기록에 보면 『御製全韻詩』를 열람하면서 청나라로 보낸 사신 羅德憲·李廓에 대해 대절을 지킨 인물로 높이 평가하고 있다.

　　姜弘立의 投降한 일을 기록하면서 姜功烈이라고 잘못 기록하였으며, 또 羅德憲·李廓의 일을 기록하기를,
　　"조선이 淸을 섬기자 나씨·이씨가 복종하지 않았다."하였다.
　　이 두 사람은 대개 武人으로 기미년 이후에 우리나라에서 청 나라로 보낸 사신이다. 後金이 <u>우리나라에 보내는 國書에 황제라 칭하였으므로, 두 사람은 그 글을 길에 버리고 돌아왔다. 우리나라의 士大夫들은 이러한 大節을 지닌 두 사람을 알지 못하니 한탄스러울 뿐이다.</u>[15] (밑줄 강조-인용자)

위 기록에서 알 수 있듯이 나덕헌과 이곽은 무인 신분이다. 하지만 사신으로 갔다가 후금에서 조선에 보내는 국서에 황제라 칭하였으므로 길에 버리고 왔다. 이는 두 사람이 청에 복종하지 않았다는 좋은 증거이다. 그래서 청의 황제도 두 사람이 굴복을 하지 않았다고 기록하고 있었던 것이다. 하지만 이덕무는 그들에 대해 대절을 지닌 사람

令人駭異"

[15] 『입연기』 6월 12일조(고전번역원 DB 참조). "錄姜弘立投降之事 而詑書爲姜功烈 又錄羅德憲, 李廓之事曰 朝鮮假禮 羅李不拜云云 盖二人武人也 己未以後 差使臣使于汗營 國書始稱皇帝 棄之路而還國 如此大節 我國士大夫不知有此二人 可勝太息"

이라고 평가를 했을 뿐만 아니라 조선에서 이 사실을 모르고 있다는 것을 한탄스럽게 생각한다. 이는 분명 청에 대한 이덕무의 강렬한 부정의 감정이 마음속 깊이 자리 잡고 있음을 보여주고 있다. 이런 청에 대한 부정은 『입연기』의 6월 23일 기록에 직접 드러나기도 한다.

"皇上이 7월에 瀋陽으로 거동하실 것이니 路邊의 농민들은 藍을 심어서는 안 된다."정을 심지 못하게 하는 것은 정에는 모기와 파리가 끼기 쉽기 때문이라고 한다. 또 한 장의 榜文이 붙었는데, "황상께서 거동하실 때 연도에 市肆와 廟堂의 毀壞된 것을 미리 완전히 수리하여 보기 좋게 하라." 하였다. 따라서 나는 다음과 같이 탄식하였다.

"이 두 가지는 王者의 政事가 아니다. 지금 중국의 옷은 靑黑色을 숭상하여 藍을 심는 것은 백성들에게 큰 이익이 되고 있으니, 가령 御輦에 모기와 파리가 몰릴까 염려하여 연도 1천여 리의 백성들이 서로 경계하여 정을 심지 않는다 하더라도, 남의 윗사람이 된 사람들은 백성들을 깨우쳐 정을 심게 하여 그 생업을 안정시켜야 할 것이다. 그런데, 오히려 지금은 명을 내려 심지 못하게 하니 이는 稗政이다. 또한 市肆의 殘弊는 백성의 가난 때문이고, 廟堂은 淫祠라 자연히 頹落되는 것이니 이는 王政에 대단한 일이 될 것이 없는데 지금 그것을 수리하게 하여 황제에게 잘 보이려하니 이는 州縣 관리들의 죄이다."16) (밑줄 강조-인용자)

7월에 황제가 瀋陽에 거동할 예정이므로, 큰 나무를 실어다가 다리를

---

16) 『입연기』 6월 23일조(고전번역원 DB 참조). "沿路告示有曰 皇上七月幸瀋陽 路傍田民 不可 種藍 藍善聚蚊蠅 故禁之也 又有一榜 以爲皇上幸行時 沿路市肆及廟堂毀壞者多 俱各及期完治 以作觀瞻之地云 余歎曰 此二者 非王者之政也 今中原衣尙靑黑色 種藍爲民生之大利 假使衆民 或恐蚊蠅之集御輦 沿路千餘里 相戒不種藍 在上者敦諭 使之種之 以安其業 如今勒令不種 是稗 政也 市肆之殘弊 係於民貧 廟堂淫祠也 自然毀落 不足爲輕重於王政 如今使之修飾 取媚於皇帝 此州縣官之罪也"

놓는데 거의 70~80칸이나 되었다. 直路를 닦느라고 백성들의 전지를 매우 많이 침해하니 피해가 적지 않았다.[17] (밑줄 강조-인용자)

우리가 연경으로 올 때 닦아 반듯하고 곧던 御路가 몇 달 사이에 잡초가 무성하고 수레바퀴와 말발굽 자국이 어지러워졌으므로 다시 백성을 동원하여 닦고 있다. 7월까지 있으려면 닦는다 하더라도 다시 어지러워질 것이니 백성들이 농사지을 여가가 없겠다.[18]

황제가 7월에 심양으로 행차를 하기 때문에 주변에 정을 심지 못하게 하는 원인은 파리와 모기가 끼기 쉽다는 이유에서 이다. 또한 황제에게 잘 보이기 위해서 시사와 묘당을 보기 좋게 보수하라고까지 했다. 이를 본 이덕무는 탄식을 하면서 "패정"이라고 직설적으로 말하고 있다. 또한 황제에게 잘 보이려고 하는 관리들의 행위는 "죄"를 저지르는 것이라고 혹평하고 있다. 백성들에 대한 피해도 막심함을 보여주어 이덕무가 민생의 질고에 대해서도 많은 관심을 갖고 있음을 잘 보여준다.

이처럼 이덕무는 중국 연행 체험을 통해 중국의 현황을 파악하고 있지만 그의 연행기록 『입연기』에는 여타의 북학파 지식인들의 연행록과 달리 청에 대한 강한 부정이 곳곳에 드러나고 있다. 이처럼 이덕무의 『입연기』에 나타난 중국 인식은 기타 북학파 지식인들과 분명한 구별이 있다. 향후 이 면에 주목하여 보다 많은 연구가 행해지기를 기대한다.

---

17) 『입연기』 6월 27일조(고전번역원 DB 참조). "七月皇帝將幸瀋陽 駕大木爲橋 幾七八十間 修直路 割民田甚多 爲害不少"
18) 『입연기』 6월 28일조(고전번역원 DB 참조). "來時修治御路 如砥如矢 數月之間 鞠爲茂草 車轍馬蹄 錯綜不已 又發民除治 延至七月 則旋治旋蕪 民無暇爲農矣"

4. 이덕무가 선 자리

이 글에서는 이덕무의 『입연기』를 중심으로 이에 나타난 이덕무의 중국 인식에 대해 살펴보았다.

『입연기』는 형식과 내용이 여타의 북학파 연행록과 다른 분명한 특색을 띠고 있다. 형식적인 면에서도 일기체를 띠고 있을 뿐만 아니라 북학파 지식인들의 공통적 관심사인 청나라 문물에 대해서도 별로 다루지 않았다. 또한 많은 중국의 문사들과 필담을 통해 교유를 했지만 그 기록은 별로 없었다. 내용적인 면에서도 이덕무는 중국의 서책에 관해 깊은 관심을 갖고 이에 대한 새로운 정보와 지식을 상세하게 밝히고 있다.

중국인에 대한 인식에 있어서도 중국의 한족인들에 대해서는 높이 평가하면서도 청나라와 그들의 통치에 대해서는 부정적인 감정을 강하게 나타내고 있음을 볼 수 있다. 이런 면들은 기타 북학파들이 청을 긍정적으로 바라보는 것과 구별되는 이덕무의 독특한 중국 인식이라고 할 수 있다.

이덕무는 북학파 문인들과 밀접한 관계가 있는 인물인 것은 사실이다. 따라서 북학파 지식인들이 갖고 있는 견해도 충분히 접하고 그들의 입장을 누구보다 잘 이해하고 있었을 것으로 본다. 하지만 인간적인 교유가 밀접하다고 해서 학문적 견해와 지적 인식까지 일치하다고 斷論을 내리기에는 불충분하다. 상대를 이해한다는 것과 찬동한다는 것은 다르기 때문이다. 하지만 지금까지 연구들을 보면 모두 이덕무를 북학파 일원으로 함께 묶어 살펴온 것도 사실이다. 그러나 『입연기』를 자세히 살펴보면 위에서 제시한 것처럼 북학파지식인들과 분명히 구별되는 특징들이 선명하게 나타난다. 이는 이덕무가 북학파 지식인들과는 구별되는 그 자신의 분명한 입장과 견해

를 갖고 있다는 좋은 증거이기도 하다. 따라서 이덕무가 진정한 북학
파인지도 재고의 여지가 있다. 이는 향후의 과제로 남긴다.

참고문헌

1. 일반논문

강명관, 「이덕무 소품문 연구」, 『古典文學硏究』 제22집, 韓國古典文學會, 2002.

구교현, 「晩明과 朝鮮後期의 小品文 創作背景 硏究」, 『중국어문학논집』 제39호, 중국어문학연구회, 2006.

_____, 「李卓吾와 李德懋의 文學論 비교 연구」, 『중국어문학논집』 14, 중국어문학연구회, 2000.

권정원, 「고염무(顧炎武) 『일지록(日知錄)』과 조선후기 고증학: 이덕무(李德懋)의 학문경향을 중심으로」, 『한국실학연구』 15권, 한국실학학회, 2008.

_____, 「원굉도와 이덕무 문학이론의 同異點 고찰」, 『동양한문학연구』 제22집, 동양한문학회(구 부산한문학회), 2006.

_____, 「이덕무(李德懋) 초기산문에서 공안파 수용의 실천양상: 서술기법의 특징적 면모를 중심으로」, 『漢文學報』 제13집, 우리한문학회, 2005.

김경미·장효현, 「이덕무(李德懋)의 소설배척론 재고, 질의」, 『古典文學硏究』 6권, 한국고전문학회, 1991.

김균태, 「이덕무(李德懋) 『청장관전서(靑莊館全書)』 소재인물 일화(逸話) 연구」, 『고전문학과 교육』 제15집, 한국고전문학교육학회, 2008.

김문식, 「한국과 세계의 만남; 18세기 조선 지식인의 네덜란드 이해」, 『史學志』 39권, 단국사학회, 2007.

김성진, 「18,9세기 한일양국의 명청소품문 수용에 대한 비교연구」, 『韓國文學論叢』 제41집, 한국문학회, 2005.

남정희, 「조선후기 문인의 明·淸 서적 수용과 독서의 경향성 試考」, 『한국문화연구』 8권, 이화여자대학교 한국문화연구원, 2005.

류성준, 「略論韓國詩話上之朝鮮後期淸代詩學評論」, 『동아인문학』 제7집, 동아인

문학회, 2005.

문준혜, 「조선시대 문집에 보이는 중국 언어 문자 연구 조망: 李德懋의 『청青莊館全書』를 중심으로」, 『中國語文學誌』 제38집, 중국어문학회, 2012.

박문열, 「靑莊館 李德懋의 『入燕記』에 관한 研究」, 『國際文化研究』 13, 청주대학교 국제문제연구원, 1996.

박수밀, 「18세기 지식인의 우정과 교유 양상: 이덕무와 박제가의 우정을 중심으로」, 『人文研究』 52권, 영남대학교 인문과학연구소, 2007.

_____, 「실학의 생태적 글쓰기와 그 한 양상: 이덕무의 자연사물에 대한 태도를 중심으로」, 『溫知論叢』 31권, 온지학회, 2012.

박종훈, 「漢詩 "四家"의 전원시 비교 고찰: 『韓客巾衍集』을 중심으로」, 『東方學』 제18집, 한서대학교 동양고전연구소, 2010.

_____, 「형암 이덕무의 초기 시 고찰: 『한객건연집』을 중심으로」, 『漢文學論集』 제30집, 근역한문학회, 2010.

안대회, 「騷壇千金訣 解題」, 『열상고전연구』 제4집, 冽上古典研究會, 1991.

오수경, 「아정(雅亭) 이덕무(李德懋)의 시론(詩論)과 '조선풍(朝鮮風)'의 성격」, 『韓國漢文學研究』 9권, 한국한문학회, 1987.

이학당, 「이덕무(李德懋) 법고창신(法古創新) 주장의 형성 과정 소고」, 『東方漢文學』 제29집, 동방한문학회, 2005.

_____, 「청장관(靑莊館) 이덕무(李德懋)의 중국역대작가비평양상(中國歷代作家批評樣相)에 관한 고찰(考察)」, 『漢文學報』 제20집, 우리한문학회, 2009.

_____, 「李德懋의 思想的 根底와 詩批評」, 『아시아문화연구』 제11집, 경원대학교 아시아문화연구소, 2006.

이학당·위홍, 「李德懋의 明代文學 비평에 대한 일고찰」, 『한국실학연구』 제21호, 한국실학학회, 2011.

이현일, 「『삼명시화(三溟詩話)』로 본 18세기 한시사(漢詩史)」, 『민족문학사연구』 제27호, 민족문학사학회, 2005.

이화형, 「이덕무 문학의 세계 인식」 I, 『慶熙語文學』 제13집, 慶熙大學校 文理科大學 國語國文學會, 1993, 15~30쪽.

장동우, 「李德懋의 예 인식과 그 이념적 지향: 「士小節」을 중심으로」, 『한국실학연구』 제10호, 한국실학학회, 2005.

정우봉, 「동아시아 산수기행 문학의 문화사적 조명; 조선후기 유기(遊記)의 글쓰기 및 향유방식의 변화」, 『韓國漢文學研究』 49권, 한국한문학회, 2012.

_____, 「李德懋의 山水遊記에 관한 연구: 晩明 王思任과의 비교를 겸하여」, 『韓國漢文學研究』 제50집, 한국한문학회, 2012.

최박광, 「이덕무의 중국체험과 학문관」, 『大東文化研究』 27, 성균관대학교 대동문화연구원, 1992.

최숙인, 「여행자 문학의 관점에서 본 이덕무의 『입연기(入燕記)』 연구」, 『比較文學』 제35집, 한국비교문학회, 2005.

홍인숙, 「이덕무 척독 연구: '내면', 혹은 '사적 자아'의 발견」, 『韓國漢文學研究』 제33집, 한국한문학회, 2004.

2. 학위논문

김　경, 「李德懋 散文批評 研究: 鐘北小選, 楓石鼓篋集 所在 批評을 中心으로」, 고려대학교 석사논문, 2010.

김현미, 「18세기 연행록의 전개와 특성 연구」, 이화여자대학교 석사논문, 2004.

송영주, 「李德懋의 文學觀: 生涯 및 詩論과 詩性格을 중심으로」, 국민대학교 석사논문, 1982.

안대회, 「白塔詩派의 研究: 李德懋, 柳得恭, 朴齊家를 중심으로」, 연세대학교 석사논문, 1987.

위　홍, 「『老稼齋燕行日記』研究: 對淸意識을 중심으로」, 성균관대학교 박사논문, 2011.

_____, 「李德懋의 明代 文學 批評에 關한 研究」, 성균관대학교 석사논문, 2004.

이수영, 「李德懋의 散文 批評意識 研究: 『楓石鼓叶集』·『鐘北小選』·『엄溪集』所在 尾批를 중심으로」, 서강대학교 석사논문, 2011.

이옥자, 「李德懋의 生涯와 學問傾向」, 전남대학교 석사논문, 1997.

이윤숙, 「漢詩四家의 初期詩 研究: 『韓客巾衍集』을 中心으로」, 동국대학교 석사논문, 1999.

이학당, 「李德懋의 文學 批評에 關한 研究」, 성균관대학교 박사논문, 2005.

임명걸, 「18세기 북학파 연행록 연구」, 성균관대학교 박사논문, 2012.

조현영, 「이덕무 산문의 眞情論과 奇의 풍격」, 한양대학교 석사논문, 2009.

홍윤옥, 「이덕무 시의 연구」, 세종대학교 석사논문, 2010.

한국 고전소설 속 중국 배경과 중국 인식

강상순

(고려대학교 HK한국문화연구단)

1. 고전소설의 중국 배경에 대한 기존의 평가

한국 고전소설 가운데는 중국을 배경으로 삼고 있는 작품들이 상당히 많다. 여기서 중국을 배경으로 삼는다 함은 소설의 공간적 배경뿐 아니라 등장인물이나 역사적 배경까지 중국의 그것을 취하고 있는 것을 말한다. 소설의 소재적 원천의 하나로 꼽히는 설화나 야담, 일화 등은 대부분 자국을 배경으로 삼고 있는 데 비해, 고전소설의 경우는 중국을 배경으로 한 작품들이 種數로만 따진다면 비슷하거나 오히려 좀 더 많을 듯싶을 정도다.

그런데, 근대적인 관점에서 볼 때, 한국 고전소설 가운데 중국을 배경으로 삼은 작품이 많다는 것은 문제적인 현상으로 여겨질 수도 있다. 民族語에 기반을 두고 自民族/自國의 역사와 현실을 포착·묘사해 내는 것이 근대 이후 소설장르에 부여된 과제이자 가치였다고 한다면, 이러한 현상은 고전소설이 지닌 사대주의적이고 봉건적인 예속성의 표지로 해석될 가능성이 충분하기 때문이다. 실로 한국 근대

소설의 개척자로 명망이 높았던 이광수는 이 같은 관점에서 고전소설의 중국 배경에 대해 통렬하게 비판한 바 있다.

> 소설에는 〈구운몽〉이라든지 〈창선감의록〉, 〈사씨남정기〉, 〈옥루몽〉 등의 조선인의 창작이 잇스나 이것도 시와 가티 조선인이 잠시 지나인이 되어서 지은 것이오 내가 조선인이라 하는 자각으로 지은 것은 아니다. 문자부터 한자를 사용하엿거니와 그 재료도 전부 지나 것이다. (…중략…) 정신적으로 지나의 고대에 들어가 살앗다.[1]

〈구운몽〉을 비롯하여 여기에 열거된 작품들은 조선인이 지은 고전소설이지만 '문자'(표현언어)뿐 아니라 '재료'(아마도 작품의 시공간적 배경이나 인물) 또한 중국의 것을 취하고 있으니 중국문화에 정신적으로 예속된 작품에 불과하다는 이광수의 비판적 언술은, 오늘날의 시점에서 보면 지나치게 편협하고 사실에도 그리 잘 부합되지 않는 주장으로 여겨진다. 하지만 그것은 문화민족주의가 담론장을 장악한 가운데 근대적인 문학정전체제와 문학연구제도가 막 형성되어 가던 식민지기에 꽤 많은 지식인들의 공감을 얻었던 문학관 가운데 하나였다고 할 수 있다.[2] 우리는 애국계몽기와 식민지기 지식인들의 담론 속에서 소설장르에 대한 막중한 기대와 [역으로 그만큼 엄중해진] 고전소설의 반근대적 요소에 대한 비판을 곧잘 보게 되는데, 중국을 배경으로 취한 작품이 많다는 것은 고전소설이 비현실적이고 중국문화에 대해

---

1) 이광수, 『신생활론』, 박문서관, 1926.
2) 물론 '문자'와 '재료' 가운데서도 이광수가 보기에 더 결정적인 것은 '문자'였다. 그는 漢文으로 된 문학은 모두 중국문학이며 國文으로 된 문학만이 조선문학이라는 극단적인 '屬文'의 원칙을 내세우는데, 이 원칙을 밀어붙이면 〈구운몽〉 같은 작품은 "그 문이 中國文이기 때문에 중국문학"인 반면, 〈삼국지〉 같은 작품은 "조선문으로 번역"되었기에 "조선문학이다"고 할 수 있다(이광수, 「조선문학의 개념」, 『신생』 2권 1호, 1929.1).

예속적이라는 통념을 더욱 굳게 만드는 요인으로 작용했다.

이 때문에, 당대 문단과 학계 전반에 널리 퍼져 있던 부정적 시각에 맞서 고전소설의 문학사적 의의를 재평가하고자 했던 김태준은 그의 『조선소설사』 전반부에서 이 문제에 대한 해명부터 시도해야만 했다. 『조선소설사』의 서론 제2장 '조선소설의 제문제'에서 그는 한국 고전소설에서 곧잘 중국이 배경으로 설정되는 이유로 다음과 같은 몇 가지 요인을 들었다. 풍부한 한학 소양을 지닌 고전소설 작가들의 중국문화—특히 김태준이 '남중국 문명'이라 부른 중국 강남문화—에 대한 동경과 찬미, 낯선 지리와 문화에 대한 독자들의 호기심, 조선의 현실을 우회적으로 풍자하기 위한 방편.3) 비록 구체적인 변증이 뒤따르지 않는 원론 수준의 논의에 머무르고 있지만, 오늘날의 연구자들도 동의할 만한 주요 측면들이 두루 지적된 통찰력 있는 진단이라고 할 수 있다.

그런데 근대적인 의미의 민족문학이 형성되어 가던 시기에 벌어진 이러한 논란 이후 고전소설 연구에서 이 문제가 전면에 두드러지게 부각된 적은 별로 없었던 것 같다. 논란이 말끔히 해소되어서 그런 것은 아니었다. [〈춘향전〉이나 〈홍길동전〉처럼 자국을 배경으로 한 일부 작품을 제외하고] 고전소설 다수는 복고적이고 비현실적이며 사대주의에 물들어 있다는 부정적 인식이 여전히 강고하고 암묵적으로 널리 퍼져 있다고 여겨지기 때문이다. 물론 고전소설 속 중국 배경의 의미를 천착하는 연구들이 간간히 제출되기는 했지만, 개별 작품론 차원에서 이루어진 구체적인 분석만으로 이 같은 전반적인 부정적 인식을 불식시키기는 어려웠다.

이 글은 한국 고전소설 속 중국 배경의 양상을 거시적으로 조망해

---

3) 김태준, 박희병 교주, 『증보 조선소설사』, 한길사, 1990, 20쪽.

보고 그것의 역사적 의미를 해명해 보고자 하는 목적에서 출발한다. 김태준에 의해 마련된 논의의 단서와, 개별 작품론들을 통해 축적된 기존 성과를 이어받아 한국 고전소설에서 중국 배경이 등장하게 되는 다양한 양상과 요인, 시대나 소설 유형에 따른 변화와 특징 등을 거시적이고 개괄적으로 검토해 보는 것이 이 글의 목적인 것이다.

이를 위해 우선 2절에서는 나말여초부터 17세기 전반까지 창작된 한문단편소설, 특히 전기소설 유형에 등장하는 중국 배경에 대해 검토해 보고자 한다. 이 시기의 고전소설에서 중국 배경은 우발적이고 단속적으로 등장한다. 그것은 한반도의 국가(신라나 조선)와 중국(당이나 명) 사이의 문명적 교류가 활발하게 일어났던 시기에 주로 한정되는데, 물론 작품마다 중국에 대한 인식은 일정한 차이가 있다.

다음으로 3절에서는 17~8세기 장편소설에서 중국 배경이 일반화되는 양상과 그 요인에 대해 검토해 보고자 한다. 한국 고전소설에 중국 배경이 흔하다는 통념은 이 시기의 장편소설에서부터 비롯되는 것으로, 이 절에서는 조선 후기의 장편소설에서 왜 중국 배경이 일반화되는지 그 공통적인 요인을 살펴보고, 개별 작품마다 고려된 개별적 요인들에 대해서도 논의해 보도록 하겠다.

마지막으로 4절에서는 특히 19세기에 창작된 장편소설들을 대상으로 작품 속 중국 배경의 양상과 그 속에 함축된 중국 인식을 구체적으로 검토해 보려 한다. 앞서 한국 고전소설에서 중국 배경이 일반화되는 것은 조선 후기의 장편소설에서부터라고 했다. 그런데 19세기에 창작된 장편소설에서는 17~18세기의 장편소설과 배경 설정에 있어 일정한 차이가 나타난다. 19세기 장편소설에서는 정치적 상상력의 중심무대를 차지해 왔던 중국이라는 공간에서 벗어나거나 혹은 오히려 반대로 위기에 빠진 중화세계로서의 중국을 보수·방어하고자 하는 경향이 두드러지게 나타나는데, 이러한 양상은 명청교체 이후 구축된 중세 동아시아 국제질서[4] 속에 내재된 근본적 갈등과 긴장, 서구문명과의 접촉 등을 통해 촉발된 화이론적 세계관의 균열과 이로 인해 심화된 문명사적 위기의식 등이 복합적으로 작용해서 나타난 것이라고 여겨진다. 4절에서는 이 점을 검토해봄으로써 19세기 장편고전소설 향유층에게 나타난 중국 인식 혹은 세계 인식의 변동을 분석해 보고자 한다.

2. 나말여초에서 17세기까지 한문단편소설 속 중국 배경의 양상과 그 의미

앞서도 언급했듯이 한국 고전소설 가운데 중국을 배경으로 취한 작품이 많다는 것은, 조선 후기 장편 형식의 고전소설에 대해서는 타당한 진술이라고 볼 수 있지만, 고전소설사 전반을 두고 말하면 그리 타당한 진술이라고 보기 어렵다. 오히려 단편 형식의 고전소설에서는 중국을 배경으로 한 작품이 드물게 단속적으로 나타날 뿐이다. 이 절에서는 한국 고전소설사에서 중국을 배경으로 취한 작품들이 특정한 시기에 단속적으로 출현하는 양상을 개괄해 보고 그 역사적 의미를 검토해 보기로 하겠다.

① 한국 고전소설에서 중국을 배경으로 한 최초의 작품을 든다면 나말여초에 창작된 것으로 추정되는 〈崔致遠〉을 꼽을 수 있을 것이

---

4) 근대 이전 중세의 동아시아 국제질서에 대해 현재 동아시아 연구에서 가장 일반적으로 통용되는 명칭은 '동아시아 조공-책봉체제'라고 할 수 있다. 이를 월러스틴식의 용어로 '동아시아 제국질서'라고 부를 수도 있겠는데, 이 글에서는 '동아시아 국제질서'라는 중성적인 용어를 사용하기로 하겠다.

다. 잘 알려져 있듯이 〈최치원〉은 唐에 유학하여 빈공과에 급제한 후 율수현위로 부임한 최치원이 그 지역의 남쪽 쌍녀분을 찾았다가 원치 않은 정혼으로 인해 병을 얻어 요절한 두 여인의 원혼을 만나 서로 시로써 교감하고 회포를 나누었다는 줄거리를 지닌 작품으로, 『수이전』에 수록되었다가 『태평통재』에 재수록되어 전한다. 『수이전』은 그 일문들을 볼 때 傳奇로부터 志怪, 史傳, 불교영험설화 등에 이르는 다양한 주제적·양식적 성향을 지닌 서사적 산문들을 두루 수록한 작품집이었던 듯한데, 〈최치원〉은 그 가운데서도 당 전기에 비견할 만한 완정한 전기 양식을 갖추고 있는 작품으로 평가되어 왔다.

그런데 『수이전』 일문 중 다른 작품들은 모두 신라를 시공간적 배경으로 하고 있는 데 비해, 〈최치원〉은 중국 당나라의 宣州 溧水縣(오늘날의 江蘇城 南京市 溧水縣)의 남쪽에 있던 쌍녀분(현재 南京市 高淳縣)을 시공간적 배경으로 취하고 있다는 점이 독특하다. 배경뿐 아니라 인물 또한 신라인 최치원과 함께 八娘과 九娘이라는 두 명의 중국인 여성을 등장시키고 있는데, 배경과 인물이 자아내는 이러한 이국성은 이 작품에서 우연적이거나 주변적인 요소가 아니라 핵심적인 요소로 기능하고 있다고 할 수 있다. 즉, 중국 남방의 이국적 공간이 자아내는 신비롭고 환상적인 분위기, 신라에 비해 보다 엄격한 내외법을 강요받았던 당나라 상층여성들의 유폐된 처지,5) 빈공과에 급제해 관료로서의 길을 내딛었지만 이방인으로서 막막함과 쓸쓸함을 느껴야 했던 최치원의 심경 등은 이 작품에서 주제적 의미를 형성하는 핵심 요소로 기능하고 있다는 것이다.

이 점에서 〈최치원〉은 같은 중국을 배경으로 취하고 있다 해도 이

---

5) 『수이전』의 다른 일문들, 예컨대 〈김현감호〉나 〈수삽석남〉, 〈심화요탑〉 같은 작품들이나 〈조신〉 같은 작품들에 나타난 신라 여성들의 경우 〈최치원〉의 두 여성에 비해 덜 유폐되어 있고 그만큼 더 성애에 있어 능동적이다.

를 동질적이고 보편적인 문명 공간으로 묘사하는 조선 후기 장편소설이나, 중국과의 공간적·종족적 거리를 의식하면서도 인류적 연대감을 공유하고 있는 〈최천전〉 같은 작품과 일정한 차이가 있다. 조선 후기 장편소설에서 중국 배경은 작품 내적으로 어떠한 離隔性이나 異質感을 불러일으키지 않는다. 그것은 주인공 자체가 이미 중국인으로 설정되어 있기 때문이기도 하지만, 중국을 타자가 아니라 자아의 일부로, 그리고 중국사를 異國史가 아니라 普遍史로 받아들였던 장편소설 향유층의 중국 인식과 관계된다. 그리고 〈최척전〉과 같은 작품에서 중국은 지리적으로나 종족적인 면에서 조선과 다른 풍물·언어를 지닌 낯선 공간으로 그려지지만, 인류적 차원에서는 家族愛와 같은 유교적 가치가 통용되는 동질적인 문명세계로 인식된다. 이에 비해 〈최치원〉에서의 중국(唐)은 외국의 유학생에게 과거를 통해 입신의 기회를 제공하는 개방적인 세계이면서, 동시에 다른 한편으로는 여전히 이물감이나 소외감을 느끼게 만드는 이국적 공간으로 묘사된다. 사실 〈최치원〉은 당 전기 중 〈遊仙窟〉과 유사한 점이 많아 이 작품에서 큰 영향을 받았으리라는 지적을 받아 왔는데,[6] 그럼에도 〈최치원〉이 〈유선굴〉처럼 유희적인 성적 판타지로만 여겨지지 않는다면 그것은 바로 이러한 〈최치원〉에 내재된 근본적인 타자성 혹은 異物感 때문이라고 할 수 있을 것이다.

아무튼 거시적으로 볼 때 〈최치원〉의 중국 배경에는, 때로 삐걱거리기는 했지만 그럼에도 비교적 장기적으로 안정을 구가하였던 7~9세기의 동아시아 국제질서와 그러한 기반 위에서 활발하게 이루어졌던 문명 교류, 빈공과와 같은 제도를 통해 주변민족의 문화엘리트들

---

6) 이에 대해서는 이미 선행 연구에서 충분히 검토된 바 있다. 차용주, 「쌍녀분설화와 유선굴과의 비교연구」, 『어문논집』 23, 민족어문학회, 1982; 한영환, 「최치원과 유선굴」, 『충격과 조화』, 국학자료원, 1992.

을 흡수하여 중화질서에 순응하는 지식인으로 동화시켜나갔던 당 제국의 개방적 이니셔티브, 그럼에도 소수자로서 중국의 상층문화에 완전히 동화될 수 없었던 이방 지식인의 고뇌 등이 중층적으로 반영되어 있다고 말할 수 있다.[7] 그런 점에서 〈최치원〉은 한국 고전소설사에서 중국을 작품의 배경으로 취하고 있는 가장 이른 시기의 작품일 뿐 아니라, 중국이라는 공간이 지니는 개방성과 배타성, 보편성과 이국성을 작품의 핵심 요소로 끌어들이고 있는 매우 드문 작품이라고 평가할 수 있겠다.[8]

　②　다음으로 나말여초에 창작된 것으로 추정되는 〈최치원〉에 뒤이어 중국을 작품의 배경으로 취하고 있는 작품을 꼽는다면, 16세기 창작된 것으로 추정되는 〈최고운전〉을 들 수 있다.

　최치원과 관련된 신이한 설화들을 토대로 창작된 〈최고운전〉에서는 중국(唐)의 황제를 변방의 소국인 신라를 감시하고 겁박하며 최치원과 같은 영웅적 인물의 출현을 경계하는 권위적이면서도 협량한 제국의 지배자로 묘사하고 있다. 이 점에서 반청의식을 강하게 드러내는 〈박씨전〉, 〈임경업전〉 같은 작품과 함께, 이 작품은 한국 고전소설 가운데 드물게 중국에 대한 대립의식을 노골적으로 드러내고

---

7) 〈최치원〉을 창작 가능하게 한 국제적인 문명 교류와 나말여초의 시대상에 대해서는 이우성, 「남북국시대와 최치원」, 『한국의 역사상』, 창작과비평사, 1982; 임형택, 「나말여초의 전기문학」, 『한국문학사의 시각』, 창작과비평사, 1984; 정출헌, 「동아시아 서사문학의 지평과 나말여초 서사문학」, 『새민족문학사강좌』 1, 창비, 2009 등을 참조할 수 있다.

8) 현전 〈최치원〉의 작자와 저작 시기 문제는 많은 논란에도 불구하고 여전히 완전히 해결되지 않은 상태로 남아 있다. 하지만 이 작품의 작자와 저작 시기의 논란과 관계없이 이 작품이 7~9세기 당 제국을 중심으로 구축된 동아시아 국제질서의 개방성의 산물이라는 점은 분명하다. 동아시아 역사에서 13세기 중반에서 14세기 중반까지 약 100여 년간 구축되었던 元 제국 중심의 국제질서를 제외하면, 7~9세기 당 제국을 중심으로 구축된 국제질서가 가장 개방적이고 이질적인 문화 간의 융합이 활발하게 이루어진 시기라고 할 수 있을 것이다.

있는 작품으로 꼽을 수 있을 것 같다.

그런데 흥미로운 것은 이 작품이 창작된 것으로 추정되는 16세기[9]는 명을 중심으로 하는 동아시아 국제질서가 안정적으로 구축된 시기이자 명에 대한 조선의 사대외교가 매우 고조되어 가던 시기였다는 점이다. 華夷論에 기반한 중화주의는 조공-책봉체제라는 [힘의 불균형과 문화적 우열을 내포한] 동아시아의 국제질서를 지탱하는 핵심적인 이데올로기로 기능해 왔는데, 사실 동아시아 역사에서 '中華'라는 개념 속에 내포된 지리적·종족적·문화적 층위가 정확히 일치한 적은 드물었다. 그런데 명 제국이 건재했던 15~16세기는 동아시아 국제질서가 안정되면서 '중화' 개념을 둘러싼 혼돈이 별로 없었던 시기라고 할 수 있다. 그리고 表箋文 사건이나 宗系辨誣 등으로 인한 외교적 갈등이 없었던 것은 아니나, 기본적으로 조선은 친명 사대주의 외교 노선을 견지했으며 그러한 양상은 중종반정(1506) 이후 더욱 심화되었다. 특히 중종은 반정의 정당성을 명 황제로부터의 승인을 통해 확보하고 이를 통해 왕권을 강화하고자 노력했는데,[10] 이러한 국왕의 崇明的 태도는 이념적 중화주의를 내포하고 있는 성리학과 함께 16세기 全般에 걸쳐 지배층 사이에서 널리 확산되었고, 이는 임진왜란 이후의 再造之恩論이나 병자호란 이후의 大明義理論으로 연결되었다.

그런데 〈최고운전〉은 이처럼 중화주의가 확산되고 이에 입각한 조공-책봉체제가 강화되어 갔던 16세기에 창작되었음에도 불구하고, 중국(당)의 황제를 신라(조선)와 그 인재를 경계하고 탄압하는 폭압적

---

9) 김현룡은 『효빈잡기』의 내용을 근거로 〈최고운전〉의 창작 하한선을 1579년으로 추정하였다(김현룡, 「최고운전의 형성시기와 출생담고」, 『고소설연구』 4, 한국고소설학회, 1998).
10) 중종반정 이후 특히 노골화된 숭명적 태도에 대해서는 계승범, 「16~7세기 명-조선 관계의 성격과 조선의 역할」, 『정치와 평론』 10, 한국정치평론학회, 2010을 참조할 수 있다.

인 권력자로, 당과 신라의 관계를 명분에 입각한 사대의 관계가 아니라 패권에 기반한 불평등한 지배-예속의 관계로 그리고 있다. 이 점에서 볼 때 아마도 이 작품의 작가는 유교적 명분론에 입각한 친명 사대주의 노선에 반발했던 道家 혹은 仙家 계통의 지식인이거나, 혹은 지배층의 지나친 사대외교로 인해 질곡을 겪었던 동시대 민중의 불만에 反響했던 비판적 지식인이 아니었을까 추정해 볼 수 있을 것이다.11)

하지만 〈최고운전〉의 작가는 중국을 문명의 척도라고 여기는 중화주의적 국제질서를 거부하지만, 그렇다고 자민족/자국 중심주의로 회귀하지도 않는다. 애초 금돼지의 자식으로 여겨져 아버지에게 버림받았고 탁월한 능력 때문에 중국 황제와 신하들에게 견제와 모함의 대상이 되었으며 신라왕에게조차 체포되어 추방된 〈최고운전〉의 주인공 최치원은 가족-국가-제국으로 이어지는 유교적 家國질서 혹은 중화주의적 세계질서 바깥으로 버려진 존재이자 타고난 개인적 능력으로 이 세계와 인정투쟁을 벌이는 反영웅이라고 할 수 있기 때문이다. 그런 점에서 〈최고운전〉은 16세기 들어 더욱 강화되고 있었던 [성리학적 이념에 바탕을 둔] 종법적 가족-국가주의와 그것의 이념적 연장선상에 있는 중화주의를 거부하는, 도가/선가의 개인주의에 기반을 둔 탈국가적 상상력을 보여주는 흥미로운 작품이라고 할 수 있을 것이다.

---

11) 조상우는 〈최고운전〉에서 '對中華 의식'이 표출될 수 있었던 요인으로 15세기 세조대에 적극 추진되었던 주체적인 외교정책의 여파와 중종반정 이후 팽배한 사대주의에 대한 반동의식, 16세기 확산된 도교 의식과 그 문학적 수용을 꼽았다(조상우, 「최고운전에 표출된 '대중화 의식'의 형성 배경과 의미」, 『민족문학사연구』 25, 민족문학사학회, 2004). 대체로 동의할 만한 지적이지만, 이와 함께 16세기 들어 명 사신에 대한 과다한 접대가 국가재정이나 민생에 큰 부담을 주었고 이로 인한 민중의 불만 또한 높았다는 역사적 사실 또한 그 요인으로 주목할 필요가 있겠다.

③ 한편 17세기 전반에 창작된 것으로 추정되는 〈최척전〉, 〈주생전〉, 〈위경천전〉 등은 모두 임병양란이라는 동아시아의 국제전과 이로 인해 발생된 이산의 문제를 다루고 있는 작품으로, 조선뿐 아니라 중국의 강남, 일본, 베트남, 만주 등 동아시아 전반을 공간적 배경으로 삼고 있다는 공통점이 있다. 특히 이 시기의 고전소설에서 공간적 배경이 폭넓게 확장된 데는 임병양란이라는 거대한 국제적 전란의 체험이 큰 역할을 했음은 기존 연구에서 이미 잘 지적된 바 있다.[12] 거대한 동아시아 전란의 소용돌이에 휩쓸린 개인들이 겪은 派兵·被虜·離散 같은 극한 체험은 이러한 작품들의 주요한 창작 동기가 되었다. 이러한 전란 체험을 통해 조선 전기까지 使行이나 표류 같은 제한적이고 우발적인 사건을 통해 잠시 회자되곤 했던 낯설고 추상적인 동아시아라는 공간은 밀접히 상호 연루되어 있는 하나의 세계로, 확장된 하나의 생존 공간 단위로 인식되기에 이르렀던 것이다.

이와 같은 세계-공간 인식의 변화를 가장 잘 보여주는 작품은 역시 〈최척전〉이라고 할 수 있을 것이다. 정유재란이라는 국제적 전란에 휩쓸린 옥영과 최척 부부는 각각 被虜와 離散의 수난을 겪으며 일본, 베트남, 중국의 절강 등 동아시아 전반을 떠돈다. 이 과정에서 옥영과 최척이 체험하는 동아시아는 비록 조선과는 다른 낯선 풍경을 지닌 이질적인 공간이지만, 동시에 같은 인류적 가치를 공유하는 인간들이 살아가는 동질적인 공간이기도 했다. 같은 유가적 이념도덕과 가족주의적 감성을 지닌 중국은 물론이고 심지어 적국인 일본마저도 전쟁을 싫어하고 신의를 존중할 줄 아는 인간이 살아가는 세계라는 낙관적인 세계-공간 인식이 〈최척전〉 전반을 가로지르고 있는데, 이와 같은

---

12) 대표적으로 다음 논저들을 참고할 수 있다. 박희병, 「최척전: 16·7세기 동아시아의 전란과 가족이산」, 『한국고전소설작품론』, 집문당, 1990; 정환국, 「16~7세기 동아시아 전란과 애정전기」, 『민족문학사연구』 15, 민족문학사학회, 1999.

낙관적인 세계-공간 인식이 비극으로 여겨질 법한 최척 가족의 수난사를 감싸면서 이를 희망의 서사로 변형시키고 있다.[13)

이에 비해 〈주생전〉은 임진왜란이라는 전란에서 만난 조선과 중국의 문인이 같은 문자로 필담을 나누면서 갖게 된 문명적 연대의식과 불가항력적인 운명에 휩쓸린 연약한 인간에 대한 상호 연민을 그 바탕에 깔고 있는 작품이다. 〈주생전〉은 권필이 임진왜란 시 조선에 출병한 중국 강남 출신의 문인 주생과 필담으로 나눈 이야기를 바탕으로 여기에 작가의 문학적 상상력을 더해 창작한 작품으로 추정된다.[14) 그런데 이 작품에서 임진왜란은 에필로그에 잠시 등장하는 시공간적 배경일 뿐이지만, 실상 작품의 주제를 浮彫하는 중요한 역할을 하고 있다고 여겨진다. 〈주생전〉에 묘사된 주생과 배도, 선화 간의 애정 관계는 도덕적 잣대로 평가하기 쉽지 않고 낭만적 사랑으로 이상화하기에도 애매한, 불가항력적인 충동과 인간적 나약함이 뒤섞인 착종된 사랑이라고 할 수 있는데, 전란이라는 배경은 이처럼 낭만적 감성과 이기심, 집착과 변심이 착종된 애정 관계에 빠져 허우적대는 인간의 무력함과 연약함을 부각시키고 이에 대한 연민을 촉발하는 의미효과를 발휘하기 때문이다. 개인 차원에서 보면, 마치 사랑이 그러하듯이, 전란은 불가항력적이고 돌발적이며 거스를 수 없는 운명적인 사건으로 체험된다. 바로 그 전란의 소용돌이 속에서 만난

---

13) 최근의 〈최척전〉 연구에서는 이 작품에 나타나는 동아시아인들 간의 인간애와 연대를 주목하는 경향이 뚜렷한데, 대표적으로 다음 논저들을 들 수 있겠다. 김현양, 「〈최척전〉, '희망'과 '연대'의 서사」, 『열상고전연구』 24, 열상고전연구회, 2006; 신태수, 「최척전에 나타난 공간의 형상」, 『한민족어문학』 51, 한민족어문학회, 2007; 진재교, 「월경과 서사: 동아시아의 서사 체험과 '이웃'의 기억」, 『한국한문학연구』 46, 한국한문학회, 2010.

14) 〈주생전〉의 창작 과정과 시기에 대한 최근의 연구로는 신태수, 「주생전의 창작 배경」, 『한국언어문학』 76, 한국언어문학회, 2011 참조. 한편 신태수는 〈주생전〉에 묘사된 강남이 실제에 부합하기보다 16세기 조선 문인들이 지니고 있었던 중국 강남에 대한 심상지리에 바탕을 둔 것이었음을 잘 밝히고 있다. 신태수, 「외국공간에 대한 16세기 조선 문인의 심상지리와 작품화」, 『고소설연구』 31, 한국고소설학회, 2011.

중국과 조선의 문인은 치정으로 얽힌 운명적 愛情事를 반추하면서 인간의 연약함을 절감하고 비애와 회한의 정서를 공유한다. 물론 이들 사이의 이러한 공감대를 매개한 것은 공동 문명의 토대라고 할 한문학적 소양이었다고 할 수 있다.

아무튼 이처럼 17세기 전반에 창작된 한문단편소설에서는 중국을 비롯한 동아시아 세계 전반이 공간적 배경으로 등장하는데, 이러한 배경 설정에는 국제적인 전란으로 인해 확장된 공간 감각뿐 아니라 이 전란을 통해 같은 인륜적 가치 혹은 문명적 공감대를 지닌 동아시아인들 사이에 맺어진 교감 등이 반영되어 있다고 말할 수 있겠다.

3. 17~18세기 장편소설에서 중국 배경의 일반화와 그 요인

한국 고전소설에서 중국 배경이 일반화하는 것은 17세기 후반부터 족출하기 시작하는 장편소설들에서부터라고 할 수 있다. 여기서 장편소설이란, 가문소설·규방소설·대하장편소설 등으로도 불리는 국문장편소설뿐 아니라, 17세기 후반에 창작된 〈구운몽〉이나 19세기에 창작된 〈옥루몽〉·〈삼한습유〉 등의 한문장편소설, 그리고 분량으로만 보면 장편이라고 말하기 어려울지라도 내용상 장편소설 형식을 지향하고 있는 영웅소설 유형까지 망라한, 국문 혹은 한문으로 창작된 장편 형식의 고전소설 일반을 지칭한다.

잘 알려져 있듯이 17세기 전반까지 한국 고전소설사의 주류를 차지했던 것은 사대부 지식인을 중심으로 창작·향유된, 傳奇나 傳 양식의 한문단편소설이었다. 그런데 17세기 후반에 이르면 사대부 남성뿐 아니라 사대부 여성층, 중하층까지 소설의 향유층으로 대거 유입되기 시작하였는데, 이러한 소설의 대중적 확산을 선도한 것은 연의 소설이나 재자가인소설, 염정소설 등 중국에서 유입된 장편소설들이 었다고 여겨진다. 조선 후기의 장편소설은 이처럼 중국에서 유입된 장편소설의 유행에 자극을 받으면서 새롭게 부상하는 소설 향유층의 욕망과 기호에 적합한 대중적 형식과 내용을 모색하는 과정에서 형성된 것이라고 할 수 있겠다.

그런데 17세기 후반 창작된 장편소설 〈구운몽〉, 〈사씨남정기〉, 〈창선감의록〉, 〈소현성록〉 등은 모두 중국을 배경으로 취하고 있다는 공통점이 있다. 17세기 후반부터 족출하기 시작하는 장편소설들이 거의 대부분 중국을 공간적 배경으로 취하게 된 데는 공통적인 요인도 있고 개별적인 요인도 있다고 여겨진다. 이 가운데 먼저 조선 후기 장편소설에서 중국이 일반적인 배경으로 채택되도록 만든 공통적인 요인부터 살펴보기로 하자.

필자가 보건대 17세기 후반부터 족출하기 시작하는 장편소설의 배경 설정에는 서로 상충되면서도 동시에 상호 보족적인 두 가지 지향이 길항하며 공존하고 있다고 여겨진다. 그 중 하나가 소설 속의 서사를 마치 역사적 사실처럼 보이고자 하는 '擬似역사에의 지향'이라고 부를 수 있는 것이라면, 다른 하나는 실제의 역사가 지닌 불완전성이나 미완결성을 허구적 상상을 통해 보충하고자 하는 '서사적 판타지에의 지향'이라고 부를 수 있는 것이다.

기존 연구에서도 거듭 지적된 바 있듯이 조선 후기의 장편소설은 마치 스스로 史實에 충실한 기록처럼 보이도록 분식하고 있으며 이를 위해 실제의 역사적 시간과 소설의 허구적 시간을 교묘하게 엮고 있다.15) 이처럼 소설이 스스로 역사물처럼 보이도록 분식하는 것 혹

---

15) 특히 역사적 시간과 허구적 시간을 교직하는 수법에 있어 가장 정교한 수준을 보여주는 작품은 〈창선감의록〉이다. 이에 대해서는 정길수의 연구가 잘 밝히고 있는바, 그에 따르면 〈창선감의록〉의 작가는 명대 가정 연간의 실제 역사와 소설의 허구를 거의 연대기상으로

은 역사 서술 양식을 모방하는 것을 '의사역사화'라고 부를 수 있다면, 조선 후기 장편소설에서 이처럼 의사역사에의 지향이 두루 나타나는 것은 무엇 때문이었을까. 이에 대해서는 다양하고 심층적인 논의가 가능하겠지만, 일단 생각해 볼 수 있는 주요한 요인으로는 16세기에 전래되어 임란 이후 조선에서 큰 인기를 얻은 연의소설 유형에서 특히 발전된 역사소설적 창작수법의 영향과, 역사 서술 양식이 지닌 권위와 신뢰를 모방함으로써 독자들에게 소설의 서사에 진지하게 몰입하게 하고 교훈적 의미를 발견하도록 유도하는 작가 의도16)를 들 수 있을 것 같다.

하지만 의사역사화를 지향한다고 해서 장편소설이 실제의 역사에 충실하거나 나아가 그것을 대체하고자 했던 것은 아니란 점을 강조할 필요가 있다. 실존 인물과 실제 사건을 바탕에 두고 여기에 소설적 상상력을 덧붙이는 연의소설과 달리, 장편소설은 애초 허구적으로 창조된 인물이나 가문을 주인공으로 삼고 여기에 역사적 실존 인물들을 그 보조역으로 배치함으로써 사실감만을 높이고 있을 뿐이다. 이는 장편소설 작가가 사실에 기초하여 역사를 보충적으로 재구성하거나 재평가하는 데 목표를 두고 작품을 창작한 것은 아니라는 것을 뜻한다. 장편소설 작가는 작품의 배경을 실제 역사에서 빌려오되, 실제 역사에서는 실현되기 어려운 도덕적이고 완결적이며 자기 충족적인 상상적 서사를 추구한다—정신분석학에서는 이처럼 주체의 욕망에 따라 상상적으로 구축된 자기 충족적인 시나리오를 '판타

대입해 보아도 착오가 없을 정도로 정교하게 촘촘히 엮고 있다(정길수, 「한국 고전장편소설의 형성과정」, 서울대학교 박사논문, 2005, 86쪽).

16) 예를 들어 〈소현성록〉의 경우 그 서두에 '소승상 본전 별서'를 붙여 이 작품이 황제의 명을 받들어 포학사와 여상서가 저술한 것처럼 분식하고 있을 뿐 아니라, 작품 말미에도 '유문성 자운산 몽유록'을 덧붙여 이 작품이 명대에 재발견되어 세상에 전하게 된 것처럼 꾸미고 있다.

지(fantasy)'라고 부른다—. 사실 유자들이 서술한 공적 역사는 孝悌忠信 같은 유교의 이상적 가치를 선양하지만, 실제의 역사를 보면 그러한 가치의 추구가 반드시 행복하고 이상적인 결말을 보장하는 것은 아니다. 오히려 실제 역사에서 그러한 가치 추구는 역사가의 포폄을 통해 사후적으로 그 정당성을 인정받는 경우가 더 많다. 이에 비해 조선 후기의 장편소설은 [가문의 결속과 번창 같은] 동시대인들이 공유하고 있었던 이념과 욕망의 완전한 성취를 서사 속에 재현함으로써, 그리고 그것과 스스로를 동일시하게 함으로써 독자들에게 도덕적 나르시시즘을 제공하고 그와 같은 이념과 욕망을 내면화하도록 유도하고 있는 것이다.

17세기 후반부터 족출하는 장편소설의 배경에는 이처럼 한편으로 마치 실제의 역사를 기술한 것인 양 여겨지도록 유도하면서 다른 한편으로는 실제의 역사에서 실현되기 어려운 도덕적이고 완결적이며 자기 충족적인 서사적 판타지를 추구하는, 상충되면서도 동시에 상호 보족적인 두 가지 지향이 길항하며 공존하고 있다고 여겨진다. 그런데, 바로 이와 같은 두 가지 지향을 모두 충족하기 위해서는 아무래도 조선보다 중국을 배경으로 취하는 편이 더 적절하고 손쉬운 선택이었을 것이다. 우선 조선을 배경으로 삼을 경우 너무 인접한 시공간적 거리로 인해 가문이나 당파, 왕조 등과 연관된 정치적 논란을 초래하거나 역사적 사실성을 둘러싼 독자들의 의혹을 받기 쉽다. 그리고, 만약 삼국이나 고려 같은 역대 왕조를 배경으로 취한다면— 실제로 19세기에 창작된 〈삼한습유〉나 〈육미당기〉 같은 작품들은 신라를 배경으로 삼고 있는데—, 정치·문화적 풍습의 차이나 시간적 거리로 인해 역사적 사실성은 약화되고 그만큼 허구성이 강화될 가능성이 농후하다. 이에 비해 중국, 특히 [조선 후기 장편소설 대부분이 배경으로 취하고 있는] 송대나 명대는 일반화된 역사 지식의 대상으로

친숙하면서도 동시에 일정한 시공간적 거리로 인해 허구적 상상이 개입할 여지 또한 풍부하게 제공하는 시대라는 점에서, 역사 서술 양식을 모방하면서도 실제의 역사를 넘어선 완결적이고 충만한 서사적 판타지를 추구했던 조선 후기 장편소설 작가들에게 적절한 시공간적 배경으로 여겨졌으리라 추측된다.

물론 조선 후기의 장편소설이 중국을 배경으로 선택한 데에는, 이러한 공통적 요인 이외에도, 개별 작품마다의 고유한 개별적 요인들 또한 크게 작용했을 것이다. 예를 들어 17세기 후반에 창작된 〈구운몽〉, 〈사씨남정기〉, 〈창선감의록〉, 〈소현성록〉 등을 보면 모두 중국을 배경으로 삼고 있기는 하지만, 구체적인 시공간적 배경 설정에 있어서 작품마다 고유한 차이를 드러내고 있다.

우선 〈구운몽〉의 경우 작품의 시간적·공간적 배경을 중국 당대의 荊楚지역으로 설정하고 있다. 〈구운몽〉에서 성진이 願望했고 양소유가 실현했던바, 즉 중세 사회에서 도달 가능한 최상의 富貴繁華한 삶을 마음껏 펼쳐 보이기 위해서는 성리학이 지배이념으로 군림하고 사대부층이 사회를 주도했던 송·명대보다, 도교·불교가 흥성하고 화려한 귀족문화가 꽃피었던 당대가 작품의 시공간적 배경으로 더 적합했을 것이다. 그리고 형산이나 회남 같은 형초지역이 지닌 이국적이고 환상적인 분위기는 〈구운몽〉의 몽환적이고 낭만적인 성격을 더욱 두드러지게 하는 데 효과적인 배경을 제공했다고 할 수 있다.[17]

이에 비해 〈사씨남정기〉와 〈창선감의록〉은 모두 명대 嘉靖 연간을 시대적 배경으로 삼고 있다. 가정제는 즉위 후 親父 흥원왕을 皇考로

---

17) 〈구운몽〉에서 唐代를 시간적 배경으로 취한 이유와 그 효과에 대해서는 강상순, 「구운몽의 상상적 형식과 욕망에 대한 연구」, 고려대학교 박사논문, 1999, 111~115쪽에서 짧게 논한 바 있다. 형초지역이라는 공간적 배경의 의미와 효과에 대해서는 다음 논문을 참조할 수 있다. 권순긍, 「한국 고소설과 중국 호남지역」, 『한문학보』 19, 우리한문학회, 2008.

추존하는 大禮議 논쟁을 일으켰고 엄숭 같은 권신을 중용하여 숱한 정치적 파란을 초래했던 명대의 대표적인 昏君이었다. 그런데 가부장적 가족-국가질서에 내재된 모순을 탐구하면서 이상적인 夫婦·妻妾·母子·姑婦·君臣 관계를 제시하고자 하는 〈사씨남정기〉와 〈창선감의록〉은 바로 이 가정제의 통치 시기를 시대적 배경으로 취하고 있다. 중국사에 대한 사대부 작가들의 해박한 지식을 고려한다면 이러한 시공간적 배경 선택을 단순히 우연 혹은 무작위의 결과라고 치부하기는 어려울 것이다.

주지하듯이 〈사씨남정기〉는 요첩에 미혹된 家長과 절의를 지키는 怨妻, 간신에 미혹된 君主와 忠諫하는 放臣 간의 갈등을 중층적으로 결합시키면서 가부장적 가족-국가질서에 내재하는 근본적인 모순을 탐구하고 있는 작품이다. 그리고 그에 대한 해결책으로 가부장적 가족-국가질서가 제대로 작동하기 위해서는 절대권력을 지닌 군주/가부장은 스스로 규율(修己)할 줄 알아야 하고 신하/아내는 충성스런 간언(忠諫)을 멈추지 않아야 한다는 메시지를 던지고 있다. 그런데 사실 그와 같은 메시지는 명대 가정 연간의 정치적 혼란에 대해서도 적용될 수 있는 교훈이지만, 당대 조선의 정치현실에도 절실한 의미를 지닌 것이었다고 볼 수 있다. 그것은 명대든 17세기 후반의 조선이든 성리학적 이념을 바탕으로 구축된 가부장적 가족-국가질서에서라면 어디서나 발생할 수 있는, 즉 가부장적 가족-국가질서의 구조적인 모순에 대한 절실한 고민의 산물이기 때문이다. 이와 같이 유교적 정치시스템에 내재된 근본적인 모순을 문제 삼으면서도 당대의 정치현실을 직접적으로 서사화함으로써 초래될 수 있는 筆禍를 피하고자 할 때, 〈사씨남정기〉의 작가가 선택할 수밖에 없었던 시대적 배경이 바로 명대 가정 연간이었다고 말할 수 있겠다.

이러한 설명은 〈창선감의록〉의 배경 설정에도 마찬가지로 적용될 수 있다. 앞서 주15)에서 〈창선감의록〉의 서사가 매우 정교한 연대기적 시간 위에 구축되어 있음을 지적한 바 있는데, 이처럼 명대의 역사에 정통했던 작가가 군이 가정 연간을 작품의 배경으로 선택한 데는 나름의 이유가 있었을 것이다. 이에 대해 진경환은 가정제 초기의 大禮議 논쟁이 17세기 조선에서의 禮訟과 매우 유사한 측면이 있음을 주목하면서, 〈창선감의록〉의 작가가 이 시기를 배경으로 설정한 것은 西人의 당파적 입장을 정당화하고 예송을 풍자하기 위해서였다고 해석한 바 있다.18) 그런데 〈창선감의록〉의 문면만 보면 예송과 관련되거나 그것을 연상케 하는 사건을 발견하기 어렵다는 점에서 진경환의 해석은 다소 과도한 유추해석으로 여겨질 수 있다. 하지만 군주권의 강화를 위해 붕당 간의 알력을 이용하고 엄숭과 같은 권신들에게 힘을 실어주었던 가정제의 통치는 군주권 강화를 위해 당파 간의 갈등을 조장·이용했던 숙종의 통치를 연상케 하는 면이 많다. 그리고, 비록 〈사씨남정기〉에 비해 덜 예각화되어 있다 해도, 〈창선감의록〉 또한 가부장의 부재나 군주의 판단 미숙에 따른 가족 내부의 갈등이나 붕당 간의 갈등을 서사를 추동하는 중심적인 갈등으로 삼고 있다. 이와 같은 점들을 고려할 때 명대 가정 연간이라는 작품의 시공간적 배경 설정에 나름의 정치적 우의성 혹은 목적성이 개재되어 있다는 해석을 전적으로 부정하기는 어려워 보인다.

이에 비해 〈소현성록〉은 북송의 태종~인종대를 시대적 배경으로 취하고 있다. 〈소현성록〉은 〈사씨남정기〉나 〈창선감의록〉에 비해 가문 내적 갈등에 서사적 관심을 집중하고 있는 작품으로서, 시대적 배경 자체에 그리 특별한 정치적 목적성을 두고 있지 않은 작품으로 평가받아왔다.19) 하지만 중국사에서 북송의 태종~인종대는 사대부

---

18) 진경환, 「창선감의록의 작품구조와 소설사적 위상」, 고려대학교 박사논문, 1992, 98~102쪽.

층이 본격적으로 성장하기 시작하면서 문치주의가 확립되고 붕당정치가 태동하던 시기라는 점을 고려할 필요가 있다. 그리고 특히 인종대에 벌어진 곽후 폐위 사건이나 범엄중·여이간 세력 간의 [이른바 慶曆黨議라고 불리는] 당쟁 등은 조선에서 사대부 남성들뿐 아니라 규방 여성들에게도 널리 알려지고 곧잘 회자되던 중국사의 주요 장면 가운데 하나였다. 그러므로 〈소현성록〉의 작가가 중국의 역대 왕조 가운데 굳이 이 시기를 배경으로 선택한 데는 [주된 독자층으로 상정되었을] 규방 여성들의 이 시기에 대한 특별한 관심과 일반화된 지식이 우선 크게 고려되었을 것이라 추측해볼 수 있다. 여기에 덧붙여 북송대의 이 시기가 사대부 중심의 붕당정치가 처음 출현하고 성리학적 가족-국가질서가 비로소 구축되어 가던, 즉 사대부 정치문화와 종법적 가족/가문의식의 원형이 형성되던 시기였다는 점 또한 배경 선택의 주요 요인이 되었을 것이라 추측해 볼 수 있다. 〈소현성록〉의 주된 서사적 관심 또한 사대부 가문들 간의 연대와 이를 통한 종법적 가족질서의 구축 과정에 놓여 있기 때문이다.

이상으로 17세기 후반 창작된 장편소설을 사례로 삼아 조선 후기 장편소설의 배경 설정에 작용한 공통적·개별적 요인들에 대해 거칠게나마 살펴보았다. 요컨대 조선 후기 장편소설이 중국을 배경으로 취하는 데에는 나름의 내재적 요인과 창작적 고려가 있었다는 것이니, 이를 단지 창작관습의 도식적 반복이나 사대주의적 종속성의 산물로만 설명하여서는 안 된다는 것이 이 절의 결론이 되겠다.

그런데 덧붙여 여기에서 우리가 간과해서는 안 되는 점이 또 하나

---

19) 박영희는 〈소현성록〉에 등장하는 실존 인물들을 통해 볼 때 이 작품이 宋史에 대해 기본적인 지식을 가진 작가에 의해 창작되었음을 알 수 있다고 지적하면서도, 작품에서 이들이 매우 미미한 역할만 부여받고 있다는 점을 볼 때 실존 인물들의 등장은 소씨가의 이야기를 사실처럼 보이게 하기 위한 배려 이상의 의도가 없어 보인다고 해석한 바 있다(박영희, 「소현성록 연작 연구」, 이화여자대학교 박사논문, 1994, 133쪽).

있다. 그것은 조선 후기의 장편소설 향유층에게 중국사는 이국·이민족의 역사라기보다 유교적 정치체제 하에서 어디에서나 반복될 수 있는 보편적인 역사(보편사)의 하나로 받아들여졌으리라는 점이다. 이 점은 一民族·一國史를 근간으로 삼는 근대주의적 독법이 자칫 놓치기 쉬운 부분이다. 조선의 사대부 남성이나 여성들은 역사서나 장편소설들을 통해 중국사에 대한 지식을 얻었는데, 지배층의 필수 교양으로 자리 잡았던 중국사는 이들에게 이국·이민족의 역사라기보다 역사와 세계에 대한 인식과 평가의 틀을 제공하는 보편적 모델로서의 의미를 지니고 있었다고 볼 수 있다. 바로 이와 같은 점 때문에 조선 후기 장편소설의 독자들은 중국의 역대 왕조를 배경으로 한 작품을 읽으면서도 그 속에서 조선의 당대사를, 혹은 자신의 개인사나 가족사를 환기시킬 수 있었던 것이다.

4. 19세기 장편소설 속 중국 배경과 중화 인식의 동요

앞서 3절에서는 17~18세기의 장편소설에서 중국 배경이 일반화되는 양상과 그 요인에 대해 간략히 검토해 보았다. 그런데 19세기에 창작된 장편소설에 이르면 이와 같은 양상이 한편으로 여전히 지속되거나 때로 더욱 심화되는 면을 보이기도 하고, 다른 한편으로 동요와 변화의 국면을 맞기도 한다. 19세기 장편소설의 배경 설정에 나타나는 이러한 지속·심화·동요·변동의 국면은 소설 향유층의 중국 인식, 나아가 세계 인식의 변화와 밀접히 관련되어 있을 것임은 물론이다. 이 절에서는 19세기 장편소설 속 중국 배경을 검토함으로써 동시대 장편소설 향유층의 중국 인식이 어떻게 변화하는지, 그리고 중화와 이적으로 대별되던 세계 인식에 어떤 변화가 나타나는지를 간략히 논의해 보도록 하겠다.

17~8세기의 장편소설과 비교해 볼 때 19세기 장편소설의 배경 설정에는 다음과 같은 두 가지 방향의 특징적인 변화가 감지된다. 그 중 하나는 중국뿐 아니라 한국(특히 신라)이나 해외의 변방을 배경으로 삼는 작품들이 출현하기 시작했다는 점이다. 〈삼한습유〉, 〈육미당기〉, 〈태원지〉 같은 작품들이 그 예이다. 다른 하나는 중화문명을 상징하는 明朝를 배경으로 삼아 위기에 빠진 명의 수호를 강조하는, 이른바 '대명의식'을 고조하는 작품이 창작되어 큰 대중적 인기를 얻었다는 점이다. 〈옥루몽〉을 비롯하여 〈유충렬전〉과 같은 영웅소설을 이에 부합하는 대표적인 사례로 들 수 있다. 그런데 이 절에서 필자는 일견 서로 상반되어 보이는 이러한 두 국면이 사실은 심층적으로 상호 연계되어 있음을 주장하려 한다. 즉, 19세기 들어 더욱 심화된 화이론적 세계질서의 동요와 균열, 이에 따른 장편소설 향유층의 불안과 위기의식, 이와 함께 더욱 고조되었던 조선중화주의 등이 이러한 두 국면 속에 공히 반영되어 있다는 것이다.

우선 첫 번째 국면부터 살펴보기로 하자. 17~18세기 장편소설은 [종족적·지리적·문화적 차원 모두에서 '중화'라는 개념에 부합하는 왕조로 인식되는] 송이나 명을 시대적 배경으로 삼고 주인공을 중국의 명문 거족의 일원으로 설정하는 것이 일반적이었다. 이는 송·명대에 형성·발전된 사대부 중심의 정치문화와 종법적 가족/가문주의를 받아들여 자기화하고자 했던 조선 후기 장편소설 향유층의 세계 인식을 반영하는 것이라고 볼 수 있다. 그런데 19세기 장편소설 가운데 일부 작품들은 신라인을 주인공으로 설정하고 이 인물이 신라를 넘어 중국이나 천상계로까지 나아가 활약하게 하거나, 혹은 한족인 주인공이 夷狄이 통치하는 중원을 떠나 미지의 세계를 개척하도록 하는 등 이전 시기의 장편소설의 인물·배경 설정과 상당히 다른 양상을 보여주고 있다.

이 작품들이 이와 같은 배경을 취하게 된 요인의 하나로는 그 창작 동기나 소재적 원천을 들 수 있을 것이다. 특히 〈육미당기〉의 경우 작가 서유영이 평소 가지고 있었던 신라사에 대한 관심과 단종·익종에 대한 특별한 追念이 창작 동기로 거론된 바 있으며,[20] 〈삼한습유〉의 경우에는 18세기 초 경북 선산에서 일어난 실제의 사건과 이를 소재로 한 여러 선행 작품들을 창작의 소재적 원천으로 삼고 있음은 널리 알려진 사실이다.[21] 그러므로 〈육미당기〉나 〈삼한습유〉 같은 작품의 경우 애초 작품의 소재적 원천 자체가 토착적인 것이기에 중국이 아닌 신라를 작품의 배경으로 취했다고 볼 수 있다.

그리고 장편소설 독자층의 분화 및 소설관의 변화 또한 이러한 배경 설정의 한 요인으로 들 수 있겠다. [비록 남성 작가에 의해 창작되었을지라도] 17~18세기에 창작된 장편소설들은 규방의 여성들을 주 독자층으로 상정하고 있었던 데 비해, 19세기에 창작된 장편소설, 특히 한문으로 창작된 장편소설들은 사대부 남성 지식인들을 주 독자층으로 상정하고 있었다고 여겨진다.[22] 또한 19세기에 이르면 역사 서술

---

20) 서유영은 신라사에 관심이 많았는데, 〈육미당기〉에서도 주인공을 신라 소성왕의 아들로 설정하고 있다. 그런데 실제 신라사에서 소성왕의 아들(청명태자)은 어린 나이에 즉위해서 숙부에 의해 죽임을 당하고 만 애장왕이었다. 작가는 이러한 비극적 역사를 반전시켜 허구의 낙관적인 역사로 재창조하고 있는데, 〈육미당기〉에서 주인공 김소선은 병이 든 부친 소성왕을 구하기 위해 중국에 가서 우여곡절 끝에 입신양명을 이루고 두 공주를 비롯하여 여섯 부인들을 얻은 후 신라로 돌아와 왕위에 오른다. 장효현은 작가 서유영이 지니고 있었던 신라사에 대한 관심과, 사릉 참봉을 지내면서 갖게 된 단종의 비사에 대한 깊은 회오, 天死로 인해 뜻을 펼치지 못한 익종에 대한 안타까움 등을 이 작품의 창작 동인으로 추정한 바 있다(장효현, 『서유영 문학의 연구』, 아세아문화사, 1988, 238~46쪽).

21) 〈삼한습유〉의 소재적 원천과 변용 양상에 대해서는 이미 많은 연구들이 축적되어 있다. 여기서는 기존의 연구 성과들을 집약하고 있는 대표적인 논저만을 참조로 든다. 서신혜, 『김소행의 글쓰기 방식과 삼한습유』, 박이정, 2004; 조혜란, 『삼한습유: 19세기 서얼 지식인의 대안적 글쓰기』, 소명출판, 2011.

22) 물론 19세기에도 여성 독자층의 수요는 여전히 견고하였고 그들을 향한 장편소설의 창작 또한 활발하였다고 여겨진다. 하지만 19세기에 창작된 한문장편소설의 경우, 표기문자나

양식의 권위를 인정하고 그것을 모방하고자 했던 기존의 관념 대신, 역사 담론과 소설 담론의 차이를 인식하고 소설의 허구성을 적극적으로 활용하려는 관념이 경화사족들을 중심으로 널리 받아들여졌다.[23] 이처럼 변화된 환경 속에서 창작된 19세기 장편소설은 17~8세기의 국문장편소설에서 발전된, 역사 서술 양식을 모방하면서 중국의 역대왕조를 작품의 시공간적 배경으로 취하는 창작관습에 그리 구애받지 않을 수 있었으리라 여겨진다.

하지만, 그 요인이 어떠하든, 배경 설정에서의 '탈중국화'는 조선 후기 장편소설사에서 19세기 들어서 두드러지게 나타나는 양상이라는 점을 주목할 필요가 있다. 그렇다면 중국이 아니라 신라 같은 자민족이 세운 역대왕조를 배경으로 취한 작품들이 출현하는 것은 어떤 세계 인식의 변화를 반영하는 것일까. 그리고 이적이 통치하는 중원을 떠나 새로운 문명국을 건설하는 줄거리를 지닌 〈태원지〉 같은 작품과 이러한 작품들 간에는 중국 인식 혹은 세계 인식에 있어 어떤 연관성을 지니고 있는 것은 아닐까.

우선 이러한 배경 설정에서의 '탈중국화'가 19세기 소설 향유층의 중국 인식 혹은 세계 인식의 변동과 일정하게 상호 연관되어 있다고 말할 수는 있을 것 같다. 일단 이들 작품에서는 중화문명의 중심이자 발신자는 중국이고 신라/조선은 그 변방이자 수혜자에 불과하다는 인식이 발견되지 않는다. 예컨대 〈육미당기〉에서 중국은 주인공 김소선이 지닌 탁월한 자질과 역량을 펼칠 수 있는 무대로 설정되어 있지만, 여기에서 신라인이라는 그의 정체성은 어떤 장애로 작용하

서발문 등을 통해서 확인되듯이, 애초 남성 지식인들을 주된 독자층으로 겨냥했던 것으로 보인다.

23) 조선 후기 소설관의 변화에 대해서는 다음 논저들을 참조할 수 있다. 장효현, 「조선 후기의 소설론」, 『어문논집』 23, 안암어문학회, 1982; 박일용, 「조선 후기 소설론의 전개」, 『국어국문학』 94, 1985; 김경미, 「조선후기 소설론 연구」, 이화여자대학교 박사논문, 1994.

지도 않고 어떤 콤플렉스를 불러일으키지도 않는다. 그리고 화이론에 입각한 위계적이고 동심원적인 세계 인식 대신 신라와 당을 같은 문명권의 대등한 일원으로 여기는 수평적 세계 인식이 자리 잡고 있다. 〈삼한습유〉에서 신라인 향랑은 열녀의 再嫁를 둘러싸고 벌어지는 우주적인 논쟁의 중심에 서 있는 인물로, 그녀를 통해 유교문명의 낡은 도덕률이 재검토되고 새로운 문명적 기준이 제시된다. 〈태원지〉에서도 조선은 "산쉬(山水) 명녀(明麗) 호고 인물(人物)이 번화(繁華) 호며 녜악법되(禮樂法度) 삼황오뎨(三皇五帝)를 본바드니 의관문물(衣冠文物)이 또흔 셩뎨명왕(聖帝明王)을 법(法)밧"은 "텬보동방녜의지국(天保東方禮儀之國)"[24)]으로 소개되고 있다. 이처럼 대체로 이들 작품에서 신라/조선이나 태원[25)]은 중화문명을 대등하게 공유하고 있거나 새롭게 꽃 피울 가능성이 있는 곳으로 제시되고 있는 것이다. 그런 점에서 이러한 배경 설정에는 중화라는 개념 속에 내재되어 있던 중심-주변·華-夷의 위계성을 부정하고 이를 균질화하거나 전도하는 측면이 있다.[26)]

---

24) 『영이록·태원지』, 이화여자대학교 한국어문학연구소, 1973, 1권 22쪽(한자 병기는 필자에 의함).

25) 태원은 중원에서 원 통치에 저항하여 일을 도모하다가 실패한 임성 일행이 조선으로 가려하다가 표류하여 닿은 낯선 이방이다. 이적이 지배하는 중원을 거부한 임성 일행이 처음 선택한 곳이 "동방예의지국" 조선이었고 이 조선을 대신하여 그들에게 주어진 땅이 태원이니, 태원은 조선과 마찬가지로 중원을 대체하여 중화문명을 꽃 피울 適地라고 할 수 있다.

26) 〈태원지〉의 경우 이적의 중원 통치를 거부하고 새로운 대안을 모색하는 서사를 전개하고 있는데, 이 과정에서 천명론과 화이론 사이의 균열과 모순을 드러내고 있다는 점은 흥미롭다. 사실 조선 후기 사대부 지식인들 사이에서는 善惡·華夷와 상관없이 천하를 통일하면 곧 정통이라고 보는 소동파의 天命論과 현실의 승패와 상관없이 선악·화이를 바탕으로 정통을 찾는 구양수의 정통론 사이에서 어느 쪽을 취할 것인가를 두고 논쟁이 있었는데, 김창흡을 비롯한 낙론계 일부를 제외하고 조선 후기 사대부들 다수는 후자의 입장을 받아들였다(조선 후기 정통론을 둘러싼 논쟁에 대해서는 허태용, 「조선후기 중화계승의식의 전개와 북방고대사인식의 강화」, 고려대학교 박사논문, 2006, 100~105쪽 참조). 〈태원지〉의 경우 원 지배 또한 천명에 의한 것이라고 본다는 점에서 전자의 관점을 취한 듯

하지만 그럼에도 이러한 배경 설정에서의 탈중국화를 '반중화주의'나 '자민족중심주의'와 연관지어 해석하는 것은 과도하다는 것이 필자의 생각이다. 사실 신라/조선 혹은 태원 같은 [중원을 기준으로 보면 변방이라고 부를 수 있는] 지역이 중화문명을 공유하는 대등한 일원이자 나아가 새로운 발신자가 될 수 있다는 생각은, 명청교체 이후 청 중심의 국제질서에 순응하면서도 속으로는 청을 부정하고 조선을 중화문명의 유일한 상속자라고 상상하며 자위했던, 조선 후기 사대부들 전반에 널리 퍼져 있었던 이른바 '조선중화주의'와 유사해 보이기 때문이다. 넓은 의미에서 조선중화주의[27)]는 명청교체 이후 청 중심의 동아시아 국제질서가 구축된 17세기 중반부터 그것이 해체된 19세기 말까지 지속적으로 재생산된, 하지만 그 내부에 많은 모순과 균열을 내포하고 있기도 했던 조선 후기 사회의 지배 담론이었다. 그것은 한편으로 여전히 세계를 중화와 이적으로 대별하는 화이론적 문명의식을 견지하면서도 다른 한편으로는 화이론의 핵심에 내장되어 있던 종족적·지리적 중심성을 거부하고 해체하기도 하였으니, 〈육미당기〉나 〈삼한습유〉, 〈태원지〉 같은 작품들이 보여주는 세계인식은 이와 여러모로 닮아 있다.

그런데 19세기 장편소설 가운데는 이와는 매우 다른 세계 인식을

보이기도 하지만, 이적의 중원 지배를 거부한다는 점에서 화이론적 정통론을 따르고 있는 듯도 보인다. 이 때문에 논자에 따라 〈태원지〉는 청 지배를 비판하고 화이질서를 부정하는 작품으로도 해석되고(임치균, 「조선후기 소설에 나타난 청나라 지배의 중국에 대한 인식의 변화와 의미」, 『장서각』 24, 한국학중앙연구원, 2010), 화이론에 입각한 조선중화주의의 산물로도 해석된다(허순우, 「중화주의 균열이 초래한 주체의식의 혼란과 극복의 서사: 〈태원지〉」, 『고소설연구』 33, 한국고소설학회, 2012).

27) 병자호란 이후 조선의 지배층은 명 중심의 화이론적 국제질서의 회복을 꿈꾸며 북벌을 추진한 바 있다. 하지만 청의 중국 지배가 안정되자 중화문명의 유일한 보존자는 조선뿐이라는 보수적이고 방어적인 관념으로 퇴행하는데, 여기서 '조선중화주의'란 이처럼 중화를 회복하자는 주장에서 중화를 계승한다는 관념까지를 포괄하는 조선 후기의 문화자존주의 전반을 지칭한다.

보여주는 작품들이 있다. 그것은 중화문명의 상징으로 明朝를 작품의 시공간적 배경으로 설정하고 있으며, 이적들에 의해 침탈당할 위기에 놓여 있는 명을 영웅적 역량을 가진 인물이 수호해야 한다는 폐쇄적이고 방어적인 세계 인식을 보여주는 작품들이다. 대표적으로 〈옥루몽〉이나 〈유충렬전〉 같은 작품들을 그 예로 들 수 있는데, 이 작품들에서 명은 중화문명의 상징으로서 내부의 반란과 외적의 침입 앞에 풍전등화의 위기를 겪고 있는 것으로 묘사된다.

물론 앞서도 언급했듯이 17~18세기 장편소설에서도 명은 작품의 시공간적 배경으로 빈번히 채택된 바 있다. 하지만 그 대부분의 경우 명은 조선 후기 사회가 안고 있었고 해결하고자 했던 정치사회적 문제를 제기하기 위해, 혹은 사대부들이 지향했던 종법적 가족/가문의 이상적 모델을 제시하기 위해 작품의 배경으로 채택되었던 것이다. 그런데 〈옥루몽〉이나 〈유충렬전〉에 묘사된 명은 안으로는 간신의 발호와 당쟁의 폐해 때문에 균열되어 있고 밖으로는 이적의 침입 때문에 존망의 위기에 놓여 있는, 한 마디로 내우외환의 위기 앞에 무기력하게 노출된 국가이다.

이러한 배경 설정이 나타나게 된 하나의 요인으로는 이 작품들이 조선 후기의 대표적인 통속소설 유형인 영웅소설의 창작관습에 상당히 충실했다는 점을 들 수 있을 것이다. 즉, 국가의 위기야말로 영웅의 역량을 발휘할 수 있는 기회이기도 하니, 이 작품들에서 국가의 위기를 더욱 극단적으로 고조하는 것은 주인공의 영웅성을 더욱 두드러지게 부각시키기 위한 일종의 영웅소설적 창작관습일 수 있다는 것이다.

하지만 그런 점을 감안하더라도 〈옥루몽〉이나 〈유충렬전〉에서 '大明意識'의 강조는 유별난 면이 있다. 중화문명의 정통적 계승자이자 보루로서 명의 위상을 강조하고 동아시아의 문명세계를 안정시키고 보수하기 위해서는 이러한 명의 위상이 회복되어야 한다는 관념, 곧 대명의식이라고 부를 수 있는 관념이 이 작품들의 주인공 양창곡이나 유충렬에 의해 거듭 표명되고 있는 것이다.

그런데 명의 멸망이 이미 돌이킬 수 없는 과거로 굳어진 19세기에 이처럼 대명의식을 강조한다는 것은 무슨 의미가 있을까. 그것은 청 중심의 국제질서를 부정하고 명의 회복을 바랐던 독자 대중들의 통속적 원망을 상상으로나마 실현하기 위한 것이었을까. 아마도 이런 측면을 간과할 수는 없을 것이다. 조선중화주의는 조선 후기 사회의 지배 담론으로서, 지배층으로부터 일반 민중에게까지 널리 파급되면서 통속화되었다. 그리고 영웅소설은 이러한 독자들의 통속적 원망에 가장 충실하게 반응한 대중적인 소설 유형이었다.[28]

하지만 19세기 장편소설에서 이처럼 갑자기 대명의식이 강조되는 양상을 제대로 해석하기 위해서는 작품 속에서 명이 처한 상황을 당시 조선이 맞닥뜨린 현실과 치환해서 읽어볼 필요가 있다. 즉, 이 작품들에서 묘사된 명을 멸망한 과거의 명 왕조가 아니라 내외우환의 위기에 처한 현실의 조선으로 해독할 때 이 작품들이 갖는 절실한 역사성이 포착될 수 있다는 것이다. 역사 속의 명이 文華를 뽐내다가 文弱에 빠져 멸망했다면, 중화문명의 계승자를 자처했던 조선 또한 내외우환의 위기 앞에 무기력하게 노출되어 있는 문약한 국가였다. 예컨대 〈옥루몽〉이 창작된 19세기 전반의 조선 왕조는 한편으로 세도정권의 국정 농단, 허약해진 국가재정과 민에 대한 과도한 수탈, 이에 따른 민심의 이반 등으로 인한 內憂에 시달리고 있었을 뿐 아니

---

28) 특히 〈유충렬전〉을 포함하여 전주·태인 지역에서 간행된 완판본에서는 대명의리론이 두드러지게 강조되는 경향이 나타나는데, 이러한 양상에 대해 엄태웅은 이 지역 출판업자들이 독자들의 보수적인 역사인식에 영합한 결과라고 해석한 바 있다(엄태웅, 「〈소대성전〉·〈용문전〉의 경판본에서 완판본으로의 변모양상」, 『우리어문연구』 41, 우리어문학회, 2011).

라, 다른 한편으로 이양선의 잦은 출몰이나 천주교의 전파 등으로 인한 外患의 위기에 노출되어 있었다. 그와 같은 맥락에서 보면 〈옥루몽〉에서 당쟁과 이적의 침입으로 총체적인 위기에 빠져 있는 명나라는 내외우환에 시달리는 19세기 조선의 모습이기도 하다. 그리고 더 나아가 그것은 서세동점의 위기에 처한 중화문명세계 전반을 상징하는 것이라고도 볼 수 있을 터이다.

이상 살펴본 19세기 장편소설의 배경 설정에 나타나는 두 가지 방향의 변화는 표면적으로 보면 상충되어 보인다. 하나가 낙관적이고 발산적이라면 다른 하나는 방어적이고 폐쇄적이기 때문이다. 특히 전자가 중국 중심의 세계질서를 해체하고 중화문명의 확산을 도모한다면, 후자는 중화문명의 중심으로서 명의 위상을 더욱 강조하고 이를 수호하고자 한다.

하지만, 이러한 표면적인 차이에도 불구하고, 실상 양자는 심층적으로 연결되어 있다는 것이 필자의 생각이다. 필자가 보기에 양자를 연결하는 핵심 고리의 하나는 조선이 중화문명의 적통을 이어받아 보전하고 있다는 조선중화주의이다. 자민족의 역사나 자국 문화에 대한 자부심도, 대명의식의 새삼스런 강조도 모두 조선중화주의라는 관념과 이러저러하게 연결되어 있기 때문이다.

그리고 양자를 연결하는 또 하나의 연결 고리를 들자면 19세기 들어 두드러지게 나타난 서양문명의 위협적 출몰과 이로 인해 고조된 문명사적 위기의식을 들 수 있다. 18세기 말에서 19세기 전반까지 끊임없이 조선의 해안선을 따라 출몰하였던 이양선은 조선 정부와 지배층에게 큰 위기감을 불러일으켰고, 천주교의 맹렬한 교세 확장과 순교는 중화문명의 적통을 자처하는 조선의 지식인들에게 중화문명—이 경우 중화문명은 유교문명과 동의어다—을 수호해야 한다는 위기의식을 촉발했다. 물론 서양문명과의 접촉이 반드시 방어적 태도만을 낳았던 것은 아니다. 그것은 한편으로 중국 중심의 세계 인식을 동요시키고 중화 개념의 탈중심적 재해석을 촉진하는 측면도 있었다. 이미 18세기 말 홍대용의 사유가 보여주듯이 서양문명과의 접촉을 통한 세계 인식의 확대는 중국 중심의 세계 인식을, 혹은 전통적인 중화 개념을 탈중심화하는 효과를 발휘했던 것이다.

요컨대 19세기 장편소설의 배경 설정에 나타나는 두 가지 방향의 변화는 19세기 들어 심화된 문명사적 위기의식과 이로 인해 오히려 더욱 강화된 조선중화주의의 상호 모순적이고도 길항적인 관계의 산물이라는 것이 이 절의 결론이라고 할 수 있다. 즉, 19세기 들어 더욱 고조된 문명사적 위기의식과 조선중화주의 사이의 상호 모순과 길항은 한편으로 중화 개념을 탈중심화하면서 조선중화주의를 더욱 강화하고 이를 외부로 발산하고자 하는 낙관적인 문명의식을 낳기도 했지만, 다른 한편으로는 중화문명의 세계 내부로 퇴행하여 이를 방어하고자 하는 폐쇄적인 문명의식을 낳기도 했다는 것이다.

5. 한·중관계의 거울로서의 중국 배경

이상으로 매우 소략하게나마 한국 고전소설에 나타나는 중국 배경의 양상을 통시적으로 검토해 보았다. 특히 한국 고전소설의 다수는 복고적이고 사대주의적이라는 해묵은 부정적 통념을 불식시키기 위해 고전소설 속에서 중국 배경이 등장하게 되는 역사적 조건과 맥락에 주목해서 그 역사적 의미를 해명해 보고자 하였다.

한국은 역사적으로 중국과 다양한 관계를 맺어 왔다. 전근대 시기 양국은 일반적으로 책봉-조공 체제라는 한편으로 불평등하면서도 다른 한편으로는 호혜적인 雙務的 관계를 맺어 왔다. 하지만 그 관계가 항상 안정적인 것만은 아니었다. 때로는 활발하게 개방해서 적극적으로 문물을 교류했는가 하면, 때로는 갈등과 대치의 국면을 맞기도 했고, 때로는 제한적인 방식으로 교류하며 문물을 받아들이기도 했다.

한국 고전소설 속 중국 배경은 이러한 한중 관계의 변화상을 담고 있다. 양국의 문물교류가 활발하게 이루어졌던 당-신라기에 창작된 〈최치원〉으로부터 서세동점의 위기 속에 중화문명의 마지막 보루를 자처하던 19세기의 〈삼한습유〉나 〈옥루몽〉에 이르기까지 한국 고전소설에서 중국은 문명의 중심이자 표준으로, 때로는 위압적인 패권자로, 때로는 낡고 위태로운 문명세계의 상징으로 인식되어 왔다.

이 글은 한국 고전소설 속 중국 배경을 통해 한중 관계에 대한 인식의 변화까지 검토하고자 했지만, 시론적이고 단편적인 분석에만 그쳤을 뿐 이에 대한 전면적이고 체계적인 분석으로 나아가지는 못했다. 이에 대해서는 후고를 통해 보충해나갈 것을 다짐할 뿐이다.

참고문헌

『영이록·태원지』, 이화여자대학교 한국어문학연구소, 1973.

강상순, 「구운몽의 상상적 형식과 욕망에 대한 연구」, 고려대학교 박사논문, 1999.

권순긍, 「한국 고소설과 중국 호남지역」, 『한문학보』 19, 우리한문학회, 2008.

계승범, 「16~17세기 명-조선 관계의 성격과 조선의 역할」, 『정치와 평론』 10, 한국정치평론학회, 2010.

김태준, 박희병 교주, 『증보 조선소설사』, 한길사, 1990.

김현룡, 「최고운전의 형성시기와 출생담고」, 『고소설연구』 4, 한국고소설학회, 1998.

김현양, 「〈최척전〉, '희망'과 '연대'의 서사」, 『열상고전연구』 24, 열상고전연구회, 2006.

박영희, 「소현성록 연작 연구」, 이화여자대학교 박사논문, 1994.

박희병, 「최척전: 16·7세기 동아시아의 전란과 가족이산」, 『한국고전소설작품론』, 집문당, 1990.

서신혜, 『김소행의 글쓰기 방식과 삼한습유』, 박이정, 2004.

신태수, 「최척전에 나타난 공간의 형상」, 『한민족어문학』 제51호, 한민족어문학회, 2007.

_____, 「주생전의 창작 배경」, 『한국언어문학』 제76집, 한국언어문학회, 2011.

_____, 「외국공간에 대한 16세기 조선 문인의 심상지리와 작품화」, 『고소설연구』 31권, 한국고소설학회, 2011.

엄태웅, 「〈소대성전〉·〈용문전〉의 경판본에서 완판본으로의 변모양상」, 『우리어문연구』 41권, 우리어문학회, 2011.

이광수, 『신생활론』, 박문서관, 1926.

_____, 「조선문학의 개념」, 『신생』 2권 1호, 1929.1.

이우성, 「남북국시대와 최치원」, 『한국의 역사상』, 창작과비평사, 1982.

임치균, 「조선후기 소설에 나타난 청나라 지배의 중국에 대한 인식의 변화와 의미」, 『장서각』 24, 한국학중앙연구원, 2010.

임형택, 「나말여초의 전기문학」, 『한국문학사의 시각』, 창작과비평사, 1984.

장효현, 『서유영 문학의 연구』, 아세아문화사, 1988.

정길수, 「한국 고전장편소설의 형성과정」, 서울대학교 박사논문, 2005.

정출헌, 「동아시아 서사문학의 지평과 나말여초 서사문학」, 『새민족문학사강좌』 1, 창비, 2009.

정환국, 「16~7세기 동아시아 전란과 애정전기」, 『민족문학사연구』 15, 민족문학사학회, 1999.

조상우, 「최고운전에 표출된 '대중화 의식'의 형성 배경과 의미」, 『민족문학사연구』 25, 민족문학사학회, 2004.

조혜란, 『삼한습유: 19세기 서얼 지식인의 대안적 글쓰기』, 소명출판, 2011.

진경환, 「창선감의록의 작품구조와 소설사적 위상」, 고려대학교 박사논문, 1992.

진재교, 「월경과 서사: 동아시아의 서사 체험과 '이웃'의 기억」, 『한국한문학연구』 제46집, 한국한문학회, 2010.

차용주, 「쌍녀분설화와 유선굴과의 비교연구」, 『어문논집』 23, 민족어문학회, 1982.

한영환, 「최치원과 유선굴」, 『충격과 조화』, 국학자료원, 1992.

허순우, 「중화주의 균열이 초래한 주체의식의 혼란과 극복의 서사: 〈태원지〉」, 『고소설연구』 33권, 한국고소설학회, 2012.

허태용, 「조선후기 중화계승의식의 전개와 북방고대사인식의 강화」, 고려대학교 박사논문, 2006.

행운과 기회의 땅으로서의 중국

: 16~17세기 대중국무역 관련 野談에 형상화된 중국의 이미지

박경남

(고려대학교 민족문화연구원)

1. 최대 교역국으로서의 중국

'중국'이란 무엇인가? 혹은 우리에게 있어 '중국'이란 어떤 나라인가? 각자가 처한 위치와 관심에 따라 너무나도 다양한 대답이 가능할 것 같은 이 물음이 지금 여기에서 환기되어야 하는 이유는 무엇일까? 다른 어떤 나라보다도 오랜 역사를 같이하며 한국과 가장 많은 교류를 해 왔던 이웃 나라이기에 이 물음은 오히려 낯설고 새삼스럽기까지 하다. 한국은 언제나 중국과 함께 호흡하고 있지 않았던가?

하지만 사실을 따지고 들어가 보면 현재의 중국은 우리에게 그리 익숙한 존재가 아닐 수도 있다. 대한민국이 중국과 수교를 맺은 것이 1992년 8월이니 이제 고작 20년이 조금 넘게 교류가 시작된 것이다. 근대 국가의 건설과정에서 우리는 불행하게도 식민지 체제를 거쳐 남북이 분단되면서 대륙으로 통하는 육로를 잃어버렸고, 국가체제도 사회주의와 자본주의로 달라져 이념적 대립과 갈등을 겪어야 했다. 다행히 1990년대 이후 대결적 냉전 체제가 해소되면서 이념을 초월

한 경제 협력의 필요성이 제기되었고, 2003년 중국은 미국을 제치고 우리나라의 최대 수출대상국이 되었으며, 2007년에는 일본을 제치고 우리의 최대 수입대상국이 되었다. 경제 교역의 측면에서 이제 중국은 실제적으로 미국과 일본보다 더 중요한 파트너가 된 셈이다.

'한국의 최대 교역국'이라는 이 간단한 진실이야말로, 어쩌면 근대의 짧은 단절을 넘어 과거와 현재의 역사를 통틀어 지속되어 온 '우리에게 있어서의' '중국의' 변하지 않는 '본질'일 것이다. 필자는 너무나 기본적인 사실이기에 또한 자주 망각되어 버리기도 하는 이 역사적이면서도 현재적인 중국의 위치를 '야담(野談)'이라는 창을 통해 새삼 환기하려고 한다. 정통 한문학 장르에서는 좀처럼 찾아보기 어려운 경제 교역의 모습들이, 그리고 그 교역의 담당자였던 역관과 상인의 모습들이 야담이라는 비교적 자유롭고 개방적인 글쓰기에서는 얼마간 포착되기 때문이다. 다만 야담에는 사실성과 허구성이 혼재된 경우가 적지 않으므로, 야담을 통해 역사적 현실을 반추해 보면서도 다시 당대의 역사 기록을 통해 야담에 형상화된 모습들의 진실성을 되짚어 보는 교차적 텍스트 읽기를 시도하고자 한다.

2. 대중국무역 관련 야담 작품 개괄

필자는 몇 년 전 조선 후기 문학 비평을 점검하는 과정에서 상인의 삶에 관한 서사가 명대 문인들 사이에서는 傳과 墓誌銘 등 정통 한문학 장르에서도 창작되고 있는 반면, 조선에서는 당대의 주류적 문인들에 의해 묘지명 등 정통 한문학의 영역에서 이러한 상인의 형상화가 금기시되거나 차단되고 있음을 발견할 수 있었다.[1) 아울러 조선에서는 정통한문학 장르에서 거의 전무하다시피한 상인·상업·致富

와 관련된 일화들이 비정통·비주류 한문학 장르라고 할 수 있는 '야담'적 글쓰기를 통해서 표출되고 있음을 발견할 수 있었다.[2] 필자는 그 후 야담집을 통독하며 致富와 관련된 자료들을 우선 광범위하게 수집하여 140편 정도를 추출할 수 있었다.[3] 그리고 다시 이 글을 작성하는 과정에서 중국과의 교역을 통해 致富한 자료들을 정독한 후, 우선 18세기 이전까지의 자료만을 선별하여 〈표 1〉과 같이 작성할 수 있었다.

〈표 1〉에서 알 수 있듯 필자가 이제까지 발견한 18세기 이전 대중국무역 관련 야담 작품은 柳夢寅(1559~1623)의 『於于野談』에서 5편, 任堕(1640~1724)의 『天倪錄』에서 2편, 辛敦復(1692~1779)의 『鶴山閑言』에서 1편, 安錫儆(1718~1774)의 『雪橋漫錄』에서 2편으로 총10편이다. 이밖에 18세기 야담집중 任邁(1711~1779)의 『雜記古談』과 盧命欽(1713~1775)의 『東稗洛誦』 등도 검토해 보았지만 대중국무역 관련 야담은 찾을 수 없다. 또한 19세기의 대표적인 야담집인 『靑邱野談』·『溪西野談』·『東野彙輯』에도 이전 야담집에 보이는 작품을 초록하거나 變改한 작품들을 몇 작품 발견할 수 있었지만,[4] 이 글에서는 우선 18세기 이전까지의 중국과의 대외무역 상황이 야담 속에 어떻게 형상화

---

1) 박경남, 「金昌協의 비판을 통해 본 王世貞 散文의 진면목: 商販 碑誌文을 중심으로」, 『한국한문학연구』 46집, 2010 참조.

2) 위의 글, 180~181쪽 참조.

3) 야담 자료는 동국대학교 한국문학연구소 편, 『韓國文獻說話全集』(전10책), 民族文化社, 1981; 박용식·소재영·大谷森繁 편, 『韓國野談史話集成』(전5책), 태동, 1990; 정명기 편, 『한국야담자료집성』(전23책), 계명문화사, 1987(1992) 등의 영인본과 개별 야담 자료 영인본을 이용했다. 또한 이우성·임형택 역, 『이조한문단편집』(전3책), 일조각, 1973(上); 1978(中·下)과 개별 야담집의 번역본을 활용했다. 추출된 致富 관련 목록은 '부록'에 표2로 제시했고, 필자가 자료 선별 및 독해과정에서 참조한 야담집 및 주요 번역본은 참고문헌에 연대순으로 제시했으므로 필요한 경우에만 따로 주석에 명기하기로 한다.

4) 작자 미상의 『靑邱野談』에서 2편, 『溪西野談』에서 2편, 李源命(1807~1887)의 『東野彙輯』에서 5편이 발견된다.

되고 있는지를 살피고자 했기에 논외로 하였다.

<표 1> 18세기 이전 野談集에 형상화된 대중국무역

번호	편저자	작품명	底本	異本	인물	신분	시대배경	출신지	경제활동지역(동선)	종사분야	상품
1	柳夢寅 1559~1623	朴繼金市井商賈之子		미발견	朴繼金	商賈	16세기	한양	한양東平館-遼東-북경(玉河館)	상업(중계무역)	夜光珠·(彩緞)
2		李華宗善華語		申石山(於)天倪錄	李華宗	譯官	1518년(추정)	미상	(한양)-盤山-北京	통역(매매)	赤珠(龍珠)
3		申石山者漢京賤人也	於于野談(萬宗齋本)	東野彙輯	申石山	奴子	미상	漢京·京城	(한양)-遼東-북경(玉河館)-京城	奴子	蛇角/綵段
4		古者通中國以水路		天倪錄青邱野談東野彙輯	火砲匠·同船之人	匠人	1621~1637	미상	豊川-海中一島	匠人	照乘珠(南金·大貝·文緞·綵錦)
5		牙山之縣有鶴棲		미발견	村老之子	武士	미상	牙山	牙山-燕京	從事官	青石(還魂石)
6	任埅 1640~1724	潦澤裡得萬金寶	天倪錄(天理大本)	於于野談[李華宗]	一象官	譯官	미상	미상	(한양)-高平·盤山-北京-東萊	통역(매매)	定痛珠/珊瑚樹·瑪瑙·琉璃
7		海島中拾二斛珠		於于野談[古者通中國]	一象官	譯官	1621~1637	미상	一島	통역(매매)	明珠
8	辛敦復 1692~1779	光海時萬師有一大賈	鶴山閑言(野乘本)	青邱野談東野彙輯	一大賈	商人(大賈)	1608~1623	漢師	義州-北京-潭州-楊子江-頭城(南京城)-北京-本國(朝鮮)	상업	人蔘·貂皮
9	安錫儆 1718~1774	我東譯官之隨行	雪橋漫錄(東洋文庫本)	미발견	一丐者/一譯官	丐者/譯官	미상	북경(燕都)	燕都-南地·辽东·鳳凰城-(朝鮮)	상업	奇香·殊藥·怪珍,香藥·錦繡·綺紈
10		嶺南有寒士逐日營求		미발견	嶺南寒士	寒士→婢夫	미상	嶺南	嶺南-서울(京師)-關西-東萊-京師	상업(중계무역)	唐貨

우선 위 도표에서 가장 먼저 눈에 띠는 사항은 총 10편 중 5편이 유몽인의『於于野談』에 수록되어 있다는 점이다. 이는 다른 야담 작가들이 중국에 가본 경험이 전무한 반면에 유몽인은 세 차례나 연행을 다녀 온 것에 기인하지 않을까 한다. 아무래도 중국에 다녀오면서 대중국 교역 관련 일화들을 접할 수 있는 기회가 많았기에, 그것들을 하나둘 기술하다 보니『어우야담』에도 교역과 관련된 다양한 일화들이 수록된 것으로 보인다. 그런데, 사실『어우야담』에 수록된 일화들은 '계획적이고 지속적인 거래'를 보여주기보다는 '우연적인 행운을 통한' '물품의 획득'과 그것에 대한 '일회성 매매'의 성격을 띠고 있어서 '무역'이나 '교역'이라는 말에 온전히 부합한다고 볼 수는 없다. 그렇긴 하지만, 도표의 '異本' 항목에 보이듯『어우야담』의 일화들은 후대 야담집들에 다양한 형태의 이본을 낳았던 하나의 '原型'으로서의 위치를 차지하고 있기 때문에 단편적 일화일지라도 주의해서 볼 필요가 있다.

다음으로 '인물'과 '신분' 항목을 보면, 작품 속에 朴繼金·李華宗·申石山 등 실명을 밝힌 경우도 있고, 一象官·一大賈·一丐者·一譯官처럼 익명으로 처리하거나 火砲匠·村老之子·嶺南寒士처럼 약간의 정보를 제공하되 다소 불분명하게 처리한 경우도 있다. 인명의 부정확한 기록은 야담에 수록된 일화들이 대체로 구전된 것을 바탕으로 기록된 데서 기인할 것이다. 하지만『於于野談』의 '李華宗' 일화가『天倪錄』의「潦澤裡得萬金寶」로 수용되면서도 등장인물의 인명 대신 '一象官'으로 표기되는 것을 보면, 前代 문헌의 수용과정에서도 작가의 판단과 필요에 따라 얼마든지 인명은 다른 방식으로 바뀔 수 있음을 짐작할 수 있다.

이처럼 야담 속 인물의 이름이 유동적이거나 불분명한 것에 비하면, 등장인물의 '신분'은 이름보다는 상대적으로 안정성을 갖고 있어서 야담이 반영하고 있는 현실의 대체적인 모습을 파악하는 데 유용하다.5) 위 도표의 11편의 작품 중 대중국 교역과 관련된 인물의 신분은 寒士·武士·譯官·商人·匠人·奴子·婢夫·丐者 등 兩班 士人들부터 노비와 거지까지 실로 다양한 계층으로 등장하지만, 이 중 譯官이 매매와 교역의 주체로 등장하는 작품이 5편으로 거의 과반수에 이르고, 상인이 교역의 주체로 나서는 것은 2편에 불과하며, 나머지 신분은 각 1편씩이다. 현대 사회에서는 상업과 교역의 주체가 상인이지만, 16·17세기를 시대배경으로 하고, 18세기 이전 창작된 야담에 따르면, 대중국 무역의 주체는 적어도 수적으로는 역관이 담당하고 있었던 것이다.

또한, 위 도표에 따르면 교역에 참가한 사람들은 그 '출신지'가 불분명한 것이 많긴 하지만, 대체로 서울 사람들이 많았고(1·3·8), 교역이 이루어지는 '경제활동지역'은 대부분 북경과 서울을 오가는 陸路의 연행길이다(1·2·3·5·6·8·9). 하지만 특정한 어느 시기에는 海路 사행과정에서 富를 축적하기도 했고(4·7), 또 어떤 경우에는 남경 등 강남지역에까지 교역의 범위가 확대되기도 하였으며(8) 중국과 일본의 물품을 매개하는 중계무역(1·10)이 이루어지기도 하였다. 3장에서는 우선 이런 교역에 참여했던 사람들의 동기와 목적에 대해서 살펴보고, 4장에서는 교역의 두 주체였던 '역관'과 '상인'의 대중국무역의 모습을 한두 편의 작품을 중심으로 예시적으로 분석하고자 한다. 이를 통해 야담 속에 형상화된 '역관' '상인'의 모습과 그들이 평소 생각해왔던 대중국관이 자연스럽게 드러날 것이다.

---

5) 물론 임방의 또 다른 작품인 「海島中拾二斛珠」처럼 『어우야담』의 '火砲匠' 일화를 '一象官'으로 바꾸어 신분이 달라진 경우도 있긴 하지만, 서사의 구성이나 골격이 일치하는 이본 간에는 대체적으로 모본이 된 일화 속 인물의 신분을 그대로 유지하는 경우가 많다.

3. 야담 속 중서층 인물들의 연행(燕行) 동기

조선 사람들에게 중국에 간다는 것은 어떤 의미였을까? 중국방문의 의미는 물론 한중 관계의 변화에 따라 달라지고, 개인이 처한 상황과 각자의 관심에 따라 다를 것이다. 연행을 떠나는 사람들에게 보낸 사대부들의 送序를 살펴보면, 17세기 전반 청나라가 중원을 지배하는 것을 전후로 해서 연행의 의미는 확연히 달라진다. 그전까지 사대부 지식인들은 중국의 발전된 '문물과 의관', '예악과 법도'를 보고 배운다는 생각으로 중국을 방문했지만, 조선보다 미개한 문명으로 여겨졌던 청나라가 명과 조선을 무력으로 굴복시키고 중원의 패자로 군림한 후에는 중국 방문은 선망의 대상이 되기보다는 울분과 悲憤의 감정이 뒤섞인 敵國 偵探의 길이었다.[6] 18세기 후반 北學을 주장하는 일군의 지식인들 사이에서 청나라의 선진 기술을 배우자는 의식이 싹트면서 이러한 분위기가 달라지긴 했지만, 그런 변화를 포괄하는 사대부 지식인들의 중국 방문 목적은 한편으로는 '중원의 정세를 파악'하는 것이고, 다른 한편으로는 중국의 발전된 '문명을 배워오는 것'이었다.[7]

반면, 야담에 등장하는 중·하층 인물들에게 있어 燕行은 정치·문화적 의미보다는 자신의 생활을 향상시킬 수 있는 富를 획득하기 위

---

6) "吾嘗聞國朝盛時奉使中國者, 人莫不榮之以文物衣冠可觀也, 禮樂法度可慕也, 風流渥澤可沾被也, 宮闕城郭之臣麗, 可周覽以自壯也, 今則無是焉耳, 吾於子何侈焉? 然則齎咨涕洟以送之不可也. (⋯중략⋯) 古人曰: '盜賊群居, 無終日之計.' 蓋以力攘奪人之財貨, 財盡則各自賊殺以亡也. 此虜乃盜賊之雄耳, 乘天下內亂, 竊入而潛據之. (⋯중략⋯) 今則客居中土且十年矣, 無禮法政教以維持之. (⋯중략⋯) 其威力之所服, 亦何所至極也! 強弱形也, 離合勢也, 善觀者, 必有以得之. (⋯중략⋯) 余之所欲問者此也, 子之歸, 其有以復我也."(李敏敍, 『西河先生集』 卷12 「送文谷以書狀赴燕序」)

7) 조선 후기 사대부 지식인들의 對中國觀의 변화에 대해서는 김문식, 『조선후기 지식인의 대외인식』, 새문사, 2009; 안대회, 「조선 후기 燕行을 보는 세 가지 시선: 燕行使를 보내는 送序를 중심으로」, 『한국실학연구』 제19호, 2010을 참조.

한 수단으로서의 의미가 더욱 컸다. 사대부 지식인들에게는 명청의 교체가 天地改變과 같은 커다란 충격이었지만, '추상화된 이념'보다는 '현실적인 實利'에 더욱 관심이 많은 생활인으로서 그들은 교역의 대상이 명에서 청으로 바뀐다고 해서 일부 사대부들처럼 '연행을 거부하거나 중단'할 이유가 없었다. 이들에게 연행은 큰 부를 축적하기 위한 쉽사리 오지 않는 절호의 기회였고, 그런 까닭에 그들은 때로 뇌물을 쓰면서까지, 때로 陸路가 아닌 海路의 위험을 무릅쓰고서라도 연행에 참가하고자 하였다.

① 나는 일찍이 중국을 세 번 가 봐서 역관의 태도를 잘 안다. 그들이 만리나 되는 사나운 길을 분주히 달려가는 것은 國事를 위해서도 아니고, 功名을 위해서도 아니다. 그들이 바라는 것은 다만 중국의 재화를 유통시켜 교역의 이익을 늘리는 것이니, 송곳같이 보잘 것 없는 이익도 천하의 보물[鼎呂]처럼 여긴다.[8]

② 어떤 한 火砲匠도 朝天使의 일원이었는데 집안이 몹시 가난해 행색이 볼품이 없었다. (…중략…) 한 사람씩 육지에 내렸지만 배는 여전히 맴돌았는데 화포장이 내리자 배가 갑자기 막힘없이 앞으로 나가니, (…중략…) 억지로 그를 섬에 남겨둔 채 떠나갔다. (…중략…) 이무기가 바다에서 돌아오다가 턱부터 꼬리까지 칼날에 찔려 찢어지며 진주와 옥돌, 야광주 들이 땅에 쏟아져 내려 길에 가득했고, (…중략…) 배를 갈라보니 한치나 되는 照乘珠가 부지기수였다. (…중략…) 이미 돌아와 시장에 내다 파

---

8) "余嘗三入中原, 備知舌人之態. 其暴路馳驅於萬里, 非爲國事, 非爲功名, 所希只在通彼之貨, 長交貿之利, 視錐刀如鼎呂之重."(萬宗齋本『於于野談』제373화)『어우야담』의 원문과 번역은 萬宗齋本을 대본으로 하되, 신익철 외 3인의 교주본과 번역본(『어우야담』, 돌베개, 2006)을 참조하여 필자가 필요한 대로 다듬었다. 이하 同.

니 가격이 수십만금이어서 우리나라의 갑부가 되었다."[9]

③ 朴繼金은 시정 장사치의 아들이다. (…중략…) 집안이 매우 부유했는데, 일본의 귀중한 물건을 팔아 이익을 늘리고자 하여 東平館의 倭人을 만나러 갔다. 왜인이 夜光珠 하나를 자랑하니 그 크기가 꿩 알만한데 (…중략…) 값이 수백천금이나 되었다. 그 값을 백배로 늘리는 방법을 생각해보니 燕京에 가서 비단으로 바꿔오는 것만한 것이 없었다. 뇌물을 써서 燕京에 가는 일원으로 충원되고자 하였다.[10]

위 세 편의 글은 모두 유몽인(柳夢寅, 1559~1623)의 『어우야담(於于野談)』에서 뽑은 글이다. 그러니까 유몽인의 몰년을 고려하면, 세 일화는 아무리 늦어도 1623년 이후에 발생한 일일 수는 없다.[11] 다만, 필자가 대본으로 삼은 萬宗齋本은 유몽인의 12대 종손인 柳濟漢 선생이 家藏本과 여러 이본을 수집·종합해 1964년에 간행한 것이기에 유몽인 사후 조금씩 수정·보충된 異本의 내용들이 가미되었을 수도 있다. 하지만 위의 글들은 다른 이본들에도 광범위하게 존재하고, 표현도 그닥 달라진 것이 없는 것을 보면,[12] 유몽인의 原稿 상태로 일찍

---

9) "有火砲一匠, 亦在朝天之員, 家甚貧, 行資冷落. (…중략…) 每下一人於陸, 船猶回徨, 至火砲匠, 船輒沛然不滯, (…중략…) 強留之島中而去, (…중략…) 其蟒果自海入于島, 從頷至尾, 皆為劍鋩所裂, 珠璣琅玗, 夜光火齊之屬, 迸瀉于地, 委積充蹊. (…중략…) 刳其腹而出之, 照乘經寸之珠, 不知幾千百. (…중략…) 既還鬻於市, 價之十十萬萬金, 富甲東方."(萬宗齋本『于野談』제367화)

10) "朴繼金, 市井商賈之子也. (…중략…) 家業饒甚, 欲貿日本重貨長其利, 往見東平館客倭, 倭以夜光珠一枚衒之, 其大如稚卵, (…중략…) 其價費數百千金, 思所以百倍其直, 莫如赴燕京, 換彩緞. 行貨賂, 求充赴京員."(萬宗齋本『於于野談』제44화)

11) 만종재본 등 몇몇 이본에 수록되어 있는 成汝學의 序文이 1621년에 작성되었음을 고려하면 『어우야담』에 수록된 글의 창작 연대는 1621년 이전으로 조금 더 앞당겨진다.

12) 『어우야담』의 이본 상황과 그 차이에 대해서는 신익철 외 4인, 『어우야담 원문』, 돌베개, 2006의 해제 및 원문교감 참조.

부터 정착되어 향유되었을 가능성이 높다.

①은 郭之元과 洪純彦이 중국인들에게 덕행을 베풀어 유명해진 일화를 기술하면서 그 말미에 적은 글로, 오히려 이를 통해 당시 보통의 역관들이 연행을 통해 얻으려했던 것이 무엇이었는지가 더욱 분명하게 전달되고 있다. 유몽인은 자신의 사신 경험에 비추어 당대의 역관들이 나라를 위하거나 개인적인 功名을 위해서가 아니고, 오로지 "교역의 이익"을 위해서 중국을 분주히 들락거리고 있다고 증언하고 있다. 문면에 드러나는 강한 부정의 어조가 역관 집단을 싫어하는 유몽인의 주관적 태도가 반영된 것이 아닐까 하는 의심이 들게도 하지만, 『실록』에도 譯官을 '譯商'으로 부르며 그들의 개인적 상업행위를 지적하고 있는 것을 보면, 이 진술은 유몽인 혼자만의 판단이 아니라 당대 역관의 일반적 행태를 근거로 한 비교적 객관적인 판단이라고 하겠다.

또한, ②에 등장하는 火砲匠은 훈련도감에 속해 火砲와 화약을 제조하는 匠人일 터인데, 제시된 야담에서는 이들 역시 가난에서 벗어나기 위해 사행을 떠난 것으로 형상화되어 있다. 대체로 실제 사행에서나 야담 속 일화에서 사행 무역을 통해 재산을 축적하는 계층은 역관이거나 상인인데 火砲匠이 그 주역으로 등장하고 있음이 조금 특이한 경우라고 하겠다. 이는 뱃길로 떠나는 중국 사행에서 武將이 사행단의 수호자 역할을 하는 옛 설화의 변형일 수도 있고, 혹은 임진왜란과 정묘·병자호란 등으로 실제로 사행을 통해 화포 제조 기술과 염초를 수입했던 17세기 전반의 현실을 반영한 화소의 변화일 수도 있겠다.

실제로 임진왜란 이후, 전쟁에 사용되는 무기가 '활과 창'에서 '총과 砲'로 바뀌고, 전란 중에 채택한 三手兵制에 따라 砲手가 급증하면서 火器 제조 기술을 배우고 염초를 수입하는 것이 중국 사행의 큰 목적 중의 하나가 되었던 적이 있었다.13) 이 와중에서 사행단의 책임자를 따라 그 실무적 일을 수행하는 火砲匠이 사행단의 묵인 하에 염초를 밀수하거나 은밀히 습득한 화포 제조 기술을 국내에 사용해서 부를 축적하는 경우가 현실에 실제로 존재했던 것이다. 이러한 현실이 『어우야담』과 같은 이야기 속에서는 사실 그대로 진술되기보다는 당대의 해로사행에서 빈번히 일어났던 漂流 사건과 같은 긴장감을 유발하는 흥미적 요소와 결합한 致富談으로 각색되어 형상화되었을 가능성이 높다.

위 ②의 내용에 보이듯 화포장은 자신의 액운[水厄] 때문에 배가 표류하자 바닷속 섬에 혼자 남게 된다. 바닷속 섬 속에는 현실에서는 보기 어려운 집채만 한 큰 이무기가 천지를 뒤흔드는 굉음을 내며 섬과 바다를 오가며 살고 있었는데,14) 그 이무기는 결국 화포장이 설치한 칼날에 의해 뱃속이 갈리면서 진귀한 보석[珠璣·琅玕·夜光·火齊]들을 쏟아내며 죽음을 맞이한다.15) 그렇게 인간의 알 수 없는 운명 때문에 섬에 홀로 남게 된 화포장은 신화나 전설 속에서나 있을 법한 거대한 괴물 퇴치를 통해 얻은 보석들을 팔아서 연행 후 순식간에 부자가 된다. 요컨대 이 일화는 현실에서 일어난 화포장의 致富 행위를 환상과 신비로움이 가득 찬 민간 설화적인 구연방식16)으로

---

13) 『조선왕조실록』 1624년(인조 2) 4월 24일조 기사에 따르면, 사행시 중국에서 수만근의 염초를 수입하기로 결정할 정도였다("且焰硝貿得之便, 莫如中朝, 今於謝恩使之行, 亦令該曹, 付送數萬斤所貿之價, 使之貿來." 上曰: "依爲之."). 16세기말부터 17세기 중반까지의 염초 수입에 대한 개괄은 유승주, 「17세기 사무역에 관한 일고찰: 조·청·일간의 염초·유황무역을 중심으로」, 『홍대논총』 10호, 1978; 유승주·이철성, 『조선후기 중국과의 무역사』, 경인문화사, 2002, 70~91쪽; 허태구, 「17세기 朝鮮의 焰硝貿易과 火藥製造法 발달」, 서울대학교 석사논문, 2002 참조.

14) "每曉有聲自島中, 掀天震嶺而出于海. 又日晚, 有聲自海中, 揚波蘯壑, 而入于島. 深異之, 侯其時, 革山障林以俟之. 有一大蟒, 大於鴻梁巨桴, 長不知幾百尺."(萬宗齋本『於于野談』제367화)

15) "火砲匠, 新磨火劍, 列植于路中, 皆埋柄上刃. 翌晩, 其蟒果自海入于島, 從頷至尾, 皆爲劍鋩所裂, 珠璣·琅玕·夜光·火齊之屬, 迸瀉于地, 委積充蹊."(위의 글)

형상화함으로서 흥미적 요소를 한껏 끌어올리고 있다고 하겠다.

하지만, 현실 세계에서 화포장이 집채만 한 괴물 퇴치를 통해 부를 축적할 수는 없다. 따라서 이 당시의 실제 기록물을 통해 화포장과 관련된 기사를 좀 더 찾아볼 필요가 있다. 그런데 마침 1657(효종 8)년과 1666(현종 7)년에 사행단 전체가 관련된 염초 밀수 사건이 발각되어 청과 조선 간에 긴장이 조성된 적이 있었다.[17] 현실의 화포장은 화포 제조 능력은 물론 화약 제조 능력까지 겸비하고 있었던 까닭에, 사행무역에서 염초를 밀수입할 때면 그 실무자로 화포장이 따라가기도 하였다. 현실의 화포장은 아마도 바로 이런 기회를 잘 이용하여 부를 축적했을 가능성이 높다. 그럼에도 이런 사실들은 그 불법과 탈법의 성격상 사실 그대로 전달되기도 어렵고, 또한 흥미로운 이야기로서의 성격이 강한 야담의 속성에 비추어서도 곧이곧대로 기술되기도 어렵다. 그런 까닭에 이 이야기의 최초의 구연자 역시 자신이 경험했거나 전해 들은 화포장 일화를 사실대로 전하기보다는 오랫동안 전래되어 온 거타지 설화의 괴물퇴치담을 변용·각색해서 사람들의 관심을 집중시키고자 하였을 것이다.

여하튼 일화 속의 역관은 물론 장인들까지도 연행을 통해 큰 부를 축적하고 있었으니, "시정 장사치의 아들"인 朴繼金이 사행무역을 통한 치부를 생각하지 않을 리 없다. 박계금 일화(③)는 앞 장에서 도표로 제시한 대중국 무역 관련 일화 중 『雪橋漫錄』에 수록된 '嶺南寒士 일화'(도표의 10)와 함께 '중계무역'의 현실을 요약적으로 기술하고 있다. ③에 보이듯 박계금은 서울에 있는 일본 사신들의 숙소인 東平館

---

16) 실제로 '화포장 일화'는 신라시대부터 전래되어 왔던 '居陀知說話'(『三國遺事』 권2 「紀異」第二의 「眞聖女王」 '居陀知條')의 구조를 차용하고 있다.

17) 1657(효종 8)년과 1666(현종 7)년에 사행단 전체가 연루된 염초 밀수 사건에 대해서는 유승주·이철성, 앞의 책, 2002, 84~91쪽 참조.

에서 일본 사람에게 "꿩 알만한" 크기의 夜光珠를 수천금이나 주고 산다. 일화 속의 박계금은 원래 집안이 부유한 상인의 자제로서 더 많은 돈을 벌기 위해 우선 거금의 투자를 한 것이다. 일화 속 그가 수천 금을 아끼지 않은 이유는 물론 그 구슬을 가지고 "燕京에 가서" "비단으로 바꿔오면", 그 값을 백 배로 늘릴 수 있기 때문이다. 실제로 앞 장의 도표에서 2부터 7까지의 일화에서는 역관 등 연행에 참가했던 사람들이 보석·구슬류의 장식품(明珠·蛇角·靑石·定痛珠·明珠)을 우연히 습득하여 중국에 팔거나, 비단 옷감(彩緞·綵段·文緞·綵錦)을 국내로 사가지고 와 막대한 재산을 축적하고 있기도 하다. 그리고 이와 같은 야담 속 일화는 17세기까지 역관 주도로 진행되었던 한·중·일 중계무역 거래의 현장을 반영18)하고 있는 것으로도 보인다. 일화 속의 박계금 역시 이러한 현실에 편승하여 부를 축적하고자 했던 상인의 한 사람으로서 풍부한 자금력을 동원해 일본 특산의 교역품인 夜光珠을 사서 뇌물까지 써 가며 연행의 일원으로 참가해 북경에 갔던 것인데 안타깝게도 결국 실패하고 돌아온다. 일화 속에 형상화된 그는 풍부한 자금력은 있었지만 "夜光珠"가 진짜인지 가짜인지를 구별할 수 있는 감식안을 가지고 있지는 못했던 것이다.19)

　이렇듯 야담에 형상화된 인물 중에는 연행에 참여해 ②의 화포장처럼 알 수 없는 운명의 힘으로 큰 부를 축적하는 사람도 있고, ③의 박계금처럼 식견의 부족함으로 인해 무역에서 실패를 겪는 사람도 있다. 그러나 실패든 성공이든, 이제까지 살펴본 대중국무역 관련 야담 속에 형상화된 역관·장인·상인 등의 인물들은 대체로 연행에 참

---

18) 17세기 역관 주도의 대청무역과 대일 중계무역에 대해서는 유승주·이철성, 위의 책, 15~91쪽 참조.

19) "到遼東懷遠館, 開櫝而視之, 精光少爽, 至玉河館, 乘夜察之, 闇然無輝, 頑然為一團石. 示之燕市之人曰: ‘此夜光珠也.’ 市人皆大笑, 唾其面曰: ‘是燔作假珠.’ 日久而光晦, 不如燕石之類玉也, 畢竟空手而還."(萬宗齋本 『於于野談』 제44화)

여하여 한순간 큰 부를 축적할 수 있는 '행운'과 '기회'를 얻었다. 따라서 적어도 대중국무역 야담 속에 형상화된 一群의 조선 상인과 역관들에게 중국은 '행운'과 '기회'를 주는 땅이었다. 물론 야담이란 원래 흥미를 유발하기 위해 허구적인 내용으로 각색되는 경향이 많기에 야담 속 일화들을 모두 사실로 받아들일 수는 없다. 하지만, 실패담이든 성공담이든 야담 속의 중하층 인물들이 使行을 통해 공통적으로 한순간 가난을 청산하고 부를 이루는 소망을 꿈꾸고 있다면, 이는 곧 현실의 역관·상인 계층이 중국 사행을 부를 성취하는 하나의 계기이자 수단으로 인식하고 있음을 반영하고 있다고 하겠다. 야담 속에 형상화된 역관·상인층의 대중국 이미지에 대해서는 역관 李華宗 일화와 의주 상인의 일화를 다룬 다음 장에서 좀 더 상세히 살펴보도록 한다.

4. 행운과 기회의 땅으로서의 중국

조선 최초의 야담집인 『어우야담』에서 연행과 관련된 일화로서 가장 많은 이본을 산출하며 人口에 膾炙되었던 것은 홍순언(洪純彦, 1530~1598) 일화가 아닐까 한다. 하지만, 이 홍순언 일화에 대해서는 이미 여러 연구에서 상세히 다룬 바 있고,[20] 이 글의 관심은 '대중국

---

20) 洪純彦 일화의 異本間 변이 양상에 대해서는 정명기, 『한국야담문학연구』, 보고사, 1996, 제1부 III.1. '홍순언이야기'의 변이 양상과 의미(62~151쪽)에서 총괄적인 정리가 이루어졌다. 이후 김석회, 「서사전략의 측면에서 본 홍순언 일화의 변이 양상」, 『인하어문연구』 4, 인하대학교 국어국문학과 1999; 박일용, 「홍순언 고사를 통해 본 일화의 소설화 양상과 그 의미」, 『국문학연구』 5, 국어국문학회 2001 등의 후속연구가 있었고, 최근에는 김영숙, 「洪純彦이야기'의 樂府詩的 變容 양상과 의미」, 『한민족어문학』 제48집, 2006.6에 의해 홍순언 일화가 악부시의 전통 속에서도 향유되고 있음이 보고되었다.

무역'과 관련된 일화이므로 그와 관련된 일화 중 다수의 異本을 가지고 있는 李華宗 일화에 대해 살펴본다. 李華宗[21]은 역관으로 使行에 참가했다가 우연한 행운을 통해 큰 갑부가 된 사람으로 이 일화는 여러 기록을 통해 전해지고 있다. 먼저 『어우야담』에 전하는 李華宗 일화를 읽어 본다.

李華宗은 중국어를 잘하는 뛰어난 역관이었다. 일찍이 燕行을 가다가 盤山에 이르러 (…중략…) 팔뚝만한 큰 뼈를 拾得해서 물로 씻어 행랑에 간직했다. 北京에 도착해서 시장이 열리는 날에 좌판 앞에 그 뼈를 놓아두니 뭇 상인들이 모여들어 그것을 보았다. (…중략…) 마침내 십만금을 받고 파니 상인이 기뻐하며 갔다. (…중략…) 상인이 톱으로 그 뼈의 위아래 중간 마디를 취해 잘라내자 밤톨보다 큰 붉은 구슬 하나가 나오니 광채가 눈부셨다. (…중략…) 화종은 십만금을 얻어 갑부가 되었고, 자손들은 지금 巨族이 되었다.[22]

윗글은 『어우야담』에 전하는 이화종 일화를, 그 문맥을 고려하면서 골격만 발췌 번역해 제시한 것이다. 이야기의 구조를 더욱 간단히 요약하면 "李華宗(A)이 燕行을 가다가 盤山(B)에 이르러, 우연히 귀중품인 赤珠(=龍珠)(C)를 습득하여, 그것을 팔아 큰 부자가 되었다"는

---

21) 李華宗: 李和宗. 생졸년 미상. 본관은 慶州. 자는 泰之. 아버지는 觀象監參奉 李商行이다. 1498(연산군 4)년 식년시 역과에 합격하였고, 관직은 通事로서 嘉善大夫(2품)에까지 이르렀다. 『조선왕조실록』에는 1508(중종 3)년부터 '秦聞使通事'로서 그가 등장하고, 1545(인종 1)년 5월경에는 그를 嘉善大夫로 加資하는 것에 논란이 일고 있다. 인종의 대답 중에 이화종을 '年老久仕之人'으로 표현하고 있는 것으로 보아 이 당시까지도 역관 중의 원로로서 국왕의 존중을 받으며 생존해 있었음이 확인된다.

22) "李華宗, 善華語, 譯官之魁楚也. 嘗赴燕, 至盤山, (…중략…) 得一大骨如臂者, 洗而藏之橐中. 至北京, 於開市日, 置其骨於座前, 衆商咸聚而觀之, (…중략…) 卒以十萬酬之, 商人歡喜而去. (…중략…) 商人遂以鉅斷其骨上下取中節劈之, 得一赤珠, 大於栗, 光彩炯煌, (…중략…) 華宗得十萬金爲甲富, 子孫今為巨族."(萬宗齋本 『於于野談』 제365화)

것이다. 만종재본의 이화종 일화 다음에는 '申石山'(A)이란 서울 천민이 燕行을 가다가 '遼東'(B)에 이르렀을 때, 광채 나는 '蛇角'(C)을 우연히 발견해서, 그것을 팔아 '京城甲富'가 되었다는 일화가 수록되어 있다. 그러니까 이화종 일화와 신서산 일화는 '인물'(A)·'공간'(B)·'물품'(C)만 살짝 바뀌고, 세부적인 표현이 조금 달라진 동일본 내의 異本인 셈이다.

또한 이화종 일화는 任堕(1640~1724)의 『天倪錄』에 수록되어 있는 「遼澤裡得萬金寶」(도표의 6)라는 이본을 낳기도 하였다. 「遼澤裡得萬金寶」는 '이화종'이라는 특정 인물이 '一象官'으로 익명화되고 서사의 편폭이 더욱 길어졌지만, 구조적으로는 동일성을 띠고 있어서 이본 관계임을 금방 알 수 있다. 두 일화에서 '이화종'과 '어떤 역관'(A)은 모두 육로 사행 경로의 하나였던 '盤山'(B)을 지나다가 '龍珠'와 '定痛珠'라는 귀중품(C)을 습득해 그것을 어느 상인(D)에게 팔아 큰 부를 획득한다는 점에서 '서사 구조'와 '사건 전개'상 사실상 큰 차이가 없다.

『어우야담』의 '이화종 일화'와 비교할 때 「遼澤裡得萬金寶」의 가장 두드러진 특징은 서사적 표현이 더욱 세밀하고 구체화되면서 장편화되고 있는 점이다. 이 글의 주제와 관련하여 두 야담에 형상화된 '매매현장' 부분만을 살펴보면, 『어우야담』에서는 83자로 간략히 처리되었던 것이 「遼澤裡得萬金寶」에서는 332자로 무려 4배나 확대되어 기술되고 있음을 알 수 있다.[23] 그리고 그렇게 편폭이 확대된 서술

---

23) "至北京, 於開市日, 置其骨於座前, 衆商咸聚而觀之,(ⓐ) 一老商(ⓑ)曰: "此價幾何?"華宗曰: "價三萬"商人怒曰: "勿戲, 試直言之."華宗曰: "五萬."商人猶冷笑. 華宗始覺其極貴, 陽曰: "豈有價? 試傾城而來."(ⓒ) 卒以十萬酬之, 商人歡喜而去.(『於于野談』, 83자) → "既到燕京, 乃訪寶貝之肆, 試欲賣之, 適値外國賣寶之商, 一時傯集, 珊瑚·瑪瑙·琉璃·珠玉, 奇珍異寶, 雲委山積, 不知其數. 肆中規制, 以貨寶多少, 為座次高下, 象官不少問議, 即自上座于第一椅, 諸商以次皆坐, 先使象官, 出其寶貨, 即以囊中之珠, 出置于前,(A) 其中南蠻國一商人, 見之大驚(B)曰: "既有此寶, 坐于首席, 理固當矣. 奇乎奇乎!"諸商競相把玩, 仍問: "珠價幾何?"象官曰: "此乃無價之寶, 吾不欲言, 君輩試定價言之."南蠻商與同伴諸商, 出外相議, 還言曰: "白金二千兩, 可乎?"

속에는 '外國賣寶商'들이 모이는 국제시장으로의 북경의 달라진 모습과 판매되는 상품의 다채로움이 그려져 있다(각주 23의 ⓐ→Ⓐ). 또한 국제시장의 분위기에 걸맞는 '南蠻國 상인'의 교역 및 이전보다 훨씬 더 박진감 넘치는 흥정과정이 형상화되어 있다(ⓑ→Ⓑ). 그리고 말미에는 이화종 일화에는 없었던 '매매문서 작성'까지(ⓒ→Ⓒ) 빠짐없이 기술되고 있어 교역 현장이 눈에 보일 듯 더욱 생생하게 묘사되고 있다. 이는 대략 백여 년이 지난 상황에서 사행 무역의 '교역 범위'가 더욱 넓어지고 '교역 상품'은 더욱 다채로워졌으며, '거래 행위'는 더욱 신중해진 상황을 반영하고 있다고 하겠다.

여하튼 교역과 매매의 주체가 '역관 李華宗'이나 '漢京賤人 申石山'이나 이름 없는 '어떤 역관'으로 시기마다 바뀐다 하더라도, 이 일화 속에 전하는 중서층 인물들은 한결같이 연행을 통해 중국을 다녀오면서 의도치 않은 '행운을 얻어' '큰 부를 획득했다'는 점에서는 공통점을 띤다고 하겠다. 물론 세 사람에게 찾아온 행운을, 원래 異本間에는 동질적 구조를 띠고 있는 야담 장르의 한 속성에서 비롯된 것이라고 설명할 수도 있을 것이다. 하지만, 만약 현실에서의 중국 방문이 '박계금'처럼 실패만을 반복했다면, 바로 그런 실패담들이 사람들의 공감을 불러일으키며 더욱 확대되거나 양산되었을 것이다. 그런데 앞서 제시한 '대중국무역 관련' 도표를 통해 자료를 확인해 보면, 실패담은 2편에 불과하고 나머지 8편은 다 성공담이다.24) 이는 '중국'을 다녀오거나, 중국물품의 중계무역으로 행운을 얻은 사람들의 이

象官冷笑曰: "何大少也? 不可不可." 復出議, 還言: "三千兩可乎?" 又答以不可, 漸此加數, 至四千五千六千之後, 蠻商乃言曰: "買此珠者, 是吾一人, 而價難獨辦, 多貸諸商之貨, 白金四千則具備, 而其餘二千, 則以賣貝定價充數, 力已竭矣. 君若不許, 則買賣將不成, 奈何?"(ⓒ) 象官沈思良久, 乃示屈意強從之意, 蠻商大喜, 即出白金四千兩, 雜寶定價二千兩, 仍成賣買文字, 各把一張, 復設酒饌, 會飮燕樂."(『天倪錄』, 332자)

24) 도표의 1·5번이 실패담이고, 나머지 8편은 모두 성공담이다.

야기가 사람들의 공감과 지지를 얻으며 더욱 많이 향유되었음을 보여준다.

이제 중국과의 교역에서 실패한 서울 상인 박계금과 달리 서울 출신이긴 하지만 오랫동안 關西 지역에서 북경을 오가며 장사를 해왔던 한 의주 상인의 성공담을 살펴보도록 한다.

(가) 은화 육칠만냥을 빌려 인삼과 담비가죽을 모조리 사고, 남는 돈으로는 건장한 말을 여럿 사서 짐을 모두 싣고 다시 북경에 갔다. 그 主人은 예전의 큰 상인으로 남을 잘 도왔다. 상인이 이렇게 설득했다. "만약 이 물건을 가지고 남경에 간다면 마땅히 백배의 이익을 올릴 것입니다. 남자가 일을 도모하매 성공하면 천당에 갈 것이요, 실패하면 지옥에 떨어질 뿐입니다. 당신과 나는 마음이 통하니 나를 따라 줄 수 있겠소?" 주인이 그렇다고 여겨 흔쾌히 허락했다. 이에 주인과 함께 튼튼한 배 한 척을 세내어 물건을 싣고 通州에서 배를 출발해 순풍을 만나 열흘도 되지 못해 楊子江에 도달했다.[25]

(나) 남경에 들어가니 십리에 걸쳐 높다란 樓臺에 주렴과 장막이 가려져 있었으니 모두 물건을 파는 가게였다. 보배로운 물건들이 산처럼 쌓여 있는데, 중국 사람[唐人]이 상인을 인도하여 어떤 藥鋪로 들어가 상세히 설명하고, "이 분은 조선 사람인데, 귀중한 물건을 가져왔으니 은밀히 거래하고 누설하지 마십시오."라고 했다. 약포 주인은 크게 기뻐하며 동업

---

25) "得債銀又六七萬兩, 盡買人蔘·貂皮, 仍以其餘, 多買健馬, 盡載之, 復赴北京. 其(主人)舊日大商, 而好義者也, 賈說之曰: '若以此貨, 徃南京, 則當獲百倍之利矣. 男兒作事, 成則昇天, 敗則入地耳. 爾我知心, 能從我乎?' 主人然之, 快許. 遂與主人, 雇一牢固船載貨, 自通州發船, 得順風, 未滿十日, 達楊子江."(장서각 소장 『野乘』본 『鶴山閑言』 제59화) ※원문에 괄호로 표시한 "主人"은 『鶴山閑言』에는 없지만, 이 글의 이본 중의 하나인 「徃南京鄭商行貨」(버클리대본 『靑邱野談』 卷9)에 근거하여 추가한 것이다. 또한, 원문의 "好義者"는 '공익적인 일에 열의가 있고 남을 도와주기를 좋아하는 사람(热心公益, 爱帮助人)'을 가리킨다.

자인 부자들을 불러올 테니 약속된 시간에 물건을 교역하자고 하였다. 상인이 돌아가 인삼과 담비가죽을 가져와서 점포에 늘어놓으니 하나하나가 다 精潔하고도 새로웠다. 남경의 藥舖에서는 본래 우리나라 인삼을 귀중하게 여겼다. 약포 주인이 값을 치르니 조선의 수십 배여서 상인은 큰 돈을 벌었다.26)

윗글 (가), (나)는 辛敦復(1692~1779)의 『鶴山閑言』에 실린 한 상인의 일화 중에서,27) 중국과의 교역과 매매와 관련된 부분만을 골라 제시한 것이다. 윗글 (가)에서 조선 상인은 "은화 육칠만냥"을 밑천으로 해서 "인삼과 담비가죽"을 사서 "다시 북경으로" 갔던바, 윗글에 제시하지는 않았지만, 이 앞에는 북경에 오기 전 그의 이력이 비교적 상세하게 소개되어 있다.

그는 원래 "광해군 때, 서울에 있었던 대상인"으로 북경을 오가며 장사를 하는 사람이었는데, 성격이 호방하고 낭비가 심해서 평안도 감영에 칠만 냥을 빚지고, 그 빚을 갚지 못해 감옥에 드나드는 사람이었다.28) 그럼에도 호기로운 성격의 그는 쉽사리 절망에 빠지지 않아서, 자신을 감옥에 가둔 관찰사를 오히려 설득해 최종적으로 원래 갚지 못한 이만 냥에 다시 이만 냥을 더 꾸어서 사만 냥을 빚진 채로 일단 감옥에서 풀려날 수 있었다.29) 그런데 이미 중국과의 교역에

---

26) "入南京城中, 十里楼臺簾幕掩映, 皆是貨肆, 宝貨山積, 唐人引賈, 就一藥舖細陳, '此朝鮮人, 挾重貨, 可潜市勿泄.' 舖翁大喜, 邀来同契富翁, 約期交貨. 賈歸取蔘貂, 羅列舖上, 一一精新. 南京藥舖, 素重羅蔘. 舖翁輸價, 比本國, 可十數倍, 賈大獲財."(장서각 소장 『野乘』본 『鶴山閑言』 제59화)

27) 이 글은 19세기의 대표적 야담집인 『青邱野談』과 『東野彙輯』에도 수록되어 있다.

28) "光海時, 漢師有一大賈, 常行廝著於北京, 而豪縱浪費, 負西關巡營銀七萬兩, 自營或囚或釋." (장서각 소장 『野乘』본 『鶴山閑言』 제59화)

29) "艱辛營辦, 蓳償五萬兩, 而尙餘二萬兩, 其時按使牢囚督捧, 而家計蕩盡, 更難用力, 賈從獄中上言: '身旣囚繫, 徒死而已, 公私无益. 請更貸二萬銀, 二年内, 當盡償四萬, 无絲毫欺負.' 按使壯其志奇其言, 給銀如數."(장서각 소장 『野乘』본 『鶴山閑言』 제59화)

경험이 있는 그로서는 손에 쥔 이만 냥만으로는 큰돈을 벌 수 없다고 판단했던 것으로 보인다. 그는 곧바로 북경으로 가지 않고, 먼저 義州로부터 시작해 연해의 여러 읍들의 부유한 집들을 방문하며 인근에 집을 산 후, 연회를 베풀며 맛있는 술과 음식을 대접해 사람들의 환심을 산다.[30] 그리고 여러 부자들에게 "많게는 백금, 적게는 십금" 정도의 적은 돈을 빌려 반드시 기일을 엄수하여 되갚는 방식으로 관서 지방에서 사채놀이를 하는 부자들에게 큰 신뢰를 얻어 마침내 은화 6·7만 냥 가량의 거금을 마련했던 것이다.[31]

그리고 그렇게 마련한 돈으로 그는 당시 중국에서 인기가 높았던 조선의 물품인 "인삼과 담비가죽(人蔘·貂皮)"을 샀던 것이고, 다시 윗글 (가)를 보면, 전에부터 알고 있던 북경의 대상인과 결합해 남경행을 도모했던 것이다. 남경행이란 조선 상인의 말처럼 "성공하면 승천하고, 실패하면 땅속에 들어갈(成則昇天, 敗則入地)"만큼, 그 결과에 따라 천당과 지옥을 오고 갈 큰 모험이었지만, 북경에서 인삼·초피를 판매하는 것보다 "백배의 이익"을 남겨주는 장사였기에 그는 쉽사리 포기할 수 없었던 것이다. 그리고 바로 이런 원대한 계획이 있었기에 그는 평안감영의 옥에 갇혀서도 자기를 가둔 관찰사에게 오히려 이만 냥을 빌리는 대담함을 발휘했던 것이고, 또한 근 1년에 걸쳐 관서 지역 사채업자들의 신뢰를 쌓아 거금의 자본을 마련하는 치밀함을 보였던 것이다. 그리고 다시 북경에 와서는 그 위험을 최소화하기 위해 중국 사정을 잘 아는 현지인 동업자와 결합했고, 이제 북경에서 대행업을 하는 그 主人[32]의 도움을 받아 남북 경제 교류의 물길이었

---

30) "賈卽徃沿海諸邑, 自義州始, 而訪問冨室, 就其陰近而買屋焉. 華衣肥馬, 徃来留住, 盡結其冨人, 具美饌旨醴, 共與飲食, 冨人莫不頃心愛重."(장서각 소장 『野乘』본 『鶴山閑言』 제59화)

31) "因以辨辞誘說, 貸出銀錢, 多者百金, 少者數十金, 刻期約還, 及至期卽償, 無或遲滯. 凡西関銀錢子母家百数, 而賈循環貸償者, 幾一年而无一欺瞞, 諸冨人, 益大信, 仍大得債銀又六七萬兩."(장서각 소장 『野乘』본 『鶴山閑言』 제59화)

던 京杭大運河를 따라 남경길에 오른다. (가)의 말미에 보이듯, 그는 "튼튼한 배 한척을 세내어" 대운하의 북쪽 출밤점인 "通州에서 배를 출발해" 채 열흘도 안 걸려 남경으로 우회하는 진입로인 "楊子江에 도달"했던 것이다.

그리고 그곳에 와서도 그는 남경에 들어가기 전, 예의 그 과감함과 치밀함을 발휘해 (나)의 본문에서 '중국 사람(唐人)'으로 지칭되는 남경의 현지인을 포섭해 성공적인 거래를 위한 발판을 마련한다. 그는 양자강에 이르러 그 배의 규모로 보아 현지인일 수밖에 없는 '작은 배'에 탄 사람을 뒤쫓아 붙잡아 온 후, 남경으로 가는 "물길의 경로"와 그 지역의 "상품 가격" 및 "인심의 순박함 정도"는 물론, "國禁을 어길시 처벌의 강도"와 "도적들이 있는지 없는지"까지 현지 상황에 대한 철저한 정보를 얻는다. 또한 그 정보를 제공한 현지인을 설득해 자신들의 일을 도울 동업자로 만들기까지 한다.33) 이렇게 모든 준비를 갖춘 후 그는 양자강을 출발해 그 중국 사람의 집이 있는 강변에 배를 정박한 후, 자신들도 중국인 복장으로 변장한 후 남경에 진입한 것이다.34)

남경에 들어가서 성공적인 거래를 한 상황은 인용문 (나)를 보면 금방 알 수 있어, 상세한 설명이 필요치 않다. 그는 요즘식으로 말하면 높은 빌딩과 화려한 장식의 가게에서 온갖 물건을 파는 南京 商街에 들러 동업을 약속한 그 '중국 사람'을 따라 남경의 한 한약방에

---

32) 본문의 主人은 곧 客主로, 이들은 주로 위탁판매·거래 알선·금융업 등을 겸업하던 사람을 가리킨다.

33) "遇一唐人, 棹小船, 掠舟, 而賈即與格軍健者數人, 乘耳船追之, 入小船中, 縛其人, 載還鮮之, 備問水之程所從入, 及市貨貴賤, 人心真偽, 國禁輕重, 冠賊有無, 旣詳悉, 又厚給其人物產, 以結其心, 其人大感謝. 賈又許以事成後, 當重報, 其人指天為誓, 願為之死."(장서각 소장 『野乘』본 『鶴山閑言』 제59화)

34) "遂自楊子江, 乘潮而入, 直至石頭城下, 唐人家在江邊, 遂泊岸下. 翌日, 賈率船夫之有心計者數人, 皆以唐製衣服, 隨唐人, 入南京城中."(장서각 소장 『野乘』본 『鶴山閑言』 제59화)

들어가, 자신이 가져온 "인삼과 담비가죽"을 높은 값에 팔 수 있었던 것이다. 그 중에서도 특히 "남경의 藥舖"에서 귀중하게 여기는 조선 인삼[羅蔘]은 국내에서 파는 가격의 "수십배"를 남기고 팔 수 있어서 막대한 돈을 벌 수 있었던 것이다. 그리고 그렇게 성공적인 거래를 마치고 그는 자신을 도왔던 "남경의 현지인"과 "북경의 객주"는 물론 함께 배를 타고 남경에 갔던 "십여 명의 뱃사공"들까지 빠뜨리지 않고 적절히 이익을 배분한 후 금의환향할 수 있었다.[35] 또한 불과 몇 개월 만에 평안 감영에 빚진 사만 냥을 갚았음은 물론, 연해의 부자들에게 빌린 돈을 이자까지 남김없이 계산해 준 후에도, 그 남은 것만으로도 巨萬의 재산을 모았다[36]고 일화는 전하고 있다.

마지막으로 이 상인의 일화에서 한 가지 짚고 넘어가야 할 사실은 (나)에서 거래를 주선하고 있는 중국 사람이 말하고 있듯, 남경의 약방에서 일어나고 있는 이 거래가 실은 "남에게 누설하지 말아야 할 은밀한 거래", 곧 "潛市"라는 것이다. "潛市"라는 용어는 실록에서도 간간히 보이는바, 특히 중국과 국경지대에 있는 의주 지역 사람들의 불법적인 '암거래'는 이미 조선 전기부터 문제가 되어 왔다. 15세기 말 조선 성종대 논란거리가 되었던 것은 의주인들이 요동에 넘어가 조선의 말 2필을 요동의 말 1필로 바꾸어 오는 문제였다.[37] 18세기의 문인 신돈복이 『학산한언』에서 전하는 일화는 이제 국경을 넘어 운하길을 따라 남경까지 내려가 대규모의 인삼 밀무역을 하는 것이니 이 일화를 통해 이백여 년이 지나는 동안 북쪽 변방의 밀무역의 규모

---

35) "厚給唐人, 歸至北京, 以數千金與主人, 又分給十餘棹夫各千金, 遂還本國."(장서각 소장 『野乘』본 『鶴山閑言』 제59화)

36) "不過数月之間, 償納巡營銀四萬兩, 又償沿海冨家, 兼利息无所遺, 自享餘財, 累巨萬."(장서각 소장 『野乘』본 『鶴山閑言』 제59화)

37) "義州人往遼東, 用雌馬等物貨, 乘夜潛市, 至爲泛濫, 摘發節目, 詳議以啓. (…중략…) 盧思愼 議: '義州人, 以雌馬二匹換遼東雄馬一匹.'"(『조선왕조실록』 1493年 成宗 24 閏5月 17日자 기사)

가 상당히 확대되었음을 우회적으로 확인할 수 있을 듯하다.

하지만 고요한 농경 사회로만 인식되고 있는 조선에서 광해군대를 배경으로 하고 있는 이 의주상인의 밀무역 일화는 스케일이 너무 크고 과감하면서도 치밀한 계획 속에 이루어지고 있는 까닭에 과연 당대의 현실을 얼마만큼 반영하고 있는지 속단하기 어렵다. 그렇긴 하지만 이미 조선에서는 일화 속 의주 상인보다 훨씬 먼저 절강성 해안에 漂着해 운하길을 따라 북경을 거쳐 조선에 돌아온 崔溥(1454~1504)라는 한 사대부가 있었고, 그의 표류 기행을 담은 『漂海錄』이 18세기 전반까지 官版과 私版을 포함해 무려 다섯 번이나 발간되기도 하였다. 따라서 이러한 사실에 비추어 보면,38) 중국 강남지역의 번화함과 운하길에 대해서 조선인들 중 다수가 이미 풍문으로라도 들었을 가능성은 대단히 높다. 또한 16세기 말부터 의주 지역에 中江 開市와 後市가 열리고, 그와 인접한 九連城과 鳳凰城門사이의 柵門에서도 後市가 열려 의주·개성 상인들의 대중국 교역이 갈수록 활발해져 갔음을 상기하면39) 일화 속 조선 상인의 진취적이고 과감한 기상은 당시

---

38) 최부의 『표해록』은 현재 중종대(1534~1544) 동활자본과 1569(선조 2)년·1573(선조 6)· 1677(숙종 3)년·1725(영조 1)년에 간행된 목판본, 그리고 1896(고종 33)년에 간행된 목활자본 등 6종의 판본이 전한다. 그러니까 일화의 배경이 되고 있는 광해군 이전에 3번 간행되었고, 『학산한언』의 저자 신돈복 생전에 이미 5번이나 간행된 것이다. 각 판본에 대한 자세한 사항은 박원호, 『최부 표해록 연구』, 고려대학교출판부, 2006의 '2부 3장. 최부 표해록 판본고'(67~87쪽) 참조.

39) '중강 개시'는 의주의 중강(中江: 馬子臺)에서 열리던 조선과 明·淸과의 무역으로, 처음에는 임진왜란 중의 기근 때문에 식량이 부족하여 요동 지역의 미곡 수입을 위해 1593년(선조 26) 개설되었다가 1601년에 폐지되었다. 1646년(인조 24)에 청나라의 요청으로 다시 열려서 해마다 두 차례 엄중한 감시 아래 열렸는데, 점차 禁令이 해이해져서 자유무역처럼 되었다. 이후 50여 년 동안 '중강후시'의 이름으로 큰 성황을 이루었지만, 1700(숙종 26)년 다시 폐지되었다. '책문 후시'는 1660(현종 1)년부터 청의 時憲曆을 받아오는 사행(皇曆賚咨行)이 더해지면서 조선과 청나라 사신의 왕래가 빈번해지자, 사신단이 책문을 통과하는 과정에서 불법적으로 있었던 의주 및 개성상인과 요동 차호(車戶) 간의 사무역을 가리킨다. 조선에서는 처음에 이를 단속했지만 1707년(숙종33) 책문후시를 공인해서(『通文館志』 권3 開市條) 의주부의 재정·경비로 충당하기도 하였다. 이후 몇 차례의 번복과정을 거치며

關西·西路 지역 상인들의 분위기를 반영하고 있다고 하겠다. 마지막으로 인삼 무역에 대해서는 17세기의 몇몇 공식 자료에 중국인들이 우리나라 인삼을 귀하게 여겨 권력자들이 參商과 결탁해서 이익을 분배한다는 내용과[40] 중국인들 중에서도 바로 강남의 상인들이 인삼 무역의 주고객층이었음을 알게 해 주는 기록[41]이 있어 신돈복이 전하고 있는 일화가 그저 꾸며낸 허황된 이야기라기보다는 당대의 현실에서 일어날 수도 있는 현실을 반영한 허구임을 알 수 있다.

5. 의주 상인의 정신을 되새기며

지금까지 18세기 이전 야담집에 형상화된 대중국 무역의 모습을 살펴보면서, 야담 작품에 형상화된 중하층 인물들의 중국관을 엿볼 수 있었다. 앞서 살펴보았듯 사대부 지식인들에게 중국은 명청의 교체 시기와 맞물려 다른 위상을 가지게 되는데, 명나라가 존립하고 있을 동안의 중국은 '문물과 의관', '예악과 법도'를 배워 와야 할 문명의 중심이었지만, 청나라가 들어선 후에는 단지 정탐해야 할 적국에 불과했고 하루 속히 중원에서 쫓겨 나가야 할 야만국에 불과했다. 하지만, 야담 속 일화를 통해 보았을 때, 대중국 무역의 두 주체인 '역관'과 '상인' 및 연행사 대열의 일원으로 어렵사리 참가한 武士·奴

개항기까지 지속되었다.

40) "我國之以參爲獻, 不過土地之所生, 而中國之以參爲貴, 如長生之草. 以遠方之物, 爲恒用之茶, 公卿士庶, 莫不皆然, 轉相販賣, 其利百倍. 利源一啓, 參價愈騰, 我國姦細之徒, 私市其直, 諸宮權貴之家, 倣而行之, 招納參商, 互相分利, 邀結譯官, 坐販中原, 中國之銀 我國之參, 其利正等."(『조선왕조실록』 1607년 宣祖 40年 4月 19日자 기사)

41) "人蔘, 雖曰我國所産, 商賈輩, 轉輸於北京·東萊, 故自爾稀貴, 間間間藥用之蔘, 亦且絶乏. (…중략…) 北京則有時南方貿蔘之商不至, 則我國商譯, 多持人蔘者, 狼狽失利, 以致私相留託, 而俾待後使."(『승정원일기』 1682년, 숙종 8년 4월 13일자 기사)

子들에게 중국은 明·淸을 가릴 것 없이 다만 '一行千金'을 가져다주는 '행운'과 '기회'의 땅으로 인식되었다.

물론 야담의 허구성을 감안할 때 일화 속 이야기들을 모두 사실 그대로 믿을 수는 없다. 그렇긴 하지만, 대중국 무역을 제제로 한 일화 중에서 성공담이 압도적으로 많고, 또한 성공담의 異本들이 양산되며 내용적으로도 더욱 풍성해지는 것을 보면, 16세기에서 18세기까지 시간이 흘러 갈수록 대중국무역이 더욱 성장·확대되고 그에 따라 거기에 참가했던 교역의 담당자 및 실무자들에게 더 많은 이익을 가져다주었을 것이라는 경향적 추론은 얼마간 가능하지 않을까 한다. 또한 『학산한언』에 등장하는 의주상인의 과감하면서도 진취적인 기상과 치밀한 준비를 통한 남경에서의 인삼 밀무역 성공과정을 볼 때, 대중국 교역의 범위 역시 규제된 법의 범위를 벗어나 갈수록 확장되고, 그에 따라 상인들의 경제적 힘도 더욱 성장해 갔을 것으로 보인다.

현재의 우리에게, 그리고 당대 조선인들에게 중국이란 무엇인가? 이 물음에 하나의 고정된 대답은 없다. 명청의 교체를 받아들이지 못하는 사대부 지식인들에게 청나라 이후의 중국은 그저 부정되어야 할 하나의 야만적 무력 국가일 수도 있고, 교역과정에서 뜻하지 않은 부를 축적한 역관 이화종과 같은 인물들에게 중국은 행운을 가져다 준 나라일 수도 있으며, 상품의 진가를 가릴 능력도 없이 국제무역에 뛰어든 『어우야담』 속 박계금에게는 실패를 통해 현실의 엄혹함을 일깨워준 나라일 수도 있다. 하지만 분명한 것은 변화된 상황을 받아들이지 못하는 사람과 나라들은 국제 관계에서 도태될 것이고, 아무런 준비도 없는 무역에서 행운은 자주 찾아오지 않으며, 오히려 뜻하지 않는 더 큰 실패를 가져다 줄 것이다.

최근 몇 년간 이룩해낸 중국의 성장은 놀랍다. 정치·경제적으로 이웃나라 중국은 이제 미국과 함께 또 하나의 세계의 중심국으로 성장하고 있는 듯 보인다. 하지만 그것을 두려워 할 이유는 없다. 중국과의 교류에 있어서 우리는 이미 유구한 역사적 전통을 가지고 있다. 이 글은 그 전통 중에 의주 상인의 일화를 깊이 새겨 넣고자 한다. 의주 상인이 보여준 과감한 도전과 그 과감한 도전을 반드시 성공시키기 위한 치밀한 준비와 그리고 성취한 결과를 동고동락한 이들과 공평히 나누었던 정신을 배운다면, 이웃나라 중국의 성장이야 말로 곧 우리 자신이 동반 성장할 더 큰 기회를 제공할 것이다.

일러두기

1. 『李朝漢文短篇集』에 수록된 것은 대체로 이미 통행되는 제목이므로 그 제목을 따르고, 새로 추가한 작품 중 이름이 있는 경우는 그 이름을 쓰고, 없는 경우는 작품의 첫 번째 몇 구절을 작품명으로 대신함.

2. 출전 중 異本 사항은 생략함.

3. '상인'이 주동·보조 인물로 출현하거나, '매매 및 거래 행위'가 있는 경우, 상업·상인과 직접적으로 관계가 없더라도 致富와 관계된 것이라면 광범위하게 수집함.

<표 2> 조선 후기 산문 속 상인 및 致富 관련 작품

작자 및 편자	생몰연대	작 품 명	작품 편수	출전
金貴榮	1520~1594	論尹元衡罪惡劄	1	東園先生文集
洪聖民	1536~1594	賣魚翁問答敍·貿鹽販粟說	2	拙翁集
柳夢寅	1559~1623	朴繼金市井商賈之子也·南原有梁生者·李之菡哀流民敝衣乞食·尹鉉長於理財·長者高蜚者忠州人也·俗談有兀孔金八字·李華宗善華語·申石山者漢京賤人也·古者通中國以水路·閔山者吾外家庶孼也·牙山之縣有鶴樓·郭之元洪純彦·湖南有豪士某氏子者·男女之間大慾存焉·譯官申應澍·朴禮壽者仁壽之弟也	16	於于野談
任埅	1640~1724	土亭漁村免海溢·潦澤裡得萬金寶·海島中拾二斛珠	3	天倪錄
金淵	1655 ~ ?	三姉妹	1	破睡錄
辛敦復	1692~1779	南京行貨·全州政丞	2	鶴山閑言
任邁	1711~1779	奇奴	1	雜記古談
盧明欽	1713~1775	廣作·順興萬石君·鹽·水原李同知	4	東稗洛誦
安錫儆	1718~1774	大豆·江景·舟販·北京丐者·嶺南寒士·邊士行	6	雪橋漫錄
蔡濟恭	1720~1799	萬德傳	1	樊巖集
李奎象	1727~1799	金富者傳	1	一蒙稿
朴趾源	1737~1805	許生傳·『玉匣夜話』	1	燕巖集
禹夏永	1741~1812	宋有元	1	千一錄

兪晚柱	1755~1788	士而有徹貧者恒不食	1	欽英
李鈺	1760~1815	市奸記	1	桃花流水館小藁
趙秀三	1762~1849	鬻書曺生·賣瓜翁·鹽居士·吾柴·空空·磨鏡躄者·達文·傳奇叟·弄猴丐子·秸琴叟·勸酬酢·乾坤囊·孫聲師·金五興·彭紛羅·姜擾施·萬德	16	秋齋紀異
丁若鏞	1762~1836	曺神仙傳	1	與猶堂全書
金鑢	1766~1822	賈秀才傳	1	藫庭遺藁
張漢宗	1768~1815	長橋之會·廣通橋邊	2	禦睡新話
趙熙龍	1789~1866	曺神仙傳	1	壺山外記
劉在建	1793~1880	鬻書曺生	1	里鄕見聞錄 (1862)
沈大允	1806~1872	治木槃記	1	沈大允全集
李源命	1807~1887	歸鄕·廣作·順興萬石君·婢夫·烟草·開城商人·許生別傳·呂生·南京行貨·幻戱·朴砲匠·金大甲·太學歸路·償恩·銅峴藥局	15	東野彙輯 (1869)
裵〈文+典〉	1845~?	巨餘客店·三難·嚇美酣僧·陰德	4	此山筆談
李建昌	1852~1898	兪叟墓誌銘	1	明美堂集
미상	1833~1869	金大甲	1	紀聞叢話
미상	1840년경	廣作·夫婦各房·經營型富農·婢夫·甘草·烟草·開城商人·讀易·許生別傳·南京行貨·朴砲匠·大人島·自願裨將·金大甲·安東都員·宣惠廳胥吏妻·銀甕·貸用手票·講談師·避雨·太學歸路·芳盟·償恩·匏器·銅峴藥局·全州政丞·非情	27	靑邱野談
미상	1864년 필사	經營型富農·甘草·許生別傳·大人島·金大甲·宣惠廳胥吏妻·講談師·避雨·銅峴藥局	9	海東野書
미상	1880년 이후	歸鄕·廣作·金大甲·非情	4	溪西野談
미상	1884~1892	背信	1	鷄鴨漫錄
미상	19세기 추정	許生別傳·自願裨將	2	奇聞
미상	19세기 이후	廣作	1	選諺篇
미상	19세기 후반	地獄巡禮	1	攬睡裸史
미상	20세기 초	歸鄕·許生別傳	2	靑野談藪
미상	미상	南門內酒店	1	醒睡稗說
미상	미상	澤瀉	1	記聞拾遺
미상	미상	讀易·太學歸路·東園揷話·匏器·銅峴藥局	5	破睡篇
총 편수			140	

1. 원전 자료

金貴榮(1520~1594) 『東園集』, 한국문집총간 37.

洪聖民(1536~1594), 『拙翁集』, 한국문집총간 46.

柳夢寅(1559~1623), 『於于野譚』 만종재본.

任 堕(1640~1724), 『天倪錄』.

金 淵(1655~?), 『破睡錄』.[42]

辛敦復(1692~1779), 『鶴山閑言』.

任邁(1711~1779), 『雜記古談』.

盧明欽(1713~1775), 『東稗洛誦』.

安錫儆(1718~1774), 『雪橋集』(전3책), 동양문고 소장본, 아세아문화사, 1985.

沈 鋅(1722~1784), 『松泉筆譚』, 民昌文化社 영인본, 1994.

李奎象(1727~1799), 『并世才彦錄』·『一夢先生文集』, 景仁文化社 영인본, 1993.

成大中(1732~1812), 『靑城集』, 한국문집총간 248.

朴趾源(1737~1805), 『燕巖集』, 한국문집총간 252.

俞晩柱(1755~1788), 『欽英』, 규장각 영인본, 1997.

李 鈺(1760~1815), 『桃花流水館小藁』.

丁若鏞(1762~1836), 『與猶堂全書: 詩文集』, 한국문집총간 281.

趙秀三(1762~1849), 『秋齋集』, 한국문집총간 271.

李度中(1763~?), 『新齋集』, 규장각 소장본.

朴宗慶(1765~1817), 『敦巖集』, 규장각 소장본.

金 鑢(1766~1821), 『潭庭遺稿』, 한국문집총간 289.

---

42) 『破睡錄』의 '작자'와 '창작연대'에 관해서는 여전히 여러 異見이 공존하는바, 여기서는 우선 정용수, 「파수록 연구」, 『한국한문학연구』 제18집, 1995의 견해를 따랐음을 밝혀둔다.

張漢宗(1768~1815), 『禦睡新話』.

李羲平(1772~1839), 『溪西雜錄』.

미   상, 『溪西野談』.

趙熙龍(1789~1866) 『壺山外記』.

劉在建(1793~1880), 『里鄕見聞錄』.

李玄綺(1796~1846), 『紀里叢話』.

徐有英(1801~1874?) 『錦溪筆談』.

沈大允(1806~1872), 『沈大允全集』(전3권), 대동문화연구원, 2005.

李源命(1807~1887) 『東野彙輯』.

이원명 저, 정명기 편, 『東野彙輯』(상·하), 보고사, 1992.

李慶民(1814~1883), 『熙朝軼史』.

李裕元(1814~1888), 『林下筆記』.

宋申用(1884~1962), 『古今笑叢』.

裵   婔(1845~?), 『此山筆談』.

미상, 『紀聞叢話』.

────, 『靑邱野談』.

────, 『破睡篇』.

────, 『海東野書』.

────, 『奇聞』.

────, 『醒睡稗說』.

────, 『攪睡襍史』.

────, 『東稗』, 鄭明基 소장본.

────, 『鷄鴨漫錄』.

────, 『揚隱闡微』.

────, 『靑野談藪』.

박용식·소재영·大谷森繁 편, 『韓國野談史話集成』(전5책), 태동, 1990.

동국대학교 한국문학연구소 편, 『韓國文獻說話全集』(影印本, 전10책), 民族文化
　　　社, 1981(태학사, 1991).

정명기 편, 『한국 야담자료 집성』(전23책), 계명문화사, 1992.

이우성 편, 栖碧外史海外蒐佚本, 아세아문화사, 1985~1995.

2. 논문

김석회, 「서사전략의 측면에서 본 홍순언 일화의 변이 양상」, 『인하어문연구』 4,
　　　인하대학교 국어국문학과, 1999.

김영숙, 「'洪純彦이야기'의 樂府詩的 變容 양상과 의미」, 『한민족어문학』 제48집,
　　　2006.

김천호, 「野談에 나타난 致富談 硏究」, 수원대학교 석사논문, 2002.

박일용, 「홍순언 고사를 통해 본 일화의 소설화 양상과 그 의미」, 『국문학연구』 5,
　　　국어국문학회, 2001.

박현규, 「17세기 전반기 對明 海路使行에 관한 행차 분석」, 『한국실학연구』 21,
　　　2011.

방동수, 「조선후기 야담에 나타난 治産談의 유형과 성격」, 『동방한문학』 31집,
　　　2006.

신동흔, 「조선후기 야담에 나타난 재산과 신분의 관계」, 『韓國文化』 15호, 1994.

신선희, 「古小說에 나타난 富의 具現樣相과 그 意味」, 이화여자대학교 박사논문,
　　　1991.

신익철·이형대, 『≪於于野譚≫의 비판적 定本 연구」, 『한국한문학연구』 제29집,
　　　2002.6.

심경호, 「한문단편에 반영된 객주의 상업활동」, 『이조후기 한문학의 재조명』,
　　　창작과비평사, 1983.

안대회, 「조선 후기 燕行을 보는 세 가지 시선: 燕行使를 보내는 送序를 중심으로」, 『한국실학연구』 제19호, 2010.

이민희, 「17~18세기 고소설에 나타난 화폐경제의 사회상」, 『정신문화연구』 32집, 2009.

이신성, 「李朝 後期 '漢文短篇'의 研究: 富의 問題를 中心으로」, 동아대학교 석사논문, 1975.

임형택, 「화폐에 대한 실학의 두 시각과 소설」, 『민족문학사연구』 18권, 2001.

장진숙, 「조선후기 野談집 소재 치산담 研究」, 연세대학교 석사논문, 1992.

정용수, 「파수록 연구」, 『한국한문학연구』 제18집, 1995.

정은주, 「明淸交替期 對明 海路使行記錄畵 研究」, 『명청사연구』 제27집, 2007.

정하영, 「致富談에 나타난 倫理觀」, 『이화어문논집』, 9호, 1987.

3. 저서

정명기, 『한국야담문학연구』, 보고사, 1996.

정은주, 『조선시대 사행기록화』 사회평론, 2012.

제2부 한국 근·현대문학에 나타난 중국

『오위인소역사』와 1900년대 번역의 한국적 특수성   [손성준]

1949년 이전 중국에서의 한국작품 번역 소고   [이광재]

천시의 눈, 연대의 혀   [오태영]
: 중일전쟁 이후 중국 인식의 한 단면

재만 시기 박영준 소설에 나타난 불안의 양상과 그 의미   [차희정]

최서해 소설에 나타난 중국, 일본 이미지와 전망 모색   [김성옥]

강경애의 만주 인식과 사회주의 이념   [이해영]

만주 여행과 모순된 욕망의 문학적 재현   [한홍화]
: 함대훈의 장편소설 『북풍의 정열』을 중심으로

『오위인소역사』와 1900년대 번역의 한국적 특수성

손성준

(성균관대학교 동아시아학술원)

1. 다섯 위인의 역설적 공존

『오위인소역사(五偉人小歷史)』는 이능우(李能雨)가 번역하여 1907년 5월 보성관(普成館)에서 나온 국한문체 단행본이다. 이 번역서는 그 내용은 차치하더라도 몇 가지 문제적 지점을 지니고 있다.

첫째, 이를 '전기물'로 분류한다면, 단행본 번역 전기 중 최초의 것이 된다. 현재까지 확인된 바에 의하면 단행본 전기물의 번역은 1907년부터 동시다발적으로 등장하기 시작했다. 그 중 『오위인소역사』의 발간 시점인 5월은 두 번째인 박은식의 『서사망국지(瑞士建國誌)』(대한매일신보사, 1907.7)보다 근소하게 앞서 있다. 둘째, 『오위인소역사』는 당대의 다양한 단행본 전기물 중 유일하다고 할 수 있는 소전(小傳) 모음집이다. 『오위인소역사』는 다섯 인물의 일대기를 압축하고 선별된 일화를 집중 서술하는 방식을 취하는데, 당시 한국의 전기 서적류에는 다섯 명은 물론이고 복수(複數)의 주인공을 담고 있는 경우조차 찾기 어렵다. 셋째, 번역자 이능우는 본문 첫 면에 "佐藤小吉 著/李能雨 繹"

이라 하여, 일본인 원저자 사토 슈키치(佐藤小吉)라는 이름을 밝혀두었다. 이 역시 당시 번역물로서는 일반적이지 않았다.[1] 이 사실이 더욱 흥미로운 이유는, 제목을 아예 새로 지었다는 데 있다. 필자는 『오위인소역사』가 사토 슈키치의 저술 중에서 『소년지낭 역사편(少年智囊 歷史篇)』(育英舍, 1903.3)을 번역한 것임을 확인할 수 있었다. 당시의 번역 문화에서 제목 자체를 이 정도 수준으로 변경하는 경우는 드물다. 이는 원저자를 명확하게 밝힌 것과는 분명 상충되는 부분이다.

이채로움을 느끼게 하는 이상의 요소들에도 불구하고, 현재까지 『오위인소역사』에 대한 본격적인 연구는 이루어진 바 없다. 그 이유로는 1차적으로 번역 텍스트 연구의 본격화가 그리 오래되지 않았다는 점, 무명에 가까운 이능우라는 역자, 파악되지 않은 저본의 정체로 인한 분석 조건의 취약성 등을 들 수 있다. 그러나 이미 1970년대에 간행된 ≪역사전기소설≫ 총서[2]에 수록된 접근성 좋은 자료임에도 정밀한 독해의 대상이 되지 못했고, 그 결과 텍스트의 함의 및 학술적 가치가 타진될 수 없었던 사정에는 보다 근원적인 이유가 존재할 것이다. 필자는 그것이 『오위인소역사』의 외피에서 그 어떤 '정

---

1) 『五偉人小歷史』의 출판사인 보성관 전체 단행본을 보더라도 대부분이 번역서인 50여 권 중 원저자를 명기한 경우는 『오위인소역사』와 더불어 『越南亡國史』·『外交通史』·『初等理化學』 정도에 그친다(보성관 발행 서적의 정리는 권두연, 「보성관의 출판 활동 연구: 발행 서적과 번역원을 중심으로」, 『현대문학의 연구』 44, 한국문학연구학회, 2011, 21~23쪽 참조). 물론 1900년대 번역물의 전체상을 따져보면 『瑞士建國志』·『埃及近世史』·『愛國精神』·『普魯士國厚禮斗益大王七年戰史』 등 저자명이 표기된 경우도 더러 포착되지만, 그렇지 않은 경우가 대세를 점했다는 것은 분명하다. 한편, 예외적이지만 『음빙실문집』이나 『월남망국사』를 계기로 한국 사회에서 문명이 높아진 량치차오(梁啓超)처럼 각종 번역물에 꾸준히 이름이 노출되는 경우도 존재했다.

2) 『역사·전기소설』(전10권), 아세아문화사, 1978. 이 영인본 총서의 발간은 역사전기물 연구에 기폭제가 되었지만 한편으로는 수록 기준의 모호함으로 인해 비판의 목소리도 있어 왔다. 『오위인소역사』는 본 총서 제4권에 『法國革新戰史』·『埃及近世史』·『法蘭西新史』에 이어 마지막 자료로 수록되어 있다. 그러나 마지막 두 페이지의 순서가 바뀌는 편집상의 오류와 원문 일부가 아예 누락된 것이 있는데, 필자는 원본의 소장 기관 중 동국대학교 소장본을 통해 누락된 일부를 확인하였다.

치적 올바름'도 표출되지 않기 때문이라 생각한다.

'정치(성)'3)는 1900년대 문학 연구에 있어서 유용한 키워드 이상의 것으로서 소임을 다해 왔다. 이 시기의 텍스트가 대부분 정치적으로 해석되었던 원인, 그리고 정치적 해석이 유의미한 텍스트만이 연구 대상으로 거듭 낙점되었던 원인은 당시 한국의 정치 위기가 공론장에 압도적 영향력을 미쳤다는 전제와 직결되어 있다. 이러한 이해 지평에서 '정치적 올바름'을 지닌 텍스트란 물론 약자의 입장에서 '애국'이나 '독립'의 가치를 천명하는 것이었다.

그런데 『오위인소역사』는 서적의 구성 자체부터 이미 그 가치로부터 비켜난 것으로 보인다. 이 서적의 첫 면에는 "五偉人小歷史目錄"이라 하여, "亞歷山大王/閣龍/華盛頓/涅爾遜/彼得大帝"4)의 이름이 기재되어 있다. 순서대로 고대 마케도니아의 알렉산더 대왕(Alexandros the Great, B.C. 356~B.C. 323), 이탈리아 출신의 탐험가 크리스토퍼 콜럼버스(Christopher Columbus, 1451~1506), 미국 초대 대통령 조지 워싱턴(George Washington, 1732~1799), 영국의 해군 제독 넬슨(Viscount Horatio Nelson, 1758~1805), 러시아의 황제 표트르 대제(Peter the Great, 1689~1725)이다. 이 다섯 명의 이름이 주는 일반적 인상은 '서양사의 적자(嫡子)들'이라 할 만하다. 다시 말해 『오위인소역사』는 곧 '강자 혹은 승리자의 역사'로 비춰질 여지가 다분하다.

하지만 사실 이 '오위인'은 국가의 명운을 좌우한 영웅들의 서사와

---

3) 본 연구에서 '정치(성)'의 개념은 크게 두 가지로 사용된다. 첫째, '정치'의 기본 개념인 "나라를 다스리는 행위"와 관련된 특정 정체(政體: 군주정, 공화정 등)나 특정 가치(자강, 독립, 애국 등)에 대한 의도적 지지를 뜻한다. 둘째, 정치적 의도가 아니더라도 구체적인 목표 실천을 위한 기획과 전략을 의미하는 수사로서의 '정치(성)' 혹은 '정치적'이라는 표현을 사용하기도 할 것이다. 이는 말 그대로 수사적 표현이기에 문맥을 통해 전자의 용례와는 구분 가능하다.
4) 원문은 세로쓰기임. 줄 바꿈은 '/'로 표기.

담론이 유행했던 당시의 한국에서 즐겨 호출한 진용이기도 했다.[5] 말하자면 단독 전기물의 주인공으로서도 주류가 되기에는 큰 손색이 없었던 것이다. 그리고 이들을 단순히 '적자'나 '강자'의 범주로 단일화할 수도 없다. 좀 더 세밀하게 접근해 보면, '오위인'은 활약했던 시대나 국적도 각각 다르고 활동 영역 또한 달랐다. 이들은 '정치가' 세 명(알렉산더, 워싱턴, 표트르), '탐험가' 한 명(콜럼버스), '군인' 한 명(넬슨)으로 구성되어 있는데, 엄연히 이러한 대분류 자체도 다르거니와 편의상 '정치가'로 묶어 둔 세 명의 차이도 크다. 알렉산더 대왕은 초대형 제국을 만든 정복형 군주였다. 표트르 대제의 경우도 정복 전쟁을 수행하긴 했으나, 그는 러시아의 지위를 서양의 강호들 수준으로 끌어올린 개명 군주에 가깝다. 워싱턴은 군인 출신의 정치가로서 앞서의 대분류에서부터 경계에 걸쳐 있는 인물이며, 미국의 독립과 공화정체 수립을 완수한 혁명가로도 볼 수 있기에 알렉산더나 표트르와는 더욱 편차가 분명하다.

요컨대, 위 인물 진영만으로는 '올바른' 정치성을 찾을 수도 없지

---

5) 고대 영웅에 속하는 알렉산더에 대한 관심은 비교적 적었던 편이고, 넬슨의 경우 직접적인 전기류 기사는 확인되지 않지만 당대 지식인들 사이에서는 익히 알려진 존재였을 것이다. 예컨대 신채호의 「水軍第一偉人 李舜臣」(1908)에는 넬슨과 이순신을 비교하는 대목이 상세하게 등장한다. 워싱턴, 콜럼버스, 표트르 대제에 대해서는 다음 도표처럼 여러 글이 발표된 바 있다.

<표 1> 1900년대 한국의 워싱턴, 콜럼버스, 표트르 대제 관련 주요 연재물 및 단행본

워싱턴	「華星頓의 日常生活 座右銘」, 『太極學報』	이훈영	1907
	「華盛頓傳」, 『大韓留學生會學報』	최생(崔生: 최남선)	1907
	「華盛頓傳」, 匯東書館	이해조	1908
콜럼버스	클럼버스傳, 『太極學報』	박용희	1906
	哥崙布傳, 『大韓學會月報』	정석용	1908
	閣龍, 『大韓興學報』	미상	1909
표트르 대제	「彼得大帝傳」, 『共修學報』	조종관	1907
	「彼得大帝傳」, 『大韓學會月報』	완시생(玩市生)	1908
	「聖彼得大帝傳」, 廣學書鋪	김연창	1908
	「러시아를 中興식힌 페터大帝」, 『小年』	최남선	1908~09

만, 역으로 일관된 '불온한' 정치적 기조 또한 찾기 힘들다.6) 『오위인소역사』의 저본인 사토 슈키치의 『소년지낭 역사편』에서 이상화된 국가나 정치 모델의 문제는 관건이 아니었다. 환언한다면, 한국의 번역 주체는 애초에 정치적 구심력이 배제된 일본어 텍스트를 선택한 셈이다. 그렇다면 과연 이들 텍스트의 지향점은 무엇이었을까? 저본인 『소년지낭 역사편』의 경우부터 살펴보자.

2. 서양사로 구축되는 민족적인 것들

『소년지낭 역사편』을 펴낸 육영사(育英社)는 1892년 도쿄에서 시작하여 수십 년간 명맥을 이어간 일본의 출판사다. 역사, 철학, 사회과학, 자연과학, 문학, 언어 등 다양한 서적들을 간행했으며, 핵심적인 출판 영역은 역사서와 더불어 중등교과용 기초 학문서였다.7) 『소년지낭 역사편』은 '소년지낭(少年智囊)'이라는 동명의 표제를 내세운 육영사의 기획 시리즈물 중 '역사'에 해당하는 편이었다. 이 시리즈에는 『소년지낭 물리편(物理編)』(足立震太郎), 『소년지낭 군사편(軍事編)』(長尾耕), 『소년지낭 동물편』(石川千代松)도 존재했는데, 이들이 모두 『소년지낭 역사편』과 더불어 1903년도에 발간되었다는 데에서 본 기획에 기울인 육영사 측의 노력이 감지된다. 한편 '소년지낭'뿐 아니

---

6) 물론 크게 보면 군주정과 공화정의 공존이며, 여기서 군주정이 우세한 것이 사실이다. 알렉산더와 표트르뿐 아니라, 군인 넬슨 또한 군주정 영국을 위해 봉사했던 인물이기에 그 경향은 더욱 짙어진다. 하지만 사토 슈키치에게 군주정의 우월함을 선전하고자 했던 의도가 있었더라면 굳이 워싱턴을 선택하지 않았을 것이다(당시 일본에서 큰 명망을 얻고 있던 비스마르크나 이탈리아의 통일 재상 카부르 같은 인물을 삽입하는 손쉬운 길이 있었다). 그가 주로 공화주의 진영에서 활용했던 워싱턴을 선택한 것은, 행여 편중되어 보일 수 있던 정체(政體)의 단일성을 지양한 것에 가깝다.

7) 육영사 관련 조사는 일본 국립국회도서관 홈페이지(http://www.ndl.go.jp)를 참조하였다.

라 '유년지낭(幼年智囊)' 시리즈(현재 '군사', '물리', '지리'편이 확인된다)
도 존재했던 사실에서 알 수 있듯, '지낭' 시리즈는 육영사의 주요
출판 상품이었다.

『소년지낭 역사편』(이하 『소년지낭』)의 저자 사토 슈키치는 도쿄제
국대학의 문학사(文學士) 출신으로 여러 저술을 남긴 인물이다.[8] 사
토가 1910년에 편찬한 『神代物語』는 그의 인적 네트워크를 짐작할
수 있는 근거가 된다. 이 서적의 본문 첫 면에는 도움을 준 외부 인사
들의 명단이 등장하기 때문이다. 휘호나 서문 등을 보내 준 그들의
면면은 자못 화려하다.[9] 황궁의 귀족이나 원로 학자, 정부 관계자
등의 동참을 이끌어 낸 『神代物語』의 필자였다는 사실은 사토가 지식
인 중에서도 상류층 인사였을 가능성에 무게를 실어 주며, 친민족적·
친정부적 성향의 활동을 전개해왔으리라는 추론을 가능케 한다.

『소년지낭』뿐만 아니라 동년에 간행한 중등교과서 『日本史綱』上·
下(육영사, 1903)를 통해서도 확인되듯, 당시 사토 슈키치는 육영사를
통해 교육용 역사서를 집필하는 데 주력하고 있었다. 『소년지낭』의
경우 애초에 '소년지낭' 시리즈의 일환이었던 만큼, 소년 독자를 더

---

8) 사토 슈키치의 인적 사항이나 사상적 성향 및 주요 활동에 대해서는 거의 알려진 바가
없다. 다만 『소년지낭 역사편』 및 같은 시기에 나온 『日本史綱』 등에 '文學士 佐藤小吉'라
표기되어 있어서, 그가 도쿄제대 출신이라는 점은 확인할 수 있었다. 당시 '문학사', '법학
사' 등의 신분명은 해당 출신만이 사용했기 때문이다. 사토의 저술로 확인되는 것을 시간
순으로 나열하면 다음과 같다. 『日本史綱』, 育英舍, 1903; 『少年智囊 歷史篇』, 育英舍, 1903;
『神代物語』, 大日本図書, 1910; 『日本の婦人』, 目黒書店, 1927; 『国史講座』(第1~第7), 受験講
座刊行会, 1930; 『系譜精表』, 東洋図書, 1933; 『三笠山と若草山』, 飛鳥園, 1936; 『奈良朝史』,
日本文学社, 1938; 『飛鳥誌』, 天理時報社, 1944; 『茶道古典全集』(第3巻), 淡交新社, 1960. 그
외 『和宮小傳』이라는 책도 있다.

9) "東京帝國大學 文科大學 教授 文學博士 田中義成 題簽/御製 宮内省御歌所 所長 男爵 高崎正
風 閣下 揮毫/皇后宮御歌 宮内省 御歌所 主事 阪正臣 先生 揮毫/皇太神宮 大宮司 子爵 三室戸
和光 閣下 題字/前 司法大臣 貴族院 議員 男爵 千家尊福 閣下 題詠/貴族院議員 男爵 紀俊秀
閣下 序文/内務省 神社局長 法學博士 井上友一 先生 序文/東京帝國大學 文科大學 教授 文學博
士 三上参次 先生 序文." 佐藤小吉, 『神代物語』, 大日本図書, 1910, 1쪽.

강하게 의식해야만 했을 것이다. 1890년대 중반 이후 일본의 출판계에는 소년 독자층을 대상으로 한 전기물의 발행이 총서의 형태를 띠고 크게 일어나고 있었다.[10] 또한 메이지의 출판물 중에는 『소년지낭』과 같이 여러 인물의 압축된 일대기를 한 권에 배치하거나, 다양한 주인공을 다루되 특정 주제와 관련된 일화를 종합한 서적들도 다수 발견된다.[11] 『소년지낭』은 이상의 출판 흐름 속에 녹아들어 있었다.

그런데 저술 이력을 통해 확인되듯, 정작 사토 슈키치의 본령은 서양사가 아닌 일본사였다. 이에 사토 슈키치는 『소년지낭』의 집필을 위해 기존에 간행되어 있던 해당 인물의 전기물들을 요령 있게 재구성하는 방식을 택한다. 사토가 집필의 근간으로 삼은 자료는 박문관(博文館)의 '세계역사담(世界歷史譚)' 시리즈로 보인다. 사토 슈키치의 역간 시점인 1903년은 총 36편에 이르는 '세계역사담'의 순차적 출판이 일단락 된 직후였다.[12] 전기 내용으로 예를 들어 보면, 『소년지낭』의 세 번째 인물인 워싱턴 관련 내용은 '세계역사담' 제13권 『華盛頓』의 압축 버전과 다름없으며, 다섯 번째인 〈표트르〉 편 역시 위 총서 제12권 『彼得大帝』와 대부분 중첩되어 있다.

하지만 사토 슈키치는 위의 '세계역사담' 시리즈보다 한층 더 소년 독자에게 적합한 글쓰기 방식을 택했다. 우선 그는 "です/ます"로 종결되는 경어체를 구사했다. 실수로 보이는 일부 문장을 제외하고 이

---

10) 대표적인 총서류로는 民友社의 『소년전기총서』(1896~), 박문관(博文館)의 『소년독본』(1898~) 및 『세계역사담』(1899~) 등이 있었다. 소년 독자를 지향한 이러한 움직임은 일본에서 관련 자료에 대한 주요 연구가 '아동문학'의 영역에서 이루어진 이유이기도 하다. 주요 연구로 勝尾金弥, 『伝記児童文学のあゆみ: 1891から1945年』, ミネルヴァ書房, 1999.

11) 몇 가지 예로 松村介石 等著, 『近世世界十偉人』, 文武堂, 1900; 池田晃淵, 浮田和民, 『歴史講話』, 早稲田大学出版部, 1906; 三宅雪嶺, 『偉人の跡』, 丙午出版社, 1910; 福田琴月, 『世界偉人伝』, 実業之日本社, 1910; 稲村露園, 『世界偉人譚』, 富田文陽堂, 1911 등을 들 수 있다.

12) 이 총서에 대한 고찰은 손성준, 「영웅서사의 동아시아 수용과 중역(重譯)의 원본성: 서구 텍스트의 한국적 재맥락화를 중심으로」, 성균관대학교 박사논문, 2012, 44~51쪽 참조.

원칙은 일관되게 지켜졌다. 또한 그는 내용의 곳곳마다 에피소드에 대한 감상이나 적절한 강조 문구를 삽입하여 독자의 공감을 이끌어 내고자 했다.13) 여기에는 사건에 대한 저자의 추가 해설도 곧잘 포함되어 있어서 독자가 당시의 상황을 곱씹어 보도록 도왔다. 덧붙여 『소년지낭』은 동 시기의 여타 서적보다 활자 크기도 컸고, 소년 독자의 기호에 맞는 삽화도 여러 장 들어 있었다.14)

이와 같은 소년층의 독물(讀物)에서 특정 정치체제의 선전은 어울리지도 효율적이지도 않았을 것이다. 하지만 그러한 정치적 면모가 없었다고는 해도 『소년지낭』이 보통의 역사 서적인 것은 아니다. 엄밀히 말해 『소년지낭』은 전기물 모음집의 외양을 갖추었음에도 인물 자체에 초점을 맞추기보다는 특정 메시지를 전하기 위해 인물을 도구로 삼는 것에 가깝다. 이 책의 주요 서술 전략은 서양사 속에 자국 일본의 콘텐츠를 끼워 넣는 것이었다. 다음 인용문을 통해 사토가 어떠한 방식으로 '일본'을 노출시키는지 살펴보자.

① 일본에서 위대한 인물을 꼽으라면 다이코(太閤)라 하는 것처럼, 서양에서는 알렉산더라든지 나폴레옹의 이름을 댈 것입니다. 그렇다면 알렉산더란 어떤 인물인지, 그의 전기를 기술해 보겠습니다. 서양 여러 나라 가운데 가장 먼저 문명화한 것은 그리스이며 그 다음은 로마입니다. 지금의

---

13) 예를 들어 "대단히 담대한 것이 아니겠습니까"(佐藤小吉, 『少年智囊 歷史篇』, 育英舍, 1903, 14쪽); "그 한 사람은 누구였을까요. 말할 필요도 없이 콜럼버스 이 사람이었습니다."(33쪽); "만일 이때 군인이 되었다면 훗날 그에게 향해온 운명과는 동떨어진 관계가 되어 어떤 운명이 되었을까요."(41쪽); "잠깐 그 무렵의 영국의 형편을 이야기하지 않으면 안 되는데"(45쪽) 등과 같은 것들이다.

14) 『소년지낭』에 실린 삽화는 총 7장으로, 〈알렉산더〉 편 1장(8~9쪽 사이: 초상과 정복 지도), 〈콜럼버스〉 편 2장(21쪽: 초상/32~33쪽 사이: 아메리카 대륙 발견 모습), 〈워싱턴〉 편 1장(39쪽: 초상), 〈넬슨〉 편 2장(57쪽: 초상/68~69쪽 사이: 戰死 장면), 〈표트르〉 편 1장(79쪽: 초상과 표트르 선박 작업 때의 연구실)이다.

영국·프랑스·독일 등은 모두 훗날 개화한 것으로, 말하자면 그리스·로마의 문명이 도입되어 그 덕분으로 문명화하였다고 하여도 좋을 정도입니다. 그리스는 ② 우리나라의 신화의 시대(초대천황인 진무<神武>천황의 재위 이전의 시대)였던 옛적부터 대단히 융성한 국가였지만 ② 제6대 고안(孝安)천황대 무렵에는 상당히 국가의 세력이 쇠약해져 있었습니다.15)

이는 〈알렉산더〉 편의 첫 부분이다. 여기서 확인할 수 있는 『소년지낭』의 '일본 접속' 패턴에는 크게 두 가지가 있다. 하나는 ①의 경우처럼 일본의 역사적 인물을 내세우는 것이다. 첫 번째 강조 부분의 '다이코(太閤)'는 최고위직을 의미하는 동시에, 도요토미 히데요시(豊臣秀吉)를 지칭하는 표현이기도 하다. 알렉산더의 전기에서 가장 먼저 거론된 인물은 알렉산더가 아니라 도요토미였다. 또한 사토에게 있어서 서양사의 주요 국면들은 자국사의 환기 지점이기도 했다. 사토는 특정 일본인 이외에도, 일본사의 유명 사건을 비슷한 방식으로 삽입하고 있으며, 때로는 일본인들만이 알 수 있는 비유를 들기도 했다. 이러한 방식은 다섯 인물의 전기 전반에 걸쳐 등장한다.16) 다른 하나는 ②와 같이 천황의 연호나 일본식 고키(皇記)17)를 기준으로 한 시간의 표현 방식이다. 거의 모든 연도 표기에서 이 원칙은 고수되어, 서양인의 전기임에도 『소년지낭』에는 '서력'이 한 차례도 등장

---

15) 佐藤小吉, 『少年智囊 歷史篇』, 育英舍, 1903, 1~2쪽. 강조는 인용자(이하 동일).

16) 예컨대 "이를테면 우리 일본의 겐코노에키(元寇の役; 1274, 1281년 두 차례의 원나라의 일본침입, 인용자 주)라고도 할 수 있는 사건이 있었습니다."(7~8쪽); "가우가멜라라는 곳에서 페르시아왕과 세키가하라 전투(일본의 전국시대를 마무리 지은 중요한 전투, 인용자 주)와 같은 의미의 싸움을 벌여"(12쪽); "그 모습은 대만의 산골에서 나온 토인이 도쿄를 구경하고 깜짝 놀란 만큼이라고도 할 수 있을 정도였을 것입니다."(86쪽); "자, 우리 일본의 (메이지)유신의 사정과 매우 흡사하지만 여하간 미개국이었던 러시아가 표트르 덕택에 훌륭한 문명국이 되었습니다"(91쪽) 등이 있다.

17) 초대 천황인 진무천황이 즉위한 기원전 660년을 원년으로 하는 일본의 기원이다.

하지 않게 된다.18) 이상의 두 가지 패턴으로 인해, 서양 전체를 무대로 한 『소년지낭』 속에서 가장 지속적으로 등장하는 것은 다름 아니라 일본에 관한 언급이었다.

이상과 같이 『소년지낭』은 서양사의 주요 장면들을 직선으로 펼치는 동시에, 그 직선을 따라 일본사의 주요 사건들을 평행선으로 배치하였다. 사토 슈키치는 서양이라는 거대한 타자 앞에서 일본을 쌍으로 형상화19)하여, 둘 사이가 대칭적 관계라는 허구적 도식을 구축하고 '일본'을 새로운 대주체로 떠오르게 한 것이다.

3. 『소년지낭 역사편』의 인물 선택 원리: 일본이라는 수렴점

『소년지낭』은 일본의 역사를 재료로 한 민족성 강화의 기획이었다. 이를 염두에 둘 때 사토 슈키치의 주인공 선택 원리가 비로소 해명된다. 일견 역설적 동거로 보이는 다섯 인물의 집합이지만 그들에게는 공통적으로 '일본과의 접점'을 환기할 수 있는 요소가 있었던 것이다.

첫 번째 인물인 알렉산더는 서양의 고대사를 논할 때 빠지지 않는 인물이다. 시간순으로 따져볼 때도 그가 '역사편'의 서두를 장식하는 것은 자연스럽다. 하지만 사토 슈키치는 이러한 상식 차원에서만 알렉산더를 호출한 것이 아니다. 그는 알렉산더와 관련된 역사적 국면

---

18) 예외적으로 '세기'를 사용한 경우는 두 군데가 있다. 이 때 사토 슈키치는 독자 이해를 위해 '세기'의 개념 설명(58쪽)을 넣었고 해당 시점의 일본 역사(78쪽)도 병렬하여 제시했다. 사토 슈키치의 전체 연도 표기는 이 글의 〈표 2〉에 정리되어 있다.

19) 사카이 나오키는 '쌍형상화 도식'에 대한 설명에서 "일본 대 서양이라는 비교의 틀이 본질적으로 상상적"(사카이 나오키, 후지이 다케시 역, 『번역과 주체: '일본'과 문화적 국민주의』, 이산, 2005, 119쪽)이라는 것을 강조했다.

에 일본사의 주요 장면을 대입할 수 있다는 것을 계산에 넣고 있었다. 『소년지낭』에는 알렉산더의 부왕 필리포스의 시대에 그리스인들이 한 마음으로 페르시아 군대에 대적한 것을 두고 원나라의 일본 침입에 빗대어 설명하는 부분이 등장하며,[20] 알렉산더의 마케도니아군이 페르시아 정벌 과정에서 벌인 결정적 전투를 일본 전국시대의 세키가하라(関ヶ原) 전투의 의미와 등치시키는 대목도 있다.[21] 결정적으로, 사토 슈키치는 마지막 부분에서 알렉산더의 성정(性情)을 도요토미 히데요시와 비교하며 다음과 같이 서술해 두었다.

조그만 마케도니아 공국에서 일어나 엄청난 대국을 차지한 것과 또한 야심이 큰 점들은, 다이코가 일개 필부에서 몸을 일으켜 세워 천하를 손에 넣고 결국 조선과 중국의 정벌에 나선 것과 또 배포가 컸던 점들과 매우 흡사할 것입니다.[22]

위 인용문은 알렉산더와 도요토미의 정복 전쟁을 열악한 환경을 극복하고 일궈낸 동류의 역사적 대업으로 묘사하고 있다. 이렇듯 알렉산더의 사례는 임진왜란을 긍정적으로 환기하는 통로이자, 도요토미를 적극적으로 영웅화하는 근거로 활용된다. '야심'이나 '배포'와 같은 미덕 속에서 피침략자의 고통이 은폐되는 것은 당연하다.

두 번째 주인공 콜럼버스를 통해서는 특정 인물이나 사건보다는 콜럼버스의 시대에 공존하던 역사적 공간으로서의 일본이 화두가 된다.

여러분이 아시는 우리나라에 외적을 보낸 원이라는 나라의 칭기즈칸을

---

20) 佐藤小吉, 『少年智囊 歷史篇』, 育英舍, 1903, 8쪽.
21) 위의 책, 12쪽.
22) 위의 책, 19쪽.

섬긴 가신 가운데 마르코 폴로라는 사람이 있었습니다. 이 인물은 이태리 인으로 17년간이나 중국에서 관리로 근무했으며, 귀향길에는 아시아의 동해안을 따라 인도에서 페르시아만으로 건너가 바그다드와 콘스탄티노플을 통과하여, 선물로는 갖가지 진기한 보석과 비취옥이라든지 세인들에게 전혀 익숙하지 않은 물품들을 대량으로 가져왔습니다. 그리하여 말하길, "중국보다 더 동쪽에 '지팡구'라는 나라가 있어, 그곳의 다이묘의 가옥은 황금 널빤지로 지붕을 이었고 아름다운 꽃과 향기로운 꽃들이 많이 있으며 황금과 보석은 지천으로 많다."라고 했습니다. 마르코폴로의 지팡구라는 섬은 바로 우리 일본을 가리키는데, 이로써 우리나라가 서양에 널리 알려지기 시작한 것이라고 합니다. 마르코 폴로가 우리 지팡구에 대하여 대단히 재미있게 소개한 이래로 유럽인들의 마음에 너무도 자극을 주었으며, 항해술과 탐험을 하는 일이 대단히 유행했던 시대였으므로 누구라도 그런 섬은 한번 가고 싶다고 마음속에 생각지 않는 이가 없었습니다. 그러나 어느 곳에서 지팡구로 가느냐 하는 것이 어려운 것이었습니다. 아프리카 남안을 항해하여 가려 하면 타는 듯한 햇빛과 갖가지 위험한 상황을 만나지 않으면 안 되었고, 또 지금의 터키에서 아시아로 항해해 가려 하면 그 당시 투르크인들이 소아시아지방에서 방해를 하였으므로 이 해로로도 항해할 수 없었습니다. 어찌하면 좋을지 생각하고 있던 차에 좋은 생각을 낸 인물이 있었습니다. 그가 콜럼버스였습니다.[23]

위 인용문에서 사토 슈키치는 마르코 폴로의 일본(지팡구) 관련 서술에 기대어 나름의 상상력을 발휘하고 있다. 마르크 폴로에 의해 서술된 일본은 확실히 위 내용처럼 각종 보석으로 찬란하게 빛나며 막대한 재화를 자랑하는 곳이다. 그러나 항해로 개척의 목적을 일본

---

23) 위의 책, 22~24쪽.

에 다다르기 위한 항해자들의 열망으로 진단한 것은 과한 해석이다. 사실 전체 232장의 챕터를 보유한 『동방견문록』에서 일본 관련 내용은 단 한 장에 불과하며,[24] 『동방견문록』에는 일본 이외의 여러 섬들 소개에서도 일본과 같은 방식의 묘사가 여러 차례 출현한다.[25] 그러나 사토 슈키치는 '지팡구' 관련 내용만을 편파적으로 활용하여 콜럼버스의 노력이 결국에는 일본으로 가기 위한 여정이었던 것처럼 포장하였다. 위의 내용 외에도 "콜럼버스도 이 시기에 소문이 퍼져있던 지팡구에 관해 궁리를 시작하여 서쪽으로 항해하면 그 극락 같은 지팡구에 도달하게 될 것이라고 생각했습니다"[26]와 같은 내용이 반복 등장한다.[27] 이렇듯, 〈콜럼버스〉 편을 통한 사토 슈키치의 의도는 곧 역사 속 일본이라는 공간의 이상화였다.

세 번째 주인공인 워싱턴에 이르러서 사토 슈키치는, 앞서의 두 인물을 활용할 때와는 전혀 다른 방식으로 일본을 이야기한다. 앞의 논의가 일본의 역사적 사건 및 인물에 대한 긍정(알렉산더)과 일본이

---

24) 『동방견문록』은 다양한 사본이 있는 관계로 구성과 내용에 편차가 크다. 이 글에서 참조한 국역본(마르코 폴로, 김호동 역주, 『마르코 폴로의 동방견문록』, 사계절, 2000)의 저본은 A. C. Moule & P. Pelliot의 집철·교감 본인 영역본 *The Description of the World*(London; George Routledge & Sons Ltd., 1938)이며, '지팡구' 소개에 해당하는 장은 위 판본 기준으로 159장(마르코 폴로, 앞의 책, 416~419쪽)이다.

25) 예를 들어 자바(Java) 섬에 대해 "이 섬에는 얼마나 재화들이 많은지 이 세상 어느 누구도 그것을 다 말할 수 없을 것이다"(위의 책, 428쪽)라고 했고, 세일란(Seilan, 세일론−인용자) 섬에 대해 "이 섬에는 다른 어느 곳에서도 나지 않는 훌륭한 루비가 있다. 또한 사파이어, 토파즈, 자수정을 비롯한 다른 여러 보석들도 나온다"(440~441쪽)라거나, 마아바르(Maabar)의 왕을 묘사하며 "이 왕이 두르고 있는 수많은 보석과 진주들은 웬만한 도시 하나 값보다 비쌀 것이다. (···중략···) 내가 설명했듯이 이 왕국에서 그토록 많은 보석과 진주가 산출되기 때문에, 그가 그렇게 많은 것을 지니고 있다고 해도 전혀 놀랄 일은 아니다"(444쪽)와 같은 진술도 동궤에 있다. 이러한 보석류 외에, 『동방견문록』에는 각종 물산의 풍족함을 설명하는 예 또한 다종다양하다.

26) 佐藤小吉, 앞의 책, 25~26쪽.

27) "콜럼버스는 한층 더 서쪽에 나라가 있음이 틀림없으며 그 나라는 지팡구라는 것을 믿어 의심치 않았습니다."(위의 책, 27쪽); "콜럼버스는 이 땅을 일본의 끝자락으로 생각했지만, 실은 잘못 생각한 것이었고"(같은 책, 36쪽)

라는 역사적 공간에 대한 긍정(콜럼버스)이었다면, 워싱턴을 통해 반영하고자 하는 일본의 모습은 흥미롭게도 부정에 가깝다.

우선 사토 슈키치는, "남의 나라를 빼앗거나 군주에게 모반을 하거나 타인을 속이는 일"은 "일본에도 중국에도 서양에도" 많지만 그들은 진심으로 훌륭한 인물이 아니라고 말한다.[28] 그는 예로부터 있어왔던 이러한 부류를 '영웅호걸'이라 명한다. 그리고 그 대척점에 위치시키는 모델이 바로 워싱턴이다. 그가 강조하는 워싱턴의 탁월함은 정신적·인격적 부분에 있다. 〈워싱턴〉편에 등장하는 일본 관련 내용 역시 그 인격적 발현의 사례와 연관이 있었다.

> 그때의 연설에, '저는 결코 이러한 자리에 어울린다고는 믿지 않지만, 여러분의 추천으로 맡으라고 하시니 받아들이도록 하겠습니다'라니 이 얼마나 재미있지 않은가요. 자신을 선출해달다고 스스로 떠벌리는 일본의 의원들과는 천양지차입니다.[29]

이는 워싱턴이 독립군의 총사령관직에 추대된 직후의 연설 장면인데, 인상적인 것은 주인공의 겸허함을 통해 일본의 국회의원을 비판하는 사토 슈키치의 현실 정치관이다. 당시 일본의 전기물에는, 주인공의 이름에 기대어 작금의 일본 정치계를 직접 비판하거나 일본(인)이 쟁취해야 할 바를 명확히 하는 시도들이 나타났다.[30] 공식적으로

---

28) 위의 책, 38쪽.

29) 위의 책, 49~50쪽.

30) 예를 들어 잡지 『태양』에 연재된 후 단행본으로도 묶여 나온 헝가리 영웅 코슈트의 전기 「ルイ、コッスート」에는, "지금 우리나라의 보수당은 자주 일본인의 약함을 슬퍼하여 일본인은 도저히 구미인에 이길 수 없다며 앞장서 외친다"(石川安次郎, 「ルイ、コッスート」, 『近世世界十偉人』, 文武堂, 1900, 793쪽)라는 정당 비판이 실린 바 있고 나아가 "이는 실로 일본의 마에다 마사나(前田正名) 씨 무리의 공상과 닮은 우스꽝스런 법률로 우리는 그 난폭함에 어안이 벙벙해질 따름이지만, 본래 제정주의·보수주의·국가주의 등을 그리워하는 자는

소년 취향의 전기물을 표방한 본서에서도 이 부분이 목격된다는 것은 그 같은 경향이 꽤 만연해 있었다는 방증이다. 여기서 엿보이듯, 『소년지낭』의 일본 관련 서술이 단순히 모든 것을 찬양하는 방식으로만 되어 있는 것은 아니었다. 이는 아래와 같이 도요토미의 한계를 지적하는 것에서도 드러난다.

자, 이렇게 기술하고 보니 워싱턴은 세인들이 이야기하는 영웅이나 명장은 아닙니다. 나폴레옹이나 도요토미 히데요시 다이코 같은 공적은 찾을 수 없지만, 그럼에도 워싱턴은 서양에서 말하는 위인으로서 그 정신이 훌륭하고 또 순수하기로는 나폴레옹이나 다이코와 비교할 수 없습니다. 나폴레옹은 공화정체를 쓰러뜨리고 황제가 되었고, 다이코는 오다 노부나가 가문을 대신하여 간파쿠(關白) 자리에 올랐습니다. 워싱턴도 만일 이 두 사람 같은 마음이 티끌만치라도 있었다면 미국의 국왕이 되는 일은 대단히 쉬운 일이었습니다.[31]

인용문에 따르면 도요토미는 영웅이지만 위인은 아니고, 워싱턴은 영웅은 아니지만 위인이다. 전자는 공적 중심의 인물이지만, 후자의 위대함은 정신에 있다. 이미 〈알렉산더〉 편에서 일본의 대표 영웅으로 소개된 도요토미였기에 이러한 문맥에서의 재등장은 다소 의외다.

일반적으로 곧잘 폭정을 실행하려 하는 법이다"(같은 책, 825쪽)와 같이 실명을 거론한 정치가 비판까지 등장한다. 전기물 주인공을 경유하여 일본인의 사명을 강조하는 예로는 다음의 비스마르크 번역 전기에 붙인 서문을 참조할 수 있다. "바야흐로 동양의 풍운은 나날이 급박해져 우리 일본은 귀하에게 용맹스럽고 과단성 있으며 담두(膽斗)와 같은 남아가 될 것을 요청하는 시대가 되었다. 적어도 당대 인걸(人傑)의 임무를 맡을 기개 있는 인사들은 그가 군인이건 정치인이건 학생이건 실업가이건 묻지 않고, 모름지기 눈을 이들 전쟁터의 영걸들의 실제 이야기에 집중시켜, 이로써 그 기백과 능력을 크게 키워나가야 하지 않겠는가."(村上俊蔵, 「自序」, Charles Lowe, 村上俊蔵 譯, 『ビスマーク公清話』, 裳華房, 1898)
31) 佐藤小吉, 앞의 책, 52~53쪽.

그런데 위 인용문은 워싱턴이 도요토미보다 낮다는 식의 가치 판단과는 거리가 멀다. 사토 슈키치는 각각이 우월한 영역을 따로 언급할 뿐이다. 중요한 것은 이 구도에서는 워싱턴의 '정치적 공적'이 존재감을 잃는다는 사실이다. 이는 동일하게 후쿠야마 요시하루(福山義春)의 『華聖頓』(박문관, 1900)에 기반하면서도 워싱턴을 전사 및 혁명의 영웅으로 형상화한 중국인 딩진(丁錦)의 『華盛頓傳』(廣知書局, 1903)과는 분명 대조적이다.32) 사토 슈키치의 글에서 국왕이 될 수 있었지만 그러하지 않았다는 것이 미덕인 이유는, 지금이 '영웅호걸'을 요청하는 시대가 아니기 때문이다. 앞서의 국회의원 비판 역시 같은 맥락으로 볼 수 있다. 체제의 유지와 안정에 필요한 것은 자신을 뽑아달라고 외치는 인물이 아닌 것이다. 이와 같이, 워싱턴에게서 '영웅'이라는 명명을 제거한 조치는 사토 슈키치의 현실 인식과 맞닿아 있다. 이와 관련해서는 한국어 번역본인 『오위인소역사』의 비교 분석에서 더 상술하도록 한다.

한편 여전히 영웅 같은 용맹함이 요구되는 이들이 있었으니, 바로 군인이다. 네 번째 인물인 영국인 넬슨 제독의 경우는 바로 '일본 군인의 본보기'로 제시되었다.

19세기의 위대한 인물은 누구냐고 물으면 영국인들은 반드시 넬슨을 꼽습니다. 그리고 말하길, '넬슨은 영국군인의 본보기가 되는 인물이다'라고. 제가 생각하기론 넬슨은 영국군인만의 본보기가 아니라 또한 우리 일본 군인의 본보기로서 훌륭한 인물, 그뿐 아니라 또한 세계 각국인들이 본받

---

32) 상세한 논의는 손성준, 앞의 논문(2012), 'Ⅲ장 중 딩진(丁錦)의 중국어본 워싱턴 전기 관련 분석'(205~221쪽)을 참조. 전반적인 중국의 워싱턴 수용사와 그 정치성에 대해서는 판광저(潘光哲), 고영희·손성준 역, 『국부 만들기: 중국의 워싱턴 수용과 변용』, 성균관대학교출판부, 2013을 참조.

을만한 인물이라 생각합니다.33)

넬슨은 영국군인의 모범이라 할 만한 인물로 영국인들이 숭앙하는 것도 무리가 아닙니다. 그런 군인이 있었기에 해군이 강력했던 것으로, 세계적인 강대국으로 추앙되는 것도 무리가 아닌 것입니다. 이 넬슨은 우리 일본 군인의 본보기로 삼아도 충분한 인물이므로 이곳에 그의 이야기를 든 것입니다.34)

전술했듯이 사토 슈키치의 현실 인식에서 영웅이 권력을 탐하는 시대는 지났다. 그렇기에 잠재적이긴 하나 기존 체제에 위협적 존재가 있다면 군사력을 지닌 군인일 것이다. 따라서 군인을 영웅으로 높이는 데에는 전제가 필요했다. 그것은 곧 '충성심'의 확증이었다. 사토는 넬슨을 절대적 충성심의 표본으로 묘사한다. "그랬더니 무언가 돌연 어두운 곳에 불빛이 보이는 것처럼 가슴속에 충성심이 솟아나, '내 조국을 위해, 내 조국을 위해 이 한 몸을 바치자."35) 용장에게 요구된 반(反)혁명적 속성, 즉 충성심의 가치는 이와 같이 돌연 삽입

---

33) 佐藤小吉, 앞의 책, 56쪽.

34) 위의 책, 76쪽.

35) 문맥의 이해를 위해 앞뒤의 내용을 함께 제시한다. "그러므로 어느 때는 자신이 너무 병약함을 탄식하며 여러모로 생각하여, '도저히 해군에는 맞지 않으므로 군인은 포기하자'며 너무 절망하여 바다에 몸을 던져버릴까 조차 생각했습니다. 그랬더니 무언가 돌연 어두운 곳에 불빛이 보이는 것처럼 가슴속에 충성심이 솟아나, '내 조국을 위해, 내 조국을 위해 이 한 몸을 바치자. 자, 자, 결코 낙담해선 안 된다. 대장부는 크게 행동해야 한다. 이제부터는 운을 하늘에 맡기고 어떤 곤란과 고난이 있더라도 두려워하지 말고 굴하지 않고 나아가야 한다'고 결심했습니다. 그리하여 넬슨의 마음은 개운해졌고 다시 태어난 듯 즐거움이 가득해졌습니다. 세상에는 체격이 장대한 이도 대단히 많습니다. 하지만 신체 장대한 것만으로 군인이 되었다 하더라도 조금도 도움이 되지 않습니다. 가장 소중한 것은 정신이 건강한 것입니다. 정신이 건강하다 함은 진심이 있고 충성심과 용감함이 넉넉한 것입니다. 육군이 되겠다 해군이 되겠다는 뜻을 품는 세상 사람들은 넬슨의 경우를 떠올려주었으면 하는 것입니다."(위의 책, 65~66쪽)

되어 나타난다.

한편, 프랑스 혁명의 경과가 비교적 소상히 기술된다는 것도 〈넬슨〉 편의 특이점 중 하나다. 특히 루이 14세의 처형 사건은 "일본인은 도저히 꿈에도 상상할 수 없는 일"로 묘사되는 등, 〈넬슨〉 편에서의 공화정은 강한 부정성을 안고 있다.36) 넬슨은 여기서 반혁명의 기수, 즉 프랑스 혁명의 광기를 막은 인물로 묘사된다. 이 역시 기존 권력 체제에 대한 충성이라는 맥락에서 의미심장하다. 사토 슈키치는 영국이 "혁명의 전염"을 방지하고자 영국이 프랑스와 전쟁을 개시했으며 넬슨의 활약이 승전에 결정적으로 기여했다고 소개한다.37)

그런데 이 국면의 전환에서 상찬의 대상이 되는 것은 넬슨만이 아니다.

유럽 여러 나라가 모두 그에게 정복당했지만 유일하게 그의 명령에 복종하지 않는 한 나라가 있었습니다. 이것이 지금 우리 일본의 동맹국인 영국이었습니다.38)

사토 슈키치는 여기서 영국의 위대함을 말하는 동시에 그 영국이 바로 일본의 동맹국이라는 사실을 강조한다. 1902년 1월, 영국은 러시아의 아시아 진출을 견제하기 위해 일본과 제1차 영일동맹을 맺게 되는데, 이로 인해 일본은 "일본의 국제적 지위 향상을 보여준 쾌거"

---

36) "그런데 프랑스의 형편을 한마디 이야기하지 않으면 안 되는데, 미국이 독립되고 곧, 즉 일본의 간세이 원년 쇼군 이에나리(家齊) 공 시대에 프랑스에 대소동이 일어나, 국민의 조정과 귀족들에 대한 반대운동이 일어나게 되었습니다. 일본인은 도저히 꿈에도 상상할 수 없는 일이지만 결국 프랑스왕은 황공스럽게도 국민들에게 목이 잘렸고, 그리하여 그 후는 왕을 두지 않고 공화정치를 공포하는 등 정말 엄청난 사태가 발생했습니다. 이는 역사적으로 프랑스 혁명으로 불리며 대단히 유명한 이야기입니다."(위의 책, 67~68쪽)
37) 위의 책, 68쪽.
38) 위의 책, 69~70쪽.

라며 들썩였다.[39] 일본의 역사적 위상 제고를 주조로 하는 『소년지낭』은 불과 한 해 전에 있었던 그 사건을 활용하는 것은 적절해 보인다. 자랑스러운 영국의 역사는 곧 동맹국인 일본의 지위를 새삼 자랑스럽게 만드는 기제이기도 했던 것이다.

그렇다면 『소년지낭』의 마지막 인물, 표트르 대제의 전기는 어떠한 맥락에서 일본과 맞닿아 있었을까? 이 질문에 답하기 위해, 〈표트르〉 편의 배치가 갖는 이질성을 먼저 지적할 필요가 있다. 네 번째 인물까지의 흐름은 서양사의 연대순을 따른다.[40] 그런데 마지막 챕터의 주인공 표트르의 존재로 인하여 이 시계열성이 와해된다. 표트르(1689~1725)의 역사적 무대는 세 번째 주인공 워싱턴의 탄생 이전이었다.

사토 슈키치의 언급들을 종합해 보면, 표트르를 가장 마지막에 배치한 이유는 러시아의 개화 시점이 가장 나중이었기 때문이다.[41] 그러나 의문이 남는다. 왜 하필 서구 열강 중에서도 가장 후발주자를 택한 것일까? 더 무게감 있는 주인공 후보자가 없는 것도 아니었다.

---

39) "각지에서 축하회가 개최되었고 도쿄에서는 제등행렬이 이루어졌다."(야마무로 신이치, 정재정 역, 『러일전쟁의 세기: 연쇄시점으로 보는 일본과 세계』, 소화, 2010, 129쪽)

40) 기원전 인물인 알렉산더가 서장을 장식하고, 이후 15세기를 무대로 했던 콜럼버스(1451~1506), 다음은 18세기 인물인 조지 워싱턴(1732~1799)과 19세기 초까지 활약한 넬슨(1758~1805)의 순서가 이어진다. 또한 연대상 멀찍이 떨어져 있는 알렉산더를 제외한 콜럼버스, 워싱턴, 넬슨의 세 인물은 서양사의 주요 사건에서 연쇄적 인과를 공유하기도 한다. 콜럼버스가 발견한 아메리카에 워싱턴이 미국을 수립하고, 미국의 독립은 프랑스 혁명의 원인 중 하나가 되었다. 그 혁명 후의 프랑스는 나폴레옹이라는 인물을 낳고, 이는 다시 넬슨의 영웅 등극을 예비하는 계기로 작용한다. 이상의 사건들을 조합해 보면 거칠게나마 근세 서양사의 연결 고리가 형성되는 것이다.

41) 그는 현재 러시아가 누구나 인정하는 유럽의 강국이라 전제한 후, "그런데 이 러시아가 영국·프랑스 등의 다른 나라와 같은 정도로 아주 예전부터 개화된 위대한 나라냐고 한다면 결코 그렇지는 않습니다. 아마도 이 나라만큼 뒤늦게 개화한 나라도 없을 것입니다"(佐藤小吉, 앞의 책, 78쪽)라고 말했다. 결국 서양사에서 차지하는 비중 자체가 상대적으로 낮았던 것이다. 그는 말한다. "서양인이 말하기로는, '제 18세기 시작 무렵까지는 러시아인들은 역사의 무대에 나타나지 않고 있었다'라고. 실제 그러합니다."(같은 책, 78쪽)

가령 알렉산더와 콜럼버스 사이의 긴 공백기에 로마의 율리우스 시저를 넣거나, 워싱턴에서 넬슨으로 이어지는 느슨한 고리에 나폴레옹을 활용하는 대안도 있었다. 하지만 사토 슈키치에게는 표트르여야만 했던 이유가 있었다.

요즈음 우리나라에서 빈번히 러시아 러시아라고 말하므로, 그 위대한 황제의 업적을 이야기하면서 또 동시에 왜 그토록 미개했던 국가가 급속히 위대한 국가가 되었는가 하는 유래를 기술해보겠습니다. 우리나라가 점차 세력이 융성해져 러시아와도 손을 잡고 교우하지 않으면 안 되는 오늘날이므로, 그 역사의 대강을 알아두시는 것도 결코 무익한 일이 아니리라고 생각합니다.[42]

20세기 초의 러시아는 세력 확장 노선을 걷던 일본으로서는 매우 불편한 존재였다. 지리적으로 "유달리 가까운 나라"[43]였던 탓에 이권 다툼에서 필연적으로 충돌할 수밖에 없었는데, 이는 결국 러시아의 희생양이 될지 모른다는 일본의 사회적 불안감으로 나타났다.[44] 『소년지낭』이 발표된 1903년은 러일전쟁을 목전에 둔 시점으로서, 두 나라의 관계는 악화일로에 있었다. 여기서, 〈표트르〉 편의 등장이 〈넬슨〉 편 바로 다음에 배치되었다는 사실을 상기해 보자. 다시 말해, 『소년지낭』에서 러시아(표트르)는 얼마 전에서야 "미개했던 국가"를 탈피하여 "급속히" 성장했다는 설명과 함께, 하필이면 위대한 역사가 축적된 영국(넬슨)의 소개 직후 등장했다. 더구나 일본이 영국과 동맹 관계에 있음을 밝혀둔 상황이었다. 이상에서 볼 때, 위 배치는

---

42) 위의 책, 78~80쪽(79쪽은 삽화).
43) 위의 책, 78쪽.
44) 야마무로 신이치, 앞의 책, 63~90쪽.

러시아라는 위협이 통제 가능한 상태에 있다는 자신감의 발현과 무관하지 않을 것이다. 실제로도 영일동맹은 러시아에 대한 영국과 일본의 공동 견제장치였으며, 이 부분은 동맹의 성립 당시 일본이 환호했던 큰 이유 중 하나이기도 했다.[45]

한편 위 인용문에서 밝히듯 사토 슈키치는 러시아와 "손을 잡고 교우"하는 미래를 그리기도 했다. 이러한 태도는 〈표트르〉편 마지막 부분에 러시아 황제에게 사용한 극존칭[46]에서도 엿볼 수 있다. 지리적 요건상 가장 위협적 존재가 될 수도 있지만, 동반자적 관계일 경우 가장 강력한 우방도 될 수 있는 것이 바로 러시아였다. 어찌되었건 '소년'들이 살아갈 가까운 장래의 일본에게, 러시아만큼 문제적 변수는 없었다. 그런데 여기서 중요한 것은 러시아에 대한 이러한 견제가 가능해진 조건 자체이다. 그것은 바로 "우리나라가 점차 세력이 융성해"진 데 있었다. 역사가 증언하는 러시아의 급격한 문명화 과정은 한때 메이지 일본의 유력한 모본이기도 했다. 하지만 상황은 변했다. 그들과 "손을 잡고 교유하지 않으면 안 된다"는 전망 속에는 '우리'가 이미 '그들'의 레벨을 따라잡았다는 의식이 전제되어 있다. 이처럼, 콜럼버스 서사가 '역사적 공간으로서의 일본'을 다룬 계기였다면, 표트르의 러시아는 바로 '지금 일본'의 국제적 지위나 문명화 수준을 확증하는 통로였다.[47]

이상과 같이, 『소년지낭』에서 주인공의 존재 이유 및 그들의 국사

---

45) 위의 책, 130쪽.

46) "현재 러시아 황제폐하는 니콜라이라고 하며, 예전 메이지 24년 아직 황태자 전하였던 시절에 일본을 순방하신 분"(佐藤小吉, 앞의 책, 95~96쪽).

47) 한편 한국에 있어서도 표트르대제 전기의 수용은 여러 모로 문제적이었다. 특히 수용 시기 및 주체에 따라 편차가 역동적으로 변한다. 민영환, 윤기진, 조종관, 완시생, 김연창, 최남선 등의 표트르 인식 및 전기물 번역에 대해서는, 손성준, 앞의 논문(2012), 338~370쪽 참조.

(國史)에서 건져 올린 메시지들은 모두 일본이라는 공간으로 수렴되었다. 유럽 강대국의 역사를 알게 될수록 일본의 소년 독자들은 자국의 역사에 더 근접해 갔다. 나아가 그 전체적 구성은 일본의 역사가 서양사의 주요한 사건들과 유사한 경험을 거쳐 현재에 이르렀다는 '하나의 거대한 서사'를 이루고 있었다. 다섯 명의 주인공들은 일본이라는 공동체의 기억을 창출하고 공유하며 지속적으로 환기시켜 줄 코드였다. 독자들은 서구 위인들을 통해 걸러진 각종 메시지를 통해 나아갈 길을 제시받을 수 있었고, 그 길을 걷는 이는 '지낭('智囊)'48)이 될 터였다. 그러나 『소년지낭』을 통해 사실상 독자들이 얻을 수 있는 핵심적 '지혜'들은 일본인으로서의 정체성을 견고히 하는 데 있었다. 사토 슈키치의 의중에 정체(政體)의 선전은 포함되어 있지 않았을지 모른다. 그러나 정치의 개념을 보다 광범한 차원에서 적용한다면, 국사를 통해 국가의 신봉자를 길러 내고 모범 국민의 자격을 위해 분투할 소년들을 준비시킨다는 점에서 『소년지낭』이야말로 고도의 정치적 텍스트였다.

4. 『오위인소역사』의 번역과 결과적 탈정치의 양상

『오위인소역사(五偉人小歷史)』의 본문에는 역자 이능우(李能雨)의 이름이 명기되어 있지만, 후면의 판권지에는 역자 항목 대신 "편집자(編輯者) 경성전동(京城磚洞) 보성관번역부(普成舘繙譯部)"라고 되어 있다. 당시 보성관 번역서에는 역자 이름 앞에 '보성관번역원'이라는 명칭이 따로 병기되는 경우가 있었는데, 이능우의 경우 이에 해당되

---

48) 이 말은 '지혜 주머니'라는 용례도 있지만 보통은 '지혜로운 사람'을 지칭하는 데 쓰인다.

지 않았던 것이다. 이를 볼 때 그는 안국선, 황윤덕, 김하정, 유문상 등 10여 명으로 추산되는 보성관의 '번역원' 그룹은 아니었지만, 판권지 표기상 어떤 식으로든 보성관의 번역 사업과 연관되어 있었을 것이다. 보성관은 주로 보성학교의 교과서를 제작한 출판사였으며, 『오위인소역사』를 비롯하여 『越南亡國史』, 『比律賓戰史』, 『比斯麥傳』 등과 같이 시류에 부합하는 역사물과 전기물을 내어 놓기도 했다. 보성관 간행 번역물의 경우 번역자 개개인에 의해 텍스트의 성격이 좌우될 수 있었다.49) 그렇다면 결국 『오위인소역사』의 번역에도 이능우의 선택이 중요한 요소로 작용했을 것이다.

이능우는 관립중학교 심상과를 졸업하고 동교 교관으로 임용된 바 있으며, 1908년 내부 본청 대신관방 문서과의 '번역관(6급)'으로 재직했다는 기록이 대한제국 직원록에 남아 있다.50) 이후 그의 행적은 의외로 1920년도에 전국을 들끓게 했던 '대동단사건(大同團事件)'에서 발견된다. 이 사건은 독립운동을 위한 비밀결사 대동단이 의친왕 이강(李堈)을 임시정부가 있던 상하이로 망명시키려던 것으로, 계획이 발각되면서 단원 대부분이 체포되고 끝내 조직은 해체되기에 이른다. 이능우는 당시 사건을 보도하던 ≪동아일보≫ 기사51)와 이 사건에 대한 검찰 조사 자료 등에서 피고로 이름을 올리고 있다. 이보다 앞선 1919년 5월 23일에도 그는 대동단의 주요 단원과 함께 일본 경찰에게 체포된 적이 있었고, 당시 자금조달 책임자의 역할을 했다고 한다. 대동단의 이능우가 『오위인소역사』의 번역자 이능우와 동일 인물이라는 근거는, 「이능우에 대한 검찰 조서」 등에 등장하는

---

49) 이상의 보성관 관련 논의에 대해서는 권두연, 앞의 논문, 31~36쪽을 참조했다.

50) 위의 논문, 32쪽.

51) 「大同團事件 豫審決定書(一)」, ≪동아일보≫, 1920.6.29, 3면; 「大同團事件 豫審決定書(四)」, ≪동아일보≫, 1920.7.2, 3면.

그의 이력이 번역자 이능우와 일치하기 때문이다.[52] 1883년 11월 16일생[53]인 그는 친일노선을 걷다가 대동단원으로 전향하여 징역살이까지 이른, 당시로서는 흔치 않은 삶을 살았다. 물론『오위인소역사』의 번역은 이능우가 아직 대동단에 투신하기 전에 이루어졌다. 하지만 관계를 맺고 있던 보성관의 이념이 애국적 계몽운동을 근간으로 하고 있었던 만큼, 당시의 그라 해도 친일로 편향되어 있었다고 단정하기는 어렵다.

『소년지낭 역사편』에서『오위인소역사』로의 번역 과정에서 관찰되는 변화는 크게 두 가지를 들 수 있다.

첫째, 소년 독자의 지향에서 탈피한 것이다. 단순히 제목에서만

---

52) 대동단에 이르기까지의 상세한 이능우 이력은 「이능우에 대한 경찰 조서」(1), 『대동단사건』 I (韓民族獨立運動史資料集 5), 국사편찬위원회, 1986, 4쪽; 「이능우에 대한 예심 조서」 (1), 『대동단사건』 II (韓民族獨立運動史資料集 6), 국사편찬위원회, 1986, 24~25쪽 등의 정보를 정리한 신복룡의 다음 기술을 인용하는 것으로 대신한다. "이 밖에도 본시 친일 노선을 걸었으며 경술 국치 때에는 합방 기념장(記念章)을 받은 적이 있던 이능우(李能友)를 가입시키는 데 성공했다. 그는 번잡한 경력의 소유자였다. 명문 경성관립중학교를 졸업한 이능우는 모교의 교관, 경무국 주사, 《중앙신문》 기자, 內部 제방세 조사위원, 내부 참여관 보좌관을 지냈으며, 경술국치 이후에는 경성의 《매일신보》 기자가 되어 1913년까지 활약한 바 있으며, 최근까지 경성신문사 내의 조선고서간행회에서 번역을 담당하고 있던 지식인으로서 꿈도 많았다. 그러나 이제 낭인의 생활을 하고 있던 이능우는 평소에 알고 지내던 유태희(兪泰熙)로부터 중국 방면에서 독립 운동을 하다가 최근에 귀국한 최익환이라는 인물이 있다는 말을 듣고 1919년 4월에 유태희의 소개로 초음정(初音町)에서 최익환을 만나 대동단에 가입하게 되었다. 최익환을 만나 대동단의 취지에 공감한 이능우는 다시 나경섭(羅景燮)(일명 나세환(羅世煥))을 포섭하여 단원으로 끌어들이는 데 성공했다."(신복룡, 『大同團實記』, 선인, 2003, 58쪽)

한편, 1925년에 개최된 '전조선인기자대회'의 준비위원 중 《매일신보》 명단에 이능우의 이름이 확인되는데(「기자대회준비위원회」, 《동아일보》, 1925.4.12, 2면), 이를 보아 대동단사건 이후 이능우는 한 때 속했던 《매일신보》에서 기자 활동을 재개한 것으로 보인다. 그는 당시 '전조선인기자대회'에서 상무위원을 맡은 바 있다(「記者大會는 四月中」, 《동아일보》, 1925.3.17, 2면).

53) 「대동단사건에 대한 경성지방법원 예심결정서」에 나오는 정보이다. 한편, 「대동단사건에 대한 경성지방법원 1심 판결문」에 따르면, 이능우의 본적은 경성부 장사동 137번지이고, 출생은 동부 봉익동이며, 당시 무직(無職)이었다(신복룡, 앞의 책, 203쪽·223쪽의 〈부록〉에서 재인용).

'소년'을 누락시킨 것이 아니라 소년을 타깃으로 하며 설정한 『소년지낭』의 전반적 차별화 지점들이 사라진다. 일단 일본어본의 문체적 특징이었던 경어 사용을 반영하지 않고, 수시로 등장하던 사토 슈키치의 추가 해설이나 감정 이입 유도성 발화들도 대부분 삭제된다. 삽화도 일괄적으로 빠지게 된다.

한국어로 번역된 『소년지낭』, 즉 『오위인소역사』가 더 이상 소년용 서적이 아니게 된 이유는 무엇일까? 번역 과정에서 나타나는 대상 독자층의 변화는, 기본적으로 지식 수용의 시차와 출판 시장의 조건 차이에 기인한다. 당시 한국은 역자나 독자를 망론하고 신지식의 수용의 주체가 한문 소양을 구비한 성인 남성층이었다. 따라서 대부분의 번역서는 순국문 독자층을 대상으로 한 전략적 콘텐츠54)를 제외하면 국한문체로 번역되었다. 신지식이 소년의 독물(讀物)로 걸러지고 개량화되는 데에는 시간이 소요될 수밖에 없었다. 일본의 경우도 유통 초기의 번역 전기물들은 우선 성인 독자층을 대상으로 자리매김한 것이었다.55) 『소년지낭』의 경우는 그러한 단계를 지나

---

54) 『애국부인젼』(1907), 『라란부인젼』(1907)처럼 여성 독자를 의식한 전기물이 단적인 예들이다. 기타 순국문체인 『서사건국지』(1907), 『월남망국스』(1907), 『이태리건국삼걸젼』(1907)의 번역 등은 이미 국한문체로 先번역된 이후에 이루어지는 경우가 많았다. 한편 번역 전기는 소설개량의 논의 속에서 새 시대의 '국문소설'이 취해야 할 모범으로서 강조되기도 했다. 이때의 '국문소설'은 물론 '소설'이라는 표제에 관심이 컸던 당대 국문 독자층을 염두에 둔 것이었다. 이와 관련한 논의는 손성준, 「전기와 번역의 '종횡(縱橫)': 1900년대 소설 인식의 한국적 특수성」, 『현대소설의 연구』 51, 한국문학연구학회, 2013 참조.

55) 민우사에서 발간한 초기의 전기물로서, 다케코시 요사부로(竹越與三郎)의 크롬웰 전기 『格朗乞』(1890), 히라타 히사시(平田久)의 『伊太利建國三傑』(1892) 등이 좋은 예다. 이들 두 편에 모두 장문의 서문을 직접 쓴 민우사의 사장 도쿠토미 소호(德富蘇峰)는 직접 요시다 쇼인의 전기 『吉田松陰』(1893)을 집필하기도 했다. 소년 독자층을 지향한 민우사의 전기물 편찬은 1896년부터 나온 『소년전기총서』부터 본격화되었다. 참고로 ≪소년전기총서≫의 구성은 다음과 같다.
  1. フランクリンの小壯時代(프랭클린), 1896.1.24.
  2. 両ケトー(大 카토, 小 카토), 1896.2.24.
  3. アブラハム·リンコルン(아브라함 링컨), 1896.5.14.

1890년대 중후반 이후 본격화된 소년 독자 취향 전기물 발간의 흐름 속에 놓여 있는 단행본이었다. 그러나 이 서적이 『오위인소역사』로 번역된 1907년의 한국은, 서양인 전기물이 각종 학회지와 신문에서 한창 소개되던 참이었다. 또한 이러한 단계에서는, 번역 대상이 될 만한 일본어나 중국어 단행본이 확보된다 해도 단행본으로 역간되기에 앞서 신문이나 잡지를 통해 먼저 전파되는 경우가 많았다. 단행본 자체를 목적으로 하는 번역이 활성화되는 것은 동일 부류의 텍스트가 이 같은 과정에 의해 검증된 연후에야 가능했다. 1900년대 한국에서 번역 전기는 기본적으로 성인 남성들의 콘텐츠였고, 『오위인소역사』 이전까지로 한정한다면 단행본으로 발간된 경우는 전무하다시피 했다. 『소년한반도』(1906.11~1907.4)처럼 '소년'을 대상으로 삼는 매체의 전략적 시도가 나타나기도 했지만, 소년 독자를 의식한 전기물의 출현은 1908년도 말엽 창간된 『소년』의 〈少年史傳〉란을 기다려야 했고, 이마저도 단행본은 아니었다.

둘째, '일본 관련 흔적의 삭제'이다. 이것이야말로 『오위인소역사』가 가장 차별화되는 지점이라 할 수 있다. 이능우는 『소년지낭』을 옮겨 내다가 일본의 역사나 인물이 등장하면 여지없이 삭제했는데, 정도가 대단히 치밀하다. 서양 각국의 위인들을 소개하는 서적에서 일본인과 일본사는 존재 자체가 불순물이기에 이는 당연한 조치로 볼 수도 있다. 그런데 문제는 이 글 3장의 분석에서 다뤘듯, 『소년지낭』에서 일본 언급의 비중이 지나치게 컸다는 것이다. 『소년지낭』이 말하는 서양사의 각 부분은 일본의 사정과 긴밀하게 연동되어 있었고, 다섯 주인공과 관련된 각 메시지의 수렴점 자체도 일본이었기에,

---

4. 子ルソン(넬슨), 1896.10.22.

5. 子ルソン 下(넬슨), 1897.2.21; 号外, 吉田松陰文(요시다 쇼인), 1896.6.21; 号外, 横井小楠文(요코이 쇼난), 1896.7.24; 号外, ウエリントン(웰링턴), 1897.2.26.

만약 일본이라는 요소를 지운다면 이는 텍스트의 본질을 해체하는 것이나 진배없었다. 즉, 『소년지낭』의 특수성이라 할 만한 정치적 속성이 무화(無化)되는 것이다.

그러나 일본 텍스트의 정치성에서 이탈한다고 해서 『오위인소역사』가 온전한 탈정치성을 획득하는 것은 아니다. 일본이 주체가 되는 민족성의 정치적 배치 방식에서 그 '방식'은 유지한 채 '주체'만 한국으로 치환한다면, 이는 외장(外裝)을 달리한 정치성의 재현이 될 뿐이다. 이능우의 번역 간 개입 중에는, 이러한 측면에서 눈여겨봐야 할 부분이 존재한다. 먼저 〈표 2〉를 보자.

〈표 2〉 『소년지낭 역사편』과 『오위인소역사』의 연도 표기 방식 비교

구분	『소년지낭 역사편』	면	『오위인소역사』	면
알렉산더	그리스는 우리 일본의 신화의 시대(초대 천황인 진무[神武] 천황의 재위 이전의 시대)였던	2	그리스는 서력 기원전 2200년, 거금 4200년경의	1
	제6대 고안 천황대 무렵에는	2	기원전 삼백오륙십년경에는	1
	일본의 기원 325년(고안[孝安] 천황 57년)으로	8	기원전 337년이니	3
	우리 일본의 기원 338년 7월에	13	기원전 324년 7월에	5
콜럼버스	우리 일본의 아시카가(足利) 막부말경 서양에서는	20	서력 13세기경 서양에	8
	콜럼버스는 …… 일본의 고하나조노(後花園) 천황 재임 때인 에이쿄(永亨) 9년56)에 이탈리아의 제노바 시에서 태어났습니다. 정확히 남북조가 통일되고부터 26년57)째에 해당합니다.	24	콜럼버스는 …… 서력 1436년에 이탈리아의 제노바 시에서 태어나니, 즉 太宗 18년 丙辰이라.	9
	일본의 고쓰치미카도(後土御門) 천황 때인 메이오(明應) 원년 4월 17일에	32	이는 서력 1492년이오 우리 成宗 23년 壬子 4월 17일이라.	12
	메이오 원년 8월 3일	32	당년 8월 3일	13
	메이오 2년에는	37	또한 익년에	14
워싱턴	일본의 교호(亨保) 17년, 즉 도쿠나가 8대장군 요시무네(吉宗) 시대에	40	서력 기원 1732년, 즉 우리 英祖 8년 壬子에	14
	그 다음해, 즉 일본의 야스나가(安永) 5년	47	익년 서력 1776년, 즉 우리 영조 52년 丙申	17
	일본의 야스나가 4년 4월에 개전된	47	서력 1775년 4월에 개전된	17
	이로부터 9년째, 즉 덴메이(天明) 3년(고키[皇紀] 2443년) 9월	47	그 후 제9년, 즉 서력 1783년 9월	17

	간세이(寛政) 11년(고키 2459년) 12월 14일	51	서력 1799년 12월 14일	18
	그로부터 3년 후는 우리 일본의 모토오리 노리나가(本居宣長)라는 학자가 사망한 해입니다.	51	×	
넬슨	도쿠나가 쇼군의 중흥기로 불리는 8대 요시무네 공의 사후 8년째 되는 해, 즉 모모조노(桃園) 천황의 보력(寶歷) 8년에	58	서력 1758년에	20
	즉, 간세이 원년 쇼군 이에나리(家齊) 공 시대에	67	1789년에	23
	결국 간세이 5년에	68	1793년에	23
	이는 일본의 분카(文化) 2년 10월 25일에 해당	75	×	
	우리 도쿠나가 5대 쇼군 츠나요시(綱吉)의 시대로	78	×	
	헤이안(平安) 왕조 시대에	80	×	
	세이와(淸和) 천황 즉위 4년, 즉 조간(貞觀) 4년의 일입니다.	81	서력 862년이라.	27
	4대 쇼군 이에츠나(家綱) 시대, 즉 간분(寬文) 12년에 출생한	82	서력 1672년에 출생한	28
	오사카 군대에서 도요토미 가문이 멸망한 해의 3년전 되는 해에	82	×	
표트르	일본 겐로쿠(元祿) 9년에	84	1696년에	29
	일본의 겐로쿠 11년 연말에	89	1698년에	
	이때가 겐로쿠 16년으로 정확히 아코(赤穗: 지금의 고베 지역)의 의사(義士) 오이시 요시오(大石良雄)가 할복했던 해입니다.	93	서력 1703년이라.	32
	이 해가 우리 일본에서 아라이 하쿠세키(新井白石)가 죽은 교호(亨保) 10년이었습니다.	94	서력 1725년이라.	33
	예전 메이지 24년 아직 황태자 전하였던 시절에 일본을 순방하신 분으로서, 메이지 1년에 탄생하시고 메이지 27년 즉위하신 분으로 알고 있습니다.	96	서력 1891년 황태자 때에 일본국에 만유하였으며 서력 1894년에 즉위하니라.	33

이는 앞에서 언급한 바 있는 일본어본의 특징인 일본식 연도 표현과 해당 부분의 한국어 번역을 제시한 것이다. 쉽게 확인되듯, 『오위

---

56) 실제 콜럼버스의 탄생은 1451년이며, 사토 슈키치가 쓴 "에이쿄(永亨) 9년"은 1437년으로 서로 어긋난다. 또한 이능우가 사토 슈키치의 정보를 참조한 "서력 1436년"은 잘못된 정보를 다시 잘못 옮긴 것이다.

57) 중세 일본의 남북조 통일은 1392년이므로, 26년째는 곧 1418년을 의미한다. 즉, 여기서 사토 슈키치는 다시 한 번 오류를 범했다. 이능우가 태종의 연호로 표현한 것은 사토 슈키치의 1418년과 일치한다.

인소역사』에서 저본의 일본색은 남김없이 사라지고 '서력'이 그것을 대체했다.[58] 이능우는 일본식 연도 표기를 서력으로 바꾸기 위한 별도의 계산 과정을 거쳤다. 적어도 그는 서양사를 설명하기 위해 서양의 방식을 취하는 노력을 가미한 것이다. 다만 이능우는 네 차례에 걸쳐 조선식 연호를 사용하기도 했다(강조 표시). 비록 소수에 그치는데다가 서력을 앞세우고 뒤따르는 모양새라고는 해도, 천황의 이름을 내세우는 사토 슈키치의 방식을 그대로 차용한 것이다. 이는 세계사 속에서 국사의 알리바이를 확인하고자 하는 욕망의 전이(轉移)일 수 있다.

연호의 교체와 같은 단편적 개입보다 좀 더 문맥을 흔드는 정교한 내용 변주도 발견된다.

사토 슈키치: 자, 이렇게 기술하고 보니 워싱턴은 세인들이 이야기하는 영웅이나 명장은 아닙니다. 나폴레옹이나 도요토미 히데요시 다이코 같은 (전장에서의) 공적은 찾을 수 없지만, 그럼에도 워싱턴은 서양에서 말하는 위인으로서 그 정신이 훌륭하고 또 순수하기로는 나폴레옹이나 다이코와 비교할 수 없습니다. 나폴레옹은 공화정체를 쓰러뜨리고 황제가 되었고, 다이코는 오다 노부나가 가문을 대신하여 간파쿠(關白) 자리에 올랐습니다. 워싱턴도 만일 이 두 사람 같은 마음이 티끌만치라도 있었다면 미국의 국왕이 되는 일은 대단히 쉬운 일이었습니다.[59]

이능우: 워싱턴은 세계에 회자되는 인인군자(仁人君子)요, 또 영웅이라. 처사가 방정하며 심지가 결백한 것은 나폴레옹도 미치지 못할지라. 나폴레

---

58) '일본'을 노출시킨 경우는 도표의 마지막에 강조한 단 한 차례다. 이 역시 저본의 색채와는 다르다.
59) 佐藤小吉, 앞의 책, 52~53쪽.

옹은 공화정체를 타파하고 황제가 되었으니 워싱턴이 만일 이 사람과 같이 했다면, 아메리카의 황제가 되었을 것이다.[60]

두 인용문의 차이는 이능우가 생략한 일본 관련 내용뿐만이 아니다. 사토 슈키치의 워싱턴은 영웅이 될 수 없었다. 사토 슈키치는 위 인용문 이외에도 "그는 영웅도 아니며 또 학자도 아니었습니다"[61]와 같이 워싱턴에 대해 같은 식의 규정을 내린다. 전술했듯 『소년지낭』의 워싱턴은 상당부분 정신적/인격적 모범이라는 틀에 한정되어 있었다. 물론 위 인용문의 발언처럼, 사토 슈키치는 제위를 거부하고 공화정체를 확립한 워싱턴의 공적을 상찬하기도 했다. 그러나 그것은 공화정 자체가 우월하다는 의미와는 거리가 멀다. 단지 스스로 낮아지는 워싱턴의 정신에 박수를 보내는 것일 뿐이다. 이와 마찬가지로 나폴레옹이 공화정을 무너뜨리고 황제가 된 것에 대한 사토 슈키치의 유감 표명은 나폴레옹이라는 인물의 욕심에 대한 것이지 공화정의 무산에 대한 것이 아니다. 이는 이어지는 도쿠토미에 대한 유감에서 다시 한 번 확인되는데, 나폴레옹과 도쿠토미의 공통점은 정치체제가 아니라 권력에 대한 욕망에 있기 때문이다. 이 욕망 비판의 이면에는 그것이 공화정이든 군주정이든, 기존 정치권력 전복을 경계하는 필자의 보수적 태도가 놓여 있다. 이렇듯 사토 슈키치가 '영웅'이라는 개념을 긍정적으로 사용하지 않은 것은 영웅이라는 존재가 기존 체제를 뒤집는 욕망을 발산할 수 있기 때문이었다.

반면 이능우는 워싱턴을 영웅이라 못 박았다. 위 인용문 외에도, 그는 〈워싱턴〉 편의 시작 부분에 저본에 없던 "오늘날 진정한 영웅호

---

60) 李能雨, 『五偉人小歷史』, 普成館, 1907, 19쪽.
61) 佐藤小吉, 앞의 책, 53쪽.

걸은 아메리카의 워싱턴이라"[62]와 같은 문장을 손수 첨가한 바 있다. 사토 슈키치가 "그는 영웅도 아니며 또 학자도 아니었습니다"[63]라고 한 부분에 대해서는 "그는 명장도 아니며 학자도 아니라"[64]로 고쳤다. 사토 슈키치가 말하는 '영웅으로서의 워싱턴 부정' 자체를 거부한 것이다. 이는 저본이 지닌 정치적 맥락의 한국식 변주라 할 수 있다. 이능우가 워싱턴을 접한 채널은『소년지낭』이 전부가 아니었다. 당시 한국 지식인층 사이에서 워싱턴은 이미 대표적 서구 영웅으로 알려져 있었고, 워싱턴을 다루는 동 시기 한국의 텍스트들에는 저항성을 내포하는 경우가 충분히 있었다.[65] 이능우는 워싱턴의 영웅 됨을 부각시키지 않는 것은 워싱턴에 대한 편향된 해석임을 감지했을 것이다. '영웅'이라는 수사의 활용은 그가『오위인소역사』속에서 미약하게나마 저항적 워싱턴상을 확보하고자한 증좌다.[66]

분명 조선 연호의 사용이나 워싱턴의 예는 번역 공간의 정치적 특성을 감안한 개입이라 하겠다. 이는 엄연히 지적되어야 할『오위인소

---

62) 李能雨, 앞의 책, 14쪽.

63) 佐藤小吉, 앞의 책, 53쪽.

64) 李能雨, 앞의 책, 19쪽.

65) 워싱턴 관련 정보는 ≪독립신문≫ 시기부터 시작하여 신문·잡지의 기사 차원에서는 꾸준히 등장한 편이고 초기 단행본의 경우 玄隱이 번역한 역사서『美國獨立史』(황성신문사, 1899)를 통해 독립전쟁에서의 활약이 상세히 알려졌다. 전기물의 좋은 예로는 최남선이 崔生이라는 필명으로 유학생 학회지에 게재한 바 있는 위싱턴전을 들 수 있다. "吾將敍述華盛頓之傳ᄒ야 示爾模範ᄒ리니 試看苛政之終局이 能得如何之效益ᄒ며 血戰之結末이 竟收幾多之福利ᄒ라."(崔生,「華盛頓傳」,『大韓留學生會學報』1, 1907.3, 53면)와 같이, 여기서의 위싱턴은 혈전을 통한 승리의 획득을 상징하는 존재였다. 이능우의 번역 시점 이후로도 한국에서의 위싱턴은 혁명성과 용맹성을 담지하는 경우가 지속적으로 등장한다. 이해조는『華盛頓傳』(회동서관, 1908)을 통해 전사(戰士)로서의 워싱턴을 강조한 딩진의 중국어 저본을 이어받고 있으며, 국문판 ≪대한매일신보≫에는 <소설>란에「미국독립사」(1909.9.11~1910. 3.5)가 연재되기도 했다. 이후『美國獨立史』나 이해조의『華盛頓傳』등은 1910년 11월 19일 조선총독부령에 의해 금서로 지정된 51종의 도서에 포함된다.

66) 게다가 도요토미에 대한 비판이 생략된 것으로 인해, 본시 욕망을 부정하던 사토 슈키치의 해석이 나폴레옹에 의해 몰락한 공화정체에 대한 아쉬움으로 해석될 소지를 강화시켰다는 것도 지적해 두어야겠다.

역사』만의 특징이기도 하다. 그러나 이를 근거로『오위인소역사』의 속성 자체를 정치적 서사로 단정하는 것은 무리다. 총체적 평가를 위해서는 그것을 넘어, 남아 있는 내용 자체에 의해 구성되는 새로운 '원본'으로서의 성격 파악이 요청된다. 그렇다면『소년지낭』에서 일본색을 지울 경우 남게 되는 것들은 무엇일까? 다음은『오위인소역사』의 내용을 핵심 정보 및 일화 위주로 간략히 정리한 것이다.

<표 3>『오위인소역사』의 소단위 내용 정리

구분		내용
알렉산더대왕	1	서양 문명의 기원으로서의 그리스·로마 소개
	2	알렉산더 대왕의 아버지 필리포스 2세 언급
	3	유년기 알렉산더의 일화들: 단순 운동 경기보다 각국 제왕들과의 경쟁을 원함/자신이 차지할 땅이 줄어들어 아버지의 승전을 기뻐하지 않음/거친 야생마를 길들여 아버지로부터 인정받음
	4	알렉산더의 교육 및 스승 아리스토텔레스의 소개
	5	페르시아 정벌 전 필리포스 2세가 암살됨
	6	강대국 페르시아 및 그들의 침략을 막았던 역사의 소개
	7	알렉산더의 제위 등극 및 페르시아 정벌을 위한 출병 준비
	8	자신 앞에서 초연한 신하 디오게네스에 대한 감복
	9	페르시아와의 전쟁에서 승리함. 거대한 성과를 올렸음에도 더 많은 정벌을 못하여 아쉬워함
	10	질병에 걸려 32세의 나이로 사망
	11	유래 없는 대제국의 건설 등 알렉산더의 위대함에 대한 평가
	12	전쟁 중 병사들을 생각하여 물을 마시지 않음, 포획한 재물을 부하에게 모두 분배함
	13	포로로 잡힌 페르시아 왕비의 장례를 치러주어 페르시아 왕이 감격함
	14	페르시아의 다리우스 왕이 제안한 화친을 거절함
	15	산에 자신의 초상을 조각하는 것 거부, 알렉산더의 이름을 딴 지명들이 생김
콜럼버스	1	역사적으로 서반구가 더 늦게 발견되었음을 소개
	2	마르코 폴로에 의한 아시아의 서구 소개 및 아시아로 가기 위한 항해술과 항로의 개척 흐름 소개
	3	콜럼버스의 가정환경과 교육 과정 소개
	4	항법사가 됨, 이탈리아 항해사의 딸과 결혼하여 직업적 발전의 계기 얻음

	5	서쪽으로의 항해를 통해 아시아로 갈 수 있다는 신념의 형성
	6	후원자 구하기의 어려움. 아내의 사망, 부채 등으로 가정 몰락 후 스페인으로 감
	7	사제를 통해 콜럼버스의 항해 계획이 스페인 왕 페르디난드, 여왕 이자벨라에게 소개 됨
	8	난관을 뚫고 스페인의 지원을 얻어 항해에 나섬
	9	긴 항해와 불안감으로 인한 선원들의 동요
	10	끝내 육지 발견, 서인도로 간주하여 원주민을 인디언으로 부르게 된 사연 소개, 계속 되는 항해 활동
	11	부덕하다는 구실로 본국에 소환, 불만을 품은 채 70세에 사망
	12	영구히 남게 될 그의 업적을 기림
워싱턴	1	워싱턴의 출생과 가족에 대한 소개
	2	성장 과정과 영국 해군으로의 복무 시도 무산 일화
	3	16세에 페어팩스 백작의 험준한 소유지 측량 경험
	4	19세에 프랑스와 인디언의 식민지 침공 때 군인으로 활약, 극심한 위험 상황에서 살아남음
	5	형의 사망으로 소유지 계승, 부유한 여인과의 결혼으로 지주가 됨, 전원생활과 사냥을 즐김
	6	버지니아 주 의원에 선출됨. 의견 주장보다 신중하게 듣는 유형인 워싱턴
	7	인지조례 등의 일로 영국에 대한 식민지 내부의 불만이 쌓여감
	8	필라델피아 대륙회의에서 영국과의 전쟁을 결의, 사령관에 워싱턴을 임명함. 겸손한 자세로 수용
	9	전쟁이 승리로 돌아가고 영국이 아메리카의 독립을 인정
	10	군사력의 객관적 차이에도 승리할 수 있었던 워싱턴의 공로 상찬. 고향으로 돌아간 워싱턴
	11	의원들이 워싱턴을 대통령으로 추대. 겸허히 받아들임, 재임까지 거치고 귀향함
	12	은퇴한 후 2년 반이 지나고 고향에서 병을 얻어 사망. 온 유럽이 애석해 함
	13	워싱턴의 위대한 인격에 대해 평함, 군인들이 자신을 왕으로 추대하는 것을 막은 일화 소개
	14	꼼꼼한 업무 처리 능력 언급, 사적 야욕 없이 능력과 헌신으로 대통령에 이르렀음을 강조
	15	워싱턴의 외모 소개, 자녀는 없었지만 모든 미국인의 아버지가 된 워싱턴
넬슨	1	넬슨을 영국인이 꼽는 19세기 최고의 위대한 인물이자 군인의 표상으로 소개
	2	5세, 갑자기 사라졌다가 위험한 강가에서 발견됨, 두려움을 모르는 아이로서의 일화
	3	9세, 어머니의 장례식에 온 해군 제독 서클링에게 자극받아 해군이 될 것을 결심
	4	15, 6세 무렵 영국의 북극탐험에 따라나섬. 백곰을 발견하고 선장의 동의 없이

		추격에 나섬. 자신의 원하는 일에 대해서는 끝까지 밀어붙였던 넬슨
	5	자신의 병약함을 탄식하여 절망하나 조국에 헌신한다는 각오로 재기함
	6	이후 넬슨의 이력에 대해 약술, 여러 수훈 속에서 진급
	7	프랑스 혁명의 전개에 대한 설명
	8	영국과 프랑스의 전쟁에서 큰 부상에도 불구하고 용맹하게 싸움
	9	나폴레옹의 출현과 영국의 위기에 대한 설명
	10	트라팔가 해전에서 승리하나 총알에 맞음. 의연한 태도로 승리를 확인하고 전사함
	11	넬슨의 승리가 영국과 유럽을 구했음을 상찬. 이후 나폴레옹의 몰락 소개
	12	그를 공적을 기리는 영국인들에 대한 언급
표 트 르 대 제	1	러시아 소개: 현재는 5개 강국이지만 가장 늦게 개화한 나라
	2	러시아의 역사적 기원, 오늘날의 러시아가 될 수 있었던 이유인 표트르 대제
	3	표트르 가문의 역사와 누나인 소피아와의 갈등, 황제 등극까지의 상황 소개
	4	해군력 및 바다 진출의 필요성 깨달음, 함대 창설 및 흑해의 관문 확보
	5	인재들을 해외로 파견하여 기술 수입 추진, 본인도 네덜란드 파견 일행 속에 동참함
	6	신분을 숨기고 조선소의 직공으로 일하는 표트르. 조선술 외에도 다양한 분야를 배움
	7	네덜란드에서의 10개월 체류 이후 영국으로 건너감. 국회 및 대학 등을 통해 견문 넓히고 귀국
	8	내치 개혁 단행(전통식 수염, 옷차림 등에 대한 세금 부과, 태양력 사용, 학교 등 각종 시설 설립 등)
	9	정복 사업 펼침, 스웨덴과의 북방 전쟁을 통해 영토를 확장한 과정 소개
	10	표트르가 왜 '대제'로 불리는지 설명(노력과 실천, 불굴의 정신 등)

위 도표에서 확인되듯, 『오위인소역사』의 내용은 기본적으로 ① 역사적 사실에 대한 설명이나 소개, ② 다섯 위인의 위대함과 직결되는 일화와 교훈(음영 표시)의 적절한 조합으로 구성된다. 결국 이 서적의 주된 효용은 근대 지(知)의 핵심인 '세계 지(知)'의 획득과, 각 인물로부터 묘출되는 '보편적 교훈'의 각인에 있었다. 일본의 역사 기억을 공유하는 일본인 만들기가 『소년지낭』의 정치화된 지점이라면, 모든 일본 관련 흔적의 삭제는 곧 탈민족화, 탈정치화의 작업이 된다. 그러한 개입 이후 남게 되는 역사적 지식과 교훈들에서, 오늘날의 위인

전과 구별되는 특별한 면모를 찾기란 쉽지 않다. 『오위인소역사』에서 남는 것은 '오위인'의 '소역사' 그 자체이며, 이들 서양사의 주인공들은 일본을 위한 복무를 끝내고 자신의 거처로 귀환한다. 보존되는 교훈들 역시 꿈, 도전, 인내, 겸손, 충성, 희생, 실천, 노력 등과 같은 전형적인 것들이다. 물론 이러한 속성은 번역의 결과 나타난 '결과적 탈정치성'이다. 그러나 이 '결과적'이라는 말이 '우연의 산물'을 의미하는 것은 아니다. 이능우 또한 자신의 텍스트 개입이 낳게 될 결과를 인식하지 못했을 리 없다. 즉, 『오위인소역사』는 그것이 제시할 수 있는 '지식'과 '교훈'들이 당시 한국에 필요하다는 판단의 소산이기도 했던 것이다.

그런데 사실 앞서 '보편적 교훈'이라 명명했던 가치들 또한 근대에 진입하며 각광받게 된 것들이었다. 서구 위인전기의 번역은 특정 정체(政體)에 대한 욕망과 지향뿐만 아니라 한국인에게 결핍되어 있다고 전제된 '국민성'[67]을 계몽하는 도구이기도 했다. 이러한 관점에서, 비록 직접적으로 민족성을 함양하던 『소년지낭』의 정치적 전략과는 거리가 멀다 해도, 『오위인소역사』 역시 노력과 근면 등의 자질 함양을 골자로 하는 근대적 수신(修身) 담론의 기획에 동조하고 있었다.[68] 이 또한 엄연히 정치적 고려였던 것이다.

---

67) 국민성 담론은 식민지 내부에서 끊임없이 자기 부정의 수사를 재생산하는 방식으로 작동했으며, 기본적으로 제국에 의해 생산된 것이다(리디아 리우, 제2장 「국민성의 번역」, 민정기 역, 『언어횡단적 실천』, 소명출판, 2005 참조). 위 논의에 기반을 둔 차태근은 량치차오가 '신민설'에서 설파하는 정신적 가치가 기실 서구적 근대가 요구하는 자질 함양과 직결되어 있었음을 고찰한 바 있다(차태근, 「량치차오(梁啓超)와 중국 국민성 담론」, 『중국현대문학』 45, 한국중국현대문학학회, 2008).

68) 1906년 『조양보』에서부터 이미 「자조론」의 약식 번역은 이루어지고 있었다. 또한 대표적인 정치 영웅 비스마르크와 자조론의 가치를 결합시키는 부분도 등장한다(손성준, 「번역서사의 정치성과 탈정치성: 『조양보』 연재소설, 「비스마룩구淸話」를 중심으로」, 『상허학보』 37, 상허학회, 2013, 76~77쪽 참조). 새뮤얼 스마일즈의 『자조론』 번역을 중심으로 한 근대의 '수신 담론'에 대해서는 몇 편의 연구들이 보고된 바 있다. 다만, 위인전기가 수신

5. 한국이라는 번역장(飜譯場)의 재인식을 위하여

이 글은 1900년대의 번역 전기 『오위인소역사』(1907)와 그 저본인 『소년지낭 역사편』(1903)의 비교를 중심으로, 텍스트의 변용과 그 의미를 고찰해 보았다. 20세기 초 한국의 전기물에는 현대 위인전과는 다른 두 가지 지점이 있다. 첫째, 저자의 발화 의도 속에 역사 속 주인공이 긴박되어 있다. 둘째, 주요 독자층이 성인이다. 여기서 전자의 의도란 주로 정치적인 것이기에 후자의 독자적 지향과 맞아떨어지게 된다. 그러나 19세기 말엽 이후의 일본은, 정치적 속성은 유지한 채 대상 독자만이 성인에서 소년으로 급격히 이행해 갔다. 이를 단적으로 보여주는 것이 『소년지낭』의 사례다. 이에 반해 『오위인소역사』의 경우 『소년지낭』의 정치적 성격은 지워지고 독자층은 성인 남성이 주가 되는 국한문체 사용자층을 향했다. 결과적으로 『오위인소역사』는 주요 독자층만이 소년이 아닐 뿐 주인공 조명 방식에 있어서 현대의 위인전에 근사해졌다. 이러한 이 글의 분석 결과는 이 시기 텍스트의 성격을 시대의 정치적 산물로만 규정하던 선행 연구들의 경향과 상충한다.

보다 중요한 사실은, 이러한 이능우의 개입 양상이 당대의 번역에서 예외적인 현상일 리 없다는 것이다. 실제 같은 방식의 개입은 1900년대 번역물 곳곳에 걸쳐 나타난다. 『오위인소역사』 출판 이후인 1908년, 같은 보성관을 통해 나온 비스마르크의 전기 『比斯麥傳』이 좋은 예다. 보성관 번역원 황윤덕은 사사카와 기요시(笹川潔)의 『ビスマルック』를 번역하는 과정에서 저본에 구현되어 있던 갖가지 일본사와의 접속 장면들을 고스란히 덜어냈다. 이러한 개입 패턴은

담론과 연동하는 기점은 통상 1910년대 진입 이후로 논의되어 왔다.

당연히 중국의 사정이 반영된 저작의 번역 때에도 나타났다. 량치차오가 베트남으로부터 망명한 지사 판보이차우의 증언을 토대로 쓴 「越南亡國史」(1905), 그리고 몇몇 일본의 서적들을 저본 삼아 『신민총보』에 연재한 전기물 「匈加利愛國者喝蘇士傳」(1902), 「意大利建國三傑傳」(1902), 「近世第一女傑 羅蘭夫人傳」(1902) 등에는 중국의 상황을 지적하는 내용들이 추가되어 있는데, 현채의 『월남망국사』(1906)나 이보상의 『흉가리애국자갈소사전』(1908), 신채호(1907, 국한문)나 주시경(1908, 순국문)이 한 차례씩 번역한 『이태리건국삼걸전』, ≪대한매일신보≫ 〈소설〉란에 연재된 「근세데일녀중영웅 라란부인젼」(1907) 등에서는 해당 대목을 찾아볼 수 없다. 이와 같이, 일본과 중국을 경유하는 과정에서 각각의 정치적 이해관계가 부과된 근대의 역사물과 전기물은 한국으로 재번역 되는 가운데 그 전략적 내용들을 상실했다. 근대 한국의 번역 서사와 그 저본 간의 차이를 면밀히 살펴볼 때, 역자의 개입 양상에서 '첨(添)'보다는 '삭(削)'이 크게 우세한 것은 여기에 기인할 때가 많다. 이는 당대의 지식 수용 방식이었던 중역(重譯)이 한국이라는 번역장(飜譯場)에 수반하는 특수한 현상이었다. 중역은 최소한 1 : 1 : 1의 번역 관계가 축적된 것으로, 그 결과물은 '귓속말 전달하기'처럼 '비틀기'의 연쇄적 심화로 나아가는 경우가 있는 반면, 『오위인소역사』와 같이 1차 매개자의 '비틀기'가 중역자로 인해 상쇄되는 경우도 존재한다. 아울러 시간과 공간, 그리고 매개자라는 복합 변수의 작용은 중역과정에서 무수한 이종의 배합들을 파생시키게 된다. 한국의 근대지식 수용사에 있어서 중역을 둘러싼 문제들의 중요성은 좀 더 강조될 필요가 있다.

종래의 1900년대 번역 연구에서는 '저본과의 편차'에 초점을 맞추어 당시의 한국적 정치 상황에 걸맞은 정치적 의의만을 문제 삼는 경우가 주류를 이루었다. 그러나 텍스트에 대한 총체적 평가를 위해서는 그것을 넘어, '남아 있는 내용'에 의해 구성된 전체를 관통하는 성격을 궁구하는 과정이 요청된다. 이 두 가지 모두를 전제로 할 때, 해당 텍스트가 당대에 획득했을 의미를 보다 객관적으로 탐색할 수 있을 것이다.

참고문헌

1. 자료

佐藤小吉, 『少年智囊 歷史篇』, 育英舍, 1903.

李能雨, 『五偉人小歷史』, 普成館, 1907.

李海朝, 『華盛頓傳』, 匯東書館, 1908.

崔生, 「華盛頓傳」, 『大韓留學生會學報』 제1호, 1907.3.

佐藤小吉, 『神代物語』, 大日本図書, 1910.

石川安次郎, 「ルイ、コッスート」, 『近世世界十偉人』, 文武堂, 1900.

村上俊蔵, 「自序」, Charles Lowe, 村上俊蔵 譯, 『ビスマーク公清話』, 裳華房, 1898.

≪동아일보≫.

2. 저서

마르코 폴로, 김호동 역주, 『마르코 폴로의 동방견문록』, 사계절, 2000.

사카이 나오키, 후지이 다케시 역, 『번역과 주체: '일본'과 문화적 국민주의』, 이산, 2005.

신복룡, 『大同團實記』, 선인, 2003.

리디아 리우, 「국민성의 번역」, 민정기 역, 『언어횡단적 실천』, 소명출판, 2005.

판광저(潘光哲), 고영희·손성준 역, 『국부 만들기: 중국의 위싱턴 수용과 변용』, 성균관대학교출판부, 2013.

야마무로 신이치, 정재정 역, 『러일전쟁의 세기: 연쇄시점으로 보는 일본과 세계』, 소화, 2010.

勝尾金弥, 『伝記児童文学のあゆみ: 1891から1945年』, ミネルヴァ書房, 1999.

3. 논문

권두연, 「보성관의 출판 활동 연구: 발행 서적과 번역원을 중심으로」, 『현대문학의 연구』 44, 한국문학연구학회, 2011.

손성준, 「영웅서사의 동아시아 수용과 중역(重譯)의 원본성: 서구 텍스트의 한국적 재맥락화를 중심으로」, 성균관대학교 박사논문, 2012.

_____, 「전기와 번역의 '종횡(縱橫)': 1900년대 소설 인식의 한국적 특수성」, 『현대소설의 연구』 51, 한국문학연구학회, 2013.

_____, 「번역 서사의 정치성과 탈정치성: 『조양보』 연재소설, 「비스마룩구淸話」를 중심으로」, 『상허학보』 37, 상허학회, 2013.

차태근, 「량치차오(梁啓超)와 중국 국민성 담론」, 『중국현대문학』 45, 한국중국현대문학학회, 2008.

4. 기타

http://www.ndl.go.jp

1949년 이전 중국에서의 한국작품 번역 소고

이광재

(중국해양대학교)

1. 근대 중국번역문단의 번역관과 한국작품 번역 개관

근대에 들어서면서 중국의 번역문학은 자연과학과 인문사회과학을 이어 대성황을 이루게 된다.

문학작품에 대한 번역작업이 자각적인 문학 의식으로 전환됨에 따라 초기의 번역에 관한 모호한 인식들이 점차 해결을 얻게 된다. 이를테면 번역과정에 역자가 자신의 감정이나 도덕관, 심미습관에 의해 마음대로 삭제하고, 가첨하고 혹은 오역하고 개작하여 '중국화'(인명, 지명, 호칭 등)하는 현상이 빈발하던 것이 번역가치에 관한 인식이 깊어지면서 문학관, 문예사조, 문체 등 면에서 중국 근대문학의 건설에 적극적인 역할을 하게 된다.

주지하다시피 중국의 외국문학번역 작업은 5·4신문화운동 시기 대성황을 이루게 된다. 우선 번역일꾼들의 특징을 볼 때 근대 시기 주로 외국문학의 번역소개를 담당한 사람들이 계속하여 번역작업을 지속한 동시에 5·4신문화운동의 주력과 주동자들도 해외문학 소개에 정진하였다. 이를테면 임서(林紓)는 이 시기에 들어서서 계속하여 서구문학을 번역 소개하고 있다. 그리고 루쉰, 모순, 곽말약, 주작인 등 5·4신문화운동의 거장들도 외국문학 번역작업을 통하여 자신의 문학관을 비롯하여 심미관을 표현하고 있다. 다음 이 시기 번역 소개 된 문학작품들을 볼 때 주로 영미 등 서구 계열 작가들의 작품, 러시아 작가 작품들이 번역의 주된 대상들이었다. 그리고 북유럽이나 동유럽의 부분 작품들에 대한 번역 소개 작업도 이 시기에 개시된다. 아시아 측에서 가장 많이 번역 소개된 작품은 일본 작가의 작품들이었다. 그 뒤를 이어서 번역소개가 많이 이루어진 것은 인도 작가의 작품들이다. 그 다음 번역 소개가 이루어진 시기적으로 볼 때 1900년 대부터 서구문학작품에 대한 번역 소개가 시작되고 어느 정도의 성과도 올리고 있다. 1910~1920년대에 들어서면서 외국문학의 번역 소개가 더욱 활발하게 이루어지는데, 지역적으로, 작가의 분포 면에서 그 전 시대를 훨씬 넘어서고 있다. 그럼에도 불구하고 한국문학에 대한 소개 작업은 거의 이루어지지 않고 있다. 다만 주작인이 1925년에 조선 전설에 관한 3편을 〈어사〉에 번역 소개한 것과 유반농이 1926년에 번역한 고려 민요 1편뿐이다. 조선문학에 대한 본격적인 소개는 아마도 1930년대에 들어서서이다. 이 시기에 『조선전설』(1930), 『조선민간이야기』(1932), 『조선현대아동이야기집』(1936), 『조선현대동화집』(1936)이 번역 출판되었고, 개인 작품으로는 장혁주의 「산령」이 1936년에 상해문화생활출판사에서 역문총서에 수록되어 번역 출판되었고, 같은 작품이 같은 해 홍콩생활서점에서 『기대의 섬』이란 역서에 실려 출판되었다.[1]

---

1) 주작인이 번역한 전설로는 「최치원」, 「투법」, 「조문」 등 3편이 『어사』 제28기에 「조선전설」이란 제목 밑에 번역소개 되었는데, 일본어로 된 것을 중역한 것이다. 유반농이 번역한 고려민요는 다음과 같다. "好像似河中流着的水, 光陰就这样的流去了; /我望着她来, 早已是眼

여기서 잠깐 문제제기를 하여 본다. 첫째, 역자의 번역태도와 관련된 것으로 한국문학작품을 소개한 이유나 원인 같은 것은 무엇이었는가? 하는 문제이다. 여기에 대한 분석을 통해 역자의 번역 태도와 함께 역자의 미의식이나 작가의식을 살펴볼 수 있을 것이다. 둘째, 번역의 경위에 대한 것으로, 직접 한글작품을 원본으로 하여 번역한 것인지 아니면 중역한 것인지를 살펴봄으로써 역자의 문학관을 비롯한 당시 한국문학에 대한 중국의 문단적 반응을 살필 수 있을 것이다. 셋째, 어떤 작품을 번역한 것인지에 관한 것으로, 역자의 번역 목적과 함께 당시 시기의 중국의 번역작업의 현주소를 알 수 있을 것이다.

이 글은 주로 1930년대에 중국에서 번역 출판된 상기 작품을 주로 연구 대상으로 하면서, 위에서 제기한 여러 문제들을 검토하고자 한다. 그리고 이러한 검토, 분석 작업을 통하여 중국의 한국문학에 대한 태도와 함께 중국인의 한국인식을 살펴보고자 한다.

2. 1930년대 중국 번역문단의 특징과 한국문학의 번역 이유

중국 근대 초기 서양 선교사들을 통한 번역물은 중국 독자들에게 서구적 질서 속에 재편되어 있는 세계를 소개하며[2] 문학의 근대적 전환을 이끌어 낸다.[3]

晴望穿了。//二月里的红花已经是昨天的事; /今天没有了花, 只剩的残红满地了。//向着秋月高飞的鸿雁已来了; /我还听着它叫咧, 它又去了。/它来了又去没有留下一些的消息; /我只是听着悽悽的秋雨一阵阵的落着啊。" 이 작품은 E. P. Mathers, 『*The garden of Bright Waters*』의 역문에서 중역한 것이다.

2) 윤영도, 「中國 近代 初期 西學 飜譯 硏究」, 연세대학교 박사논문, 2005 참조.

3) 오순방, 「中國小說의 近代化와 존 프라이어의 時新小說論」(飜譯), 『中國 近代의 小說 飜譯

외국문학의 선정에 있어 누구의 무엇을 택하고 언제 번역에 옮길까 하는 문제는 아주 복잡하다. 거기에는 시장의 요구도 있겠지만 역자 개개인의 심미관과 자의성도 배제할 수 없다. 그러나 시장의 요구든지 개인의 선택이든지 간에 모두 시대사조와 긴밀한 관계를 가지고 있다고 보아야 할 것이다.

근대 이래 양무운동의 뒤를 이어 번법유신이 제기되었고 결국 신해혁명의 결과를 가져왔다. 그리하여 번역문학에 과학소설, 탐정소설, 정치소설이 한때 성행하게 되고, 교육소설, 모험소설, 법률소설 등이 등장하게 된다.

아편전쟁이후 날로 심화되는 민족위기는 중국의 각성을 불러일으켰다. 특히 중일 갑오전쟁의 패전으로 민족억압에 관한 문제가 화제로 대두된다. 루쉰, 양계초 등 선각자들은 민족영웅의 사적이나 작품 소개에 주력하게 되는 것도 이와 무관하지 않을 것이다.

민족적 위기와 망국에 대한 우려는 세계망국사에 대한 지성인의 관심을 자극하였다. 『世界亡國痛史』,[4] 『亡國監』,[5] 『世界亡國慘史』[6] 등 저서들이 연이어 출판되었다. 양계초는 『各國興亡小史八種』[7]에서 특별히 약소민족의 망국 운명에 대해 소개하면서 정치부패가 가져온 국세의 쇠퇴에 통탄하고 약육강식의 국제 형국에 우려를 표하였다. 특히 일본이 한반도를 병참한 후 양계초는 「일본병첨조선기」를 펴내고 일본이 "우수한 기술을 믿고 눈독을 들이는 것이 어찌 조선 하나뿐이랴. 그러므로 나는 조선의 망국을 보고 한여름에도 소름이 끼친다"[8]고 지적하고 있다. 이외에 康白情의 「鴨綠江以東」, 곽말약의 「狼

과 中韓 小說의 雙方向 飜譯 연구』, 숭실대출판부, 2008 참조.

4) 朱大公 편저, 『세계망국통사』, 상해: 時化書局, 1931.

5) 殷汝驪 편, 『망국감』, 상해: 태동도서국, 1924.

6) 警鐸(梁啓超) 편, 『세계망국참사』, 상해: 醒世出版部, 1915.

7) 양계초, 『각국흥망소사팔종』, 상해: 중화서국, 1941.

群中一只白羊」, 주자청의 「朝鮮的夜哭」, 殷夫의 「贈朝鮮女郎」 등 시편
에서도 한국의 망국에 대한 애탄의 정을 표현하면서 비슷한 운명에 처
한 중국의 형국을 독자들에게 상기시키고 있다.

특히 주작인은 루쉰과 함께 『역외소설집』을 엮어내고, 피압박민족
의 문학을 번역 소개한다. 때를 같이하여 폴란드·남아프리카·그리
스·유대·불가리아·핀란드 등 약소민족국가의 작품들이 번역 소개되
고, 독자들의 주의를 불러일으키게 된다. 이를테면 모순은 아일랜드·
유대·우크라이나·헝가리·폴란드·체코·크로아티아·아르헨티나·니
카라과·아르메니아·불가리아·브라질·터키·이집트·레바논·칠레 등
나라의 작품을 번역하고 왕노언은 1926년에 역서 『유대소설집』을 내
놓으며, 1928년에는 또 『显克微支小说集』과 『세계단편소설집』을 내
놓는다. 여기에는 폴란드·헝가리·불가리아·핀란드 등 나라의 작품
을 주로 수록하고 있다.

신문학운동의 발전과 더불어 약소민족국가 문학의 번역도 활발하
게 이루어진다. 특히 『소설월보』는 약소민족국가의 작품 번역소개에
주력한다. 1921년 10월 10일에 간행한 제12권 제10기는 특별히 〈피손
해민족의 문학호〉 특별호를 내놓았다. '기자'라고 서명한 '引言'에서
는 이 별호에 번역된 민족문학의 언어를 소개하였고, 특히 민족평등
과 정신공감 면에서 이번 특별호가 가지는 의의에 대해 강조하였다.

　　무릇 지구상의 민족은 모두 똑같이 대지 어머니의 아들이고, 어느 하
　　나가 특별히 强橫하지 말아야 하고, '驕子'라고 자칭하지 말 지어다! 그러
　　므로 모든 민족의 정신적 結晶을 모두 보물로 보아야 하고 인류 전체의
　　공유 보물로 보아야 할 지어다! 하물며 예술의 천지에서는 귀천과 존비의

---

8) 양계초, 「일본병탄조선기」, 『飮氷室合集』 6, 북경: 중화서국, 1989, 21쪽.

구분이 없는 것이다! 무릇 손해를 보는 민족의 정의를 요구하고 公道를 요구하는 외침은 진정한 정의이고 진정한 公道아더, 榨床에서 榨내는 나머지 인성이야말로 진정 보귀한 인성으로 강자의 색채를 띠지 않은 인성일지어다. 그들 가운데 손을 보고 向下의 영혼이 우리를 감동시킨다. 왜냐하면 우리 자신도 불합리한 전통사상과 제도의 희생자임을 슬프하기 때문이다. 그들 가운데 손을 보고서도 여전히 向上하는 영혼은 우리를 더 감동시킨다. 왜냐하면 이것으로 우리는 인성이란 모래 속에 황금이 있다는 것을 더 확신하고 어두운 곳을 비추어 광명이 있다는 것을 더 확신하기 때문이다.[9]

이번 기에는 12개국의 11편 소설, 10명 시인의 시작품이 번역 소개되었다. 『소설월보』의 이 특별호가 출간된 후 독자들 속에서 강렬한 반향을 불러 일으켰다. 1921년 11월 9일 ≪시사신보≫의 부간(副刊)인 ≪학등(學燈)≫은 C라는 독자의 「『소설월보』〈피손해민족의 문학호〉를 소개함」이란 글을 실었다. 이 글에서 C는 "인류는 본래 절대 평등한 것으로 누가 누구의 노예가 아니다. 한 민족이 다른 한 민족의 발밑에 짓밟히고, 노동자가 자본가의 의자 밑에 깔린 경우는 특히 슬프다. 무릇 그들의 슬픈 하소연을 듣는 사람이라면 지극히 강폭한 사람일지라도 마음 속으로부터 그것을 허물어버리려고 할 것이다. 하물며 우리 역시 누차 손해를 입은 민족임에랴", "우리는 그들의 적극적인 정신적 분투를 보아냈고, 강개하고 격앙된 노래소리를 들었다. 우리 자신은 응당 深深한 참회를 느껴야 한다. 우리가 받은 억압도 이젠 깊고 깊다. 그러나 정신적 타락은 여전하다. 피와 눈물의 문학은 아직도 결코 생겨나지 않았다"고 지적하였다. 보다시피 신문화

---

9) 「被損害民族的文學號引言」, 『소설월보』 제12권 제10호, 1921, 1쪽.

운동 시기 피압박 피손해민족의 문학작품을 번역한데는 중국 현실과 긴밀한 관계를 가지고 있었다. 주작인은 武者小路实笃의 「嬰儿屠杀中的一个事件」을 번역한 후 역자의 후기에서 "내가 이 작품을 번역한 것은 武者小路君의 작품을 소개하려는 것보다 작가를 빌어 내 자신의 말을 하기 위한 것이다"[10]면서 3·18사변에 대한 주작인의 울분을 표하고 있다.

이 시기 번역의 대상국으로 볼 때 앞에서 제기한 약소민족국가 외에 영국·프랑스·이태리·독일·러시아·미국·일본·스페인 등 강세 국가의 민족 작품이 적지 않다. 동방문학은 일본 작품에 대한 한정적인 번역 외에 거의 서구 문학작품이 대부분이다. 후에 동방문학작품의 번역량이 점차 많아지기 시작하였다. 특히 일본문학 작품 번역이 급증하여 단행본으로 출판된 것만도 40여 종(류)이다. 동아시아 작품에 대한 번역은 黃運初가 번역한 베트남의 민요 「만약」(『소설월보』 16:5), 劉半農이 번역한 「고려민가」(『어사』 77기) 등이고 남아시아 작품으로 유반농이 번역한 인도 서사시(페르샤), 그리고 아랍 문학작품도 번역 소개되기 시작하였다.

이 시기의 번역문학 작업은 번역문학 자체를 훨씬 뛰어넘었다. 그것은 특수한 신분으로 중국 근대문학의 건설에 참여한 것이다.

3. 『조선전설』 등 역서의 역자와 동기

신해혁명의 실패, 특히 9.18 만주사변으로 중국은 심각한 민족 위기에 빠지게 되었다. 중국과 일본의 민족모순이 표면화되면서 '조선'

---

10) 『어사』 77기, 1926년 5월 3일.

에 관한 지식이 신문학의 여러 매체에 중요 관심사로 부상한다. 이 시기에 조선관련 문학작품이 관심 대상으로 된 것도 이러한 시대적, 정치적 형세와 관련된 것으로 보아야 할 것이다. 물론 약소민족국가의 작가작품이 신문화운동 시기 중요한 번역대상이었지만 조선관련 작품은 당시 번역에서 제외되었다. 여기에는 여러 가지 원인이 있겠지만 중요한 원인은 한국어를 구사할 줄 아는 사람이 없는 것이 중요 요인으로 지적할 수 있다. 이를테면 施落英이 編纂하고 上海啓明書局에서 1937년 6월에 펴낸 『北歐小說名著』, 『南歐小說名著』, 『中歐小說名著』와 함께 『弱國小說名著』에는 장혁주의 「姓权的那个家伙」(黄源 역)가 수록되어 있다.

여기서 주의를 요할 것은 한국 관련 작품들이 모두 이 시기에 집중적으로 번역 소개된다는 점이다.11) 그 전에는 아주 한정적으로 번역되고, 발표지도 보면 영향력이 그리 강하지 않은 신문 부간에 소개될 따름이었다. 邵霖生에 의하면 당시 자신의 한국작품을 중국에 번역 소개하는 일에 대하여 주변 사람들의 평을 이렇게 옮기고 있다.

이 사업은 아주 의의가 깊습니다. 왜냐하면 조선은 우리나라와 역사상, 지리상의 관계가 특별히 많습니다. 그들의 아동문학은 몇 년 전에 유반농선생의 따님이 일찍 프랑스어로 된 것을 몇 편 중역하여 북평의 어느 신문의 부간에 발표한 것 외에 다시 소개한 제2인이 없습니다. 당신이 자신의 위치에서 이런 사업을 하는 것은 제일 적합합니다.12)

---

11) 박재우에 의하면 1919년에서 1945년까지 중국에서 번역된 한국 관련 문학작품으로 총 29편(부)인데, 그 중 작품집이 9부이고 단편 작품이 20편이다. 이상은 박재우, 「학술연구의 기초와 근거: 중국현대문학에서 한국관련 역저에 대한 문헌문제」 참조. 그 외에 논자는 1996년부터 이와 관련 논문인 「중국현대소설에서의 한인형상 및 사회문화상황고(1917~1949)」(『중국학연구』 제11집), 「중국 현대 한인형상소설시탐(1917~1949)」(『중국연구』 제18권), 「중국현대 한인형상 소설발전추세고(1917~1949)」(『외국문학연구』 제2집) 등 여러 편의 논문을 발표한다.

보다시피 1936년 이전까지 한국관련 문학작품은 지극히 한정된 사람에 의해 단편적으로 소개되었을 뿐 중국 번역계의 주의를 전혀 불러일으키지 못하였다. 이러한 경향은 1936년 이후로 많은 변화를 가져오게 된다. 위에서 지적했다시피 이러한 변화는 한국 관련 통신이나 신문보도, 그리고 애국인사들의 상호 교류13) 등 여러 가지 요인들이 복합적으로 작용한 결과이다.

아래에 구체적으로 역자의 번역 동기를 알아보도록 하자.

우선 『조선전설』의 경우를 보도록 하자.

역자는 淸野인데, 그에 관한 신상 정보는 아무 것도 없다. 다만 머리말에 실은 글을 통하여 그는 일찍 중국 국내 어느 초등학교에서 글을 가르친 적이 있다는 사실이다.

역자가 이 책을 펼쳐낸 동기는 머리말인 〈어린 독자들에게 알림〉이란 짧은 글에서 잘 표현되고 있다. 일찍 초등학교에서 글을 가르칠 때 아동 과외 독서물을 사려고 한 적이 있는데, 질이 좋은 책들은 너무 비싸고 대신 질이 나쁜 책들은 인쇄질이 나빠 전혀 아동들의 독서 흥미를 불러일으키지 못한다는 점이다. 그래서 서점에서 이리 뛰고 저리 뛰며 책을 구입했지만 한정된 책들은 언제나 어린 학생들의 독서 요구를 만족시킬 수 없었다. 후에 일본을 가게 되었는데 역자는 일본의 많고 많은 아동 서적들을 보고 큰 자극을 받게 된다.

일본에서 나는 이 나라의 아동 독서물이 매우 많다는 것을 느꼈다. 무슨 소년이야기집이요, 청년위인전이요…… 하는 책들이 수없이 많았다.

---

12) 邵霖生 编译, 『朝鮮現代儿童故事集·前记』, 남경: 正中书局, 1936.

13) 1920년 10월 10일 상해임시정부의 지도자 중 한 사람인 신규식이 상해에서 『진단』 주간지를 창간할 때 그와 교류가 많았던 남사 회원이었던 柳亞子는 시를 써서 격려한다. "子切焚巢痛, 吳怀寒齒忧。何当时日雰? 与汝赋同仇。碧血清流史, 黃金国土头。相期无限意, 珍重看吳钩。"(柳亞子, 「海上題眡观即題其汕庐图」, 『진단』 제23기, 1921)

나는 속으로 그들을 대신해 축복하였다. 동시에 우리나라의 아동들이 정말 불행하다는 것을 느꼈다. 그리하여 외로울 땐 고민을 풀 책이 없어 부모를 졸라 먹을 것만 사들였다. 결과 먹기만 하여 배만 소처럼 커졌다.[14]

그리하여 청야는 태동도서국에 편지를 써서 싸고도 질이 좋은 세계 각국 민간이야기 총서를 내고자 한다는 의향을 밝히지만 비슷한 원고가 많이 쌓여 뜻을 이루지 못한다. 후에 張一渠 선생의 소개로 아동서국을 알게 되고 마침 소원을 이루게 된다. 역자가 밝힌 데 의하면 이 총서는 세계 여러 나라의 재미있는 민간이야기들을 수집한 것으로 아동들이 읽기에 적합한 책이다. 특히 쉽게 번역하였을 뿐 아니라 아동서국에서 이익을 떠나 가격을 낮게 책정했다는 것이다. 역자는 빵을 적게 먹고 대신 책을 많이 읽을 것을 요구하면서 이것 또한 자신의 유일의 희망이라고 밝히고 있다. 그러면서 『조선전설』의 이야기들은 아주 재미있으니 빨리 구독할 것을 어린 독자들에게 촉구하고 있다.

다음 『조선현대아동고사집』과 『조선현대동화집』의 역자 邵霖生을 보도록 하자. 소림생 역시 청야처럼 일찍 교사로 지낸 경력이 있다. 다만 그는 상해 한인화교학교인 인성학교에서 중국어를 가르치고 있었다. 『조선현대아동고사집』을 머리글에 의하면 그는 이 책을 내놓을 때 인성학교에서 3년째 중국어를 가르치고 있었는데 학생들은 '일반적으로 해외로 망명한 천진난만한 이국 아동들'이었다. 중국어를 가르치는 한편 그는 '늘 조선에서 출판한 아동독서물, 이를테면 아동가요, 이야기, 동화 등을 중국어로 번역하여 학생들의 과외 독서물로 삼아 그들의 중국어 실력을 도모하려는 데'[15] 있었다.

---

14) 淸野 편역, 『朝鮮傳說·上海儿童书局』, 1930, 2쪽.

후에 東吳에서 일하는 옛 동창의 제안으로 책으로 묶어 출판하게 된다. 목적은 중국의 아동들도 이국의 동화를 접하는 기회를 제공하려고 한 것이다. 그리하여 中華書局에서 출판하는 '세계동화총서' 시리즈로 『조선현대아동고사집』을 출판하게 된다.

특히 『조선현대동화집·자서』에서 역자는 번역의 동기를 아주 명확하게 밝히고 있다.

> 조선은 하나의 약소민족인 까닭이겠다. 그들의 문학은 우리 모두가 별로 주의하지 않았었다. 비록 우리나라와 지리 역사적 면에서 아주 깊은 관계를 가지고 있으면서도 말이다. 사실 조선은 압박을 받고 있는 약소민족인 까닭에 그들의 작품 속에는 우리들이 읽을 만한 허다한 작품들이 있다.16)

한국 문학작품의 번역은 당시 중국 출판계의 세계적 안목과 함께 약소민족국가의 문학이 중요 관심대상으로 부상되어 번역 소개한 시대적 상황과 긴밀한 관계를 가지고 있다. 앞에서 언급한 施落英이 편찬한 약소민족국가의 작품집인 중유럽, 북유럽, 남유럽소설 명작들은 모두 1937년에 출판되며, 〈약국소설명저〉도 같은 시기, 같은 출판사에서 출판한 것이다.

중국에서 외국의 민간이야기집이나 아동동화작품들은 1930년을 전후하여 비교적 체계적으로 번역 출판된다. 이를테면 『페르샤이야기』(1928), 『독일동화집』(1928), 『高加索민간고사』(1928), 『歐洲동화』(1928), 『安徒生童话新集』(1928), 『鹅妈妈的故事』(1928), 『凯亚(土耳其民间故事)』

---

15) 邵霖生 編译, 『朝鲜现代儿童故事集·前记』, 南京: 正中书局, 1936, 1쪽.
16) 邵霖生 編译, 『世界童话丛书·朝鲜现代童话集·自序』, 中华书局, 1936, 1쪽.

(1928), 『터키우화』(1929), 『孟加拉民间故事』(1929), 『일본신동화』(1929), 『일본동화』(1930), 『金雨(그림동화합집)』(1930), 『英吉利民间趣事集』(1930), 『安徒生童话全集』(一卷, 1930), 『红印第安人的儿童故事』(1930), 『罗马民间趣事集』(1930), 『印度七十四故事』(1930), 『欧洲的传说』(1931), 『皇帝的新衣』(1931), 『葡萄牙儿童故事』(1931), 『希腊民族的故事』(1931), 『日本童话集』(1931), 『希腊的故事』(1931), 『罗马的故事』(1932), 『缪伦童话集』(1932), 『北欧神话』(1932), 『匈牙利故事』(1932), 『王尔德童话集』(1932), 『巴西童话』(1932), 『童话世界』(1932), 그리고 '世界少年文学丛刊' 시리즈로 그림을 비롯한 여러 작가들의 동화 작품이 출판되었다.

바로 이러한 번역 출판 분위기 속에서 1932년에 『조선민간고사』(劉小蕙 譯)가 상해 여자서점에서 출판되었고, 淸野와 邵霖生의 위의 책들이 출판을 얻게 된 것이다. 또한 조선과 대만 작가들의 작품집으로 『山靈』[17]이 호풍에 의해 번역, 상해문화생활출판사에서 1936년 4월에 출판하게 된다. 이렇게 시작된 한국문학작품 번역은 지속적으로 관심을 얻어 출판 소개된다. 이를테면 1941년 4월에 상해문예신조사에서 문예신조사소총서로 장혁주 등 작가들의 작품집인 『流蕩』(馬耳 譯)을 출판하고, 같은 해 7월에 장춘신시대사에서 펴낸 『조선단편소설선』(王赫 編)에서는 김동인을 비롯한 6명 작가의 8편 작품이 수록되었다.[18]

한국 문학작품에 대한 관심 속에서 소설과 동화, 민간이야기 외에

---

17) 이 작품집에 실린 작품은 모두 7편인데 장혁주의 「산령」, 「上墳去的男人」 등 2편, 이북명의 「初陣」, 정우상의 「聲」 등 4편이 한국 작가의 작품이고 나머지 3편은 대만 3작가의 3편 작품임. 장혁주의 「산령」은 같은 해 5월에 향항생활서점에서 출판한 『期待之島』에 수록되는데 역자는 馬荒임.

18) 김동인, 古辛 譯, 「赤色的山」; 장혁주, 遲夫 譯, 「李致三」; 李俊泰, 古辛 譯, 「猪」; 이준태(이는 이태준에 대한 편자의 오류임-필자 주), 羅懋 譯, 「烏鴉」; 장혁주, 夷夫 譯, 「山狗」; 김사량, 鄒毅 譯, 「月女」; 유진오, 羊朔 譯, 「福男伊」; 이광수, 王覺 譯, 「嘉實」 등 8편 작품에 역자의 후기가 있음.

산문작품도 번역 소개되는데, 1943년 1월 上海文星출판사에서 范泉이 번역한 장혁주의 산문집 『조선춘』(일명 조선풍경)이 출판되었다. 이 산문집에는 「조선의 봄」과 같은 자연경치에 관한 산문이 있는가 하면 「조선문학계의 現狀」 등 문학 관련 평론도 들어있다. 재미있는 점은 장혁주의 똑같은 이 작품집이 1946년 7월에 『조선풍경』이란 제목으로 上海永祥印書館에서 출판된다. 그리고 范泉이 번역한 장혁주의 동화작품 「黑白記」가 1943년 2월과 소설 「福寶和诺罗宝」가 1948년에 上海永祥印書館에서 출판된다.

그리고 上海新文化書社에서 출판한 『世界文學讀本』에 94편의 작품이 수록되어 있는데, 그 가운데 유일의 한국문학작품으로 박희월의 「전투」(翠生 역)가 수록되어 있다.

이상에서 보다시피 1930년 이후로 한국문학 작품에 관한 소개가 비교적 많이 소개되고 있다. 그러나 언어의 제한으로 한국문학에 관한 소개는 피상적인 것에 그치고, 대표 작가나 작품에 관한 체계적이고도 구체적인 소개는 이루어지지 못하고 있다. 이것은 한국 민간이야기나 동화 작품을 제외하고 거의 장혁주 한 작가에게 국한되고 있는 사실이 이 점을 충분히 증명하고 있다. 장혁주 한 작가의 작품이 집중적으로 번역 소개되었다는 점은 장혁주가 일본어로 창작한 것과 무관하지 않을 것이다. 이에 관해서는 원고를 달리하여 논의하고자 한다.

4. 역서의 내용과 특징

위에서도 잠시 언급했지만 이 시기 번역된 한국문학작품의 내용을 살펴보면 초기의 번역 작품들은 아동을 그 대상으로 삼아 번역한 것이다.

우선 청야가 번역한 『조선전설』은 그 내용 구성에서 볼 때 〈인물편〉에 17편, 〈산천편〉에 8편, 〈동물편〉에 10편, 〈식물편〉에 2편, 그리고 부록에 3편, 총 40편의 작품을 번역 수록하고 있다.

인물편에는 단군, 고주몽, 탈해왕, 박혁거세 등 신화작품 인물을 소개하고 있는가하면, 제주도 삼성혈 전설, 김응서 전설, 유리왕 등 민간 전설작품도 번역하고 있다. 사찰의 유래나 인과응보 등 불교 관련 작품들도 다수 수록되어 있고 도술에 관한 작품도 번역하였다.

산천편에는 주로 동네이름이나 산 이름, 강 이름이나 다리 이름의 유래를 밝히는 유래설인데, 작품의 근저에는 사람은 착한 일을 하고 착하게 살아야 한다는 인생 도리를 깔고 있다.

다음 동물편에서는 범, 삵, 여우 등 동물이 사람으로 화해 보은을 한다거나 사람을 해치는 등 한국의 대표적인 민간전설작품이 번역되었고, 또 청개구리 전설이나 까마귀 울음소리의 불길, 고양이의 보복 등 전통문화를 대변하는 작품들도 소개되고 있다.

그리고 식물편은 특수 기능을 가지고 있는 담뱃잎과 갈등에 관한 민간 전설이다. 부록에 번역한 3편은 형제간, 고부간 갈등을 통한 유교 덕목을 강조하고 있다.

다음 邵霖生이 번역한 『조선현대아동고사집』과 『조선현대동화집』에 수록된 번역 작품들은 모두 작가 개인의 창작 작품이다. 내용을 살피기 전에 우선 중국에서 아동문학작품에 관한 창작 및 번역을 살펴볼 필요가 있다.

알다시피 중국에서 아동을 위한 문학창작이 보편적인 자각의식으로 성장하고 아동문학이 하나의 독립적인 문체로 된 것은 20세기 초엽이다. 현대적 의미에서의 중국아동문학의 출현과 성장은 외국 아동문학 작품의 번역과 매우 긴밀한 관계를 가지고 있다. 5·4 전후에

안데르센, 그림, 오스카 와일드, 愛羅先珂, 小川未明 등 작가들의 동화, 장 드 라퐁텐, 레싱, 克雷洛夫 등 작가들의 우화, 그리고 루이스 캐럴의 「이상한 나라의 엘리스」, 카를로 콜로디의 「피노키오」, 에드몬도 데 아미치스의 「사랑의 학교(원제: 쿠오레)」 등 아동문학 명작들이 대량으로 번역 소개되었다. 이 시기에 번역된 작품의 국가와 지역을 보면 덴마크·독일·이태리·영국·프랑스·네덜란드·러시아·일본·아랍 등이고 번역 장르나 내용을 보면 동화·신화·전설·고사·동요·우화·화서·삽화·동시·아동극·음악고사·과학소설·과학소품 등이 포함된다. 이 시기의 아동문학 번역 소개는 중국 문단에 하나의 새로운 천지를 개척해 주었다. 이러한 작품들은 아동 심지어 어른들에게까지 신지식과 함께 심미관 양성에 적극적인 영향을 끼친 것은 물론이고 작가들에게 아동문학 창작의 모델과 예술적 영감을 가져다주는 매체로 작용하였다. 이런 의미에서 외국 아동문학작품의 번역이 없었더라면 중국현대 아동문학도 있을 수 없었다고 말할 수 있다.

소림생이 번역한 『조선현대동화집』의 서언에서 湯治我는 '동화'라는 단어의 중국어 유래를 살핀 후 순수 작품과 예술적 작품 두 류로 나뉘는데, 순수 작품은 원초민의 사상과 습관, 풍속을 반영한 전설 혹은 신화에서 변화한 것이고, 예술적 작품은 동화 작가가 신화전설에서 제재를 취하여 예술적 가공을 한 작품이라고 정의한다. 그러면서 동화 작품의 교육적 의의를 강조하고 있다. "동화의 교육적 지위는 근년 내의 새로운 발견이다. 작품의 흥미로운 이야기 속에서 우리들은 문학(작품)에 대한 감상과 상상의 발전을 도모하게 된다."19)

그리고 이 동화집에 수록된 작품은 이국의 정취와 정서를 우리에게 소개할 뿐만 아니라 중국 국내에서는 처음으로 조선에 관한 아동

---

19) 소림생 편역, 『조선현대아동고사집』, 中华书局, 1936, 1쪽.

문학작품집이라면서 그 긍정적 의의를 강조하고 있다.

역자는 작품집을 내게 된 경유를 밝히고 나서 매 작품마다 조그마한 의의가 들어있음을 자서에서 밝히고 있다. "본 작품집의 내용을 볼 때 매 편의 이야기 중에는 대부분 어떤 보통의 표면적인 재미가 없다. 하지만 그 내면에는 조선 아동들의 생활 실상이 드러나고 있다. ─이러한 실정을 통해 우리가 볼 수 있는 것은 '가난의 보편성'이다. 그러나 그렇듯 가난한 원인에 대해서는 표현한 곳이 없다. 우리나라의 총명한 어린이들이 보고 꼭 알 것이라고 생각한다."[20] 이 작품집에는 이기영을 비롯한 18명 작가의 26편 작품과 이름을 밝힐 수 없는 두 佚名 작가의 2편 작품, 모두 28편이 수록되어 있다. 그리고 『조선현대아동고사집』에는 김호규를 비롯한 8명 작가의 8편 작품이 번역 수록되었다. 이 두 작품집에 수록된 작품들은 전통적 가치관을 표현한 작품이 대부분이고, 그리고 계급 모순, 빈부 차이, 약자에 대한 동정을 표현한 작품들이 번역의 대상작품으로 선정되었다. 또한 어린이들을 교육하려는 목적에서 부분의 교훈적 이야기들도 번역 소개되고 있다.

특히 『조선현대동화집』은 형식적 면에서 중국 전통 양식을 따르고 있다. 즉, 거의 편마다 삽화를 넣고 있다는 점이다. 알다시피 중국은 전통적으로 삽화를 넣는 전통을 가지고 있다. 이른바 '도서'란 말도 문장 속에 그림이 있다는 데서 연유한 것이다. 소설이나 희곡(戲曲)에 넣는 삽화는 다채롭고 글과 그림이 서로 조응되어 재미를 더 한다. 어린이들은 책을 다 읽은 후에도 그 속에 들어 있는 삽화에 큰 흥미를 느끼고 오래도록 기억하게 된다. 그래서인지 외국 아동문학 작품에는 대량의 삽화가 들어 있다. 徐調孚는 개명서점에서 출판하는 시

---

20) 위의 책, 3쪽.

리즈 '세계소년문학총간'을 홍보하는 글에서 편역자의 태도를 이렇게 밝히고 있다.

우리는 거친 종이에 틀린 글자가 들어 있는 인쇄는 독자에 대한 일종의 모욕이라고 생각한다. 특히 아동에 대한 모욕임에 틀림없다. 우리는 여기서 될 수 있는 한 아름다운 삽화를 넣고, 인쇄와 제본도 모두 아름답게 만드는 것을 전제로 한다.[21]

바로 이러한 아동문학 특징으로 『조선현대동화집』의 28편 작품 중 26편에 삽화를 넣었다.

그리고 특히 주목할 점은 번역 과정에 한국의 문화적 특징을 표현하는 어휘나 풍속에 대해 주해를 달고 해석하고 있다는 점이다. 이를테면 '지게'를 조선 사람들이 등에 지고 장작 등을 나를 때 사용하는 것이라고 주해를 달고 있으며, '까마귀'를 조선 사람들이 생각하는 무용의 해조로, 중국 사람이 말하는 불길한 것과 같다고 해석하고 있다. 그리고 『조선현대아동고사집』에서는 한국의 온돌방의 특징, 찬 음식을 먹는 습관 등 문화적 특징을 잘 표현하는 코드들을 골라 해석하고 있으며, 또한 한국의 행정 구분, 학년제를 비롯한 교육제도, 화폐 단위 등에 대해서도 간략하게 해석하고 있다. 더욱 흥미로운 것은 한국에서 계란 10개를 하나하나 새끼줄이나 볏짚으로 동여서 시장에 내다 파는 한국 특유의 현상에 대해서도 해석을 하고 있는 점이다. 이런 계란을 번역에서는 '鷄蛋串'으로 옮기고 있다.

이상 『조선전설』을 비롯한 세 부의 한국문학잡품집에 대하여 그 출판 시기, 출판원인, 역자의 동기와 목적, 그 내용 및 특징에 대해

---

21) 徐調孚, 「一個廣告: 世界少年文學叢刊」, ≪文學週報≫ 제255기, 1926.12.

간략하게 살펴보았다.

위에서처럼 이 시기 한국문학작품에 대한 번역 소개가 비교적 집중적으로 진행된 것은 중국 국내의 번역문학의 가치에 대한 문단의 긍정적인 인식과 함께 정치형세의 급변과 관련된다. 특히 한국어를 얼마 정도 구사할 줄 아는 극히 소부분이지만 이 시기에 중국 지식인들 가운데 나타나기 시작했던 점이다.

5. 한국관련 책자 번역의 의의

국가민족관이 수립되는 초기에 중국의 작가들은 한국을 참조로 삼았다. 물론 당시 아직도 '자아'와 '타자' 간의 계선이 명확한 것은 아니었다. 더욱 많게는 중화문화권에서 한국이라는 구성원을 잃은 것을 슬퍼하였다. 그러나 중국 자체가 생사존망의 세례를 거친 후 '자아'와 '타자' 의식이 한국의 망국을 더 관심하게 된 것이다.

만주사변을 겪으면서 지성인들은 세기 초의 감상적 콤플렉스와 계몽 콤플렉스를 뛰어넘어 역사적 무게와 이성적 높이에서 망국의 위기를 사고하게 되었다. 결과 낯선 이국의 문학을 독자들 앞에 내놓음으로써 이국을 읽는 동시에 자신을 정확히 바라보고 자신을 이해하도록 이끌었다.

특히 비슷한 운명은 한국의 역사와 정치 등 형세에 더 깊은 관심을 가지게 자극한 것이다. 그리하여 비슷한 세계인식과 가치관을 반영하고 있는 한국문학을 번역 소개함으로써 단순히 외국문학에 대한 소개 차원을 뛰어넘어 선 운명공동체적 동일감을 불러일으킴으로써 위기에 빠진 중국 국민들에게 경각성을 주입하고, 따라서 중국을 위기에서 구할 수 있는 방법이나 전 민족적인 각성을 도모하려고 한 것이다.

결국 이러한 민족 위기의식이 번역 작품의 내용을 결정하였다. 그리하여 내용 면에서 전통적인 유교의식과 함께 영웅인물전기와 계급모순, 민족모순과 빈부차이 등 시대적 관심사를 반영한 작품들을 주로 번역하였다. 이러한 시대적 인식으로 남녀 간의 사랑이야기나 연애 생활을 반영한 우수한 작품들이 거의 한편도 번역되지 않은 것이라고 할 수 있겠다.

물론 번역 작품의 독자 대상도 고려할 요인이지만, 아동작품도 이 시기 번역작들은 절대부분이 빈부차이나 불평등 등 내용을 우선시하고 있다. 그리고 형식적 측면에서 아동작품들은 삽화 형식을 취하고 있고, 주석을 달아 어려운 단어나 문화 현상에 대해 알기 쉽게 해석을 가하고 있는 점 역시 특기할 만한 특징이라고 하겠다.

『어사』 제28기, 1925.

『어사』 제77기, 1925.

『소설월보』 제12권 제10기, 제16권 제5기.

『진단』 제3기, 1921년 6월 5일.

『진단』 제3기, 1921년 6월 5일.

徐調孚, 「一個廣告: 世界少年文學叢刊」, 『문학주보』 제255기, 1926.12.17.

清野 편역, 『朝鮮傳說』, 上海儿童书局, 1930.

邵霖生 编译, 『朝鮮现代儿童故事集』, 正中书局, 1936.1.

_____ 编译, 『世界童话丛书·朝鮮现代童话集』, 中华书局, 1936.

박재우, 「中国现代文学中有关朝鲜人和朝鲜作品的文献概述」, 『中国语文学志』 제19집, 2005.12.

_____, 「한국·한국인 관련 중국현대문학작품에 대한 역사시기별 개괄」, 『中国语文学志』 제22집, 2006.12.

_____, 「魏建功의 〈侨韩琐谈〉试探」, 『中国语文学志』 제9집, 2009.10.

朝鲜传说	清野编译	上海儿童书局	1930年
目录	题目	内容	备注
人物篇	檀君	朝鲜建国	香炉峰、王俭城、阿斯达
	三个仙人	济州岛三姓穴	良、高、夫
	朴氏	朴氏的由来（朴赫居世）	杨山、高墟、珍支、大树、加利、高耶
	金蛙	朱蒙、高句丽	鲲渊、解慕漱、柳花
	孤儿	琉璃王	东明王、礼氏
	人卵	脱解、新罗第四	多婆那国、女国、金官国、辰韩
	飞仙花树	僧义相、手杖	浮石寺
	鬼桥	真智王、桃花娘、鼻荆	角于林宗、吉达
	龙女的儿子	辰仪、帝建、隆－王建	唐宣宗、宝育、豚
	高丽寺	比丘	文宗、镜湖
	后母	莲花、红莲	裴座首
	测字	李太祖	
	金应瑞	金应瑞、桂月香	加藤清正、小西行长
	弥勒	赵汉俊、	轮回说、因果报应
	全刚铜	全刚铜、姐姐	望日峰传说
	七佛寺	7个和尚	七佛寺的由来
	竟仙术	西山大师、四明堂	道术、传说
山川篇	清流壁	薛岩里、鲤鱼、龙王	清流壁的由来
	大圣山	鹿足夫人和她的孩子	民间传说（中朝战争期间）
	白鹭里	李座守、白鹭与蛇	白鹭里的由来
	雷山	养蚕的农夫	雷山的由来
	义狗塚	醉汉与狗	义狗塚的由来
	崇儿山	张鲜和崇儿仙女	崇儿山、张鲜江、怨痛桥的由来
	乞雨池	乞雨池的神秘	大正六年4月28日发生、5月25西鲜日报
	龙井	金先达武士、青龙、黄龙	黄海道长渊郡龙渊面龙井里
动物篇	狸	法桥边牛肉店、女子	狸变成女子
	虎	姜观察和母亲	虎害、老虎变女人
	猫	小孩和猫、梨树	猫的报复
	狐	金晋盖、狐女	狐女的残忍
	狐壻	姜邯（甘）赞嫁女	狐婿

	金色猪	像猪的怪兽	不可说的来历
	雨蛙	青蛙	青蛙传说
	乌贼	鳆鱼和乌贼的骨	99和1根骨的来历
	车氏的先祖	老虎的报恩	车氏的祖坟在黄海道九月山
	鸟	女子变乌鸦	兄为死去的妹妹烧嫁妆
植物篇	消痰烟	金尚宪、消痰烟	全国都吸消痰烟、吕宋国
	葛和藤		
附录	两兄弟		
	愚兄贤弟	犬、金银和粪尿	因果报应
	婆媳	关系有坏变好	叔母的教育

朝鲜现代儿童故事集 －邵林生编译	正中书局	中华民国二十五年一月	
目录	原著	内容	备注
不能清偿的损失	金昊奎	姐弟和父母的生离死别	注释 五钱、京城、学制、浦口
礼物	丁友海	荣明和三个乞丐	问突法、鸡蛋串、洞面
母亲的声音	崔仁化	红玉和母亲的离别和相逢	白头山
旧同学	郑兴弼	贫富差别	普通学校春三月开学、背东西
两个樵童	李东珪	团结	
少年职工	金明谦	同甘共苦	朝鲜气候和东三省差不多
饭盒里的秘密	崔秉和	帮助	吃冷的习惯
麻雀的训词	秦长燮	麻雀的教育	

朝鲜现代童话集	邵林生编译	中华书局印行		1936年
目录	原著	内容	备注	
老虎和柿饼	马海松	老虎的愚蠢	插图	
国王的耳朵驴耳朵	洪福连	国王的讽刺	插图	
不会叫的叫虫	李永哲	被捕的知了	插图	
小石头	李永哲	石头的命运	插图	
苹果树	崔青谷	帮助穷人		
岩石的悲哀	高汉承	牺牲精神	插图	
老秃子	金福镇	老鼠的报恩与老头的贪婪	插图	
堕落了的行脚僧	闵三植	改邪归正	插图	
月儿的话	金永寿	穷人的命运的同情	插图	
碎了的花瓶	李永哲	花瓶的命运与穷人的善良	插图	
燕子和博士	崔京化	到大众里去	插图	
虎的报恩	林炳哲	老虎的报恩	插图	支械
小猫	金福镇	猫和老鼠比智慧	插图	
小狗	安云波	狗主人的私欲		
黄牛	郑青山	黄牛的命和倔脾气	插图	
乌鸦	李永哲	乌鸦的贪婪和结局	插图	
虎	金福镇	老虎的通人性	插图	
七只乌鸦	金福镇	兄妹之情	插图	无用之物
戴了假面具的老虎	朴仁和	兔子的聪明	插图	金刚山-普陀、峨眉之上
玉色的葫芦瓶	不清楚	宝贝葫芦的神奇	插图	
两个哥哥的悔改	沈宜麟	哥哥的贪婪和弟弟的善良	插图	
老皮匠的快乐	不清楚	钱迷心窍	插图	
三只公山羊	李箕永	山羊的勇敢	插图	
两只皮鞋	丁洪教	皮鞋的责任	插图	
小鸡	安俊植	机械文明的批判	插图	
金鸡	金福镇	知恩图报	插图	
牛乳牧场	李龙湾	穷人要团结	插图	
跌死了的姊弟俩	郑青山	孝行与命运	插图	

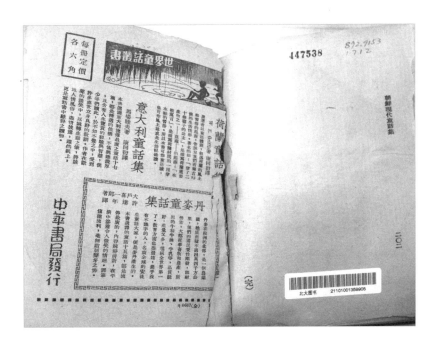

천시의 눈, 연대의 혀※

: 중일전쟁 이후 중국 인식의 한 단면

오태영

(동국대학교 다르마칼리지)

1. 서론: 동아시아 지역 질서와 중국의 위상

근대 전환기부터 제국-식민지 체제기와 탈식민-냉전 체제기를 거쳐 현재의 탈냉전-신자유주의 체제기에 이르기까지 동아시아 지역 질서(regional order)는 끊임없이 변동해 왔다. 근대 이전 청나라와 그 이웃 국가 간 조공 체제와 한자문화권으로 상징되던 동아시아 지역 질서는 청일전쟁(1894~1895)과 러일전쟁(1904~1905)에서 승리한 일본이 동아시아 지역에서 패권을 장악하면서 제국-식민지 체제로 재편되었다. 이후 1931년 만주사변에 이은 1937년 중일전쟁과 1941년 아

※ 이 글은 중국 조선-한국문학회, 중국해양대학교 한국연구소 해외한국학중핵대학사업단, 고려대학교 민족문화연구원 공동 주최로 2013년 8월 29일~30일 중국해양대학교에서 개최된 학술대회 〈한국문학의 역동성과 동아시아〉에서 발표한 필자의 「식민지 후반기 중국 지역 인식과 표상에 관한 연구」를 전면적으로 수정하여 『현대문학의 연구』 제52호(한국문학연구학회, 2014.2.)에 게재한 것이다. 학술대회에서의 발표 기회를 마련해 주었을 뿐만 아니라, 학술대회 간 애정 어린 관심과 격려를 보여주었던 중국해양대학교 한홍화 선생님과 성균관대학교 손성준 선생님께 감사드린다.

시아-태평양전쟁을 겪으면서 제국 일본을 구심점으로 하는 '대동아공영권(大東亞共榮圈)'이라는 새로운 지역 질서가 구축되었다. 그러나 1945년 제국 일본의 패전과 함께 대동아공영권은 붕괴되었고, 1950~1953년 한국전쟁을 거쳐 미국과 소련을 양대 축으로 하는 냉전 체제가 성립되면서 동아시아는 냉전 체제로 재편된 세계 질서를 극명하게 보여 주는 지역이 되었다. 이후 1990년대 초 구소련의 몰락 및 동유럽 사회주의 국가들의 해체에 따라 냉전 체제가 붕괴되었고, 동아시아 각 국가들은 유럽 연합(EU)과 같은 지역 블록의 출현에 대응하여 새로운 지역 질서를 모색·구축하기 위한 지난한 길을 걸어오고 있다.

이러한 가운데 '중국'이라는 공동체·국가·지역 역시 그 위상(topology)에 심대한 변화를 겪어 왔다. 청나라의 몰락 이후 근대 국민국가의 모색이 시련을 겪게 되고, 서양 제국주의 세력에 의해 반(半)식민지 상태에 처해 있었던 중국은 한편으로는 제국 일본의 정치적·지리적·문화적 권역 안에서 그 위상을 강제 받게 되었다. 이후 1945년 제국 일본의 패전과 함께 동아시아 식민지 국가들의 해방 및 신생 독립 국가 건설의 움직임 속에서 중국 또한 1949년 10월 1일 중화인민공화국 성립을 선포했다. 서양 제국주의 세력과 뒤를 이어 제국 일본의 동아시아 지역으로의 제국주의적 확장 속에서 중국은 다양한 지정학적 위상을 부여받았지만, 동아시아 지역 질서의 변동 과정 속에서는 주로 제국 일본과 반식민지 중국 간 정치 체제 구축을 둘러싼 헤게모니 투쟁의 양상을 보였다. 특히, 1931년 만주사변을 일으켜 중국 동북 지역 일대를 점령한 일본이 1932년 괴뢰정부인 만주국을 건국하고, 1937년 중일전쟁을 일으켜 본격적인 대륙 진출의 길을 걸으면서 중국은 제국-식민지 체제의 판도에 직간접적으로 편입될 수밖에 없었다. 하지만 중일전쟁의 장기전화에 따라 중국 동북 지역과 내륙 지역을 중심으로 항전을 계속하면서 한편으로 중국은 제국-식민지 체제의 그늘 속에서도 스스로 반제, 반일의 국가(또는 지역)로서의 위상을 구축하기도 하였다.

이 글에서는 이처럼 근대 이후 동아시아 지역 질서의 변동 과정 속에서 중국의 위상 변화에 주목하면서 식민지 후반기 근대 한국의 지식인, 문학자들의 중국 지역 인식의 한 단면을 고찰하고자 한다. 이 글에서 논의의 대상으로 삼는 '중국' 지역은 1930년대 후반 이후 제국 일본의 지정학적 동아시아 재편 과정 속에서 식민지 조선인 문학자 및 지식인들에 의해 인식되고 표상된 곳으로 한정한다. 따라서 이 글의 논의에서는 중국 동북 지역과 간도 지방, 만주국(및 주요 도시들)에 관한 인식은 제외한다. 무엇보다 이는 당시 동아시아 지역 질서의 변동 과정 속에서 '중국'과 '만주국'의 위상 차이를 염두에 둔 것이다. 제국 일본의 괴뢰정부라고 하더라도 만주국은 중국과 다른 정치적 질서와 법체계를 지니고 있었고, 만주국이라는 지역은 동아시아 제 민족이 공존공영할 오족협화(五族協和)의 이데올로기적 공간으로, 중국과는 이질적인 곳으로 여겨졌다. 물론 이외에도 중국과 만주국은 제국-식민지 체제 내 인종적·지역적·문화적으로 구획된 곳이었고, 특히 제국 일본을 정점에 놓는 동아시아의 지정학적 구도 속에서 그 위상에 심대한 차이를 갖는 지역이었다.

대내적 관점에서 바라보자면, 중국의 위상 변화에 심대한 영향을 끼친 사건은 1912년 중화민국 임시정부의 수립과 1949년 중화인민공화국 성립이라는 정치체(政治體)의 변동이라고 할 수 있다. 1912년 쑨원(孫文)은 "만주 전제 정부를 정복하여 중화민국을 강고히 하고 민생의 행복을 도모하여 국민의 공의(公意)를 따른다. 그렇게 함으로써 나라에 충성하고 대중을 위해 복무한다"라고 선언하였는데, 이는 청나라의 몰락과 근대 국민국가로서의 중화민국 임시정부 수립을 상징적으로 보여준 것이었다.[1] 또한, 1949년 중국의 독립과 민주, 평화, 통일, 부강을 목표로 인민민주주의 국가 수립을 선언한 것은 제국주의와 봉건주의를 청산하고 새로운 국가를 건설하자는 신민주주의 혁명의 기치를 내건 중화인민공화국 성립을 단적으로 보여준 것이었다.[2] 하지만 중국의 위상 변화에는 앞서 간단히 언급했다시피, 아편전쟁·청일전쟁·중일전쟁 등 제국주의 세력의 중국 진출과 충돌, 러일전쟁, 아시아-태평양전쟁 등 동아시아 지역 질서의 변동 과정에 막대한 영향력을 끼친 동양사적, 세계사적 사건이 가로놓여져 있었다. 물론, 근대 이후 한국인의 중국 지역 인식에 중국 국내 정치체의 변화가 핵심적인 요인으로 작용한 것은 틀림없는 사실이고, 그런 점에서 1912년과 1949년을 하나의 변곡점(變曲點)으로 삼아 해당 시기 전후의 중국 지역 인식에 관한 논의가 활발하게 이루어져 왔다.

하지만 중국이라는 로컬(local)한 국가의 위상 변화가 리저널(regional)한 동아시아 지역 질서, 나아가 제국을 중심으로 한 글로벌(global) 세계 체제의 위상 변동 과정과 밀접하게 연동하고 있음을 감안한다면, 1912년과 1949년 사이의 제국-식민지 체제기 중국의 위상 변화와 그에 대한 근대 한국인들의 인식에 대해 살펴볼 필요가 있다. 한국과 중국의 관계를 규정하는 조건이 지리적·역사적·문화적 비대칭성과 근접성에 있고, 근대 이전부터 한국의 지정학적 위치가 동아시아 질서의 유지/균열에 중요한 역할을 했다는 점을 고려한다면, 제국-식민지 체제기 이러한 역사적 조건과 식민지 조선의 지정학적 위상 변화가 당시 중국 인식에 영향을 끼쳤을 것이라고 짐작할 수 있다.

---

1) 가와시마 신, 천성림 옮김, 『중국근현대사 2: 근대국가의 모색 1894~1925』, 삼천리, 2013, 172쪽.
2) 구보 도루, 강진아 옮김, 『중국근현대사 4: 사회주의를 향한 도전 1945~1971』, 삼천리, 2013, 61쪽.

또한 한중 관계 형성에 있어 교류 주체의 다양화와 상호 의존성의 심화 못지않게 제3자로서의 강대국의 간섭이 핵심적인 기능을 발휘했다는 점은 주지의 사실이다. 제국-식민지 체제기 일본과 탈식민-냉전 체제기 미국과 소련이라는 강대국의 간섭은 한중 관계 형성에 중요한 요인으로 작동했던 것이다.[3] 이런 점에서 식민지 시기, 특히 중일전쟁 이후 동아시아 권역 내 제국 일본을 중심으로 식민지 조선과 반식민지 중국의 위상이 재조정되고 있는 상황 속에서 당시 문학자, 지식인들의 중국 인식은 동아시아 지역 질서 및 세계 체제의 변동 과정에 민감하게 반응한 결과였다고 할 수 있다.

조공 체제와 한자문화권에 기초한 동아시아 지역 질서에 놓여 있었던 조선이 1910년 한일병합에 의해 제국-식민지 체제에 본격적으로 포섭되면서 '같으면서 다른' 길을 걷고 있는 중국에 대해 어떻게 인식하고 있었는지를 추적하는 것은 근대 한국의 자타 인식의 한 축을 확인하는 것이자 동시에 근대 이전부터 제국-식민지 체제를 거쳐 탈식민-냉전 체제에 이르기까지의 한국·중국·일본을 중심으로 한 '동아시아' 구상의 한 축을 확인하는 일이 될 것이다. 이러한 문제의식을 바탕으로 이 글에서는 1937년 중일전쟁 발발 이후부터 1945년 제국 일본의 패전까지의 '식민지 후반기'를 주된 논의의 시기로 삼을 것이다. 이 글에서 식민지 후반기에 주목하는 이유는 그것이 근대 이후 제국-식민지 체제로 재편된 동아시아 지역 질서의 굴절과 변용의 한 극점을 보여주면서 다른 한편으로는 이후 탈식민-냉전 체제로 다시금 재편되는 세계 질서의 변화 과정을 고찰할 수 있는 '임계점'이기 때문이다.[4] 특히 식민지 후반기를 임계점으로 설정한 것은 제

---

3) 이에 대해서는 백영서, 「변하는 것과 변하지 않는 것: 한중관계의 과거·현재·미래」, 『핵심현장에서 동아시아를 다시 묻다: 공생사회를 위한 실천과제』, 창비, 2013, 189~195쪽 참조.

국 일본을 정점으로 한 동아협동체론(東亞協同體論), 동아연맹론(東亞聯盟論), 대동아공영권론 등 동아시아 신질서의 구상 속에서 당시 지식인, 문학자들이 전근대/근대, 서양/동양, 제국/식민지를 축으로 식민지 조선과 반식민지 중국을 어떻게 위치 짓고 이해하고 있었는가를 탐색할 수 있는 시기이기 때문이다.

이를 위해서 이 글에서는 먼저 선행 연구를 비판적으로 수용하여 근대 전환기 이래 중국 지역에 관한 조선인들의 인식 변화 과정을 개괄적으로 정리할 것이다. 근대 전환기 중국 지역에 관한 인식의 변화를 개괄적으로 파악하는 것은 그것이 식민지 후반기 조선의 지식인, 문학자들의 중국 지역에 관한 인식의 한 축을 예비했다고 판단했기 때문이다. 특히, 이후 논의에서 본격적으로 밝히겠지만, 천시와 연대의 모순적 인식이 근대 전환기 이래 중국 인식의 한 축을 형성해왔다고 여겼기 때문에 이 점에 초점을 맞춰 논의를 전개해 나갈 것이다. 이어 1937년 중일전쟁 발발 이후부터 1945년 제국 일본이 패망하기까지의 식민지 후반기 조선의 지식인, 문학자들의 중국 지역 인식이 드러난 문학작품, 그 중에서도 이동의 서사물들을 중점적으로 검토할 것이다. 흔히 간과되는 상식이지만, "문학과 지리학은 모두 공간과 장소에 관한 글쓰기"[5]라는 점을 상기한다면, 공간 인식과 경계 감각을 고찰하는 데 있어 문학은 핵심적인 형식이다. 따라서 식민지 후반기 전선 시찰기와 문학작품 등 이동의 서사물을 논의의 주된 대상으로 하여 당대 지식인, 문학자들의 중국 지역에 관한 인식을 추적하는 것은 중국 지역 및 중국인에 관한 단편적인 인상의 파편적 기록이 아니라, 이동의 체험에 기초해 그것들에 '서사성'을 부여하는 과

---

4) 오태영, 「동아시아 지역주의와 조선 로컬리티: 식민지 후반기 여행 텍스트를 중심으로」, 동국대학교 박사논문, 2012, 11쪽.

5) Crang, Mike., *Cultural Geography*, Routledge, 1998, p. 44.

정을 통해 중국을 중심으로 한 동아시아 지역에 대한 공간 인식과 경계 감각을 보여주고 있다고 여겼기 때문이다. 당시 신문과 잡지의 기사 및 논설, 각종 시각 미디어 등을 통해서도 중국 인식과 표상에 관해 살펴볼 수 있지만, 이 글에서는 서사화 과정을 통해 재구축되는 중국 인식에 논의의 초점을 맞추고자 한다. 다시 말해, 이 글에서 논의하고자 하는 전선 시찰기와 문학작품은 당시 지식인, 문학자들이 중국과 동아시아 지역을 어떻게 인식하고 상상하고 있었는지를 확인할 수 있는 서사적 표상물인 것이다.

2. 중화(中華)에서 지나(支那)로

근대 초기 한국인의 중국 지역에 관한 인식에 근대 일본의 중국 지역에 관한 인식과 표상의 결과물들이 중요한 영향을 끼쳤음은 쉽게 짐작할 수 있다. 따라서 근대 일본의 중국 인식에 관해 먼저 살펴볼 필요가 있다. 근대 일본의 중국 인식의 기원은 막부(幕府) 말기 해외 파견 사절단들에 의한 중국 표상을 통해 확인할 수 있는데, 이때에는 아편전쟁(1840~1842) 이후 서구 열강과 중국의 정치적, 군사적 역학 관계 속에서 근대 자본주의 발달에 대한 '경탄'의 시선이 주를 이루었다. 물론, 이 시기에는 '중화(中華)'에 대한 경외가 완전히 사라지지 않았는데, 한자문화권과 유교 질서를 중심으로 한 중국 인식을 바탕으로 '늙은 대국'에 대해 무시할 수는 없었기 때문이었다. 하지만 청일전쟁에서 일본이 승리한 뒤, 일본 자국 내 내셔널리즘의 고양을 배경으로 '차별적'인 중국상이 등장하게 되었는데, 그것은 산만하고 나태하며, 불결하다는 국가상(또는 국민상)으로 점철되었다.[6]
메이지[明治] 시기 이래 일본인의 중국 인식의 핵심에는 '고루한 나라'와 '국민국가 형성 능력의 결여'로 대표되는 천시의 시선이 자리 잡고 있었다. 서구 열강의 아시아 진출에 위기감을 느낀 일본은 서양 제국주의 세력을 차단하는 방어벽으로 중국을 설정하고, 중국과 제휴해 서양 제국주의 세력에 맞서고자 하는 연대를 모색하면서, 일본 자신이 '부국강병'을 목표로 문명개화 정책을 추진했던 것처럼, 중국 또한 전통적인 유교적 규범의 세계로부터 벗어나 근대 서양문명의 가치와 원리를 수용할 것이라고 기대했다. 하지만, 조선의 개혁을 둘러싸고 일본과 중국이 상호 대립했을 때 청나라가 책봉체제를 고집하는 등 전통적인 유교의 가치 체계를 고수하자 '고루한 나라'라고 천시하였다. 이러한 천시의 시선은 메이지 초기, 특히 로쿠메이칸[鹿鳴館] 시대의 서구풍 모방의 풍조가 만연했던 사회 현실과 무관하지 않았다. 하지만 그러한 가운데서도 1860년대 들어서면서 청나라가 군사 부문에 한정해서 서양 과학기술의 도입을 시작하는 등 '중체서용론(中體西用論)'이라고 불렸던 움직임을 보이자 일정 부분 자주성을 지니고 있다고 평가하기도 하였다. 여기에는 일본의 무분별한 서양 모방 풍조에 대한 비판 의식이 어느 정도 작용하고 있었다. 이처럼 메이지 초기 일본의 중국 인식에는 중국을 '고루한 나라'로 천시하는 한편, 아시아 국가로서 서구 열강에 함께 대응한다는 연대 의식이 그 핵심에 놓여 있었다. 하지만, 청일전쟁에서 일본이 승리하자 이와 같은 이중적 중국 인식의 모순은 일거에 사라지고, 중국은 근대국가 형성 능력이 결여되어 있다는 천시의 시선이 강고하게 굳어지게 되었다. 청일전쟁에서 패배한 중국은 대외적으로 서구 열강에 의해 분할의 위기를 겪었고, 대내적으로는 광서제(光緖帝)를 옹립한 캉유웨이(康有爲), 량치차오(梁啓超)의 변법유신운동(變法維新運動)

---

6) 류젠후이, 「모멸, 취미, 그리고 동경에서 위협으로: 근대일본 지식인의 중국 표상」, 『일본비평』 제6호, 서울대학교 일본연구소, 2012, 52~53쪽.

과 서태후(西太后)의 '무술정변(戊戌政變)' 등 불안정한 정세가 지속되어 일본인들에게 근대 국민국가 형성의 능력이 결여되어 있다고 비판받으면서 천시의 대상으로 위치 지어졌던 것이다.[7]

확실히 메이지유신[明治維新]은 일본의 중국 인식에 커다란 전환점을 마련했다. 근대 이전까지 '조공과 외경의 나라', '동경과 모범의 나라', '선진과 친애의 나라' 등 동경과 수용의 대상으로 인식되고 표상되었던 중국은 19세기 중엽 이후 유럽 문명을 추종한 일본인들에 의해 반개화의 지역으로 폄하되었다. 익히 알려진 후쿠자와 유키치(福澤諭吉)의 『문명론의 개략』(1875)에서 중국(인)은 '완고하고 고루한' 대상으로 여겨졌는데, 이는 중국과의 대비를 통해 자유로운 기풍과 사상이 풍부한 일본(인)의 정체성을 재구축하기 위한 타자화 전략이었다.[8] 이와 관련해 메이지유신 이후 일본에서 중국을 '지나(支那)'라고 천칭한 것은 상징적인 의미를 지닌다. '지나'라는 말은 과거 중국의 육조시대 승려들이 불교의 본토인 인도와 떨어진 중국을 지칭할 때 사용한 말이었는데, 메이지유신 이후 근대 일본에서는 그 의미가 변모했다. 당시 "국학자들(國學者)들은 '중국'이라는 용어에 담긴 야만·문명, 혹은 내부·외부라는 의미에서 일본을 분리하기 위해 '지나'를 사용했다. (…중략…) 그리고 20세기 초 일본에서 '지나'는 근대 아시아 국가인 일본과 대비하여 과거에 빠져 어려움을 겪고 있는 중국을 가리키는 말로 출현했다."[9] "지나(支那)는 현재 국명을 청국(China Kwoh)이라고 부른다. 이것은 지금으로부터 250년 전 건설된 왕조의 명칭이다. 자국인은 중국(Chung Kwoh) 혹은 중화(Chung-Howa)

---

7) 松本三之介, 『近代日本の中國認識: 德川期儒學から東亞協同體論まで』, 以文社, 2011, 289~294쪽.

8) 양일모, 「'사상'을 찾아가는 여정: 일본의 중국 인식과 중국학」, 『일본비평』 제6호, 서울대학교 일본연구소, 2012, 28~29쪽.

9) 스테판 다나카, 박영재·함동주 옮김, 『일본 동양학의 구조』, 문학과지성사, 2004, 18쪽.

라고 부르거나 단순히 화(華)라고도 부른다. 이것은 무엇보다도 자국을 세계 중심으로 삼아 좋은 국가[佳國]라고 한 자존적 명칭이다. 또한, 이 국가는 과거 이래로 혁명이 매우 많아 그 주권자의 성이 바뀔 때마다 국호를 고쳤기 때문에 통칭할 수 있는 국명이 필요했다. 지나제국(支那帝國, Chinese Empire)이란 외국에서의 호칭으로 때때로 많이 사용되었다. 지나(China)란 명칭은 지금으로부터 약 1850년 전 과거 진(秦)나라 때 시황(始皇)의 용기와 계략을 원근에 선전할 때부터 사용되었고, 진의 명칭은 마침내 영구의 명칭이 되었다. 따라서 구주인은 최근까지 지나를 동방 아세아의 대부분을 통칭하는 호칭으로 사용하였다."10) 일본은 중화주의를 부정하는 뜻에서 '지나'를 사용하면서 이것이 영어 'China'의 음역 표기임을 강조하였는데, 1911년 신해혁명으로 중화민국이란 국호가 등장했을 때 이를 거부한 것은 이러한 맥락에서였다. 1913년 10월 6일 일본 정부는 중화민국을 '지나공화국'이란 명칭으로 승인하였지만 일반적으로 '공화국'을 떼어내고 '지나'라고만 불렀는데, 이는 중화주의의 부정과 황실 중심의 일본과 충돌할 소지가 있는 공화정체의 국가에 대한 거부감이 표현된 것으로 이해할 수 있다.11) 이후 20세기 전반 내내 일본은 중국을 천칭해 '지나'라고 불렀다.

이처럼 근대 일본의 중국 인식의 기저에는 서구 열강의 존재가 어떠한 형태로든 그러한 인식을 규정하는 요인으로 작동하고 있었다. 메이지 전반기 중국을 '고루'한 나라로서 천시했던 것은 서양 근대문명이 가져온 가치관을 전제로 했기 때문이었고, 반면 중국을 연대의 대상으로 여겼던 것도 서구 열강의 동아시아로의 세력 증대를 저지

---

10) 矢津昌永, 『高等地理 淸國地誌』, 丸善株式會社, 1905, 1쪽.
11) 유용태, 『환호 속의 경종: 동아시아 역사인식과 역사교육의 성찰』, 휴머니스트, 2006, 173~174쪽.

하려고 한 의도에서 발생한 것이었다. 즉, 중국을 경멸의 눈으로 바라보든, 제휴의 상대로 삼아 그곳의 국력 강화를 기대하든, 이 시기 일본의 중국 인식에는 서구 선진제국을 중심으로 한 국제 질서 속에서 어떻게 일본의 독립을 확보할 것인가라는 점이 그 근원적 동기로서 존재하였고, 그것이 당시 중국 인식에 현실적인 의미를 부여하고 있었다.12) 또한, 일본의 중국 인식은 일본의 독자적 사유 과정 속에서 발생한 것이라기보다는 상호 간의 조건에 의해 변화하는 상관적 함수였다고 할 수 있는데, 이때 핵심적인 조건은 근대 민족국가 건설 과정 속에서 발생한 역사적 요소와 자본주의적 세계 체제가 가속화되어 가는 현실 속에서 야기되는 동아시아 지역 질서의 패권 문제와 밀접한 관련을 지니고 있었다.13) 이런 점에서 20세기 초 일본이 자신이 중심이 된 동아시아 지역 질서를 표상하기 위해 과거 중국을 중심으로 한 중화 세계의 질서에서 '천하(天下)' 개념이 갖고 있던 중심적 위치를 대체해 '제국' 개념을 전면에 내세운 것 또한 의미심장하다. 중국의 '천하' 표상은 주변 약소민족 국가들에 대해 '조공책봉 체제'라는 공식 위계를 부과하면서도 주변부 정치체의 내적 자율성을 인정하는 위계 질서였던 반면, 일본의 '제국' 표상은 주변부 정치체에 대한 군사적 점령을 통해 그 내적 정치적 자율성을 부정하고, 주변부에 대한 군사적 팽창과 경제적 지배를 추구하는 것이었다.14) 따라서 동아시아 지역 질서를 표상하는 개념이 '천하'에서 '제국'으로 바뀌었다는 것은 동아시아 지역 질서가 중국 중심에서 일본 중심으로의 전환하였다는 것을 상징적으로 나타내는 것이다.

---

12) 松本三之介, 앞의 책, 307~308쪽.

13) 양일모, 앞의 글, 26쪽.

14) 이에 대해서는 이삼성, 「제국과 식민지에서의 '제국': 20세기 전반기 일본과 한국에서 '제국'의 개념적 기능과 인식」, 『國際政治論叢』 제52집 제4호, 한국국제정치학회, 2012, 7~40쪽 참조.

한편, 한국인의 중국에 대한 전통적인 인식에 균열이 발생하기 시작한 것은 19세기 말에 이르러서였다. 소위 '서세동점(西勢東漸)'의 시기로 명명되듯, 서양 제국주의 세력의 동아시아 진출에 의한 충격과 근대 국민국가 수립의 모색이 중첩되는 이 시기 중국 인식 변화의 한 양상은 '개화파', 그 중에서도 김옥균(金玉均)의 중국 인식을 통해 확인할 수 있다. 당시 청나라는 서양 열강과의 관계를 근대적 조약 관계로 전환하면서도 조선에 대한 조공 관계를 계속해서 강요하였고, 자국의 안보 및 외교적 이익을 수호하기 위해 조선의 내정외교에 대한 간섭을 한층 더 강화하였다. 이에 김옥균을 비롯한 개화파들은 이른바 '개화(開化)'를 단순히 서구 문명의 수용으로 한정하지 않고, 청나라로부터의 독립이라는 점을 명확히 하였다. 그런데 김옥균의 경우, 1882년 방일 기간 동안 주일공사 및 청나라 사람들과 널리 접촉해 동북아 정세 및 세계정세에 대해 논의하였고, 특히 근대화의 필요성 및 서세동점의 세계적 변화에 따른 동북아 3국 연합의 필요성에 인식을 같이하였다. 이런 점에서 당시 개화파들에게 중국은 '개화'를 위해 극복해야 할 '과거'이자 동시에 바로 그러한 개화를 위해 연대해야 할 '현재'의 대상이기도 하였다. 하지만 1882년 임오군란을 계기로 동아시아 국가들 간 연대 구상은 그 힘을 잃고, 조선에서 청나라 세력을 추출하는 것을 통해 자주와 자강을 실현하겠다는 급격한 반청독립(反淸獨立)의 사상이 부각되었다. 그럼에도 불구하고 국내 정치의 개혁과 근대화 추진 과정 속에서 한중 양국의 연대 구상은 김옥균의 '삼화주의(三和主義)'와 같은 형태로 이어지기도 하였다.15) 물론, 김옥균을 비롯한 개화파들의 중국 인식을 근대 초기 한국 지식인들의 중국 인식으로 일반화할 수 없다. 하지만 여기에서 김옥균의

---

15) 이에 대해서는 권혁수, 「金玉均과 中國: 對中國認識의 時期的 變化를 中心으로」, 『정신문화연구』 제23권 제3호, 2000, 155~176쪽 참조.

중국 인식을 대표적으로 거론한 것은 전통적인 한중 관계에 균열이 발생하는 과정 속에서 한·중·일 3국의 새로운 연대를 모색하는 당시 조선 지식인의 중국 인식에 나타난 착잡함을 상징적으로 보여주고 있다고 판단했기 때문이다.

1840년 발발한 아편전쟁에서 청나라가 패하고 난징조약[南京條約]을 계기로 기존의 동아시아 지역 질서는 붕괴되어 갔으며, 중국과 그 이웃 나라들은 서구 열강이 주도하는 세계 질서 안으로 편입되어 갔다. 조공 체제에 묶여 있었던 한중 관계가 청일전쟁으로 와해되고, 한청통상조약체결을 거쳐 을사조약으로 대한제국의 외교권이 상실되는 1905년 무렵에 이르면서 과거 '속방(屬邦)'이었던 한국은 중국에 의해 '자주의 국(國)'에서 '평행의 국(國)'으로 인식되었다.16) 이어 1910년 한일병합이라는 역사적 사건을 통해 오랫동안 지속되어 오던 한중 관계는 근본적으로 그 성격과 형태를 바꾸게 되었다. 또한, 동아시아 지역의 패권이 중국에서 일본으로 넘어가면서 식민지 시기 한국인들은 '반식민지' 상황에 놓인 동병상련의 이웃 나라로 중국을 바라보는 한편, 열강의 중국 침략에 공분하면서 20세기 전반 반외세투쟁과 국민혁명운동 등에 깊은 관심으로 갖기도 하였다.17) 이와 관련해 1910년대 유교 지식인의 중국 인식을 덧붙일 수 있다. 한국의 대표적인 유교 지식인이었던 유인석(柳麟錫)은 『우주문답(宇宙問答)』에서 중국에서 유교적인 중화제국이 부활해 전통적인 한중 관계를 회복하는 것을 통해 일본이 패퇴하고 조선이 독립할 것이라는 염원을 드러냈고, 박은식(朴殷植)은 『한국통사(韓國通史)』에서 한중 양국의 자강을

---

16) 이에 대해서는 이은자, 「韓·中 近代 外交의 실험, 1985~1905年」, 『中國近現代史研究』 제58집, 중국근현대사학회, 2013, 1~25쪽.

17) 이에 대해서는 김진호, 「근·현대 한국인의 중국 인식(認識)과 중국인의 한국 인식 변화」, 『中國文化研究』 제8집, 중국문화학회, 2006, 373~398쪽 참조.

기원하는 연대의식을 보였으며, 이병헌(李炳憲)은 『중화유기(中華遊記)』에서 유교 전통과 서양의 근대 문명이 공존하는 중국의 이중성을 설명했다. 이들 유교 지식인들의 중국에 대한 인식의 결과물들은 1910년 대한제국의 멸망과 1912년 청나라의 멸망이라는 왕정(王政)의 붕괴로 '역사적 동시성의 감각'에 의해 근대 한국의 중국 인식에 커다란 변화가 발생했음을 상징적으로 보여주는 것이다.18)

前에는 熱睡하더니 方今에는 覺醒하야오난 獅子라하난 支那帝國 아시아大陸의 中·東兩部를 거의다 占據한 世界上第四되난 大國이라. (…중략…) 支那人에는 한 큰 病痛이잇스니 곳 自尊自大하난것과 是古非今하난 것이라 果然말이지 <u>古代의 文化와 制度로 말하면 四五千年舊國의 갑으로 멀니 泰西列邦을 凌駕하얏슬뿐아니라 오히려 놉히 超過하얏스나 그러나 오날의 形便은 彼此가 顚倒된것</u>을 웃지한단말이오. 사람과 나라란것은 지나간꿈을 가지고 살고 다사려가난것이아니오 홀노 當場에도 잇고 將來에도 잇슬 進步란것을 가지고 살고 다사려가난것이니 萬一 사람에 貴賤의 別이 잇다하면 맛당히 進步를 알고 모름으로 써 난홀것이오 <u>나라에 華夷의 別리 잇다하면 쏘한 進步의 잇고 업슴으로 써 난홀지니 이 理致로 써 말하면 昔日의 支那는 華라할지라도 今日의 支那는 夷오 昔日의 西人은 夷라할지라도 今日의 西人은 華</u>―니 萬一 이分別 저分別 아니하고 唐虞의 治隆과 周漢의 文明이 잇다고 當場은 개똥만도 못하고 안저서 前에 싸늠江畔에 野牧을하고 스위덴峽壁에 穴處를 하얏다고 번연히 夜光珠보담도 明輝하고 金剛石보담도 燦爛한 눈이 부신 文明進步를 보면서도 그를 夷狄의 族屬이라하고 그를 獸畜의 化生이라하니 이싸위가 禍를 밧고 이싸위가 害를 보지아니하면 누가 當하리오 이에 그들이 四千年넘어 써 오던 香筆을 들고 「微管仲吾其被髮左袵」

18) 이에 대해서는 노관범, 「1910년대 한국 유교지식인의 중국 인식: 柳麟錫, 朴殷植, 李炳憲을 중심으로」, 『民族文化』 제40집, 한국고전번역원, 2012, 7~39쪽 참조.

을 敷衍하난동안에 저 碧眼兒들은 바루 筆管아래 그의冊床머리에서 새로 샛퍼러케 磨出한 銃刃을 들고 禹城九州를 瓜分하려하기를 멧번이나하다가 多幸히 世界의 公議에 免하얏스니 일른바 帝國으로 恥辱이 여긔서 더 甚한者— 어대 잇겟소. 그러나 天運이 循環하면 無往不復이라 이에 그의 頑固로 腦髓集成함에도 新學이 浸染될 餘地가 생기고 暇遊가 痼結한 手足에도 新事爲를 營作할 苗勇이 나서 外人에게 讓與하얏던 利權을 回收하난 熱은 極度까지 오르고 官長에게 受來하던 壓制를 反抗하난 運動도 쏘한 盡頭까지 이르러 自由를 차져야 하고 自强을하여야 한다하난 소리가 崑崙山風에 音波가 갈사록 넓어지며 教養의 道를 革新한다 商工의 業을 擴張한다 이것을 한다 저것을 한다하야 깁흔 잠을 비로소 쌔여가고 쏘 여러가지로 支那의 新施設에 妨害를 더하던 西太后도 이믜 죽엇슨즉 次次로 여러方面에 活氣가 생길 나라는 이나라이라하던 世界視線의 焦點이 되엿나니 우리 新大韓少年도 이나라가 發展하야감에 對하야 쏘한 多大한 關繫가 잇슴을 恒常 遺忘치말어 注意를 부즈런히할것이오[19]

위의 인용문은 최남선이 『소년(少年)』에 연재한 「해상대한사(海上大韓史)」 중 중국 지역에 관해 서술한 부분이다. 근대 전환기 근대적 주권 국가의 국경을 획정하는 문제와 신문 등의 근대 미디어, 그리고 '지리'라는 근대적 학지(學知)의 세 층위의 결합은 근대 이전 중세적 질서에 놓여 있었던 영토를 근대 국민국가의 국토라는 공간으로 변용시키는 데 중요한 계기를 마련했다. 최남선 역시 대한제국이라는 공간이 계속해서 유동적인 위기 상황에 처하자, 그것을 극복하기 위한 기획으로 '지리'를 제시한 것이다.[20] 『소년』은 바로 그러한 기획

---

19) 公六, 「海上大韓史」(四), 『少年』 第二年 第二卷, 1909.2, 12~14쪽. 강조는 인용자.

20) 이종호, 「최남선의 지리(학)적 기획과 표상」, 『상허학보』 제22집, 상허학회, 2008, 275~303쪽.

의 핵심적인 산물이었다. 이에 따라 최남선은 반도의 역사적·지리적 성격을 강조함과 동시에 '소년'층에게 바다를 통한 개척정신을 함양하기 위해 「해상대한사」를 연재했는데, 구한말의 이러한 바다 이미지는 근대적 지리 지식의 학습과 해상 모험심을 고취시키는 것을 넘어 앵글로 색슨(영국 및 미국)과 일본, 문명개화의 상징으로서의 새로운 것을 나타낸 것이었다. 또한, 이러한 바다의 이미지는 오래된 것으로서의 비판과 극복의 대상이 되는 중국적 질서를 상징하는 대륙의 이미지와는 대별되는 것이기도 하였다.[21] 위의 인용문에서도 과거의 문화와 제도를 기준으로 했을 때에는 중국이 서양을 압도하였지만 이제 그것이 전도되었고, 특히 '문명 진보'를 척도로 삼았을 때 서양이 중국을 앞서고 있음을 개탄하고 있다. 여기에서도 근대적 문명개화를 기준으로 서양/중국을 대별해서 인식하고 있음이 드러나고 있는 것이다. 그래서 중국이 발전하기 위해서는 "자유를 찾아야 하고 자강을 해야 한다"고 역설했던 것인데, 한편으로 최남선은 중국의 발전 과정을 단순히 중국 국내 문제로 한정하지 않고 조선의 현실과 연동해 인식하고 있었다. 그의 이러한 인식은 앞서 살펴봤던 것처럼, '완고한 나라'로서의 중국에는 천시의 시선을 보내는 한편, 문명개화를 통해 근대 국민국가로의 발전 가능성을 염두에 둔 것이다.

물론 이는 최남선만의 특별한 중국 인식이라고 볼 수는 없다. ≪한성순보(漢城旬報)≫, ≪독립신문(獨立新聞)≫, ≪대한매일신보(大韓每日申報)≫ 등 개화기 신문에 표상된 중국은 대체로 국력이 쇠퇴해감에도 개화를 서두르지 않는 나라로 그려졌다. 당시 신문에 나타난 중국 인식은 크게, '천한 청', '동양평화의 일원으로서의 중국', '개혁 모델로서의 중국' 등으로 압축되는데, 앞서 살펴본 근대 일본의 중국 인

---

21) 류시현, 『최남선 연구: 제국의 '근대'와 식민지의 '문화'』, 역사비평사, 2009, 81~82쪽.

식과 일정 부분 그 궤를 같이하는 것이자, 동시에 사회진화론에 기초한 한국 내부의 개혁론이 그 밑바탕을 이루고 있는 것이었다.[22] 중국이 청일전쟁에서 패배하자 진화론적 문명관에 입각하여 청나라는 문명화에 실패하였을 뿐만 아니라 조선의 문명개화에도 방해가 되는 부정의 대상으로 여겨졌다. 하지만 중국에 망명한 독립운동가들은 '신해혁명(辛亥革命)'을 통해 중국이 강성해지면, 그러한 중국의 힘을 빌려 장차 조선의 독립과 혁명을 이루어낼 수 있다는 기대감을 드러냈는데, 이는 '동병상련의 대상'이자 '연대와 협력의 대상'으로서 중국을 인식하고 있었던 것을 의미한다.[23] 이처럼 근대 초기 한국의 중국 인식은 메이지 시기 이후 일본의 중국 인식이 그러했던 것처럼, 문명개화의 척도를 기준으로 하여 반개(反開)한 나라로 여겼는데, 무엇보다 그것은 사회진화론의 관점에서 여전히 유교적 질서로부터 벗어나지 못하고 있는 중국에 대한 비판 의식에 바탕을 둔 것이었다. 하지만 이와 동시에 1910년 한일병합에 의해 조선이 제국 일본의 식민지가 되자, 서양 제국주의 세력에 의해 반식민지 상태에 처해 있던 중국을 제국-식민지 관계망 속에서 연대의 대상으로 위치 짓기도 하

---

22) 백영서, 「대한제국기 한국언론의 중국인식」, 『동아시아의 귀환: 중국의 근대성을 묻는다』, 창비, 2000, 166~198쪽.

23) 정문상, 「근현대 한국인의 중국 인식의 궤적」, 『한국근대문학연구』 제25호, 한국근대문학회, 2012, 203~231쪽. 정문상은 이 논문에서 "한국인의 근대적 중국인식의 형성과 그 변용을 추적함에 있어 동아시아 국제질서의 변동과 그와 연동된 한중관계에 주목할 필요가 있다. 근대적 중국 인식이 본격적으로 표출된 것은 전통적인 동아시아 국제질서의 변동을 가져온 청일전쟁을 배경으로 하였으며, 한국인의 중국 인식의 유형이 다양하게 표출된 것은 한국과 중국이 일본제국주의에 대한 공동투쟁의 필요성이 제기된 일제강점기를 배경으로 하였다"라고 하여 근대 한국인의 중국 지역에 관한 인식이 제국-식민지 체제기 동아시아 지역 질서의 변동 과정과 밀접하게 관련을 맺고 있음을 전제한 필자와 기본적인 문제의식을 공유하고 있다. 하지만, 제국-식민지 체제기 '부정과 경계의 대상', '연대와 협력의 대상', '한국 사회의 변혁의 모델' 등 다층적 중국 인식에 대한 그의 논의는 1920년대까지로 한정되어 있어, 그러한 인식이 1930년대 특히 제국 일본의 동아시아로의 지리적·문화적 팽창 과정 속에서 어떻게 연속/단절되고 있는지에 대해서는 해명하지 못하고 있다.

였다. 이와 같은 근대 초기 한국의 중국 인식은 중국 국내의 정치체의 변화 과정과 함께, 그러한 변화를 추동했던 서양 제국주의 세력과 제국 일본의 동아시아 지역으로의 진출에 따른 동아시아 지역 질서의 변동 과정, 나아가 제국-식민지 체제로 재편되어 가던 세계사적 질서 구축 과정을 염두에 둔 것이었다.

3. 전선기행과 폭지응징(暴支膺懲)의 수사학

식민지 후반기 근대 한국의 지식인, 문학자들의 중국 지역 인식에 심대한 영향을 끼친 사건은 1937년 발발한 중일전쟁이었다. 1931년 만주사변과 1932년 만주국의 건국 등 중국 동북 지역을 중심으로 제국 일본의 세력 확장이 지속되고 있었지만, 중국 전 대륙을 대상으로 한 제국 일본의 침탈이 본격적으로 전개된 것은 바로 이 중일전쟁을 계기로 한 것이었다. 당시 '지나사변(支那事變)'이라고 불렸던 중일전쟁의 발발은 중국 대륙을 전장(戰場)으로 인식하게 했고, 이에 따라 식민지 조선은 제국 일본의 대륙전진병참기지로서 위치 지어지게 되었다. 중국 지역을 전장으로 바라보는 한 그곳은 '전선(戰線)/총후(銃後)'라는 지정학적 구도 속에 편입되게 마련이었고, 총후의 식민지 조선인에게는 '지금-이곳'과는 다른 곳이면서 동시에 '지금-이곳'의 삶의 방식을 결정한다는 점에서 같은 곳이었다. 즉, 제국 일본 주도의 전쟁 수행 논리 속에서 '전선/총후'라는 지정학적 구도는 '전장'으로 통합되었던 것이다. 어찌 되었든, 중국이 전장으로 인식되는 한 그곳은 죽음에의 공포가 만연한 토포포비아(topophobia)의 장소가 된다. 따라서 그곳으로의 이동(mobility)은 전장이라는 특수성으로 인해 극히 제한적일 뿐만 아니라, 이동자에게도 혐오나 부인과 같은 공포감을 자아내는 장소로서 배척의 대상이 된다. 하지만 그렇다고 해서 중국으로의 이동이 엄격히 통제되었던 것은 아니었다. 다만, 이전 시기까지의 이동의 형태와는 다른 유형의 이동이 부각되었는데, 그것이 전선 시찰이다. 다시 말해, 1920년대 만선사관(滿鮮史觀)에 영향을 받은 일본과 조선 지식인들이 만주와 조선의 지리, 역사에 많은 관심으로 가지고 만주 일대를 비롯하여 중국 지역을 여행한 뒤 기행문을 남겼던 것24)과는 달리 1930년대 후반 이후 중국 지역으로의 이동은 주로 전선 시찰의 형식으로 구현되었던 것이다.

여행이라는 이동의 체험을 통해 식민지 조선인 문학자의 중국 지역에 관한 인식을 살펴볼 수 있는 대표적인 기행문으로 박영희(朴英熙)의 『전선기행(戰線紀行)』을 들 수 있다. 1937년 중일전쟁 발발 이후 식민지 조선의 각종 문화 단체, 언론사 주최의 전선 시찰단이 조직되어 조선총독부 및 군부의 지원 아래 중국의 전선 지역에 파견되어 각종 시찰의 기록을 남긴 것은 주지의 사실이지만, 박영희의 이 기행문은 전선 일대를 시찰하고 문학적으로 재현하는 것을 통해 총후의 조선인을 황국신민화하는 사상전의 출발을 알리는 신호탄이었다. 1939년 4월 15일 황군위문조선문단사절의 파견은 총후의 총력전 체제에서 '사상전=문학전'을 펼치는 중요한 계기였으며, 총후 조선 민중들로 하여금 간접적으로나마 전쟁을 체험하는 기반이 되었다. 또한, 히노 아시헤이(火野葦平)의 『보리와 병정』 번역을 필두로 당시 조선문단에 촉발된 전쟁문학이라는 새로운 장르의 탄생을 가능케 한 것이기도 하였다.25) 박영희는 『전선기행』의 서문에서 시찰의 목적으

---

24) 김경남, 「1920년대 전반기 ≪동아일보≫ 소재 기행 담론과 기행문」, 『韓民族語文學』 제63집, 한민족어문학회, 2013, 266쪽.

25) 이승원, 「전장의 시뮬라르크: 박영희의 전선기행을 중심으로」, 『정신문화연구』 제30권 제4호, 한국학중앙연구원, 2007, 223~249쪽.

로 두 가지를 제시하였는데, "하나는 現地에서 苦勞하며 忠勇을 다하는 皇軍을 위문하는것이며, 둘째로는 文學의 새로운 現實性을 把握하러 함이다. 當面한 國民文學의 길로, 沈滯된 朝鮮文學의 復興을 꾀하는것"26)이라고 밝히고 있다. 하지만 후자의 침체된 조선문학의 부흥을 모색하기 위한 목적은 이 기행문의 서술 내용에서는 전무하다고 해도 과언이 아닐 정도로 보이지 않으며, 전선 시찰 및 부대 위문, 그리고 시찰지로서 중국 지역 및 중국인에 관한 인식을 피력하는 데 몰두하고 있을 뿐이다.

이 시찰에 참여한 사람은 김동인(金東仁)·임학수(林學洙)·박영희 등 문학자 3명이었고, 이들의 여행 일정은 1939년 4월 15일부터 5월 13일까지였다. 여행의 경로는 기차로 경성(京城)을 출발하여 베이징[北京], 스자좡[石家莊], 린펀[臨汾] 등을 거쳐 최종 목적지인 산시성[山西省] 윈청[運城]27)에 도착한 뒤, 그곳에서 5일 동안 보낸 뒤 다시 베이징을 거쳐 경성으로 돌아온 것이었다. 이 기행문은 시간적인 순서에 따라 여정과 견문, 여행지에 대한 감상을 서술하는 일반적인 형식을 취하지 않고, 귀로의 기차 안에서 만난 조선인 여성에게 자신이 여행지에서 보고 듣고 겪은 내용을 이야기하는 형식으로 이루어져 있어 서사적 성격을 강화하고 있다는 특징을 보인다. 다시 말해, 이야기로서의 성격을 강화하여 독자로 하여금 흥미를 유발하는 한편, 가독성을 높이고 있는 것이다. 이처럼 이 기행문이 조선총독부에 제출하는 시찰 보고서였음에도 불구하고 서사성에 바탕을 둔 이야기 형식을 취한 것은, 조선인 독자를 대상으로 하여 중일전쟁 이후의 전황(戰況)

---

26) 朴英熙, 「自序」, 『戰線紀行』, 博文書館, 1939, 2쪽.

27) "北京서 漢口가는 鐵道로 나려오다가, 河北省의 西南端에 있는 石家莊驛에서 方向을 바꾸어, 山西省을 넘어서 오다가, 太原서 蒲州가는, 所謂 同蒲線 鐵道를 다시 타게되면 河北省 아조 西南端으로 運城이라는데가 있다."(위의 책, 158쪽)

을 알리고 전적(戰績)을 현창하여 제국 일본의 전쟁 수행의 당위성과 그 의의를 밝히는 한편, 전시 총동원체제기 식민지 조선인의 전쟁 수행을 위한 동원의 효과를 자아내기 위해 서사적 전략을 발휘한 것으로 이해할 수 있다. 하지만, 이러한 서사 전략 못지않게 주목해야 할 것은 식민지 조선인 문학자의 중국 지역 및 중국인에 대한 응시의 시선에 있다.

『전선기행』에서 박영희의 중국인에 대한 응시의 시선을 명확히 확인할 수 있는 장면은 일본인, 조선인, 중국인이 동승한 기차 안의 풍경 속에서 일본인과 중국인을 대비하여 그리고 있는 부분에 있다. "내 옆에도 中國人이 앉았다. 이상한 냄새를 피우고 있다. (…중략…) 그리고 내 앞에 우리軍人이 한사람 앉았었다. (…중략…) 그의 말하는 것이나, 行動하는것이, 그沈着하고, 鄭重한것만 보드라도 四十은 되어 보인다."[28] 단편적인 서술이지만, 이 서술은 불결한 중국인에 대비적으로 언행이 침착하고 정중한 일본군의 면모를 강조하기 위한 것이다. 여기에는 문명/야만의 이분법적 구별을 통해 일본인과 중국인을 인식하고 있음이 드러난다. 그런데 여기에서 중요한 것은 중국인에 대한 관찰자로서의 박영희의 인식이 피상적 수준에 머무르고 있다기보다는 이미 중국인을 하위의 열등한 존재로 규정한 상태에서 그들에 대해 바라보고 있다는 점에 있다. 이는 식민지 조선인 남성 지식인의 중국인에 관한 인식의 회로가 제국 일본인의 그것을 거쳐 이루어지고 있음을 짐작케 하는 것이기도 하다. 다시 말해, 식민지 조선인이 중국인에 대해 인식한다는 것은 제국 일본의 학문 지식, 신문 잡지 등의 미디어에서 미개하고 열등한 종족으로서의 중국인 표상이라는 필터를 거친 뒤에 가능해졌다는 것, 그리하여 중국인은

---

28) 위의 책, 68쪽.

인종적으로 하위에 놓인 상태에서만 포착된다는 점이다. 따라서 중국인은 일본인에 의해 선도되고 교화되어야 할 타율적 존재로 여겨진다. 물론, 이때 중국인은 조선인이라는 주체의 응시의 대상으로서만 위치지어질 수밖에 없는 것이다. 또한, 조선인 응시 주체와 중국인 응시 대상 사이의 위계화된 관계성은 제국 일본/반식민지 중국이라는 동아시아 지역 질서 내 위계화된 구도에 기초하고 있다는 점이 드러난다.

이처럼 식민지 조선인 문학자의 중국(인) 인식에 있어 주체화(=타자화)의 과정은 필연적인 것이라고 여길 수 있지만, 이러한 주체의 시선이 제국 일본의 그것과 닮아 있다는 점에 유의할 필요가 있다. 단적으로 말해 조선인과 중국(인)은 직접적으로 대면한 것이 아니라, 언제나 제국(의 담론)이라는 필터를 경유했던 것이다. 이와 관련하여 이유 없이 기차가 정차하자 적군에 의해 기습을 받을까 염려하는 일본인, 조선인과는 달리 별다른 걱정 없이 잠을 자고 있는 중국인을 보고 '유장(悠長)한 민족'이라고 명명한 뒤, 베이징에서 중국인을 보고 "모든 것이느리고, 게으른것 같았다. 그대신 여간것에 성내지 아니하고, 조고만데 怒하지 아니한다. 느린것은 마음에 아니맞지만, 怒 하거나, 발끈하고 성내지 않는것은 좋다. 어느때나 柔順한 것 같다"[29]고 서술한 부분에 관심을 기울일 필요가 있다. 박영희는 중국인의 민족성을 느리고 게으른 반면 유순하다고 평가하고 있지만, 이는 중국인과의 직접적 대면을 통해 얻어낸 결과가 아니라 그들을 피상적으로 관찰하여 도달한 결론이다. 그런데 중국인의 민족성에 대한 이러한 인식은 당시 제국 일본의 중국 대륙으로의 제국주의적 팽창 과정 속에서 일본인은 대륙적 기질을 가져야 한다는 당위론적 명제와 관련되어 있

---

29) 위의 책, 97쪽.

다. 당시 섬나라 국민인 일본인이 대륙으로 진출하여 새로운 아시아를 건설하기 위해서는 대륙의 중국인처럼 광활한 포부를 가져야 한다고 강조되었는데, 다만 이 경우에도 태만하고 무책임한 중국인의 모습을 경계하였다. 대륙적 기질이라는 민족성의 차이를 바탕으로 중국은 일본이나 조선과는 다른 곳으로 여겨지고 있었던 것이다.

共産主義는 自己의 民族을 滅亡케 하며, 世界를 또한 塗炭가운데로 모라 넣어서, 結局은 蘇聯의 走狗가 되고 마는것 以外에는, 아무것도 없다. 中國은 이러한 危機一髮에 서서 헐떡이였던것이다. 만일 中國이 完全히 毒牙에 걸리게 되면 東洋은 문득 破滅의 구렁텅이로 들어갈것이다. 이제 우리 日本은 世界의 强國으로서, 또한 東洋平和의 擔當者로서, 破滅로 들어가는 中國을 어찌 傍觀하고 있으랴! 이에 義憤과 正義의 총검을 들지 아니하면 아니되었다. 그러나 中國의 爲政者는 迷夢에서 깨지못하였다. 그러므로 <u>이 번 事變은 支那를 膺懲하는 同時에 또한 世界를 膺懲하는것</u>이다.[30]

중국과 동아시아의 다른 지역과의 '차이'는 무엇보다도 전장이라는 데 기인한다. "電車, 馬車, 추럭, 砲隊, 軍人의 行進, 飛行機소리에, 하늘과 거리는 발끈 뒤집혔다. 옆에서 말소리가 잘 들리지 않는다. 그대로 黃塵은 세상 만난 듯이 일어난다."[31] 총후의 조선과 달리 중국 산시성 일대는 전선 지대로, 언제든 전쟁이 일어날 수 있는 곳이자, 도처에서 생명의 위험을 느낄 수 있는 곳이다. 또한 이 기행문에서 반복적으로 '황진'에 휩싸인 시가와 거리가 묘사되고 있듯이, 그 곳은 한치 앞도 알 수 없는 곳이기도 하다. 전장의 긴장감과 전쟁

---

30) 위의 책, 120쪽. 강조는 인용자.
31) 위의 책, 166쪽.

상황을 생생하게 전달해야 하는 '보고문학'으로서의 기행문의 이러한 서술은 현실감을 자아내면서 이데올로기 동원의 수사적 전략이 될 수 있다.[32] 그런데 박영희의 이와 같은 전장으로서의 중국 지역에 대한 인식의 기저에는 공포의 감각이 도사리고 있는 것이 아니라, 제국 일본군에 의해 새롭게 건설될 중국과 동아시아의 역동적 움직임에 대한 감탄이 자리 잡고 있다. 그리고 그것은 전쟁 수행의 당위성으로 연결된다. 당시 중일전쟁의 역사적 당위성을 서양 제국주의 세력으로부터의 중국 해방과 동아시아 신질서 건설에서 찾았던 제국 일본의 중국 침략에 대한 기만적 담론이 여기에서도 고스란히 반복되고 있다. 이 글이 조선총독부의 지원 이래 이루어진 전선 시찰의 기록이라는 점에서 위의 인용문과 같은 서술이 보이는 것은 자연스러운 것이라고 할 수 있지만, 중요한 것은 이미 식민지 조선인 문학자의 인식 속에서 중국은 서양 제국주의 세력에 의해 반식민지가 된 지역이자, 새로운 아시아를 건설하기 위해서 반드시 제국 일본에 의해 미몽에서 깨어나야 할 지역으로 인식되고 있다는 점이다. 따라서 사정이 이러하다면, 이 기행문은 제국의 전쟁 수행 이데올로기를 재생산하는 데 기여할 뿐 이동의 체험을 통해 중국 지역과 중국인에 대한 새로운 인식을 보여준다고 할 수는 없을 것이다. 바꿔 말해, 중국 지역은 제국 일본의 전쟁 수행의 당위성을 확보하기 위한 장소로 소환되어 위치 지어지고 있었던 것이고, '폭지응징(暴支膺懲)'의 수사학적 대상으로만 여겨졌던 것이다.

한편, 1937년 중일전쟁 발발 이후 중국 지역의 전선 시찰은 문학자들에 의해서만 이루어진 것은 아니었다. 이를 단적으로 확인할 수 있는 것이 1939년 1월 5일부터 2월 9일까지 ≪매일신보≫에 연재된

---

32) 한민주, 「일제 말기 전선 기행문에 나타난 재현의 정치학」, 『한국문학연구』 제33집, 동국대학교 문화학술원 한국문학연구소, 2007, 363쪽.

중지(中支) 및 타이완 시찰단의 여행의 기록이다. 매일신보사와 일본 여행협회 조선지부가 공동 주최한 이 시찰단의 파견 목적은 크게 두 가지였는데, 하나는 중지 및 타이완 지역의 산업 현장을 시찰하는 것이었고, 다른 하나는 중일전쟁의 확전에 따라 전선에 진군한 군인을 위문하는 것이었다. 시찰단 파견 기간은 1939년 1월 19일부터 2월 9일까지였고, 여행지는 상하이[上海], 난징[南京], 항저우[杭州], 쑤저우[蘇州], 푸저우[福州] 등의 중지 일대와 지룽[基隆], 타이베이[臺北], 타이중[臺中], 타이난[臺南], 가오슝[高雄] 등 타이완[臺灣] 지역, 그리고 귀로에 들른 일본의 나가사키[長崎], 구마모토[熊本], 벳부[別府], 아소화산[阿蘇火山] 등이었다.33) 김한규(金漢奎)를 단장으로 한 총 42명의 시찰단은 산업 현장, 군부대, 전적지 등을 둘러보았으며, 1월 22일부터 27일까지 체재한 중국에서는 군부대 위문 및 전적지 탐방, 재중국 조선인 주최의 만찬회 참석, 명승지 견학 등의 일정을 보냈다. 이 시찰단의 여행 기록에는 앞서 박영희의 『전선기행』처럼 중국 지역에 관한 지식과 정보가 거의 눈에 띄지 않고, 여정만이 간략하게 서술되어 있을 뿐이다. 무엇보다 이것은 시찰단원의 여행의 기록이 아니라, 시찰단을 취재한 기자의 목소리를 담아내고 있기 때문인데, 그럼에도 이 시찰의 기록에는 미미하나마 식민지 후반기 중국 지역에 관한 인식이 단편적으로 서술되어 있다. "상해!상해!라면 동양의국제도시로서 번화하기 역시동양제일이다 그리고 세계각국민족이 이곳에 모혀서 서로 리권(利權)을위하야 격렬한 생존경쟁을하는곳이니 이에따라 문화는발달될새로 발달되야 전쟁전의 인구는 二百七十만으로 그중외국인이 一百二十만이나잇섯다 사변이생긴지금은 황군의손으로 치안을확보하야 명랑한상해건설을위하야 매진하고잇는곳이다. (…

---

33) 오태영, 「근대 한국인의 타이완 여행과 인식: 시찰기와 기행문을 중심으로」, 『아세아연구』 제56권 제3호, 고려대학교 아세아문제연구소, 2013, 319쪽.

중략…) 남경은장개석(蔣介石)이가대본영을설치하고항전을꿈쑤던곳으로양자강을오락가락하는상선과교통이 번잡한 중원(中原)의수도이다.”[34] 당시 국제도시로서의 상하이와 1937년 제2차 국공합작을 통해 항일전선을 구축했던 장제스의 항일 근거지인 난징에 대한 이와 같은 언급을 통해 식민지 후반기 조선인들의 중국 지역 인식을 일반화할 수는 없지만, 무엇보다 중국이 중일전쟁 이후 ‘전장’이라는 공간으로 인식되고 있음을 재확인할 수 있다.

  그런데 중국을 전장이라는 공간으로 인식하는 것은 몰락/재생, 폐허/신생의 이분법적 관점으로 중국과 일본을 바라보게 한다. 이와 관련해서 1939년 4월부터 12월까지 『시조(時兆)』에 연재된 김창집(金昌集)의 「남양여행기(南洋旅行記)」 중 상하이에 대한 인식이 드러난 부분을 참고할 수 있다. 김창집에게 영국·미국·프랑스 등의 조계(租界)가 있는 반식민지 중국의 근대도시 상하이는 제국 일본의 중앙 도쿄에 비해 그 규모는 웅장하지만, 명랑함과 화려함은 찾아볼 수 없는 곳으로 여겨진다. 그는 상하이를 여행하면서 “거리는 좁고 建物은 높아 우중충한 空氣가 흘러 도무지 明朗한 氣分을 얻을 수 없다. 東京 같은 都市에 比하면 얼마나 混雜하고 陰鬱한 도시인지 알수 없다”[35]라고 말한다. 아시아에서 상하이가 이미 무역·운수·관광을 목적으로 만들어진 해운 항로를 연결하는 도시 네트워크의 중추가 되고, 특히 1930년대에는 중국과 세계의 다른 곳을 연결하는 문화 중재자로서 ‘동양의 파리’라고 불렸던 점[36]을 감안한다면, 김창집이 상하이를 ‘무질서 상태’로 규정한 것은 의미심장하다. 그것은 도쿄를 기

---

34) ≪每日新報≫, 1939.1.19.
35) 金昌集, 「南洋旅行記(3)」, 『時兆』, 1939.6, 33쪽.
36) 리어우판, 장동천 외 옮김, 『상하이 모던: 새로운 중국 도시 문화의 만개, 1930~1945』, 고려대학교출판부, 2007, 496쪽.

준으로 삼아 상하이의 근대 도시적 발전 상태를 평가 절하하는 것일 뿐만 아니라, 무질서에서 질서로 나아가야 한다는 당위성을 설파하기 위한 포석이기 때문이다. 그가 상하이의 자베이[閘北] 부근의 전적지를 둘러보고 "쓸쓸한 破滅의 자최이면서도 新東亞의 永遠한 建設을 約束하는 듯한 光景"[37]을 느꼈듯이, 상하이는 신동아 건설을 통해 무질서(구미 세력에 의한 반식민지)에서 질서(해방)의 상태로 혁신해야 하는 곳이며, 따라서 새로운 질서의 건설을 위해서라면 기존의 무질서는 마땅히 파괴되어야 한다는 당위성을 갖게 되는 것이다.[38] 그리고 이때 새로운 질서를 건설하는 주체는 바로 제국 일본이 된다는 논리가 마련되는 것이다.

이상에서 살펴보았듯이, 식민지 후반기 특히 1937년 중일전쟁 발발 이후 식민지 조선의 지식인, 문학자들에게 중국 지역은 주로 전장으로 인식되었다. 당시 식민지 조선의 각종 문화 단체, 언론사 주최의 전선 시찰단이 조직되어 조선총독부 및 군부의 지원 아래 중국 전선 지역을 시찰하였고, 그곳에 대한 인식을 중심으로 각종 전황을 보고하고 전적을 현창하는 보고문 및 시찰기를 생산하였다. 이 보고문 및 시찰기에 표상된 중국 지역은 서양/동양, 일본/중국 사이의 세계사적, 동양사적 전환을 가져오는 전쟁터로 점철되었다. 이런 점에서 중일전쟁은 서양 제국주의 세력에 의해 반식민지 상태에 놓인 중국과 동아시아를 침략하여 식민지화하고 있는 서양 제국주의 세력을 동시에 응징하고, 동아 제민족이 공존공영할 수 있는 새로운 지역 질서를 구축한다는 전쟁 수행의 이데올로기에 의해 그 역사적 정당성을 부여받았다. 그리고 이러한 이데올로기 속에서 제국 일본과 반

---

37) 金昌集, 「南洋旅行記(3)」, 앞의 책, 33쪽.
38) 오태영, 「'남양(南洋)' 표상과 지정학적 상상력」, 동국대학교 문화학술원 한국문학연구소 편, 『근대 한국의 문학지리학』, 동국대학교출판부, 2011, 252쪽.

식민지 중국은 식민지 조선의 지식인, 문학자들에게 몰락/재생, 폐허/신생의 이분법적 구도 속에 배치되어 인식되었다. 이제 중국은 제국 일본에 의해 서양 제국주의 세력으로부터 해방되어 새로운 아시아의 일원으로 거듭나야만 했던 것이다.

4. 대동아공영권(大東亞共榮圈)과 연대의 서사

앞서 살펴본 전선 시찰기와는 달리 식민지 후반기 문학작품에서 중국 지역에 관한 인식을 살펴보는 것은 제한적이다. 이전 시기까지 문학작품 특히 소설에서 상하이를 중심으로 한 중국 지역 인식을 단편적으로나마 지속적으로 확인할 수 있는 것과는 확실히 차이가 있다.39) 무엇보다 그것은 중일전쟁의 장기전화에 이은 1941년 아시아-태평양전쟁의 발발에 따라 태평양 전역으로 전선이 확대되었고, 중국을 중심으로 한 대륙 지역에 비해 필리핀, 말레이시아 등을 비롯한 남양 지역의 지정학적 중요성이 보다 부각되었기 때문이다. 다시 말

---

39) 이와 관련해 정호웅은 김광주, 심훈, 유진오, 이광수, 주요섭, 최독견, 한용운 등 중국 상하이를 무대로 한 한국 현대소설을 '상하이소설(Sanghai novel)'로 명명한 뒤 그 특징을 다음과 같이 정리하였다.
　①　상하이 공간과 식민지 조선사회의 동일시
　②　타자인 중국에 대한 대타자의식 결여
　③　혁명적 정치성과 낭만적 사랑의 의식화
　④　선악인과론과 역사의 진보에 대한 믿음
　정호웅은 이러한 특징이 모두 상하이라는 공간의 특성으로부터 비롯된 것임을 강조하였다(정호웅, 「한국 현대소설과 상해」, 『한국언어문화』 제36집, 한국언어문화학회, 2008, 286쪽). 한편, 심훈의 중국 체험과 그에 기초한 소설 『동방의 애인』을 분석한 한기형은 심훈에게 중국이 사회주의적 근대의 기원적 공간이었지만, 새로운 가치와 그 주역을 잉태하는 시공으로서의 중국의 서사적 역할은 의도적으로 제한되었다고 논의하였다(이에 대해서는 한기형, 「서사의 로칼리티, 소실된 동아시아: 심훈의 중국체험과 『동방의 애인』」, 『大東文化研究』 제63집, 성균관대학교 동아시아학술원, 2008, 425~447쪽 참조).

해 '대동아공영권'의 경계 자체가 동남아시아를 비롯해 오스트레일리아 지역으로까지 확장되면서 태평양을 중심으로 한 '해양 아시아'로 시선이 옮겨진 뒤 중국을 중심으로 한 대륙 지역에 대한 인식과 표상의 결과물들은 상대적으로 줄어들게 되었던 것이다. 하지만 그렇다고 해서 중국 지역에 관한 관심이 현저히 약화되었던 것은 아니고, 1938년 이후 매년 7월 중일전쟁을 기념하는 행사가 진행되는 동시에 중국 지역에 관한 인식과 표상의 결과물들이 지속적으로 생산·유통되었다. 이러한 가운데 당시 문학작품에서도 비록 그 수가 많지는 않지만, 중국 지역에 관한 인식을 찾아볼 수 있다. 이와 관련해 식민지 후반기 동아시아 지역 질서의 변동 과정 속에서 중국과 조선의 위상 변동 과정에 대한 인식을 간접적으로나마 살펴볼 수 있는 작품으로 먼저 김사량(金史良)의 「향수(鄕愁)」를 들 수 있다.

이 작품은 평양에 살고 있는 이현이라는 인물이 3·1운동 직후 중국으로 망명하여 고통스러운 삶을 연명하고 있는 누나를 만나고 돌아오는 과정을 그리고 있는 여행 서사이다. 평양을 출발한 이현은 안동(安東)-봉천(奉天)을 연결하는 철도를 경유해 베이징으로 향하는 차창 밖의 광야를 바라보면서 과거 고구려시대 병사의 함성소리와 말 울음소리가 들려오는 듯한 느낌을 갖는다. 그리고 과거 명나라나 청나라에 대한 사대주의적 태도와 함께 한일병합 직전 대한제국의 청나라, 러시아, 미국, 일본 등 외세 의존적 태도에 대해 비판적 인식을 보인다. 그러면서 현재의 자신은 완전한 일본 국민으로서 만주국을 횡단해 베이징으로 향하고 있다고 말하는데, 여기에 덧붙여 서술자는 "북지(北支)는 이미 황군의 위력으로 평정되었고 베이징성[北京城]은 명도되고 있다. (…중략…) 지금 단지 그는 이 만주국에 오고 있는 수십 수백만의 동포나 또는 헤아릴 수 없을 정도로 많은 지나 재주(在住) 동포가 조금이나마 오늘날처럼 동아에 여명을 비추는 건설적인 시기에 차차 생활을 향상시켜주기를 바라는 마음으로 가득했다"40)라고 서술한다. 즉, 주인공 이현과 서술자는 베이징으로 향하는 길에 과거부터 현재까지 중국을 중심으로 한 아시아 정세의 변화를 염두에 두면서 그것을 역사의 필연적 과정으로 이해하는 한편, 현재 제국 일본에 의한 중국 침략을 '동아에 여명을 비추는 건설'로 승인하고 있는 것이다. 이는 가야가 이현과 함께 북해공원(北海公園)에 가 과거 청나라시대 황족이나 신하들의 고급 주택가였던 금원(禁苑) 성안이 서양인들의 조계로 분할되고, 조선인인 자신들까지 드나들 수 있는 곳이 됐다는 말을 통해서도 다시금 확인할 수 있다. 즉, 이 작품에서 중국은 서양 제국주의 세력 및 제국 일본으로 상징되는 '역사의 힘' 앞에 과거 청나라시대까지의 영광을 잃고 쇠락해 가는 한편 쇄신해 가고 있는 곳으로 인식되고 있는 것이다. 이런 점에서 그의 여행의 목적이 중국으로 망명한 누나 부부를 갱생의 길로 인도하는 것, "먼 지나의 하늘 아래, 누추한 지역에 파묻혀 고통에 번민하고 있는 누나와 매형을 구해 내고 싶었던 것"41)이라는 점은 의미심장하다. 식민지 조선인들의 망명지였던 중국은 가야가 거주하고 있는 음습한 아편굴처럼 병든 곳으로, 과거 사회주의 사상에 기초한 사회 변혁의 움직임을 더 이상 찾아볼 수 없는 폐허의 지옥과도 같은 곳으로 여겨지기 때문이다. 그래서 전향한 조선인 사회주의자 옥상렬은 중일전쟁이 빨리 끝나는 것이 중국과 만주에 살고 있는 수백 만 조선인 동포가 행복에 이르는 길이며, 그를 위해서 무엇보다도 '중국 대륙의 명랑화'가 이루어져야 한다고 역설했던 것이다.

이처럼 김사량의 「향수」는 제국적 질서에 의해 변화하고 있는 동

---

40) 金史良, 「鄕愁」, 『文藝春秋』, 1941.7, 290쪽.
41) 위의 글, 305쪽.

아시아 정세를 추인하는 한편, 중국으로 망명한 조선인 사회주의자들의 몰락상과 그들의 귀환 불가능성을 서사화하고 있다. 누나 부부와 옥상렬로 대표되는 사회주의자들의 몰락과 조선으로의 귀환 불가능성은 제국-식민지 체제 하 조선, 중국, 나아가 동아시아 지역 질서가 변동하고 있다는 것을 피력한 것이며, 그런 점에서 식민지 조선인의 망명지로서 중국은 갱생되고 쇄신되어야 할 곳으로 여겨진다. 아편 매음굴과 같은 음험한 곳에서 아편중독자가 되어 쇠멸해 가고 있는 누나가 상징하고 있듯이, 과거 조선인 사회주의자들의 망명지이자 은신처로 여겨졌던 중국은 청산되어야 할 어떤 곳이다. 특히 이 소설에서 현이 만주국에 비추어 중국에 대해 인식하고 있었다는 점에서 과거(중국)로부터 미래(만주국)로 나아가야 한다는 인식은 결국 제국 일본에 의한 동아시아 지역 질서의 재편 과정 속에서 중국이 갱신되어져야 할 지역으로 인식되고 있음을 확인케 한다. 식민지 후반기 한국 문학작품에서 만주국의 신찡[新京]이나 하얼빈[哈爾濱]이 신흥하는 공간으로 부각된 반면, 「향수」에서 베이징은 몰락과 갱생의 대상으로 위치 지어지고 있었던 것이다. 요컨대, 김사량의 「향수」의 서사는 동아시아 지역 질서의 변동 과정 속에서 새롭게 거듭나야할 대상으로서 '아편굴'과 같은 지역으로서의 중국에 대한 인식을 보여주고 있는 것이다.

한편, 1937년 중일전쟁 발발 이후 제국 일본의 동아시아로의 지리적 팽창 과정 속에서 포섭해야 할 대표적인 국가는 중국이었다. 왜냐하면 이미 제국 일본의 식민지가 된 조선이나 타이완, 괴뢰정부인 만주국과는 달리 중국은 서양 제국주의 세력에 의해 반식민지의 상태에 처해 있었고, 항일 세력의 항전에 의해 중일전쟁이 장기전으로 이어지고 있었기 때문이다. 또한 1941년 12월 아시아-태평양전쟁이 발발하면서 제국 일본은 대륙에서의 전쟁 수행을 위한 군사적 거점을 마련해야 했고, 이를 위해 대륙에서의 저항 세력을 일소하고 장기전에 대비해야만 했다. 이러한 상황 속에서 서양의 반식민지 상태에 놓인 중국을 대동아공영권 내로 통합시킬 필요성이 제기되었던 것이다. 이와 관련해서 흥미로운 서사를 전개하고 있는 작품이 이광수(李光洙)의 일본어 소설 「대동아(大東亞)」이다. 이 소설은 전쟁을 통한 동아시아 지역 질서의 재편 과정 속에서 제국 일본의 정치적, 문화적 위상을 강화하기 위해 대동아공영권의 정점에 제국 일본을 위치시키려는 프로파간다적인 작품으로 읽을 수 있지만, 그러한 과정 속에서 포섭되어야 할 대상으로서의 중국(인)에 대한 인식을 아울러 살펴볼 수 있는 작품이라는 점에서 여러모로 주목된다.

이광수의 「대동아」는 표면적으로 중국인과 일본인 사이의 우호적 교우 관계를 서사화하고 있다. 세인트 존슨 대학의 중국사와 중국문학 교수 범학명(范鶴鳴)은 상하이 동아동문서원(東亞同文書院)의 일본인 교수 가케이 가즈오(筧和夫)의 저서에 심취해 그가 중국인의 마음을 진정으로 아는 사람이라고 격찬하면서 중국에서는 자취를 감춘 예(禮)가 일본에서는 번창하고 있다고 하여 중국 학계로부터 배척당한다. 그럼에도 그는 양심적인 학자로서 자신의 신념을 지키고 가케이 교수와 친교를 맺어 일본의 역사와 문학을 공부하고자 한다. 이에 두 사람은 교분을 쌓아가게 되고, 두 사람의 개인적인 교류는 양가 집안의 친교로까지 확장된다. 그런데 중일전쟁이 발발하고 그 전화(戰禍)가 상하이까지 임박해 오자 가케이 교수 집안은 도쿄로 돌아가게 되는데, 떠나기 전날 밤 범학명 교수가 가케이 교수를 찾아온다. 범학명 교수는 양국 간 평화의 날이 오겠지만, 그것은 많은 피를 흘린 뒤일 것이고 중국인의 한 사람으로서 누구에게 책임이 있다고 말하지 않겠다며 결국 자기 자신이 나쁜 것이라고 가케이 교수에게 사과한다. 범학명 교수의 태도에 감동한 가케이 교수는 자신들은 학자로서 영원한 진리에 산다며 시세에 휘둘리지 말자고 화답한다. 이어 "저는 아시아가 하나가 될 것을 굳게 믿습니다. 당신도 위대한 손중산(孫中山) 선생과 똑같이 이 점에서 저에게 공명하고 계십니다. 우리들은 이 아시아의 마음, 아시아의 혼을 질식시키지 않도록 최선의 노력을 다 합시다. 저는 일본인 속에, 당신은 중화인 속에, 이 마음을 확실히 심읍시다"[42]라며 아시아의 마음과 혼을 잃지 않는 것을 통해 아시아가 하나가 될 것이라고 역설한다. 이에 법학명은 "우리들 중화인이 일본을 올바르게 인식하는 곳에 아시아가 모든 불행으로부터 벗어나는 길이 있다고 믿"[43]는다며, 자신의 아들 범우생(范于生)을 도쿄로 데려가줄 것을 부탁한다.

가케이 교수와 함께 도쿄에 온 범우생은 도쿄제국대학 청강생으로 일본문학과 일본사 강의를 들으면서 생활하지만, 난징[南京]에 이어 한커우[漢口]가 함락되는 등 중국 국내 정세가 위태로워지자 우울한 나날을 보낸다. 이에 가케이 집안 사람들은 범우생을 다정하게 대하고 배려하면서 편하게 지내라고 하지만, 그는 자신이 불편한 것이 일본식 예의에 익숙하지 않아서라고 에둘러 말한다. 가케이 교수는 중국과 일본의 예의가 근본적으로 다르지 않고, 중요한 것은 그것이 진실된 것이냐 아니냐의 여부라며 중국이라는 나라에 진실함이 있는지 범우생에게 묻는다. 범우생은 중국의 거짓이나 이기주의, 사대주의와 권모술수 등을 증오하는 한편 일본의 정직함을 부러워하고 있었지만, 자신의 조국이 일본에 비해 초라한 상태에 놓여 있기 때문에 오히려 애국심을 갖고 있었던 인물이다. 그러던 차에 가케이 교수의 이러한 질문을 받고 자신의 생각을 솔직하게 말할 수 없어 괴로워하

---

42) 香山光郎, 「大東亞」, 『綠旗』, 1943.12, 78쪽.
43) 위의 글, 79쪽.

게 된다.

범군. 자네의 기분은 잘 알고 있네. 단지 내가 자네에게 말하려는 것은 일본인에게도, 자네들의 지나인에게도, 해당되는 것이네. 아니 아시아의 모든 민족이 그 동종성(同種性), 그 형제성(兄弟性)에 눈뜨고, 특히 그 공동운명성이라고나 할까, 순치보거(脣齒輔車: 입술과 이, 수레의 덧방나무와 바퀴처럼 따로 떨어지거나 협력하지 않으면 일이 성취하기 어려운 관계를 이르는 말—인용자)라는 말도 맞지 않네. 그 이상이기 때문이네. 일본 없이는 지나가 없으며, 아시아가 영국과 미국의 것이 되면 일본도 없는 것이네. <u>아시아의 제 민족이 하나로 뭉치지 않고서는 영미의 독이빨로부터 자기를 해방하여, 빛나는 아시아인의 아시아를 현현할 수 없는 것이네.</u> 장개석이 일본을 넘어뜨림으로써 지나를 완성하려고 하는 것은 착각이네. 얼마나 불행한 착각일까. 범군, 일본과 자네 조국은 화합하면 일어서고, 싸우면 쓰러지는 상관성이 있는 관계이네. 이를 가령 공동운명성이라고 이름 붙여보세. 운명공동체라고 하는 편이 더 적절할 지도 모르겠네. 일본이 자네 조국의 영토를 빼앗고, 자네 조국을 넘어뜨려서, 일본만 일어서겠다는 야심이 없다는 것은 명백하네. 자네는 고노에 성명[近衛聲明]을 알고 있지 않은가.44)

중일전쟁의 확전에 따라 중국 대륙이 점차 침탈되고 있는 상황에서 일본인 가케이 교수는 이 전쟁이 중국의 영토를 빼앗으려는 침략전쟁이 아니라 영국과 미국 등 서양 제국주의 세력으로부터 중국을 구하기 위한 것이라고 역설한다. 그러면서 아시아의 모든 민족은 그 '동종성'과 '형제성'에 눈뜨고 운명공동체로서 서로 도와야 한다고

---

44) 위의 글, 81쪽. 강조는 인용자.

말한다. 제국 일본의 침략 전쟁은 어느새 서양 제국주의 세력으로부터 중국의 해방 전쟁으로 바뀌고 있을 뿐만 아니라, 그것이 '아시아인의 아시아'를 현현하는 길로 이어지고 있다. 이는 쑨원(孫文)의 '대아시아주의'의 논리에 기대 중일전쟁 이후 동아 신질서 건설을 표방한 제국 일본의 전쟁 수행의 당위성을 확보한 것이었다.45) 하지만 「대동아」에서 가케이 교수의 전쟁 미화 논리는 당시 중일전쟁에서 아시아-태평양전쟁에 이르기까지 일본인 정책가, 군인, 문학자와 문화인 등 전 분야의 지식인들에 의해 설파되었던 허울 좋은 이념이었을 뿐이었다. 당시 중일전쟁에 이어 발발한 아시아-태평양전쟁은 세계 신질서를 건설하기 위해 전 세계를 무대로 세계열강 모두가 참전하는 전쟁, 앵글로색슨 민족의 유물지상주의와 금권주의에 대한 황도주의 이념의 항쟁 등으로 규정되었다.46) 즉, 아시아-태평양전쟁을 일본과 미국·영국 사이에서 발생한 양자 간의 지엽적인 전쟁으로 파악하는 것을 지양하고, 구래의 질서를 고수하는 국가들(미국, 영국)과 새로운 질서를 수립하려는 국가들(일본, 독일, 이탈리아) 사이의 전쟁으로 확장시켜 제2차 세계대전이라는 세계사적 흐름 속에서 그 성격

---

45) 이와 관련해서 흥미로운 작품이 박태원의 「亞細亞의 黎明」(『朝光』, 1941.2)이다. 이 소설은 1938년 3월 말부터 4월 초에 걸쳐 열린 국민당 임시 당대회에서 총재 장제스(蔣介石)에 이어 부총재에 선출된 왕징웨이(汪精衛)가 일본과의 항전 체제를 구축한 장제스에 반기를 들고 "화평구국운동(和平救國運動)"(박태원, 같은 글, 323쪽)을 펼치기 위해 충칭[重慶]을 떠나 쿤밍[昆明]을 거쳐 하노이[河內]로 탈출한 뒤 난징[南京]에 도착하기까지의 지난한 과정을 서사화하고 있다. 이 소설에는 일본과의 화평을 주장하는 왕징웨이의 장황한 연설조의 목소리가 담겨 있는 한편, 그를 암살하려는 장제스 일파의 암약이 그려지고 있다. 박태원의 「아세아의 여명」에 대한 본격적인 논의는 이루어지지 않았지만, 정현숙의 「박태원 소설에 나타난 신체제 수용 양상」(『구보학보』 제1집, 구보학회, 2006, 172~187쪽)을 참고할 수 있고, 쑨원과 왕징웨이의 (대)아시아주의가 피력된 글은 최원식·백영서 엮음, 『동아시아인의 '동양' 인식: 19~20세기』(문학과지성사, 1997)를 통해 확인할 수 있다. 이광수와 박태원을 비롯해 식민지 후반기 문학자의 (대)아시아주의에 관한 인식과 담론 체계에 관한 논의는 추후 별도의 지면을 통해 개진할 계획이다.

46) 奧平武彦, 「大東亞戰爭の目的とその性格」, 人文社編輯部 編, 『大東亞戰爭と半島』, 人文社, 1942, 50~51쪽.

을 규정하는 한편, 영국과 미국이 제국주의 침략전쟁에 의해 아시아의 약소민족을 탄압한 것이 물질적 이욕 때문이라고 비판하면서 대동아 제 민족의 공존공영을 도모하는 아시아-태평양전쟁은 사상적으로 그 성격을 달리한다고 강조하였다. 나아가 미국과 영국이 동남아시아로부터 획득하고 있는 전쟁 물자와 자원을 봉쇄하고, 그것을 대동아공영권 내에서 자급자족함으로써 고도국방국가를 건설해야 한다고 역설하였다. 이처럼 아시아-태평양전쟁의 성격은 제2차 세계대전이라는 세계사적 흐름, 아시아 약소민족의 서양 열강으로부터의 해방이라는 도의적 명분, 대동아공영권 건설의 당위성 등을 근거로 하여 규정되고 있었다. 물론 이는 제국 일본의 동아시아로의 침략전쟁을 은폐하는 기만적 술책이었다.

「대동아」에서 범우생 역시 가케이 교수에게 기존 열강들의 성명이 얼마나 믿을 수 없었던가를 환기시키면서 일본 제국주의에 대한 자신의 의심을 드러낸다. 일본 역시 중국을 침략한 서양 제국주의 세력과 별반 다르지 않다는 의심을 갖고 있는 범우생에게 가케이 교수는 일본은 천황이 다스리는 나라이고, 그렇기 때문에 국내외적으로 거짓말을 한 적이 한 번도 없다고 주장한다. 가케이 교수의 확신에 찬 설명에 범우생은 이론적 논리가 아닌 그 표정의 성실함에 감동하게 되고, 그와 일본의 '진실성'을 의심하지 않게 된다. 범우생이 이해하는 듯한 태도를 보이자 가케이 교수는 원래 예(禮)를 숭상했던 아시아인은 예(禮)로 돌아가야 하고, 그러한 예(禮)를 통해 일본을 인식하면 일본의 진의를 이해할 수 있을 것이라고 말한다. 그리고 아시아의 제 민족이 극기복례의 자기 수련을 통해 아시아의 운명공동체를 번영시키고, 서양 제국주의와 같은 이욕의 세계를 타파하고 예(禮)의 세계를 세우는 것이 곧 대동아공영권 건설이라고 강변하기에 이른다. 예(禮)를 통해 아시아 국가들 간 공존공영의 운명공동체를 회복하자는 가케이 교수의 논리의 저변에는 서양 제국주의 세력의 동양 침략으로 인해 예(禮)의 세계가 파탄난 것이므로 이를 회복해야 하고, 그를 위해서는 아시아에서 유일한 예(禮)의 나라 일본의 도덕성을 믿고 일본에 의지해야 한다는 것이다.

이처럼 이광수의 「대동아」는 적대 관계에 있는 일본인과 중국인 집안 사이의 교분을 통해 서로가 서로를 이해해 가는 과정을 보여주고 있다. 그런데 이 소설에서 간과해서는 안 될 것은 그러한 동화가 중국과 일본의 대등한 관계를 전제로 한 것이 아니라 중국의 일본으로의 일방적 동화, 또는 포섭을 전제로 하고 있다는 점이다. 다시 말해, 이 소설에서는 서양 제국주의에 의해 반식민지 상태에 처한 중국이 과거 동양의 '예(禮)의 세계'를 상실하고, 서양식 교지(巧智)와 이욕(利慾)의 사상에 빠져 타락해 있으니, 그렇지 않은 일본 속으로 포섭되어야만 구제될 수 있다는 논리가 그 저변에 깔려 있는 것이다. 이는 새로운 아시아의 건설, 대동아공영권 구축을 위해 중국 스스로 혁신해야 한다는 것, 즉 일본화되어야 한다는 것을 암시하고 있는 것이다. 나아가 이 소설은 중국을 비롯한 대동아공영권 내 각 지역(또는 국가)이 대등한 관계를 갖는 것이 아니라, 일본을 그 핵심에 위치시키고 여타 지역(또는 국가)이 일본을 떠받드는 일종의 위계화된 관계를 상징적으로 암시하고 있는 것이다. 요컨대 새롭게 구축될 동아시아 지역 질서는 동아연맹론적 성격을 갖는 것이 아니라, 제국 일본을 중심으로 동심원적으로 확장해간 대동아공영권의 성격을 갖게 되는 것이다. 이때 중국은 동양의 정신을 상실하고 서양화되어 있다는 천시의 대상을 넘어 새로운 아시아 건설을 위해 제국 일본과 연대해야 할 대상으로 위치 지어지는 것이다.

5. 결론: 새로운 중국 인식을 위하여

이 글의 목적은 식민지 후반기, 특히 중일전쟁 이후 근대 한국의 지식인, 문학자들의 중국 지역 인식의 한 단면을 고찰하는 데 있었다. 근대 전환기부터 제국-식민지 체제기와 탈식민-냉전 체제기를 거쳐 현재의 탈냉전-신자유주의 체제기에 이르기까지 동아시아 지역 질서는 끊임없이 변동해 왔다. 이러한 가운데 중국 역시 그 위상에 심대한 변화를 겪어 왔다. 근대 초기 한국의 중국 인식은 사회진화론의 관점에서 여전히 유교적 질서로부터 벗어나지 못하고 있는 '고루한' 중국에 대한 비판으로 점철되었다. 하지만 이와 동시에 1910년 한일병합에 의해 조선이 제국 일본의 식민지가 되자, 서양 제국주의 세력에 의해 반식민지 상태에 처해 있던 중국을 제국-식민지 관계망 속에서 연대의 대상으로 위치 짓기도 하였다. 1937년 중일전쟁의 발발은 근대 한국의 중국 인식에 커다란 전환을 마련한 역사적 사건이었다. 전선기행문에 '전장'으로 표상된 중국 지역은 제국 일본의 전쟁 수행의 당위성을 확보하기 위한 장소로 소환되어 '폭지응징'의 수사학적 대상으로 자리매김되었다. 제국 일본과 반식민지 중국은 식민지 조선의 지식인, 문학자들에게 몰락/재생, 폐허/신생의 이분법적 구도 속에 배치되어 인식되었던 것이다. 또한, 1941년 아시아-태평양전쟁이 발발하면서 제국 일본은 대륙에서의 전쟁 수행을 위한 군사적 거점을 마련해야 했고, 이를 위해 서양의 반식민지 상태에 놓인 중국을 대동아공영권 내로 통합시킬 필요성이 제기되었다. 당시 문학작품에 나타난 중국은 서양 제국주의 세력에 대항해 동아 제민족이 공존공영할 수 있는 대동아공영권이라는 새로운 동아시아 지역질서에 포섭되어야 할 국가로 인식되었다. 이처럼 식민지 후반기 중국 인식의 핵심에는 동아시아 지역 질서와 세계 체제의 변동 과정에 대한 식민지 조선의 지식인, 문학자들의 공간 인식과 경계 감각이 작동하고 있었던 것이다. 그리고 그때 중국 인식은 근대 초기 이래로 한 축을 형성해 왔던 천시와 연대의 양가적 태도로 드러났다.

1945년 8월 15일 제국 일본의 패전과 아시아 식민지 국가들의 해방, 미군의 일본 및 남한 진주와 미군정 통치, 그리고 소련군의 북한 진주에 따라 동아시아의 제국-식민지 체제가 붕괴되고, 아시아 지역은 새롭게 재편된다. 탈식민-냉전 체제와 민족국가의 발흥 속에서 동아시아 지역은 새로운 세계 체제에 편입되어 갔던 것이다. 그리고 이때 동아시아 지역주의는 식민지 후반기와 마찬가지로 지역적 인접성을 근간으로 하고 있었지만, 피식민의 과거 역사 경험과 근대 국민국가 건설이라는 정치적 아젠다의 공통성이 아시아 지역주의를 구성하는 다른 어떤 요소보다 전면에 내세워지게 되었다.47) 이에 따라 당시 지식인, 문학자들의 아시아 인식에도 변화가 일어난다. 해방 이후 한국의 지식인, 문학자들의 아시아 인식 변화에 결정적인 계기가 된 것은 냉전 체제와 미국 주도의 헤게모니 재편이었다. 냉전 체제에서 미국은 패권국가로서의 지위를 확보하기 위해 공산주의 진영과 대결하는 동시에 자유주의 진영의 동맹국에 대한 영향력을 유지·확대해야 했고, 이를 위해 선택한 방안 중 하나가 동맹국으로 하여금 자신의 권력을 내면화하도록 하는 것이었다.48) 한편, 해방 이후 지식인, 문학자들은 과거 식민지였던 아시아 국가들의 해방과 해방 투쟁에 연대감을 표현하였지만, 1949년 중화인민공화국의 탄생에 대항하여 반공 국가들 간 연대를 요구하게 되고, 반공 태평양 연대라는 정

---

47) 장세진, 「역내 교통의 (불)가능성 혹은 냉전기 아시아 지역 기행」, 『상허학보』 제31집, 상허학회, 2011, 125쪽.

48) 허은, 『미국의 헤게모니와 한국 민족주의: 냉전시대(1945~1965) 문화적 경계의 구축과 균열의 동반』, 高麗大學校 民族文化研究院, 2008, 142쪽.

치적 연합체의 구상에 지지를 보냈다. 그리하여 동남아시아 국가와 지역은 반공 정치적 연합체의 구축 지역으로 새롭게 인식되었던 것이다. 또한, 1949년 중화인민공화국 수립 전후 중국 난민을 대한민국의 법망으로 소환하고 관리해 가는 과정은 냉전 체제하 신흥 자유주의 민족국가로서 한국의 국가 정체성을 정립하는 과정이기도 했다. 이때 아시아는 미래의 탈식민 국가 건설의 주체들로 구성된 집합체이자, 미국과 소련의 대립이라는 냉전 질서로 인해 분쟁과 분열 상태에 빠진 약소 지역들을 호출하여 재배치하는 과정을 통해 만들어진 지역이 되었다.49)

이에 따라 해방 이후, 특히 1945년~1948년 사이의 탈식민-냉전 체제 형성기 중국 인식에 있어서도 변형과 굴절의 과정을 보였다. 대표적으로 1946년부터 1954년까지 발간된 대중잡지 『신천지(新天地)』에 게재된 중국 관련 논설은 크게 세 가지 유형으로 구분되는데, 냉전 체제의 구축이라는 세계 질서의 변동 속에서 중국과 한국의 장래를 진단하고자 한 '운명공동체'로서의 중국, 한국 국내 좌우의 대립적 정세 속에서 국민당과 공산당에 대한 객관적 지식을 바탕으로 좌우합작의 동인을 추출해 내기 위한 '좌우합작의 축'으로서의 중국, 그리고 국가 수립을 위한 '개혁모델'로서의 중국이 그것이다. '운명공동체'로서의 중국은 과거 식민지 시기 '동병상련의 중국'에 대한 인식의 변형이라고 할 수 있고, '개혁모델'로서의 중국은 근대 전환기 국민국가 건설의 모델로서 중국을 위치시켰던 방식이 다시금 부상한 것이라고 볼 수 있다. 이와 달리 이 시기에 '좌우합작의 축'으로서

49) 이에 대해서는 김예림, 「냉전기 아시아 상상과 반공 정체성의 위상학: 해방~한국전쟁후 (1945~1955) 아시아 심상지리를 중심으로」, 『상허학보』 제20집, 상허학회, 2007, 311~314쪽; 김혜인, 「난민의 세기, 상상된 아시아: 이광수의 『서울』을 중심으로」, 『대중서사연구』 제24호, 대중서사학회, 2010, 137~160쪽 참조.

중국에 대한 인식이 새롭게 발생했으며, 식민지 시기까지 지속되었던 '천한 중국'에 대한 인식이 보이지 않게 되었다.50) 이처럼 해방 이후 한국인의 중국 인식에도 탈식민-냉전 체제를 중심으로 한 동아시아 지역 질서의 변동 과정이 핵심적인 동력으로 작동하고 있었다. 한편으로 그것은 제국-식민지 체제의 식민지 후반기 조선의 지식인, 문학자들이 보여주었던 중국에 관한 인식이 탈식민-냉전 체제기에 연속/단절의 공간 인식과 경계 감각으로 잔존하거나 극복되고 있음을 보여주는 것이라고 할 수 있다.

냉전 체제에 균열의 조짐이 보이기 시작한 1970년대 대중국 접근 외교로부터 시작해 1992년 한중수교를 거쳐 현재에 이르기까지 한국과 중국 간 경제적·문화적·인적 교류와 상호의존도가 급격히 증대되고, 중국의 경제적·정치적 부상과 함께 경제문제, 북핵문제 등 한국의 경제적·안보적 이익 추구에 있어 중국의 위상과 영향력이 날로 커짐에 따라 한국인의 중국 인식에도 또다시 변화가 발생했다. 양국의 관계는 '선린우호협력 관계', '협력동반자 관계', '전면적 협력동반자 관계', '전략적 협력동반자 관계' 등 지속적으로 긴밀하게 발전해 오고 있는 것으로 이해할 수 있다. 한중수교 초기 중국 인식의 핵심에는 자주 외교와 국위 상승의 실현, 북한문제 해결과 남북 관계 발전을 실현하는 데 큰 도움을 줄 것이라는 기대감과 중국이라는 거대한 시장이 가져다줄 한국 경제의 새로운 활로에 대한 기대감이 자리 잡고 있었다. 하지만 2004년 동북공정으로 인해 중국에 대한 인식은 큰 전환점을 맞이하게 되는데, 역사 분쟁과 저항적 민족주의에 기반을 둔 '중화패권주의'에 대한 부정적 인식이 지배하게 되면서 '자주'와 '주권'의 실현에 위협적인 존재로 중국을 이해했다. 그러다 2008

---

50) 이에 대해서는 최종일, 「냉전체제 형성기(1945~1948) 한국인의 중국인식: 『신천지』를 중심으로」, 연세대학교 석사논문, 2012 참조.

년 세계금융위기로 촉발된 미국의 쇠퇴와 중국의 부상이라는 'G2 경쟁 체제'로 세계 체제가 재편되면서 중국에 대한 경제적 의존도가 상승하고 있음에도 불구하고 안보적·역사적·문화적 위협 국가로 중국을 인식하는 경향이 보다 강고해졌다.[51]

한편, 탈식민-냉전 체제기와 탈냉전-신자유주의 시대를 거쳐 오면서 국제사회에서 중국의 위상이 급부상하고 있는 것과 달리 한국인의 중국 인식에는 근대 초기부터 지속되었던 '천한 중국'과 '연대 국가'라는 두 축이 유지되고 있었다. 물론 그러한 인식은 세계 체제 및 동아시아 지역 질서의 변동 과정과 중국의 위상 변화 과정에 기초한 것이었다. 이 글에서 살펴본 식민지 후반기 근대 한국인의 중국 지역에 관한 인식을 통해 근대 이후 한국인의 중국 인식의 변화 양상을 확인하는 동시에 한국인의 동아시아 국가 및 지역 인식에 세계 체제와 연동하는 동아시아 지역 질서의 재편 과정이 가로놓여 있었음을 확인할 수 있었다. 현재 한국인의 중국 인식 역시, 비록 그것이 '천한 중국'과 '연대 국가'의 두 축으로 수렴되거나 그것의 변형태로 표출되고 있지만, 세계 체제, 동아시아 지역주의, 한국과 중국의 위상 변동 과정에 심대한 영향을 받고 있음을 부인할 수는 없을 것이다. 이런 점에서 새로운 중국 인식을 위해서는 한국과 중국을 비롯한 동아시아 지역 질서 및 세계 체제의 변화 과정에 대한 깊이 있는 이해와 탐색이 필요할 것이다.

---

51) 이에 대해서는 차정미, 「한국인의 대중국 인식 변화와 그 요인」, 연세대학교 박사논문, 2012 참조.

참고문헌

1. 자료

≪每日新報≫, 『少年』, 『時兆』

金史良, 「鄉愁」, 『文藝春秋』, 1941.7.

朴英熙, 『戰線紀行』, 博文書館, 1939.

朴泰遠, 「亞細亞의 黎明」, 『朝光』, 1941.2.

矢津昌永, 『高等地理 淸國地誌』, 丸善株式會社, 1905.

奧平武彥, 「大東亞戰爭の目的とその性格」, 人文社編輯部 編, 『大東亞戰爭と半島』, 人
　　　文社, 1942.

香山光郎, 「大東亞」, 『綠旗』, 1943.12.

2. 논문 및 단행본

가와시마 신, 천성림 옮김, 『중국근현대사 2: 근대국가의 모색 1894~1925』, 삼천
　　　리, 2013.

구보 도루, 강진아 옮김, 『중국근현대사 4: 사회주의를 향한 도전 1945~1971』,
　　　삼천리, 2013.

권혁수, 「金玉均과 中國: 對中國認識의 時期的 變化를 中心으로」, 『정신문화연구』
　　　제23권 제3호, 2000.

김경남, 「1920년대 전반기 ≪동아일보≫ 소재 기행 담론과 기행문」, 『韓民族語文學』
　　　제63집, 한민족어문학회, 2013.

김예림, 「냉전기 아시아 상상과 반공 정체성의 위상학: 해방~한국전쟁후(1945~
　　　1955) 아시아 심상지리를 중심으로」, 『상허학보』 제20집, 상허학회, 2007.

김진호, 「근·현대 한국인의 중국 인식(認識)과 중국인의 한국 인식 변화」, 『中國文化研究』 제8집, 중국문화학회, 2006.

김혜인, 「난민의 세기, 상상된 아시아: 이광수의 『서울』을 중심으로」, 『대중서사연구』 제24호, 대중서사학회, 2010.

노관범, 「1910년대 한국 유교지식인의 중국 인식: 柳麟錫, 朴殷植, 李炳憲을 중심으로」, 『民族文化』 제40집, 한국고전번역원, 2012.

류시현, 『최남선 연구: 제국의 '근대'와 식민지의 '문화'』, 역사비평사, 2009.

류젠후이, 「모멸, 취미, 그리고 동경에서 위협으로: 근대일본 지식인의 중국 표상」, 『일본비평』 제6호, 서울대학교 일본연구소, 2012.

리어우판, 장동천 외 옮김, 『상하이 모던: 새로운 중국 도시 문화의 만개, 1930~1945』, 고려대학교출판부, 2007.

백영서, 「대한제국기 한국언론의 중국인식」, 『동아시아의 귀환: 중국의 근대성을 묻는다』, 창비, 2000.

백영서, 「변하는 것과 변하지 않는 것: 한중관계의 과거·현재·미래」, 『핵심현장에서 동아시아를 다시 묻다: 공생사회를 위한 실천과제』, 창비, 2013.

스테판 다나카, 박영재·함동주 옮김, 『일본 동양학의 구조』, 문학과지성사, 2004.

양일모, 「'사상'을 찾아가는 여정: 일본의 중국 인식과 중국학」, 『일본비평』 제6호, 서울대학교 일본연구소, 2012.

오태영, 「'남양(南洋)' 표상과 지정학적 상상력」, 동국대학교 문화학술원 한국문학연구소 편, 『근대 한국의 문학지리학』, 동국대학교출판부, 2011.

_____, 「동아시아 지역주의와 조선 로컬리티: 식민지 후반기 여행 텍스트를 중심으로」, 동국대학교 박사논문, 2012.

_____, 「근대 한국인의 타이완 여행과 인식: 시찰기와 기행문을 중심으로」, 『아세아연구』 제56권 제3호, 고려대학교 아세아문제연구소, 2013.

유용태, 『환호 속의 경종: 동아시아 역사인식과 역사교육의 성찰』, 휴머니스트, 2006.

이삼성, 「제국과 식민지에서의 '제국': 20세기 전반기 일본과 한국에서 '제국'의 개념적 기능과 인식」, 『國際政治論叢』 제52집 4호, 한국국제정치학회, 2012.

이승원, 「전장의 시뮬라르크: 박영희의 전선기행을 중심으로」, 『정신문화연구』 제30권 제4호, 한국학중앙연구원, 2007.

이은자, 「韓·中 近代 外交의 실험, 1985~1905年」, 『中國近現代史研究』 제58집, 중국근현대사학회, 2013.

이종호, 「최남선의 지리(학)적 기획과 표상」, 『상허학보』 제22집, 상허학회, 2008.

장세진, 「역내 교통의 (불)가능성 혹은 냉전기 아시아 지역 기행」, 『상허학보』 제31집, 상허학회, 2011.

정문상, 「근현대 한국인의 중국 인식의 궤적」, 『한국근대문학연구』 제25호, 한국근대문학회, 2012.

정현숙, 「박태원 소설에 나타난 신체제 수용 양상」, 『구보학보』 제1집, 구보학회, 2006.

정호웅, 「한국 현대소설과 상해」, 『한국언어문화』 제36집, 한국언어문화학회, 2008.

차정미, 「한국인의 대중국 인식 변화와 그 요인」, 연세대학교 박사논문, 2012.

최원식·백영서 엮음, 『동아시아인의 '동양' 인식: 19~20세기』, 문학과지성사, 1997.

최종일, 「냉전체제 형성기(1945~1948) 한국인의 중국인식: 『신천지』를 중심으로」, 연세대학교 석사논문, 2012.

한기형, 「서사의 로칼리티, 소실된 동아시아: 심훈의 중국체험과 『동방의 애인』」, 『대동문화연구』 제63집, 성균관대학교 동아시아학술원, 2008.

한민주, 「일제 말기 전선 기행문에 나타난 재현의 정치학」, 『한국문학연구』 제33집, 동국대학교 문화학술원 한국문학연구소, 2007.

허 은, 『미국의 헤게모니와 한국 민족주의: 냉전시대(1945~1965) 문화적 경계의 구축과 균열의 동반』, 고려대학교 민족문화연구원, 2008.

松本三之介, 『近代日本の中國認識: 德川期儒學から東亞協同體論まで』, 以文社, 2011.

Crang, Mike., *Cultural Geography*, Routledge, 1998.

재만 시기 박영준 소설에 나타난 불안의 양상과 그 의미※

차희정

(중국해양대학교)

1. 만주 이주와 불안의 문제

"20세기 사상 최대의 인구이동이자 최단시간의 경작운동"[1]으로 평가되는 만주 이주에는 배고픔의 해결이 간절했던 조선인이 존재한다.[2] 그리고 극히 소수이지만 만주국이 내세운 '오족협화(五族協和)', '왕도낙토(王道樂土)'의 건국이념을 신뢰하고 새로운 삶, 생활에의 '기회'를 얻으려는 지식인도 섞여 있었고,[3] 민족과 시대에의 책임을 통

※ 이 글은 전국문예창작학회, 『문학의 길에서 길을 묻다』, 2014.4에 게재된 글을 수정하여 실은 것입니다. 또한 이 글은 2013년도 정부(교육부)의 재원으로 한국학중앙연구원(한국학진흥사업단)의 지원을 받아 수행된 연구(AKS-2009-MB-2002)입니다.

1) Duara·Prasenjit, 한석정 역, 『주권과 순수성: 만주국과 동아시아적 근대(*Sovereignty and Authenticity: Manchukuo and the East Asian Modern*)』, 나남, 2008, 98쪽.
2) 1915~1920년과 1935~1940년의 두 시기에 걸쳐 급증한 조선인의 만주 이주는 각각의 시기적 특성에는 좀 차이가 있지만 대부분 농업이민의 성격이 강했다. 1930년경에 이훈구가 실시한 조사에 따르면 당시 조사 대상자의 95% 이상이 경제곤란, 사업실패, 농업이민 등 경제적 요인에 따라 만주로 이주해 왔음을 보여주었다(이훈구, 「滿洲와 朝鮮人」, 平壤崇實專門學校經濟研究室, 1931, 102~103쪽과 박성진, 「만주국 조선인 고등 관료의 형성과 정체성」, 『동양정치사상사』 8권 1호, 동양정치사상학회, 216쪽에서 재인용).

감하고 이를 실천하려는 우국지사들도 포함되어 있었을 것이다. 그리고 이들의 이주는 그 동기를 명징하게 나눌 수는 없지만 현실과 다양한 방식으로 교섭하는 과정에 발생하였고, 이는 그대로 문학 작품에 반영되어 재만 조선인문학으로 구성되었다. 이 속에 두 번의 만주 이주와 재만의 특별한 경험을 가진 박영준 소설이 분명한 개성을 보이며 자리하고 있다.

흔히 일제 말기 재만 조선인 문학을 이야기 할 때에 친일 문제와 관련해서 작품을 감상, 평가하는 데에 익숙할 듯하다. 그러나 재만 조선인 문학을 논함에 있어 친일의 문제는 만주국 내에서 일본인의 우위를 강제했던 일본의 정책에 대한 동의 여부[4]와 재만 조선인들을 하나의 '이주자 집단'으로 상정할 때의 '재만조선인문학'의 '특수성'[5] 등의 자장 안에서 세밀하게 판단되어야 할 것이다. 때문에 친일적 성향을 가진 한두 편의 작품으로 작가의 전반 문학 경향을 부정하는 오류는 삼가야[6] 한다는 주장은 의미하는 바 크다. 이는 친일의 문제가 보다 세밀한 틀 속에서 규명되어야 하는 것과 동시에 재만 조선인 문학의 특성을 좀 더 다양한 차원에서 구명하려는 노력일 것이다.

지금까지 재만 시기 박영준 소설[7] 연구는 전체 소설을 소개하고

---

3) 박성진은 만주국 고등관 이상의 조선인 관료의 수가 201명이라 조사하고, 그들이 조선, 일본에서의 불평등을 피해서 만주를 '기회의 땅'이라 여기고 일본 고등문관시험, 조선총독부에서의 인사이동, 만주국 고등고시 합격, 만주국 '대동학원' 졸업 등을 통해서 만주국 주요 관리가 된 경위와 해방 후 남한의 전문행정관료가 되는 등의 행적까지를 추적하였다(박성진, 위의 논문).

4) 이상경, 「'야만'적 저항과 '문명'적 협력」, 『재일본 및 재만주 친일문학의 논리』, 역락, 2004, 60쪽.

5) 한수영, 「친일문학 논의와 '재만조선인문학'의 특수성: 안수길의 소설과 '이주자-내부-농민의 시선'을 중심으로」, 『재일본 및 재만주 친일문학의 논리』, 역락, 2004, 120~121쪽.

6) 김호웅, 「대일(對日) 협력과 저항의 몇 가지 양상: 재만조선인 문학의 경우를 중심으로」, 『한중인문학연구』 제19집, 한중인문학회, 2006, 52쪽.

7) 현재 확인할 수 있는 박영준의 재만 시기 소설은 모두 8여 편으로 「생호래비」, 「잿티」(원제 「도시의 잔회」), 「어머니」, 「中毒者」, 「義手」, 『雙影』, 「無花地」, 「密林의 女人」이다(박영

그 주제적 특성을 작가론적 관점에서 밝혀 왔다.[8] 감정의 과잉, 자기 연민, 자기합리화 등의 요소가 혼재하고 두드러지는 등의 특성에 주목하여 이를 아버지의 삼일만세운동 옥사로 인한 트라우마가 '주체 분열의 양상'으로 드러난 것으로 이해[9]하는 등이었다. 그러나 선행 연구는 구현한 특성이 소설에서 어떻게 드러나고 있는지 등 소설에 대한 분석이 미흡하다는 점과 박영준 개인의 경험을 '당대 지식인 청년의 고뇌'로 일반화시킬 수 있는가의 문제를 가지고 있다.[10]

특별히 「密林의 女人」은 박영준의 협화회(協和會) 경력과 함께 친일 논란에 있다. 원작과 개작에 일관해서 '야만'적 저항자를 '문명'적 협력자로 귀순시키는 친일의 '내적논리'를 보여 주고 동시에 만주국을 지배하는 일본에 대한 동의의 논리를 가장 선명하게 드러낸다[11]는 지적은 일면 타당하다. 박영준이 쓴 《만선일보》 등의 칼럼[12]도 이러한 주장을 뒷받침하고 있다. 그런가하면 휴머니즘이 보이는 소설[13]이라거나 해방 후 개작 과정에서 말하고 싶었던 민족의식을 드러내고 있다[14]는 다소 상반된 평가도 있다. 또, 박영준 소설의 연속

준 재만 시기 소설의 서지사항은 전인초, 앞의 논문을 참고하라).

8) 전인초, 「晚牛 朴榮濬의 在滿時節 小說 試探」, 『人文科學』 제97집, 연세대학교 인문과학연구소, 2013, 5~38쪽; 표언복, 「역사적 폭력과 식민지 지식인의 주체분열: 박영준 소설의 '만주'인식 방법」, 『어문학』 제104집, 2009, 79~200쪽.

9) 표언복, 위의 논문.

10) 전인초, 앞의 논문.

11) 이상경, 앞의 논문.

12) 김재용은 「중일전쟁 이후 재일본 및 재만주 조선인 문학의 분화와 식민주의 협력」, 『재일본 및 재만주 친일문학의 논리』, 역락, 2004, 13~56쪽에서 박영준이 1940년 2월 22일, 24일 2회에 걸쳐 《만선일보》에 기고한 「金東漢」 讀後感」에서 항일군 귀순에 열중했던 김동한의 심리를 잘 그려내지 못했다는 지적을 했다는 것으로 보아서도 「密林의 女人」을 친일 소설로 평가할 수 있다고 주장한다.

13) 전인초, 앞의 논문.

14) 표언복, 「해방을 전후한 창작환경의 차이가 작품에 미친 영향: 김창걸의 「낙제」와 박영준의 「밀림의 여인」을 중심으로」, 『어문학』 69, 한국어문학회, 2002, 371~397쪽.

성 차원에서 개작을 통해 "현재의 나를 새롭게 구성하고 존재의 당위성을 인정받으려는 의도를 드러낸다"[15)는 연구는 박영준 전체 소설을 조망하도록 돕는다. 이제 적지 않은 선행 연구의 도움을 입어 재만 시기 박영준 소설을 읽는 '눈'을 가질 수 있을 듯하다. 이는 만주 이주[16)와 재만의 현실, 이에 대응하는 자아의식 등이 혼융된 서사적 특성을 살펴보는 것을 통해서 가능할 수 있지 않을까 생각한다.

재만 시기 박영준 소설에서 두드러지는 정서는 '불안'이다. 심리학적인 설명에 비추어 볼 때, 불안은 위험 상황이 생겨났을 때 나타날 수 있고 그러한 상황이 나타나지 않도록 신호를 발하고 막기 위해서도 나타날 수 있다.[17) 존재론적 차원에서는 불안이 인간의 조건인 자유와 유한성의 불가피한 부산물이며 자유와 유한성이라는 역설적 상황에 존재하는 인간의 불가피한 정신적 상태[18)로 설명한다. 물론 어느 시대나 불안하지 않았던 때는 없다. 그럼에도 불안의 내용과 그 양상은 시대와 장소에 따라서, 시대를 인식하는 자아의 상태에 따라서 다양하게 촉발될 수 있다는 점 또한 유의미하다. 특히 1930년대 일제강점기 지식인의 불안과 좌절 의식이 문학 속에서 고뇌, 고민

---

15) 서영인, 「박영준 문학과 만주: 박영준 문학세계의 연속성 탐구를 위한 시론」, 『한국근대문학연구』 제24호, 2011, 65~94쪽.

16) 박영준은 1934년 ≪조선일보≫에 「模範耕作生」이 당선, 등단 한다. 같은 해 용정(龍井)으로 첫 번째 이주를 하는데 직장을 얻지 못한 것이 가장 큰 까닭이 된 듯하다. 그러나 용정에서의 생활은 1년 남짓이었으며 이후 귀국했다가 1938년 길림성(吉林城) 반석현(盤石縣)으로 두 번째 만주 길에 오른다. 두 차례에 걸친 만주행은 그것 자체로 특별한 의미를 가지고 있는 것뿐만 아니라 두 번의 경험이 이주의 과정과 재만 생활에도 영향을 주었다는 점에서, 또 재만 시기 현실과의 지속적인 교섭의 과정에 직간접적으로 간섭했을 거라는 점, 이 모두가 소설에 반영되어 박영준 재만 시기 소설의 특성을 구성하고 있다는 점에서 의미를 가지고 있다.

17) 지그문트 프로이트, 황보석 역, 『억압, 증후 그리고 불안』(프로이트전집 12), 열린책들, 1997, 271~285쪽.

18) 라인홀드 니버, 오희천 역, 『인간의 본성과 운명』 1, 종문화사, 2013, 182쪽(키에르케고르, 임규정 역, 『불안의 개념(Begrebet Angest)』, 한길사, 2008, 68쪽에서 재인용).

에 빠진 무기력한 주인공에 집중하였다는 점은 세계사적 불안에 직면한 지식인들의 위기 상황을 보여준다. '상식에의 반역을 빌어서 그 절망의 심연에 처하려는 표정을 인텔리의 궁지'처럼 생각하는 퇴폐적인 경향은 국내외적인 불안 사조의 영향이 지식인의 내면을 자극해 드러난 것[19]이기 때문이다. 불안을 정의내리거나 그 원인을 찾기란 어려운 일이다. 그러나 불안 의식의 양상을 관찰하다보면 원인과 의미를 찾을 수 있을 뿐만 아니라 작가의 세계관 등을 가늠해 볼 수 있을 것이다.

본 연구는 이 점에 주목하여 재만 시기 박영준 소설에 나타나는 불안을 현실과 그의 행보와의 관련 속에서 살펴보고 의미를 구명해보고자 한다. 구체적으로는 재만 시기 박영준 소설 속 불안의 요소와 그것의 작동을 통해 드러나는 불안의 양상을 추출하고 그 의미를 찾고자 하는 것이다. 이를 위해 재만 시기 박영준 소설에 나타난 불안의 양상을 좇아 그것의 원인과 작동 방식을 역추적하고자 한다. 그 과정에서 박영준 소설을 이해하는 또 하나의 길을 만날 수 있으리라 기대한다. 또, 일제 말기 재만 조선인 문학의 자장 안에서 박영준 소설이 갖는 문학적 특성이 재만 문학의 다양성을 확장하는 데에도 역할 할 수 있기를 기대한다.

2. 궁핍과 타락의 추동, 주체의 분열과 만주

인간은 영(靈)과 육(肉)의 종합체로 정신 안에서 통일되는데 정신으로 말미암아 불안이 나타난다. 정신은 어떤 의미에서는 일종의 적대

---

19) 백철, 『신문학사조사』, 신구문화사, 1982, 422쪽.

적 힘이 되어 영과 육의 관계를 끊임없이 교란한다. 이 관계는, 정신을 통해서 지속력을 얻는 한, 실제로 지속되기는 하면서도 지구력은 결여[20]됨을 뜻한다. 하지만 정신이 인간의 중심이 되는 한 영과 육의 대결과 교란은 지속될 것이다. 때문에 이러한 존재론적 불안은 모든 소설에서 현현될 수 있으나 그 불안이 절대적 빈곤이나 능력의 박탈 등 강력한 외부 기제에 의한 특별한 사건이나 경험을 빌어 발생할 때에는 그 발현 양상에 차이가 드러난다.

처음으로 장가들 때 조금씩 모아 두었던 사십여 원 돈을 다 쓴 때와 꼭같이 그의 가슴은 벙벙할 뿐이다. (…중략…) 같이 다음 겨울에 먹을 양식이나 준비할 동무가 간절히 필요하매 그는 그런 아내가 있어야 살 듯했다. (…중략…) 그 아내가 어떤 곳에 가서 식모로 있다든가 뉘집 유모(乳母)로 있다든가 하는 말이 들리며 그곳에서 얻은 돈은 자기 본가 집으로 보낸다는 소문을 들을 때 다 길러 놓은 송아지에게 받힌 듯 분한 마음이 더욱 심했다. (…중략…) 그러다가도 황 좌수네 고용살이 생활을 그리며 같은 일을 하면서도 남이 시키는 대로만 해야 할 것을 생각할 대는 나간 색시 때문만인 것 같아 옆에 있다면 힘껏 때려 주고 싶게 미웠다. (…중략…) "나도 다른 것이 분하지 않소. 다만 제 남편이라고 그래도 저를 길러 내다시피한 이가 있지 않소. 그런데도 암말도 없이 농사가 시작되는 이때까지가만 있으니 누가 참겠소. 생각을 조금 해 보십시오."[21]

'그 여자는 죽었다. 사랑을 완전케 할 수 없어서…… 그러면 지금 내가 죽는다고 하자! 죽는 원인을 무엇이라고 할가? 그역 생을 보충시키려다

---

20) 키에르케고르, 임규정 옮김, 앞의 책, 163쪽.
21) 박영준, 「생호래비」, 『개벽 속간』 3, 1935.1(인용문은 『만우 박영준 전집』, 동연, 2002, 33~51쪽).

가 완전한 결과를 못 얻었다고 하겠지! 그러면 나의 죽음이나 그 여자의 죽음은 마찬가질 게다. <u>그렇다고 내가 죽는다는 것은 나 자신을 비웃는 비겁한 노릇이다. 그러면 그 여자도 더럽게 죽었구나! 그러나 그 여자는 무엇을 해 보려다가 죽었지.'</u> 그는 주인을 깨워 닫힌 대문을 열어 달래서 방으로 들어가 누웠다. 잠은 쉽게 오지 않았다.22) (밑줄은 연구자, 이하 동일)

위의 두 인용문은 「생호래비」 홍진구와 「잿티」 최진수의 불안이 무엇 때문인지를 알려 준다. 홍진구는 '돌아오지 않겠다'는 아내에게 '파륜(破倫)'을 운운하고 있지만 실제로는 농사철 일손 부족으로 또다시 머슴 일을 하게 될까 불안해하고 있다. 극도의 가난 속에서 윤리와 체면은 이미 허울일 뿐이며 아내는 생존을 위해 연대해야 하는 존재일 뿐이다.

현실과 미래에 대한 불안을 해소, 해결하지 못하는 인물은 「잿티」의 최진수도 마찬가지이다. 그는 친구 병팔과 함께 매일 서울 거리에서 '즐겁게' 시간을 보내고 있지만 밤이면 영화 속 여주인공처럼 자살 충동을 느끼고 있다. 대학을 졸업한 청년 지식인으로서 '무엇을 해 보려는' 의지조차 허락하지 않는 현실과 그것에 억눌린 자신을 조소하고 있는 그의 모습은 직장을 얻고 생활인으로 살아가는 일상에 대한 굴종적 표현일 뿐이다. 일제 강점의 현실이 모든 것을 재단하고 제한하는 속에서, 사살된 청년의 욕망을 또다시 확인사살 하는 행위인 것이다. 이와 같은 맥락에서 「생호래비」 홍진구가 다시 찾아올 가난에 대한 두려움에 윤리를 거론했던 것도 이해할 수 있을 것이다. 그러나 '서울에서 버려진' 진수와 결국 아내 없이 혼자 돌아올

---

22) 「잿티」, 『목화씨 뿌릴 때』, 서울타임즈사, 1946.8(원제 「도시의 잔회」, 『신인문학』 5, 1935.3). 인용문은 「잿티」, 『만우 박영준 전집』 1, 동연, 2002, 62쪽.

진구는 절정으로 치달은 불안 속에 깊이 함몰되는 것으로 그들이 느끼는 불안의 정도를 전달하고 있을 뿐 불안의 해소를 위한 방법은 없어 보인다.

달라진(질) 상황에 대한 불안은 「어머니」에서도 뚜렷하다. 명망 높은 아버지 명회의 죽음 이후 '생활'을 책임져야 하는 금성은 가장 역할의 불안 때문에 방법을 모르고 의지를 상실한 채 투전과 주색잡기에 빠져 있다. 소작에서 쌀을 꾸는 일까지, 보리 이삭 줍는 것에서 지주에게 불려가는 일까지 전부를 어머니께 미뤘던 금성이 더 이상 소작을 주지 않겠다는 지주를 구타한 것은 극도의 불안에 대한 저항이기보다는 방어기제로서의 회피일 뿐이다. 이는 금성이 아버지의 죽음 이후 집안의 몰락, 그 자체가 아니라 몰락의 승인과 촉진을 의미하고 있는 행위로 이해할 수 있을 뿐이다. 그러나 어머니의 "죽지 않겠다. 어떻게 되는 세상을 보고 싶다"는 말은 금성의 이주를 독려하면서 극도의 궁핍과 고난의 현실에 맞서겠다는 의지로 해석 가능한 여지를 갖지만 불안에 저항이 될 만큼의 크기는 되지 못한다.

여행준비를 해논 재춘이는 그래도 마음이 설레이고 뒤에서 무엇에 잡어다는듯해서 방안에 앉았다 누었다 한다. (…중략…) 『여기 조강지처만을 더리고 사는사람이 몇이나 있는가, 만주에 와서 마음대로 못살면 어데서 이런 생활을 한담-』하고 첩을 본처처럼 더리고 사는 사람 남의 유부녀를 더리고 와서 살면서도 제할줏 다하는사람 마누라 자식다 가지고도 성병에 걸린 사람들-그러면서도 제 잘난척하는 사람들을 손꼽아본다. 열 손고락이 까부라지고도 남을때 『나를 흉보고 비란할 사람이 누구람-』하는 마음이 들었다. <u>부부의 불화로 죽었다면 불화를 맨든 책임이 자기에게만 있지 않을것 같다. 그렇다면 자기만이 고약한 사람이 될것도 없다. 도로혀 죽은 사람이 자기의 허물이 있기에 그런 행동까지 취했을것이니까</u>

책임을 상대자에게 있어야 할것이다.[23]

인용문은 「無花地」 재춘이 아내를 잃고 얼마 되지 않아서 새색시를 얻으러 떠나는 여행에 앞서 자신의 욕망을 애써 합리화하고 있는 모습이다. 그러나 스스로도 동의, 인정할 수 없는 행위에 대해서 타인의 지지와 긍정, 수긍을 얻어내려는 괴변은 또 다른 불안을 노출할 뿐이다. 이는 소설의 결말에서도 발견된다. 재춘은 새색시를 얻어 만주에 도착 했을 때에 본처의 등장 소식을 듣고 또 나름의 삼단 논법으로 그 상황을 벗어나려고 하지만 이미 고개 든 불안을 다시 앞에 갖다 놓을 뿐이다. 이는 "술만 얼근해지면 상하가 없어지고 까다로운 간격을 재틀여버리고마는" 재춘의 만주 인식이 바탕이 되었기에 가능한 것이다.

그는 비틀거리는 윤리와 양심의 타락이 허락되는 공간으로 만주를 인식하고 있는데 이는 만주 이주 후반기(1936년 이후)에 많은 조선인 이주자가 도시에 집중되어 유흥업에 종사해 왔다는 사실[24]을 통해서 집작할 수 있다. 소설의 배경이 되고 있는 길림 근처 작은 도시에서도 농업 기반을 잃어버린 극빈자들이 유흥과 향락에 빠지거나 그것을 기반으로 생존하는 사실이 이를 뒷받침하기 때문이다. 기생을 얻어 한량으로 살아온 재춘이 자신 행위의 정당성을 둘러댈 수 있었

---

23) 「無花地」, 『문장』, 1941.2. 인용문은 연변대학교 조선문학연구소 김동훈·허경진·허휘 주편, 『박영준』(연세국학총서 73, 중국조선민족문학대계 12), 보고사, 2007, 61~62쪽.

24) 조선인의 만주 이주 초창기(1934년)에는 2/3 가량이 간도성에 집거하고 있었지만 시간이 지나면서 간도성 이외에 봉천·길림·목단강·통화성 등지로 이주범위를 확대해 나갔다. 그 결과 1940년에는 간도성 거주 조선인 비율이 재만조선인 전체의 40%대로 줄어들었다. 이러한 변화는 농업인구가 상당수 포함되어있다 하더라도 도시인구의 직업분포를 반영하고 있음이다. 실제 만주 조선인 중 적지 않은 수가 유흥업에 종사한 것으로 확인되는데 이들은 빈농으로 도시에 흘러들어와 아편, 마약, 밀수, 절도와 같은 범죄의 유혹에도 쉽게 노출되어 1930년 후반에는 주요한 사회문제로 가시화되기도 했다(김경일·윤휘탁·이동진·임성모, 『동아시아의 민족이산과 도시: 20세기 전반 만주의 조선인』, 역사비평사, 2004, 72~84쪽).

던 것은 좌절과 실패를 안고 이주해 오면서도 최소한의 희망을 버리지 않았던 조선 이주민의 삶이 만주에서 훼손되어 가는 과정을 목도한 때문일 수 있다. 만주 이주 조선인의 삶은 재춘의 괴변이 가능한만큼 '명랑' 했기 때문이다. 박영준의 두 번째 만주 이주 후 첫 발표된「中毒者」의 상현은 앞서 재춘과는 다른 방식으로 만주를 이해하고 있다는 점에서 유의미하다. 두 소설의 만주 인식은 박영준의 이주와 재만의 상황을 짐작할 수 있다는 점에서도 단서가 되기 때문이다.

나는 너를 미워하지 못한다. 미워하기 전에 내가 가진 부담을 두려워해야 하겠다. 너는 매일 새로운 괴롬을 느끼며 죽을 때까지 나의 이름을 잊어버리지 못하리라. 그게 나의 부담이다. 너에게 진 나의 부채다. 그 부채에 억눌리어 내 몸을 움직일 수가 없다. 내가 나를 원망하고, 내가 너를 두려워함은 응당 있어야 할 윤리(倫理)이리라.[25]

상현은 허영심 많은 아내와 헤어진 후 유일한 재산인 카메라 하나를 들고 누구와도 관계 맺기를 거부한 채 만주로 떠나왔다. 서로를 안다는 것조차 서로에 대한 부채를 지는 것이라 믿으며 타인을 호명(呼名)하기 거부하는 그만의 생활 윤리는 조선에서의 모든 인연과 관계를 끊고 스스로를 고립시킬 수 있는 곳으로 만주를 선택했다. 그러나 상현은 러시아계 혼혈아 순이와의 하룻밤 정사를 빚으로 여기며 아편에 빠지게 된다.

그는 순이와의 정사가 자유의 유동성으로 이루어진 일이기 때문에 불안하다. 아내의 배신과는 다르지만, 배신의 가능성과 이에 따른 불안에 노출된다는 점에서 그 절망감은 불가피한 것이 되기 때문이다.

---

25)「中毒者」,『문장』, 1941.2. 인용문은 연변대학교 조선문학연구소 김동훈·허경진·허휘 주편, 앞의 책, 89쪽.

프로이드는 자아를 불안의 소재로 보고 주체가 경험한 적 있었던 위험 상황이 의식적, 무의식적으로 상기되면 자아는 이러한 상황에 대비하도록 주체에게 위험 신호를 보내는데 바로 이러한 위험 신호[26]가 불안이라고 설명하고 있다. 민족협화를 내세운 근대 만주에서 있었던 혼혈아 순이와의 근대화된(?) 정사는 상현의 불안을 촉발하고 조선에서 도피한 흔들리는 주체를 또다시 뒤흔들며 아편중독자로 내몰았다. 그리고 이미 만주에서 선택한 단절과 고립의 새로운 양상을 창출하는 계기를 만들고 있다.

3. 유폐와 분리의 절망 서사

"나는 누구인가?" 물음에 대한 답을 얻으려면 먼저 진정한 삶이 의미하는 바가 무엇인가에 대한 통찰력을 지니고 있어야 한다. 그리고 이러한 물음은 그 자체가 진정한 용기가 필요[27]한데 그 안에 담긴 불안을 감수해야 하기 때문이다. 불안은 인간의 유한성에서 비롯되기 때문에 극복이 불가능하다. 이를 어떻게 수용, 인정하는지의 정도에 따른 삶의 차이가 있을 뿐이다.

없는것을 확실이없는것이라 붙여주고나서 없는것이그른것이 아니라는 것을 붙여주어야 보현이의 인식이 확실해질것이다. 성진이는 그무시무시한 의수를 아주풀어던지랴고 양복소매를 치켜올렸다. 그러나 절반밖에없는팔-의수를떼논뒤 바람에흔들릴 양복소매-이런것들을 생각하는순간 가

---

26) 홍준기, 「라깡과 프로이드 키에르케고르: 불안의 정신분석」, 김상환·홍준기 공편, 『라깡의 재탄생』, 창비, 2002, 38쪽.
27) 키에르케고르, 임규정 역, 앞의 책, 22쪽.

슴이 써늘해지었다. 의붓자식이나마 죽는다고할때만은 측은함을 느끼어
야 할른지 성진이는 고무손을 한번 쓰다듬어보고 걷었던 소매를 다시내리
웠다. 무엇 때문에 소매를 올리었든지를 안해와보현이가 모르는것을 다행
이 역이면서 그는 병원에서 의수를주문할 때 그것만이라도 단다면덜부끄
러우려니하던 생각을 다시한번했다. 결국 미워해야할 의수를 떼버리지못
하고는 안해에게 빨리 이사를합시다. 이부근애들이 보현이교육에 아주
나쁘겠소! 하고 맹모의삼천지교를들어 보현이의 교육을 고쳐주랴했다.28)

인용문은 「義手」의 성진이 자신의 의수를 빼버리고 살겠다는 다짐
을 하면서도 결국에는 실천하지 못하고 아내에게 아들의 교육을 위
해서 다른 곳으로 이사 하자고 말하는 장면이다. 신체의 결손으로
생겨난 불안의 문제는 자신을 유폐하는 것으로 수그러드는 듯 했다
가 변호사 시험 정보를 주고받으면서, 아들의 왼손 쓰기를 바로잡는
아내를 보면서는 다시 커지고 있다. 때문에 귀갓길 단소를 불며 구걸
하는 소경을 보고 반성해 얻은 "보여주자"의 다짐은 당연하게 소멸
되어 버리고 만다. 성진은 자신을 인정하고 자신의 삶의 진정성을
깨닫는 데에 필요한, 불안을 이겨내는 용기를 가지고 있지 못한 때문
이다. 이는 기계에 손이 잘린 사고 이후 관심 없던 문과 교사 생활에
서 변호사 시험 준비를 거쳐 이제 사는 곳까지 바꾸려는 성진의 인생
서사가 계속적으로 타인의 눈과 말을 의식하는 속에서 자신을 소외
시켜 왔고, 계속 그렇게 변주되어 갈 것이란 짐작을 어렵지 않게 할
수 있는 까닭이기도 하다.
자아의 신념이 그 의지를 상실해 버리는 것은 장편소설 『雙影』에
서도 드러난다. 주인공 최혜련은 이미 유부남이었던 남편과 중국 베

---

28) 「義手」, 『문장』, 1939.7. 인용문은 연변대학교 조선문학연구소 김동훈·허경진·허휘 주편,
앞의 책, 48쪽.

이징, 상하이 등으로 사랑의 도피 행각을 하다가 남편이 죽자 딸 연자를 데리고 조선으로 돌아와서는 독립적으로 살겠다고 다짐한다. 그러나 결국에 딸을 시부모에게 보내기로 결정한 것에서 최혜련의 당초 의지가 이미 소멸되어 버렸음을 알 수 있다. 남편의 부재 속 여성성의 잔존이 생산한 불안은 진정한 삶에 대한 생각이나 고민보다 컸기 때문에 어머니로서의 정체성을 구성하려던 의지까지 소멸시킨 것이다. 아이를 재우고, 옛 애인에게 편지를 쓰는 것으로 맺는 소설은 연애소설의 옷을 입고 있지만 그 내면에는 최혜련을 비롯한 등장인물마다의 개인의 실패 서사가 엉켜 있다.

박영준의 재만 시기 소설 중 친일 문제로 논란이 된 「密林의 女人」은 주인공 '나'가 공산비 순이를 교화시키는 과정이 주요 서사이다. 특히 전체 서사에서 친일 협력적 성격이 드러난다는 지적은 박영준의 재만 시기 협화회[29] 활동과 관련해 볼 때 두드러진다. 만주국의 오족협화 주창 안에 엄존하는 내선일체의 일제 사상을 실천하는 과정에서의 알력과 이중적인 압력 속에서 민족의 생존을 위해 불가피한 선택을 할 수밖에 없었던 복합적인 상황[30]의 이해가 뒷받침 된다 해도 친일의 혐의에서 자유로울 수 없을 듯하다. 그러나 「密林의 女人」은 나의 언술과 행위에서 추출되는 불안의 문제를 의식하면 친일 행위와 친일문학의 자장에서 빗겨서 좀 더 풍요롭게 소설을 읽어낼

---

29) 「滿洲國協和會」는 '思想戰', '治本工作'의 주도체로서 관동군에 의해 결성된 조직체였다. 임성모는 「滿洲國 協和會의 對民支配政策과 그 實態: '東邊道治本工作'과 관련하여」, 『東洋史學研究』 제42집, 동양사학회, 1993, 99~160쪽에서 협화회는 이른바 '民族協和' 이데올로기를 내걸고 만주국 지배의 정당성을 만주 민중에게 주입시키는 한편, 지방행정체계와 일체화하면서 민중의 일상생활로 침투해 들어갔다며 '민족협화'를 추구하는 만주 민중의 자발적 대중조직이라는 외피를 쓰고 항일민중운동에 대한 계급적, 민족적 분리·분열 정책을 통해 만주 민중을 지배체제 안으로 획득해 내는 데 주력했다고 주장한다.
30) 다나카류이치, 「만주국민의 창출과 재만조선인 문제: 오족협화와 내선일체의 갈등」, 한석정·노기식편, 『만주, 동아시아 융합의 공간』, 소명출판, 2008, 255~272쪽.

수 있을 것 같다.

　『산으로 도루 갓스면 차라리 조왓슬겝니다. 세상에서 못 볼것을 너무 만히 봐서요. 아모것도 모르고 사럿다면 죽을쌔까지 눈물한방울 아니흘렷슬걸-』(…중략…)『긴상 우러본 사람이야 싼사람의 우름을 아러줄 수가 잇습니다. 또 우슴을 가질수도 잇습니다. 조금도 후회는 하지 마십시오-』『후회구 무에구 잇습니까. 그저 살것갓지가 안습니다』『가장 괴로워하는 사람은 가장 가치가 잇습니다. 이제부터 긴상이 느끼는 괴롬을 쭐코 사러나간다면 훌륭한 생활을 창조할것입니다』 사상의 변환기에 잇기쌔문에 순이가 실망을 느끼는것이지만 상당한 시일만 지나면 그의 새생활이 전개되리라는것을 나는 자신한다. 『부모나 차저주십시오-』순이는 다시 눈물을 흘리며 도라 누엇다.[31]

　인간은 이성이나 지성 등과 같이 특정한 상태로 본질을 규정할 수 있는 실체 존재가 아니라 마음과 몸, 가능과 필연, 무한과 유한 등 서로 상반되는 다양한 요소를 갖는 관계존재이다. 「密林의 女人」의 나와 순이 또한 관계존재의 인간이다. 그러나 위 인용문에서뿐만 아니라 소설의 전체에서 드러나는 나에 대한 순이의 애정을 마지막까지 나만 모른 채 진행되고 있는 서사는 오히려 나의 무지로까지 이해된다. 그러나 모른 체했을 수 있다는 혐의도 있다. 나는 그녀에게 가족을 찾아주겠다고 하지만 이는 나의 불안이 작용한 탓인데, 그녀를 가족에게 떠맡기려는 것으로 이해할 수 있기 때문이다.

　인간은 여러 계기를 주체적으로 관계 지으면서 자기를 형성해 가는 자유로운 존재이고 자유롭다는 것은 특정 본질을 갖지 않는다는

---

31) 「密林의 女人」, 『싹트는대지』, 1941. 인용문은 연변대학교 조선문학연구소 김동훈·허경진·허휘 주편, 앞의 책, 116~117쪽.

무(無) 속에 있는 것을 말하며 이 무(無) 앞에 선 기분이 불안을 가져온다[32]는 키에르케고르의 설명을 빌자면 순이가 새롭게 자신의 존재를 구성하면서 관계의 불안 속에 있을 수밖에 없었음을 이해할 수 있다. 사실 나는 공산비였던 순이가 오래시간의 산 생활 때문에 문명화되지 못했다고 생각하지만 이미 순이는 감정의 자율성을 획득한 근대적 주체로 구성되었던 것이다. 오히려 나는 근대의 남녀 관계 성격을 역사적으로 조건화하면서 퇴행하고 있는 모습이다.

  하지만 순이의 자유로움과 거기서 비롯된 감정은 전근대의 장애(내가 유부남이라거나 자신이 나의 집에 얹혀산다는 등의)를 벗어던지는 대가로 위태롭다. 그녀의 감정적 자유는 나를 비롯한 다른 이들의 감정과 경쟁하지 않을 수 없다는 점에서 고통을 동반하기 때문이다. 실제로 나는 순이와의 동거가 불안하기 때문에 그녀가 방문을 걸어 잠그고 누워있을 때마다 부드럽고 친절하게 대하고 있다. 이는 어쩌면 감정의 변화를 두려워한 내가 당혹감을 느끼면서 발동한 일종의 방어기제이다. 나는 순이와의 관계의 불안정성에서 발생한 근심의 영향을 두려워하며 웃음과 친절로 넘겨버리려는 것이다. 그리고 결국에는 순이 아버지의 편지를 받고 아내의 퇴원과 약속을 미룬 채 순이와 함께 기차에 오르는 것으로 감정의 화해를 의도하면서 관계를 희석시켜 버리려는 것이다. 즉, 스스로 근대화, 문명화되었다고 믿는 내가 주체적으로 감정의 근대화를 획득한 그녀, 순이와의 관계에서 발생한 불안의 문제를 감당하지 못한 채, 그녀와의 관계의 최종적인 국면을 맞이하기 거부하고 있는 것이다.

---

32) 키에르케고르, 임규정 역, 앞의 책, 68쪽.

4. 재만 현실의 체념적 수용과 절망에의 침잠

앞서 살펴보았듯 박영준의 재만 시기 소설에서는 공통적으로 불안을 만날 수 있다. 이는 환멸적 자아와 타자, 현실을 목도하고서도 내외부적 원인으로 그것과 맞서지 못하는 자아의 굴종적 현실을 인식하게 되면서 증폭, 표출되는 양상이다. 불안을 조장하는 원인소의 색출도 미뤄지고 그것을 해결하지 못 하는 자아의 나약함과 현실의 강제는 체념, 조소, 폭력, 자기합리화, 절망, 고립, 소외, 회피 등의 행위 결정을 불러오고 있다.

이러한 불안의 표출 양상은 박영준의 이주와 재만의 경험 등과 연동시켜 살펴볼 때에 그 의미를 보다 풍요롭게 찾아낼 수 있을 듯하다. 박영준의 재만 시기 소설은 그의 두 번에 걸친 만주 이주와 각각 다른 체류 기간을 참고해 볼 때 둘로 나뉜다.33) 이러한 시간적 결절은 각 시기 소설의 특성, 또 두 시기 소설의 연속적 맥락을 찾는 것을 비롯해 박영준 재만 시기 소설의 특성을 구현하는 데에도 도움이 될 수 있을 것이다.

1934년 만주 이주 후 1년 남짓한 재만 기간인 1935년 1월과 5월에 각각 발표된 소설 「생호래비」, 「어머니」의 진구와 금성은 달라진 외부적 환경에 무력한 자아의 모습을 노출하고 있다. 진구는 배고픔을 면하는 일에 급급해 살아왔다. 때문에 '윤리' 운운하며 출산 후 돌아오지 않는 아내를 데리고 오려는 것도 실은 머슴이 될까하는 두려움과 불안 때문이다. 그는 이미 오랜 시간의 가난과 궁핍에 쫓겨 '건강한' 가장의 역할이 무엇인지 모르고 있다. 이는 「어머니」의 금성 역시

---

33) 박영준의 만주 이주와 거주는 두 차례에 걸쳐 진행되었다. 1차로 1934년 6월경~1935년 6월경, 2차로 1938년 6월경에서 1945년 8월경이며 정확한 날짜는 그가 만주 용정과 반석현의 교사로 이주해 갔다는 것을 근거로 학기가 시작될 즈음으로 추정한다.

마찬가지이다. 그는 존경 받던 아버지의 사망 이후 갑자기 맡겨진 가장의 역할을 투전과 주색잡기로 방기하고 있다.

앞선 두 편의 소설은 1934년 박영준의 등단작 「模範耕作生」과 같이 농촌을 배경으로 가난의 문제를 제재로 하고 있지만 불안에 맞서는 인물의 행위는 크게 다르다. 「模範耕作生」은 일제의 농촌 강제 정책이 사건의 주된 바탕이 되고는 있지만 외부의 강제에 대응하는 방식은 너무나 판이하다. 「模範耕作生」에서는 성두를 비롯한 동네사람들이 관공서와 결탁한 길서를 용서하지 않는다. 이는 길서의 말뚝이 쪼개져 있고, 의숙을 만나러 온 길서를 쫓아 성두가 뛰어나오고, 그 길로 도망치는 길서의 모습을 통해 알 수 있다. 그러나 「생호래비」, 「어머니」에서는 하소연과 순간의 폭력, 뒤이은 도망이 난무할 뿐이다. 「잿티」 또한 앞선 「생호래비」, 「어머니」의 인물과 같이 현실을 주체적으로 살아가고 있지 못한 주요 인물이 등장한다. "서울의 찬란한 빛에 혜택을 못 받는 무리! 도리어 서울의 불꽃을 잡아먹는 타고 남은 잿티! 그는 명일(明日)을 위하여 울고 싶어졌다"는 화자의 목소리는 진수의 무기력함과 소외감을 그대로 전달한다.

박영준의 2차 재만 시기 발표된 「中毒者」, 「無花地」에서는 자아에 대한 환멸과 맞선 두 인물을 만날 수 있다. 두 번째 만주 이주 후 발표된 첫 소설 「中毒者」의 김상현은 조선에서의 파탄된 결혼생활 이후 만주로 이주해 오며 스스로 단절되고 고립된 삶을 선택한다. 그는 만주의 구석구석을 좇으며 침잠하다 아편중독자가 되어버린다. 「無花地」 재춘 역시 끝없이 욕망을 생성, 분출하고 이때 동반한 불안을 감추려고 또다시 자기합리화에 급급하다. 김상현과 재춘의 자기환멸은 만주에서 더 깊어지는 양상이다. 그러니까 이들이 만주를 선택할 수밖에 없는 까닭이 두드러지고 있는 것이다. 이는 당시 만주의 조선인 삶과 현실이 소설 속 인물들처럼 극단적 선택을 종용하듯 피폐하고 문제적이었기 때문이었고 소설은 이러한 현실을 반영하고 있는 것이다.

「義手」, 『雙影』, 「密林의 女人」은 전근대 주체의 자아 환멸과 주체의 전근대성으로 인한 절망과 실패의 서사가 주를 이룬다. 「義手」의 성진은 신체적 결손을 감추려는 데서 발생한 불안이 자신의 삶 전체를 압박하도록 방치한 채 결국 또다시 도피해 버린다. 이는 『雙影』의 최혜련이 유부남과 사랑의 도피 행각을 벌이다 결국 그가 죽고 삶에의 고난을 겪게 되는 것과도 닮아 있다. 그녀는 둘 사이에 생긴 딸을 데리고 독립적으로 살겠다고 결심하지만 또 다른 연예를 시작하고, 실패하는 과정에서 처음의 의지는 퇴락해 가는 양상이다. 「密林의 女人」의 나 역시 공산비 순이를 교화시키려하지만 새롭게 구성된 존재, 순이가 주는 불안 때문에 그녀의 부모를 찾아주고 만남에까지 동행하면서 둘의 관계를 파기해 버린다.

이처럼 박영준 재만 시기 소설 전체에서 추출되는 불안은 자기 환멸과 실패의 서사로 일관되어 나타난다. 특별히 둘로 나뉘는 재만 시기 소설은 미미하지만 각각의 시기적 특성도 보이고 있는데 첫 번째 만주 이주 후 발표된 소설 세 편에서는 외부의 강제적 환경과 상황에 무기력한 인물이 등장하고 그들의 실패가 전면화되고 있다. 등장하는 주요 인물들은 무기력하여 변명이나 자기비하의 일관된 모습을 보일 뿐이다. 두 번째 만주 이주 후 발표된 다섯 편의 소설에서는 자멸되어 가는 주체의 모습이 짙어지고 그중 몇은 그대로 만주라는 공간 속에 침잠되어 가는 모습이다. 이는 첫 번째 만주와 두 번째 만주 이전 사이에 발표된 소설 속 인물들이 착각과 자가당착의 모습34)을 보이는 것과는 또 다른 특성이다. 이 모두는 작가의 만주 이

---

34) 「아버지의 꿈」, 『사해공론』, 1936.1과 「교유부인」, 『사해공론』, 1936.11은 각각 주요 인물이 섣부른 짐작(판단)과 거짓 행세로 비웃음을 사고 좌절한다.

주 경험과 그것에 내재된 의식이 소설 속에 반영 내지 투영되어 있음을 의식할 때에 좀 더 분명해진다.

박영준의 만주 이주와 재만의 경험은 그의 회고[35]를 통해서도 알 수 있지만 재만 시기 소설을 발표 순서에 따라 놓고 그 특성을 정리해 보면서는 작가의 의식과 재만, 만주 공간의 인식을 보다 구체적으로 볼 수 있을 듯하다. 「생호래비」(1935.1), 「도시의 잔회」(1935.3/이 글에서는 이후 제목을 고쳐 발표된 「잿티」를 본문으로 인용함), 「어머니」(1935.5) 세 편의 첫 번째 재만 시기 소설은 1930년대 이후 조선의 변화와 일제강점의 강제된 환경 속에서 계속된 지식인적 고뇌와 주체적 삶을 형성하지 못한 작가의 비애, 이에 따른 굴종적 분노가 투영된 것으로, 「中毒者」(1938), 「義手」(1939.7), 『雙影』(1939.12~1940.8), 「無花地」(1941.2), 「密林의 女人」(1941) 등 두 번째 재만 시기 다섯 편의 소설에서는 생활의 어려움으로 다시 만주로 이주할 수밖에 없었던 현재적 상황에 대한 절망과 고립의 연속적 의식이 담겨 있는 것으로 이해할 수 있다.

이제, 같은 맥락에서 불안의 정서가 만주라는 공간과 조우하면서 빚어낸 불안 양상의 의미를 찾아낼 수 있을 것 같다. 「中毒者」 상현에게 만주는 '절망의 무덤'이다. 조선에서의 실패와 좌절이 만주에서 회복할 수 없는 절망으로 깊어지며 매몰되어 버리고 있기 때문이다.

「無花地」와 「密林의 女人」의 경우 같은 해(1941)에 발표되었다는 점에 주목할 필요가 있겠다. 1941년 2월에 「無花地」가 『문장』에, 9월에 「密林의 女人」이 《만선일보》에 게재된 후 다시 『싹트는대지』에 실렸는데, 각 소설에 드러나는 만주의 겉모습은 크게 다르다.

「無花地」의 만주는 차가운 겨울바람에 "마차바퀴소리는 돌을 가는 듯한 광물성(鑛物性) 소리"를 내는 인정과 도리가 증발된 쇳조각 같은

---

35) 「滿洲 滯留 8年記(卑屈과 開墾)」, 『신세대』 1권 1호, 1946.3.

곳이다. 이 속에서 재춘은 자신의 비윤리적 행위에 종종 부끄러움이 끼어드는 때문에 불편, 불안하지만 만주이기에 이 모든 것이 감추어질 수 있다고 믿는다. 그런데 「密林의 女人」에서는 만주가 문명개화의 근대 도시로 등장한다. 윤리와 도덕을 아는 도시민의 공간인 만주는 10년 동안 공산비로 살아왔던 순이에게 '여자'로 살기를 권하고, 돈을 버는 '가르침'을 주는 '세련된' 근대 의식의 공간이다.

그러나 두 편의 소설에서 다른 듯 보이는 만주는 사실 체념과 절망, 실패가 가득한 곳일 뿐이다. 이는 만주사변, 중일전쟁 이후 발표된 일제의 '동아신질서'의 허위와 태평양전쟁으로 이어지는 전시총동원체제 속에서 고통만 더해진 재만 조선인들의 삶속에서 그 의미가 분명해진다. '하등의 보호도 받지 못하고 하등의 조직도 없는 상태'에서도 계속 이주해 왔기 때문에 '특별한 편리를 제공하고 장려'하는 것은 불필요하다던 관동군은 1932년 이후 조선인 이주에 대해 방임[36]해 왔다. 그러나 1934년 일본의 본국 정부가 조선인 노동자들의 일본 이주를 막으려는 조선 총독부의 안을 지지하게 되면서 조선인의 만주 이주를 적극적으로 추진해야 한다는 점에 합의했고 '개척'을 목적으로 조선인의 이주가 진행되었다. 그러다 1941년 이후에는 만주국의 북변 개발 계획의 일환으로 북만주에 살던 조선인 농민들이 겪은 극심한 어려움 때문에 이민실적이 급락하고, 태평양 전쟁이 진행되면서는 일본의 전시 식량을 보충하기 위하여 조선 농민들이 식량 증산에 동원, 산업 노동력으로 일본과 북부 조선으로 차출[37]되며 만주 이민 대상자는 급격히 줄어들었다.

재만 조선인들은 일제의 필요에 의한 정책 변화 속에서 삶의 기반

---

36) 관동군 통치부, 「만주이민자문의사록」, 375~376쪽을 한석정·노기식 편, 『만주, 동아시아 융합의 공간』. 소명출판, 2008, 203~206쪽에서 재인용.
37) 한석정·노기식 편, 위의 책, 206쪽.

을 마련하는 등이 어려웠고 이는 곧 생존의 불안이 되었다. 이러한 일련의 역사적 배경 속에서 재만 조선인의 만주 공간에 대한 인식을 짐작할 수 있다. 만주는 의심 할 수 없는 새 삶의 터전은 아니었고 조선에 버리고 오지 못한 패배와 굶주림의 기억을 각인시키는 차가운 광물질의 공간이었으며 실패와 자멸을 방관하는 냉소적 공간이었던 것이다. 실패와 좌절 속에 진행된 박영준의 만주 이주와 재만 조선인으로서 만주 공간에 대한 인식 또한 이러한 역사적 배경 속에서 소설 속 인물의 의식에 투영되어서 드러나고 있음을 이해할 수 있다.

그 연장선에서 「密林의 女人」 속 실패 서사를 통해서 박영준의 협화회 활동 동기와 그 심정적 측면에 대한 이해가 가능할 수도 있을 것 같다. 그는 만주 이주를 실행할 수밖에 없었던 저간의 상황과 재만 현실의 체념적, 혼돈적 사고를 드러내고 있다. 이는 「密林의 女人」의 실패 서사를 통해서 작가의 친일 혐의 없음을 주장하려는 것이 아니라 그의 친일 활동의 성격과 내용에 관한 애매성의 이야기가 될 듯한데, 새로운 존재의 구성을 완성해가는 순이로 인한 불안을 이겨내지 못하고 관계를 파기해 버리는 주인공에게서 발췌되는 신념과 의식의 혼돈에 박영준의 작가적 의식이 존재함을 확인할 수 있지 않은가 하는 것이다.

박영준 재만 시기 소설에 드러나는 불안은 부정, 절망과 실패의 서사로 이어지고 있다. 무기력과 불안한 삶의 연장에 만주가 존재하고 불안은 증폭, 매몰되어 가는 양상이다. 이는 세계적 상황의 변화와 일제강점기라는 현실 속에서 피식민지인으로서의 작가의 개인적인 생체험이 만주 이주를 추동하고, 재만의 현실 속에서 깊은 체념과 혼돈을 수용, 침잠해 가는 양상이 소설 속에 투영되어 드러나고 있기 때문일 것이다. 작가가 "冬死의 期間", "너무나 卑屈하고 너무나 消極的인 八年間", "두 번 다시 돌처 생각하고 싶지 않은 滿洲의 生活"[38]

로 만주를 회고했던 까닭도 이 때문일 것이다.

5. 만주와 박영준 소설의 불안, 그리고 남은 과제

유한한 존재로서 자유를 가진 인간은 어쩔 수 없이 불안하다. 게다가 불안은 그 개념이 추상적이어서 원인을 명확하게 찾거나 정의내리기란 어려운 일이다. 그러나 인간이기에 갖는 존재론적 불안은 외부의 강제적 환경이나 심리적 압박 등이 더해 올 때 다양한 소설적 형상화의 양상을 보인다는 점에서 흥미롭다. 이는 특정 시기의 경험일 때 더더욱 그러하다.

이 글은 박영준 재만 시기 소설 전체에서 추출되는 불안의 정서가 어떠한 양상으로 드러나는지를 살펴서 그 의미를 구명하였다. 그리고 작가 박영준의 두 번의 만주 이주와 재만의 경험이 소설에 반영되어 나타남을 의식하였다. 그는 연희전문 졸업과 함께 문단에 등단했지만 걸출한 실력에도 취업에 실패했고 결국 만주 용정으로 교사직을 얻어 이주했다. 그는 많은 수업량과 적은 월급으로 어려운 생활을 했고 그러면서 자존감은 심하게 훼손되는 경험을 했다고 회고하고 있다. 이러한 작가적 상황은 재만 시기 발표된 소설에서 외부의 강제적 환경과 상황에 무기력한 인물이 등장하고 실패가 전면화되는 등에 투영된 듯하다. 두 번째 만주 이주 후 발표된 소설 다섯 편은 특히 자멸되어 가는 주체의 모습이 짙어지고 만주 공간 속에 침잠된다. 이는 당시 조선인의 만주 이주와 재만의 현실에 대한 사회 역사적 이해와 근대의 옷을 입고 나선 만주의 겉모습에 감춰진 사실을 드러내서 함께

---

38) 박영준, 앞의 글.

살펴볼 때에 더욱 분명해진다. 그리고 박영준이 1년 남짓한 만주 생활을 정리하고 다시 조선으로 돌아와서 몇 개 출판사에 취직하지만 곧 재정난으로 회사가 문을 닫는 등의 어려움을 겪다가 다시 만주 이주를 실행한 저간의 사정 속에 담긴 의식과도 무관할 수 없을 것이다.

1930년대 일제강점기 지식인의 환경이란 외부에서의 강제적 기제가 무수히 작동하고 이에 반응했던 때이다. 그러나 소설 속 작가 의식의 반영을 염두하고 박영준의 재만 시기 전체 소설에서 드러나는 불안의 정서를 이해할 때에, 그는 환경의 억압적 기제 속에서 개인의 (적) 문제에 집중하고 있는 듯하다. 소설에서 만주 이주와 재만의 현실에 대한 실패와 좌절이 두드러지는 때문이다. 그러나 불안이 전체 소설의 특성인지, 특정 시기의 정서인지는 해방과 한국전쟁을 거쳐 1970년대에 이르기 까지 왕성하게 창작활동을 해 온 그의 소설을 연구하는 속에서 보다 분명하고 다양해 질 것으로 생각된다. 이후 시대와 연동하는 작가의식을 전체적으로 조망하는 것을 연구 과제로 삼는다.

참고문헌

1. 기본 자료

김동훈·허경진·허휘문 주편, 『박영준』(연변대학교 조선문학연구소, 연세국학총
　　서 73), 보고사, 2007.

이선영 외 8인, 『만우 박영준 전집』 1, 동연, 2002.

2. 논문 및 단행본

김경일·윤휘탁·이동진·임성모, 『동아시아의 민족이산과 도시: 20세기 전반 만주
　　의 조선인』, 역사비평사, 2004.

김영문, 「일제 침략 시기 만주 지역 중국 친일문학의 논리구조: 왕도낙토와 오족
　　협화론을 중심으로(1931~1945)」, 『中國現代文學』 50, 한국중국현대문학
　　학회, 2009.

김재용, 「중일전쟁 이후 재일본 및 재만주 조선인 문학의 분화와 식민주의 협력」,
　　『재일본 및 재만주 친일문학의 논리』, 역락, 2004.

김호웅, 「대일(對日) 협력과 저항의 몇 가지 양상: 재만조선인 문학의 경우를
　　중심으로」, 『한중인문학연구』 제19집, 한중인문학회, 2006.

문경연·최혜실, 「일제말기 김영팔의 만주활동과 연극 〈김동한〉의 협화적 기획」,
　　『민족문학사연구』 38, 민족문학사학회, 2008.

박기동 외, 『황소걸음: 스승 만우 박영준을 기리며』, 동연, 2008.

박성진, 「만주국 조선인 고등 관료의 형성과 정체성」, 『동양정치사상사』 8권 1호.

백　철, 『신문학사』, 신구문화사, 1982.

서영인, 「박영준 문학과 만주: 박영준 문학세계의 연속성 탐구를 위한 시론」, 2011.

손혜민, 「단정 수립 이후 '전향'과 문학자의 주체구성: 박영준의 해방기 작품을

중심으로」, 『사이間SAI』 제11호, 국제한국문학문화학회, 2011.

심규섭, 「'만주국'의 협화회와 재만 조선인」, 『만주연구』 1, 만주학회, 2004.

윤휘탁, 「"복합민족국가(複合民族國家)"의 파탄: 만주국의 붕괴와 "만주국인(滿洲國人)"의 충돌, 수난」, 『中國史研究』 78, 중국사학회, 2012.

이상경, 「'야만'적 저항과 '문명'적 협력」, 『재일본 및 재만주 친일문학의 논리』, 역락, 2004.

임성모, 「滿洲國 協和會의 對民支配政策과 그 實態: 東邊道治本工作」과 관련하여」, 『東洋史學研究』 제42집, 동양사학회, 1993.

전인초, 「晩牛 朴榮濬의 在滿時節 小說 試探」, 『人文科學』 제97집, 연세대학교 인문과학연구소, 2013.

표언복, 「역사적 폭력과 식민지 지식인의 주체분열: 박영준 소설의 '만주'인식 방법」, 『어문학』 104집, 2009.

_____, 「해방을 전후한 창작환경의 차이가 작품에 미친 영향: 김창걸의 「낙제」와 박영준의 「밀림의 여인」을 중심으로」, 『어문학』 69집, 2000.

한석정·노기식, 『만주, 동아시아 융합의 공간』, 소명출판, 2008.

홍준기, 「라깡과 프로이드 키에르케고르: 불안의 정신분석」, 김상환·홍준기 공편, 『라깡의 재탄생』, 창비, 2002.

George L. Mosse, 서강여성문학연구회 옮김, 『내셔널리즘과 섹슈얼리티(*Nationalism and Sexuality: Respectability and Abnormal Sexuality in Modern Europe*)』, 소명출판, 2004.

키에르케고르, 임규정 역, 『불안의 개념(*Begrebet Angest*)』, 한길사, 2008.

Duara·Prasenjit, 한석정 역, 『주권과 순수성: 만주국과 동아시아적 근대(*Sovereignty and Authenticity: Manchukuo and the East Asian Modern*)』, 나남, 2008, 98쪽.

지그문트 프로이트, 황보석 역, 『억압, 증후 그리고 불안』, 열린책들, 1997.

3. 기사 및 칼럼

박영준, 「滿洲 滯留 8年記(卑屈과 開墾)」, 『신세대』 1권 1호, 1946.3.

_____, 「作家의 輩出과 讀者의 向上을 緊急動議」(上·下), 《만선일보》, 1940.1.23.

_____, 「'金東漢' 讀後感」(上·下), 《만선일보》, 1940.2.22.

최서해 소설에 나타난 중국, 일본 이미지와 전망 모색

김성옥

(중국사회과학원 외국문학연구소)

1. '소재문학'이라는 편견과 소설의 진실성 문제

1920년대 중반에 한국문단에 등장한 최서해(崔曙海, 1901~1932)는, 8년이란 짧은 작가생활에 왕성한 창작활동을 진행하여 60여 편의 단편소설과 한 편의 장편소설을 발표함으로써, 당대 어느 작가보다도 많은 양의 작품을 발표하였다.

최서해는 초기에 자신의 절박한 빈궁체험을 바탕으로 하층민의 궁핍상에 대하여 적나라하게 보여준 동시에, 극단적인 행동으로 치닫는 결말을 제시함으로써, "신경향파가 가진 최대의 작가"[1]로 주목되었다. 따라서 그의 소설에 대한 연구는 자연스럽게 '신경향파 문학'으로 일컬어지는 작품에 중점을 두고 전개되어 왔는데, "신경향파(新傾向派) 문학"에 "소재문학(素材文學)"[2]이라는 선입견은 최서해 문학

---

1) 임화, 「朝鮮新文學史論序說: 李仁稙으로부터 崔曙海까지」, ≪朝鮮中央日報≫, 1935.11.12.
2) 백철, 『신문학사조사』, 신구문화사, 1986, 317쪽.

의 다양성에 대한 간과와 예술성의 결여라는 평가로 이어졌다.

1970년대부터 이에 대해 문제를 제기하고 개진된 연구로 상당한 성과를 이룩하여, 최근에는 한국 근대소설의 "리얼리즘적 성과"3)로 인정되고 있지만, 최서해 소설의 미학적 측면에 대해서는 아직도 부정하는 경향이 강하다. 이는 최서해 문학을 소재문학으로 보는 선입관에서 크게 벗어나지 못하고 있음에 기인한다. 즉, 최서해 소설의 의의를 소재의 진실성에서만 찾고 문학의 진실성, 특히 표현의 진실성에 대해서는 간과하고 있는 것이다.

문학의 진실성 문제는 문학의 발생과 함께 관심을 불러일으킨 문제이며, 동서양문예이론에서 빠짐없이 언급하는 화제이다. 또한 견해의 불일치로 언제나 논쟁의 대상이 되어 왔음에도 불구하고 거의 모든 문학 유파가 각자 나름의 '진실성'의 원칙을 추구하였고, 특히 리얼리즘에서는 '진실성'을 핵심적인 요소로 간주하였다.

문학의 진실성은 작가에 의하여 창조된 허구적 진실성을 가리키는 것으로, 내용의 진실성과 표현의 진실성을 동시에 아우르며, 내용의 진실성은 표현의 진실성을 떠나서는 실현되기 어렵다고 해야 할 것이다.

최서해는 나라를 빼앗긴 식민지의 피지배자로서 문학을 통하여 식민지 상황에 대응하고자 하는 노력을 보였다. 그는 직접적으로 항일투쟁을 호소하기 불리한 식민지적 상황에서 베네딕트 앤더슨이 말한 바와 같이 소설이라는 기술상의 수단을 적극적으로 활용하여, 창작방법의 다양성을 모색함과 아울러 새로운 민족공동체를 구상하고자 하였다. 이 과정에 최서해는 리얼리즘에서 중요시되는 '진실성'에 관심을 가지고 "식민지 상황의 올바른 진단"4)을 내린 문학작품들을 창

---

3) 권영민, 『한국현대문학사』 1, 민음사, 2002, 345~346쪽.

작하기에 이른다.

이 글은 문학의 '진실성' 원칙과 베네딕트 앤더슨의 '상상의 공동체' 이론에 비추어, 간도와 일제 식민지 조선에서의 생활체험을 토대로 하여 창작한 최서해 소설에서, 작가가 주체적인 조선적 시각으로 어떠한 중국과 일본의 이미지를 구축하고, 나아가서 어떻게 식민지 사회적 구조를 인식하고 어떠한 사회적 전망과 민족공동체를 구상했는지에 대해서 살펴보고자 한다.

2. 조선적 시각에 의한 중국, 일본 이미지

최서해는 1918년에 간도로 가서 5년 간 유랑생활을 한 체험을 바탕으로 하여 1924년에 처녀작 「토혈(吐血)」(1924.1)을 발표하고 1924년에 출세작 「탈출기(脫出記)」(1925.3)를 발표한 다음, 연이어 「박돌(朴乭)의 죽음」(1925.5), 「기아(飢餓)와 살육(殺戮)」(1925.6), 「홍염(紅焰)」(1927.1) 등 '신경향파 소설'[5]을 발표함으로써 문단의 주목을 받게 되었다. 최서해의 60여 편 단편소설 중 간도를 배경으로 한 소설은 15편밖에 안 되지만 신경향파 소설은 5편으로 그의 전체 신경향파 소설의 절반을 차지한다. 따라서 최서해 소설이라고 하면 우선 간도 배경의 작품을 떠올리게 되는데, 그만큼 그의 작품은 중국과 밀접한 관련을 가지는 것이라고 할 수 있다.

---

4) 곽근, 「식민지 상황의 올바른 진단: 최서해의 ≪호외시대≫론」, 『작가연구』 제1호, 1996.4, 189쪽.
5) 박상준은 최서해 소설에서 소위 '신경향파 소설'로는 「토혈(吐血)」, 「탈출기(脫出記)」, 「박돌(朴乭)의 죽음」, 「기아(飢餓)와 살육(殺戮)」, 「큰물진 뒤」, 「설날밤」, 「의사(醫師)」, 「누가 망하나?」, 「홍염(紅焰)」, 「서막(序幕)」 등 10편밖에 되지 않는다고 지적했다. 박상준, 「최서해 소설 연구」, 문학사와 비평학회 편, 『최서해 문학의 재조명』, 새미, 133쪽.

위의 신경향파 소설을 포함한 대부분 간도 배경의 작품은 국내에서 농토를 잃은 조선 농민들이 간도에 살길을 찾아가서도 중국인 소작인 노릇을 하거나 품팔이로 연명하면서 중국인 지주한테서 수모를 받거나 피해를 입는 것으로 나타나고 있다. 「토혈(吐血)」(1924.1)과 「기아(飢餓)와 살육(殺戮)」(1925.6)에서는 마지막 부분에 굶주린 식구들을 위하여 쌀 구하러 나간 어머니가 중국인 개한테 물려 이웃 사람에게 업혀 들어오는 장면이 나온다. 농촌에 가도 밭이 없고 도회에 가도 직업이 없어 가난에 부대끼는 주인공은, 아내의 병시중을 들면서 심신이 지쳐 있다가 그러한 어머니를 보자 피를 토하거나 식구들을 칼로 찔러 죽이고 밖에 나가서 닥치는 대로 살인을 한다.

「탈출기(脫出記)」(1925.3)에서는 주인공이 오 년 전에 절박한 생활에 쫓겨 가족을 데리고 간도로 가지만 기한을 면할 수 없다. 어느 날 땔나무가 없어 산에 갔다가 중국인 산 임자한테 들켜 경찰서로 붙잡혀가 매까지 맞는다. 그리하여 "험악한 제도의 희생자"[6]로 살아왔다는 것을 깨닫고 그 제도를 뒤엎기 위하여 '독립단'에 가입한다.

위의 작품들에서 중국인으로 표상되는 악의 세력에 대한 이미지를 통하여 "추상적인 차원에서의 가난한 자와 부유한 자 사이에서 일어나는 갈등"[7]이 제시되는 것과 달리, 「홍염(紅焰)」(1927.1)에서는 처음으로 '중국인 지주'라는 구체적인 반동인물을 내세워 '부자/빈자'라는 대립적 구조를 분명하게 제시한다. 이 작품에서 설정된 '중국인 지주'와 '조선인 소작인'의 이항 대립적 구조는, 식민지 조선의 연장선으로 되는 간도라는 특수한 공간에 의하여, '지배/종속', '일본/조선', '제국주의/식민주의' 등으로 무한히 확장될 수 있는 것이다.[8] 간

---

6) 최서해, 「탈출기(脫出記)」, 곽근 편, 『최서해전집』 상, 문학과지성사, 1987, 22쪽.
7) 장수익, 「최서해 소설과 조선의 자연주의」, 『한국 현대소설의 시각』, 태학사, 2001, 75쪽.
8) "이항대립적 대위적 형식"에 관한 것은 박훈하, 「탈식민적 서사로서 최서해 읽기」, 문학

도를 배경으로 한 작품에 주인공의 극단적인 행위가 자주 출현하고 비극적 색채가 농후한 것도 이러한 공간 구조에 대한 인식에서 비롯된 것이라고 할 수 있다.

'부르주아 자연주의 계열'[9]의 작품 「이역원혼(異域冤魂)」(1926.11)도 '중국인 지주/조선인 소작인'이라는 이항대립적 구성으로 되어 있는데. 그것이 '강자/약자'='남자/여자'라는 구성과 겹치어 복합적 구조를 이루고 있다. 여주인공 '그'는 살길을 찾아 간도로 갔다가 남편을 병으로 잃고 임신한 몸으로 홀로 남게 되며, 나중에 음험한 중국인 지주에게 정조를 빼앗기지 않으려고 반항하다가 도끼에 허리를 찍혀 죽고 만다.

최서해 소설에서 간도 배경의 대부분 작품들은 "간도 이주 농민들의 고난사"[10]라고 할 만큼 간도의 현실을 직시하고 그 속에서 벌어진 참상을 사실적으로 묘사하였다. 뿐만 아니라 그 서사구조의 상징성으로 말미암아 당시 조선의 식민지 사회구조와 일치하게 된다는데서 보다 큰 문학적 가치가 성립된다.

최서해의 간도에 대한 인식은 부르주아 자연주의 계열에 속하는 「해돋이」(1926.3)에서 분명하게 제시되고 있다

군데군데서 조선 사람의 동리를 만나면 공연히 기뻤다. 조선 사람들은 어느 골짜기나 없는 데가 없었다. 십여 호, 삼사 호가 있는 데도 있고, 외따로 있는 집도 흔하다. 거게 쓰러져 가는 초가집에서 중국 사람의 소작인으로 일평생을 지낸다. 간혹 전지를 가진 사람이 있으나 그것은 쌀에

사와 비평학회 편, 앞의 책, 115~121쪽 참조.

9) 최서해 소설을 "신경향파 소설과 부르주아 자연주의에 해당하는 소설, 그 외의 작품들"로 나눈 박상준의 분류를 참조하였음. 박상준, 앞의 논문, 133쪽.

10) 신춘호, 『최서해: 궁핍과의 문학적 싸움』, 건국대학교출판부, 1994, 85쪽.

뉘만도 못하였다. 그네들 가운데는 자기의 딸과 중국 사람의 전지와를 바꾸는 이가 있다. 그네들은 일본과 중국과의 이중 법률(二重法律)의 지배를 받는다. 아무런 힘없는 그네들은 두 나라 틈에서 참혹한 유린을 받고 있다. 그래도 어디 가서 호소할 곳이 없다.[11]

보다시피 조선인들은 "거개 쓰러져 가는 초가집에서 중국 사람의 소작인으로 일평생을 지내"고 있다는 표현에서 독자는 조선인들의 비참한 생활상을 구체적이고도 총체적으로 파악할 수 있다. 뿐만 아니라 이러한 생활상에 근거하여 간도를 조선인들이 "일본과 중국과의 이중 법률(二重法律)의 지배를 받으면서" 참혹하게 유린당하는 공간으로 확대하여 해석해 볼 수 있다.

동시에 독립운동가 주인공이 등장하는 이 작품에서는 간도를 배경으로 한 독립운동을 부각시키고 있다. 이 작품은, 최서해 소설과 당시 국내에서 발표된 소설들 중에서 "가장 직설적으로 일제 치하의 체제적 모순과 가혹한 민족 탄압의 실상 및 항일 독립 투쟁의 역사적 의의를 드러낸 작품"[12]이라고 평가된다.

이밖에, 부르주아 자연주의 계열에 속하는 작품 중, 민족운동가를 주인공으로 내세운 「폭풍우시대(暴風雨時代)」(1928.4)에서는 민족교육에 대해서 강조하면서 간도를 주인공의 "이상실현의 근거지"[13]로 보며, 「돌아가는 날」(1926.12)에서는 집단 부락을 형성하고 스스로 농사지으며 살아가는 간도 이주민들이 중국인 마적 떼의 피해로 고통 받는 어려운 현실을 반영하고 있다.

---

11) 최서해, 「해돋이」, 곽근 편, 앞의 책, 1987, 206쪽.
12) 민현기, 「1920~30년대 독립 투쟁의 문학적 형상화와 작가 의식」, 『한국 근대 소설과 민족 현실』, 문학과지성사, 1989, 114쪽.
13) 김은정, 「최서해 소설의 현실수용태도와 가족의 의미 연구」, 『한국어문학연구』 제14집, 2001, 249쪽.

이처럼 최서해 소설은 중국인 지주나 마적 떼에 대해서는 부정적으로 묘사하면서도 간도라는 지역에 대해서는 항일 또는 이상 실현의 '근거지'로 인식하고 있다. 중국인 지주가 악한 세력 내지 식민지 체제를 상징한다면, 중국의 광활한 대지는 중국인 백성과 처지가 유사한 조선인들을 우호적으로 받아들이고 있음을 암시한다. 한편 마적 떼가 날뛰는 간도 지역은 혼란한 중국 사회를 보여주는 것이기도 하다.

최서해의 신경향 소설의 성공작이 대부분 간도를 배경으로 하였고, 뚜렷한 항일의식을 보여준 작품 중 최우수작으로 꼽히는 「해돋이」(1926.3) 역시 간도를 배경으로 한 것을 보면, 최서해가 간도의 공간적 기능을 얼마나 잘 활용하여 사실성과 상징성을 동시에 획득하고 있는지 알 수 있다.

최서해의 간도 배경의 작품에서 간과할 수 없는 것은, 간도 이주민의 고난의 삶은 일본의 조선에 대한 침략에 의한 것이라는 것을 대부분 작품이 암시하고 있는 것이다. 최서해 소설에서 신경향파 소설은 초기[14]에 집중되었지만, 은밀히 또는 뚜렷이 항일의식을 나타낸 작품은 작품 전체를 통하여 일관되게 나타나고 있다. 국내 배경의 작품에서도 일본 관련 양호한 이미지를 보여준 작품은 한 편도 찾아볼 수 없으며, 대부분 일제의 식민지적 체제로 비롯된 사회적 모순을 폭로하거나 비판하고 항일의식을 보여주기도 하였다. 그 중 항일의식을 뚜렷이 나타내면서도 빼어난 작품으로는 「큰물진 뒤」(1925.12)와 「저류(底流)」(1926.10)를 들 수 있다.

신경향파 소설에 속하는 「큰물진 뒤」(1925.12)에서는 일제의 억압과 횡포로, 성실한 농민이 강도로 전락하게 되는 과정을 리얼하게

---

14) '최서해 소설을 주제의식과 그에 따른 서사기법의 변화를 고려하면서, 「해돋이」(1926.3)와 「갈등(葛藤)」(1928.1)을 분기점으로 하여, 초기, 중기, 후기로 나누어 고찰하고자 한다.

보여주고 있다. 이 작품은 세 개의 큰 이야기 단락으로 나누어 서사가 전개되는데, 앞부분에서는 일본 관청에서 철교를 놓으면서 마을 사람들의 안위를 돌보지 않아 부실한 방축이 무너진 데서 연유한 홍수로 인해, 윤호가 집과 갓 태어난 어린애와 밭을 잃는 경과가 자세하게 서술된다. 중간부분은 윤호가 앓는 아내의 병간호를 하는 한편 공사장에 나가서 일하다가 포악한 일본인 감독에게 얻어맞고 코피를 흘리면서 집으로 쫓겨나는 이야기로 되어 있다. 뒷부분에서는 "병으로 살 수 없고 배고 파 살 수 없고—결국 목숨을 바치게"15) 될 절박한 상황에서 마음을 모질게 먹고 이주사 집에 쳐들어가 돈을 빼앗아내는 과정이 서술된다. 이 작품은 앞부분과 중간 부분에 간도배경의 작품에서 확립된 이항 대립적인 갈등 구조가 '일본 관청/농민들'과 '일본인 감독/주인공'으로 나타나고, 뒷부분에 와서는 그것이 한국인 내의 '부자/빈자'의 대립적 구조로 바뀐다. 그러나 주인공의 성격 변화과정은 전체를 관통하고 있으므로, 나중의 강도행위도 일본 관청과 일본인 감독, 그리고 한국인 부자를 한 통속으로 보는 데서 가능한 것으로 이해된다.

부르주아 자연주의 계열의 작품에 속하는 「저류(底流)」(1926.10)는 이항 대립적 구조 대신 '중단 액자' 형태를 취하고, '아기장수전설'을 빌어 민족통일의 염원을 보여준 독특한 작품이다. '바깥 이야기'는 여름밤에 시골 노인들이 모여앉아 가뭄 걱정에 이어 세상을 원망하는 것으로 시작되고 있다. 노인들의 대화를 통하여 그들이 당면하고 있는 현실 상황의 열악함을 느낄 수 있다. 거기에 불만을 느끼고 있는 노인들은 세상이 망하기를 바라지만, 전년(前年)의 '만세'운동의 실패를 보았기에 때를 기다려 홍길동이나 소대성 같은 서민들의 영

---

15) 최서해, 「큰물진 뒤」, 곽근 편, 앞의 책, 130쪽.

응이나, 나라를 세울 정도령 같은 왕이 나타나기를 고대하면서, 조만간에 세상을 구할 장수가 나올 것이라는 확고한 믿음을 내보인다. 이러한 믿음은 그들에게 '아기 장수 전설'로 재현된다. '안 이야기'는 '아기장수 전설'로서, 이 설화 역시 노인들의 대화 형태로 소개되어 '안 이야기'의 중단 부분이 '바깥 이야기'와 시간적 연속성을 갖고 전개되는 가운데 작품에 제기된 현실에 맞추어 설화의 내용이 변천한다. 워낙 전국적인 광포설화(廣布說話)인 아기장수전설은 좌절된 영웅의 모습을 통하여 민중의 원망(願望)이 좌절당한 사회상의 비극을 반영하고 있는 것이 일반적인 특징이지만,[16] 이 작품에서는 아기장수가 죽는 것이 아니라 산에 들어가 십년 후에 나오겠다고 하는 것으로 마무리되고 있다. 이러한 전설의 종결은 '바깥 이야기'의 전반부에서 때를 기다려야 한다고 한 노인들의 견해와 맞물리고 있으며, 그 견해는 '바깥 이야기'의 후반부가 되는 종결부에 와서 "이제 보오마는 때는 꼭 있을게요!"는 대화로 재차 강조된다. 이로써 아기장수로 표상되는 세상을 구할 수 있는 영웅은 죽지 않았으며 그의 재출현을 믿으면서 '때를 기다려야 한다'는 것이 이 작품에 흐르는 '저류'임을 알 수 있다.

이외에, 「이중(二重)」(1927.5)은 콩트에 가까운 작품이지만 '일본인/조선인'이라는 이항 적 대립 관계를 설정하였다. 주인공은 조선인이라 하여 일본인의 목욕탕에 들어가는 것을 거절당한 순간에 느낀 민족적 비애를, "아아 우리들은 이중의 비애를 갖고 있다"[17]라는 논평적인 문장으로 표현하고, "중이 미우면 가사까지 밉다는 격으로"라는 속담으로 일본인에 대한 적개심을 나타내고 있다.

---

16) 沈晶燮, 「傳說의 文學的 構造: 아기장수 전설을 중심으로」, 『문학과지성』 제8권 제1호, 1977, 240쪽.
17) 최서해, 「이중(二重)」, 곽근 편, 앞의 책, 368쪽.

이상의 작품들을 통하여 최서해 소설에서 보여준 항일의식이 얼마나 확고하고, 작품의 기저에서 치열하게 작동하고 있는지를 감지할 수 있는 것이다. 따라서 최서해가 말년에 극심한 생활고로 하여 조선총독부 기관지인 ≪매일신보≫에 입사한 것을 두고, 생활과 예술을 맞바꾸었다고 한 기존의 평가는 재고할 필요가 있는 것이다. 최서해는 오히려 그러한 위장으로 일제의 가혹한 검열을 뚫고 더욱 과감한 창작활동을 시도하려고 했는지도 모른다.

보다시피 최서해 소설에 나타난 중국, 일본 이미지는 당시 식민지 조선인으로서의 최서해의 주체적 시각에 의하여 이루어진 것이다. 이러한 조선적 시각은 당시 조선인의 참담한 현실적 상황을 조명하고 사회적 구조를 인식하며 더 나아가 확고한 신념으로 전망에 대한 다양한 모색을 하는 데 이바지하고 있다.

3. 작가적 신념과 다양한 전망의 모색

간도 배경의 신경향파 소설로부터 출발한 최서해 소설은, 처녀작 「토혈(吐血)」(1924.1)에서 개를 통한 중국인의 부정적인 이미지와 사회에 대한 반항 의식을 보여주고, 두 번째 작품 「고국(故國)」(1924.10)에서는 만주 독립군의 활동을 보여주었는데, 이를 통해 그의 문학적 지향이 처음부터 민족의 생존에 대한 관심과 민족독립에로 향하고 있음을 알 수 있다.

여기서 중국인의 부정적 이미지는 가난 문제를 바라보는 시각—'빈/부'의 이항적 대립 관계를 구축하고 부조리한 사회적 구조와 식민지 체제를 상기시키는 역할을 하여, 주인공이 그러한 '제도의 희생자'라는 의식 하에 반항에로 나아가게 한다. 그런데 '빈/부'의 대립 관계 설정은 대개 구성의 도식성이라는 지적을 받았고, 살인, 방화 등 주인공의 극단적 행동이 나타나는 결말에 대해서는 "전망의 부재"[18]라는 평가로 일반화되었다.

하지만 최서해의 성공은 우선 절실한 빈궁체험과 창작충동을 한거번에 적절하게 담아낼 수 있는 도식적인 구조의 발견에서, 나아가 그러한 구조 속에서 전개되는 인물의 심리적 갈등 또는 변화를 핍진하게 보여준 서술방법에서 비롯되었다고 본다.

최서해의 대표적 신경향파 소설은 주인공의 전반부의 순응적인 성격과 후반부의 반항적인 성격이 대비되는 "대위적 구성"[19]으로 되어 있다. 즉, 빈부의 대립이라는 "횡적 긴장"과 사건의 진행에 따른 주인공의 정서변화라는 "종적 긴장"[20]이 상호 교차되면서 삶과 죽음을 넘나드는 주인공들의 고통이 리얼하게 묘사되고 그들의 반항은 상징성을 띠면서 승화된 미학적 가치를 실현하고 있다.

이러한 작품은 간도를 배경으로 하였을 뿐만 아니라 주인공·노모·아내·자식의 범주 안에서 인물구성을 하고 있다는 데 주목할 필요가 있다. 이는 작가의 절실한 체험을 바탕으로 하였기 때문인 것도 있지만 그러한 배경과 인물설정, 그리고 가정 분위기가 그 당시 한국인의 정한을 더욱 잘 반영할 수 있었던 실정과도 무관하지 않은 것으로 보인다. 결국 주인공의 정서변화는 '가족애'에 의한 것으로, '윤리 도덕의식'에 기반을 둔 가족애 또는 확대된 가족애가 서사적 추동력으로 된다고 해야 할 것이다. 따라서 최서해 소설은 사회적 비판에만

---

18) 김윤식·정호웅, 『한국소설사』(개정판), 문학동네, 2000, 133쪽.

19) 박훈하, 앞의 논문, 117쪽.

20) 한스-디터 겔페르트는 시간의 연속으로 본 긴장을 종적 긴장으로, 동시적인 횡적 시간으로 본 긴장을 횡적 긴장으로 보면서, 횡적 긴장은 동시에 존재하는 두 입장, 즉 어떤 적대적이거나 정반대의 관계 속에 서 있는 두 입장으로부터 생겨난다고 지적했다. Gelfert, H. D., 정인모·허영재 역, 『소설 어떻게 해석할 것인가?』, 새문사, 2002, 81~82쪽.

그친 것이 아니라 투쟁 담론 또는 윤리 도덕적 탐구를 통한 전망 모색에로 한 걸음 나아갈 수 있은 것이다.

이 계열의 작품들에서, 하층민 주인공의 순종적인 아내들은 임신 중이거나 병 중으로 성(여성), 계급(하층민), 민족(조선인), 육체(병자)에 있어 중층적 '타자'이자 '약자'로 설정되고, 헌신형의 어머니 또한 젊어서는 혼자 아들을 장년으로 키워낸 '여장부'와 같은 존재였으나 이제는 늙어서 아들의 보호를 필요로 하기에 아내 못지않은 '타자'와 '약자'로 등장한다. 남성 주인공 역시 나라를 잃고 자국 또는 간도라는 타국에서 최하층 생활을 하는 처지로, 주체적 삶을 영위하지 못하는 '타자'이자 '약자'로서 불쌍하기는 마찬가지다. 따라서 아내와 어머니, 그리고 어린 딸애 앞에 죄책감과 열등감과 무력감을 느끼며, 식구들이 생존 위기에 처하게 되자 개인적으로 감내할 수 없어 자기 파괴적 또는 극단적 행동을 하거나 자각을 통한 투쟁의 길로 나아가는 결말에 이르게 된다. 이는 주인공이 전통적 도덕적 가치관의 파탄을 경험하는 것과 더불어, '근대적 주체'로 성장하는 것을 방해하는 일체 도덕과 제도에 대한 '반항의 윤리'를 지향하는 것이라고 볼 수 있다.

중기 작품에서는 역시 초기 작품과 유사한 식민지 체제가 배출한 다양한 하층민의 아내와 어머니가 나타나는 가운데, 하층민 주인공의 계획적인 살인(「홍염(紅焰)」, 1927.1)을 통하여 초기작의 자발적 반항에서 한 걸음 더 나아가 분명한 계급의식과 민족의식을 바탕으로 한 '투쟁의 윤리'를 고양하기도 하며, 그러한 하층민 가족의 불행을 동류 계층 또는 소시민 신분의 '나'의 시각을 통하여 관찰함으로써(「누가 망하나?」, 1926.7; 「무서운 인상(印象)」, 1926.12 등) 민족의 비극을 생생하게 증언하거나 심정적인 동정을 보여주는 변화를 가져온다.

중기 부르주아 자연주의 계열에 속하는 빼어난 작품인 「해돋이」

(1926.3)에서는 한국의 반봉건 식민지 사회 현실을 보다 폭넓게 객관적으로 조명하는 동시에, 계급적인 시각을 수렴하면서 민족적 시각으로 시야를 확대하여 '투쟁의 담론'을 발전시키고 있다. 한편, 이 작품에서는 헌신형에서 갈등형으로 바뀐 어머니상이 나타나는데, 민족운동가 아들과 이데올로기적 갈등을 빚는 봉건적인 어머니를 초점화의 주체로 등장시킴으로써, 전통적 윤리에 대한 개혁의 필요성을 제시하고 민족해방을 위한 집단적 차원의 투쟁 실천을 현실감 있게 보여주었다.

중기 소설에서 더욱 주목되는 것은 소시민이나 지식인의 궁핍체험을 다룬 작품이 증가하는 가운데, 아내상에서 제한적이나마 남편과 동반자로서의 새로운 관계를 보여주기도 하는 것이다. 중기부터 계급적인 대립구조가 표면에서 사라진 작품이 대부분을 차지하지만, 형식적 의장을 달리할 뿐 '제도의 희생자' 의식에 기반을 둔 서사적 논리가 일관되게 관철되고 있다.[21] 따라서 여전히 가난이라는 주제를 통하여 주인공의 세계와의 대립 관계를 배면에 깔고, 가족 구성원과의 관계를 부각시키고 있다. 즉, 서사의 초점이 부부 사이의 심리적 관계와 그 변화에 맞추어지고, '도덕의식'에 기반을 둔 새로운 형태의 가족애가 서사적 추동력으로 되고 있음을 볼 수 있다. 이러한 변화는 도덕성에 대한 시각을 확장하면서 새로운 윤리도덕에 대한 다양한 탐구를 지향한다는 데 의의가 있다.

이와 동시에 힘겹게 살아가는 소시민적 지식인 남편에 대한 애정으로 절박한 가난의 문제를 해결하고자 하는 아내상(「8개월(八個月)」, 1926.9)이 남편인 '나'의 주관적 시각에 의하여 포착됨으로써, 개인적 차원에서 '배려 행위'의 중요성이 인식된다. 이처럼 중기에 새로운

---

21) 김병구, 「최서해 소설의 (탈)식민성 연구: 식민지적 정신성의 문제를 중심으로」, 문학사와 비평학회 편, 앞의 책, 35~36쪽.

인물유형을 보여주는 아내상과 어머니상은 '투쟁의 윤리'를 발전시키는 동시에 '동정의 윤리', '배려의 윤리'22) 등과 같은 새로운 윤리도덕에 대한 다양한 탐구를 진행하는 데 적극적인 기여를 한다.

후기(後期) 작품은 빈부의 대립구조가 약화되는 대신 소시민적 주인공들이 다수 등장하는 가운데 가족의 긴밀한 협력 관계를 보여주고 있다.

「갈등(葛藤)」(1928.1)에서는 '신경향파 소설'과 달리, '부르 심파다이저'23)의 시각으로 계급의식을 표현함으로써 '빈/부'의 대립이라는 도식적 구조를 변형시키고 있다.

> 우리가 우리의 웃계급의 눈 밖에 나듯이 그네는 우리의 눈 밖에 났다. 그것은 우리나 그네나 다 같이 비열한 놈들이라는 조건하에서……. 생각하면 같은 처지언만 어찌하여 그네와 우리 사이에는 금이 그어졌는가. 우리는 어찌하여 그네를 괄시하는가. 오히려 우리네는 지식계급이라는 간판 아래서 갖은 화장과 장식으로써 세상을 속이지만 그네들은 표리를 꼭 같이 가지고 있지 않은가. 그것이 우리보다도 귀할는지 모른다.24)

---

22) 하버드의 발달심리학자인 캐롤 갈리건은 '남성'과 '여성'의 도덕을 각각 '정의의 윤리'와 '배려의 윤리'로 보고, '정의의 윤리'는 개인들의 권리를 강조하면서 서로 간에 벽을 쌓도록 하지만, '배려의 윤리'는 사람들 사이의 사랑과 배려에 바탕한 상호 의존 관계로 거리감을 축소하거나 제거한다고 인정했다. 그의 관점은 음양의 윤리를 강조하는 동양의 전통적 윤리에 가까운 것으로, '배려의 윤리'를 '음성' 윤리로, '정의의 윤리'를 '양성' 윤리로 바꾸어 볼 수 있다. 배려의 윤리는 정의의 윤리를 보완하고 수정함으로써 음양이 조화된 윤리 세계를 구축하는 데 의의가 있는데, 최서해 소설의 여성상은 이러한 맥락에서 분석할 수 있다고 본다. 肖巍, 「女性的道德發展: 吉利根的女性道德發展理論評述」, 『中國人民大學學報』 6, 1996, 57·59쪽 참조.

23) 한점돌은 최서해 소설을 극빈 하층민 소설, 프로 인텔리치아 소설, 심파다이저 소설의 세 계보로 나누어 고찰하면서, 그중 부르 심파다이저가 등장하는 작품으로 「의사(醫師)」, 「누가 망하나」, 「갈등(葛藤)」, 「인정(人情)」, 「주인아씨」, 「누이동생을 따라」가 있다고 했다. 한점돌, 「한국 신경향소설 연구: 최서해 소설의 변모과정과 그 내적 논리를 중심으로」, 문학사와 비평연구회 편, 『한국 근대문학 연구의 반성과 새로운 모색』, 새미, 1997, 98쪽.

24) 최서해, 「갈등(葛藤)」, 곽근 편, 『최서해전집』 하, 문학과지성사, 1987, 43쪽.

주인공 '나'는 집에 어멈을 두게 되면서부터 어멈들의 처지를 동정하게 되고 자신이 속한 중산계급의 허위와 가면에 대하여 깊은 반성과 예리한 비판을 하게 된다. 나아가서 도시라는 근대적 공간에서 새로운 하층 계급 관계를 만들어 내는 사회적 환경에 대하여 날카롭게 해부하면서, 인위적인 계급 관계를 타파하고 천민계급의 세상을 만들어야 한고 역설하였다.

'나'의 어멈들에 관한 정보는 주로 아내를 통하여 입수하게 되는데, 이 작품에서는 순종형에서 동반자형으로의 변모를 보인 아내상이 형상화되어, 남편과 더불어 약자에 대한 '동정의 윤리'25)를 지향하는 것을 볼 수 있었다.

한편, 외적 화자의 서술로 된 「무명초(無名草)」(1929.8)에서는 가장에 협력할 줄 아는 아내와 어머니의 역할을 부각시킴으로써, 가족 내지 사회적 차원에서의 '배려의 윤리'가 현실 대응의 중요한 방법임을 강조한다.

후기(後期)의 장편소설 『호외시대(號外時代)』(1930.9~1931.8)는 자본주의적 '재부'의 불합리한 축적과 분배를 상징하는 '돈'의 은유로 주인공 양두환을 비롯한 주요 인물들과 식민체제의 대립 관계를 암시

---

25) 한국에서 '同情'이라는 용어를 처음 사용한 것은 이광수로, 그는 『同情』이라는 글에서 '동정'의 시혜자를 미학적 윤리적으로 완성된 인간형으로 그리고 있다. 고전 전통의 미덕이 되는 측은지심에 자선, 공익, 문명이라는 근대적 계몽의 가치를 덧입히고 있는 이광수의 '동정'의 윤리는 근대적 사적욕망과 이해를 대변하는 통로가 아니라 사회적 발전과 통합을 위해 영웅처럼 행동하는 것을 덕목으로 삼고 있다. 1920년을 전후로 한 한국의 '동정' 담론은 크로포트킨의 '상호부조론'이 대두되면서 제국주의 세력을 상대화할 수 있는 이론적 힘으로 발전한다. 시혜자의 인격적 위대함에 초점을 두고 추상적 동정의 원리를 강조한 계몽적 담론과는 달리 상호부조론 속에서 '동정'은 타인의 고통에 대한 개인의 구체적 감각에 기초한 상호윤리가 강조되고 있다. 그러나 각 개인이 발휘하는 미덕에 의해 사회가 유지된다는 발상은 부르주아적 인도주의를 연상시키는데, 사회 개선을 통한제도 개혁이 차단된 일본 제국주의 하에서는 어쩔 수 없는 부르주아지의 시혜, 동정에 매달릴 수밖에 없었다. 이덕화, 「염상섭의 동정자(同情者) 윤리를 통해 본 세계관과 돈에 대한 인식」, 『현대문학의 연구』 32, 2007, 75쪽 참조.

하였고, 확대된 가족 관계를 보여주어 역시 '가족애'에 의하여 서사가 추동되고 있다.

이 작품에서 민족적 부르주아인 홍재훈은 단순한 대가정의 아버지가 아니라 민족 공동체의 아버지로서의 이미지가 확대되고 있음을 볼 수 있다. 그리고 가족애 내지 민족애로 뭉친 젊은 세대들이 가족 공동체 내지 민족 공동체의 위기에 직면하여 그 위기를 막고 그것을 복원하는 공동의 사업을 위하여 생명도 애정도 희생하면서 필사적으로 노력하려는 정신세계를 보여주고 있다. 따라서 젊은이들의 희생 정신은 민족애와 이어지는 것으로, 이 작품의 궁극적인 주제는 민족의 독립이라고 할 수 있다.

주목되는 것은 마지막에 식민지 치하의 부르 민족운동과 프로 민족운동에 모두 공감의 입장을 보이는 '프로 심파다이저'가 "변모된 시대상황의 담지자로 추천"[26]되는 것이다. 동시에 '남성'들의 '의리'로 결속된 "상호의존 내지 은혜—보은"[27]의 관계는 종결되고, 그 대신 '프로 심파다이저'가 주축이 되고 신여성으로 대표되는 '부르 심파다이저'가 협조하는 '상호의존의 동지애'의 관계를 구축함으로써, 사회적 차원에서 '동정의 윤리'와 '배려의 윤리'를 통합시키는 것을 볼 수 있다.

이로써 최서해가 그의 문학세계를 통하여 건설하고자 한 "민족독립국가"라는 상상의 공동체는, 지도자인 '프로 심파다이저'와 조력자인 '부르 심파다이저'가 민족을 단합하여 독립을 실현하고, 동시에 '동정의 윤리'와 '배려의 윤리'로 프로계급의 해방을 도모함으로써, 전 민족이 한 가족처럼 화목하게 살아가는 사회라고 볼 수 있는 것이다.

---

26) 한점돌, 앞의 논문, 109쪽.
27) 曺南鉉, 「崔曙海의 ≪號外時代≫, 그 갈등구조」, 『한국문학』 163호, 1987, 367쪽.

이는 앤더슨의 '상상의 공동체' 이론에서 진일보 발전한 이상적인 민족공동체의 모델이라고 할 수 있다. 앤더슨의 이론에 의하면, 식민지 한국의 경우는 세계에서의 민족주의 조류의 '마지막 물결'로 되는 '식민지 민족주의'에 속한다. 그러나 식민지라고 하더라도 구체적인 사정이나 민족국가 건설의 노정이 다 같은 것은 아님을 최서해는 문학을 통하여 입증해 주었다. 또한 앤더슨은, 민족이 공동체로 상상되는 것은 "각 민족에 보편화되어 있을지 모르는 실질적인 불평등과 수탈에도 불구하고 민족은 언제나 심오한 수평적 동료의식으로 상상"[28]되기 때문이라고 주장하였는데, 최서해는 그의 소설에서 민족 독립에 대해서 뿐만 아니라, 계급적 불평등 및 프로계급의 해방에 대해서도 각별한 관심을 보였다. 이는 그가 워낙 하층민 출신이라는 데서 기인된 것인 동시에 조선의 현실에 착안한 양심적인 작가이기 때문이라고 봐야 할 것이다.

4. 통일된 의미망과 소설의 미학적 승화

이상과 같이 최서해 소설에서는 가난, 가족애, 항일의식이 유기적으로 연계되면서 통일된 의미망을 형성하고 있음을 볼 수 있다. 초기 '신경향파 소설'에서부터 가난을 문제 삼은 최서해는, 조선적인 시각으로 본 간도에서의 중국인 지주의 부정적인 이미지에 비추어, '중국인 지주/조선인 소작인'이라는 '이항대립적 구조'를 구축하고, 그것을 '일본/조선', '제국주의/식민지' 등으로 무한히 확장시킴으로써, 사실성과 상징성을 동시에 획득하고 있다. 이러한 서사구조에 의하

---

28) Anderson, Benedict, 윤형숙 역, 『상상의 공동체: 민족주의의 기원과 전파에 대한 성찰』, 나남, 2002, 27쪽.

여 식민지 조선의 부조리한 현실이 리얼하게 폭로되고, 나아가서 계급적 및 민족적 억압과 착취를 극복하기 위한 방법으로 반항의 윤리와 투쟁담론이 제시되었다.

또한 이러한 서사적 구조로 하여 간도 배경의 작품이든 국내 배경의 작품이든 모두 일본의 부정적인 이미지를 환기시키고 일제가 최우선의 타도 대상으로 암시된다. 중국인 지주가 부정적인 이미지를 보여준 데 반하여, 간도 지역을 포함한 중국에 대해서는 항일 또는 이상 실현의 '근거지'로 인식하고 있다는 사실로 보아도, 최서해 소설의 일본에 대한 부정적인 인식을 재삼 확인할 수 있는 것이다.

그런데 중국인 지주와 일제를 악의 표상으로 하여 확립된 '빈/부'의 이항 대립적 구조는 단순한 '도식성 구조'로 되어 예술성의 부족으로 이어질 가능성이 있었다. 이에 최서해는 '가족애'에 의한 주인공의 정서변화라는 대위적 구조를 가미하고 그것을 서사적 추동력으로 삼음으로써, 사회적 비판과 윤리 도덕적 탐구를 동시에 진행하는 것으로 소설의 의미구조를 강화하고 있다. 이는 동시대 작가들의 작품 또는 같은 경향의 작품들과 구별되는 최서해 소설의 특징이기도 하다.

최서해 소설은 초기 작품에서 계급적 및 민족적 억압과 착취를 극복하기 위한 방법으로 반항의 윤리와 투쟁담론을 주창하던 데로부터, 중기로 가면서 '빈/부'의 이항 대립적 구조를 배면으로 돌리는 대신, 가족애를 중심으로 하여 도덕성에 대한 시각을 확장하면서 암울한 현실에서 벗어나기 위한 새로운 윤리도덕에 대한 다양한 탐구를 진행하고 있다. 후기에는 악화되어 가는 민족 현실을 직시하여 프로 심파다이저가 주축이 되고 부르 심파다이저가 조력하는 '상호 의존의 동지애'를 구축하고, '동정'과 '배려'의 윤리로 프로계급을 포용한 민족공동체를 구상하는 데까지 나아갔다.

흥미로운 것은 최서해와 동시대에 등단하고 중국 또는 일본의 이국 체험이 있는 염상섭(廉想涉, 1897~1963), 한용운(韓龍雲, 1879~1944) 등 작가의 작품에도 조선적 시각에 의한 중국과 일본의 이미지가 강하게 투영되고 있는데, 그것이 이들 작가의 신념과 연관되면서 최서해 소설과 구별되는 민족공동체에 대한 다양한 상상을 보여준 것이다. 이를테면 염상섭에게 있어서는 임시정부가 있고 독립운동가들이 활동하는 중국이 고난의 시기에 정신적 의지처로 되었다면 일본은 근대화에 성공한 국가이자 자국을 침략한 제국주의라는 이중적 이미지로 인식되었다. 따라서 사회주의자와 독립운동가를 물심양면으로 돕는 부르주아 주인공을 내세워 '동정자 윤리'를 확립하고 '형제애'를 모델로 한 '민족공동체'를 건설하고자 하였다. 반면에, 한용운은 일본을 동양 문명의 집산지인 동시에 약육강식의 야수적인 제국주의 논리에 의하여 조국을 빼앗은 나라로, 중국은 한국과 사회적 상황이 유사한 나라로 보았다. 이에 비추어 '민족'과 '조국'을 상징하는 '님'을 노래하는 시를 통하여 조국에 대한 복종, 일제에 대한 저항 의지를 보여주었고 소설을 통해서는 한국 독립운동가와 연관시켜 중국 혁명가를 형상화함으로써, 만유 평등이라는 불교의 진리에 근거하여 인류가 사랑을 바탕으로 하여 한 집안, 한 형제처럼 여기면서 서로 침탈하지 않고 평화롭게 지내는 사회를 실현하고자 하였다.

　최서해 소설을 동시대 여타 작가의 작품과 비교하여 보다 큰 범위에서 조명함으로써, 그의 문학사적 위치를 재검토하는 작업은 향후의 과제로 삼고자 한다.

참고문헌

곽근 편, 『최서해전집』(상·하), 문학과지성사, 1987.

_____, 『호외시대』, 문학과지성사, 1994.

권영민, 『한국현대문학사』 1, 민음사, 2002.

김윤식·김현, 『한국문학사』, 민음사, 1984.

김윤식·정호웅, 『한국소설사』(개정판), 문학동네, 2000.

문학사와비평학회 편, 『최서해 문학의 재조명』, 새미, 2002.

민현기, 「1920~30년대 독립 투쟁의 문학적 형상화와 작가 의식」, 『한국 근대 소설과 민족 현실』, 문학과지성사, 1989.

백 철, 『新文學思潮史』(四版), 신구문화사, 1986 .

손영옥, 「崔曙海硏究」, 서울대학교 석사논문, 1977.

신춘호, 『최서해: 궁핍과의 문학적 싸움』, 건국대학교 출판부, 1994.

심창섭, 「傳說의 文學的 構造: 아기장수 전설을 중심으로」, 『文學과 知性』 제8권 제1호, 1977.

이덕화, 「염상섭의 동정자(同情者) 윤리를 통해 본 세계관과 돈에 대한 인식」, 『현대문학의 연구』 32, 한국문학연구학회, 2007.

임 화, 「朝鮮新文學史論序說: 李仁稙으로부터 崔曙海까」, ≪朝鮮中央日報≫, 1935.11.12.

임규찬, 「최서해의 〈해돋이〉와 신경향파 소설 평가문제」, 『문학사와 비평적 쟁점』, 태학사, 2001.

장수익, 「최서해 소설과 조선의 자연주의」, 『한국 현대소설의 시각』, 태학사 2001.

조남현, 「觀點으로 본 曙海와 玄民」, 『월간문학』 84호, 1976.

_____, 「崔曙海의 『號外時代』, 그 갈등구조」, 『한국문학』 163호, 1987.

한수영, 「돈의 철학, 혹은 화폐의 물신성(物神性) 넘어서기: 최서해의 장편『호외

　　　　시대』론」, 한국문학연구회 편, 『1930년대 문학 연구』, 평민사, 1993.

한점돌, 「한국 신경향소설 연구: 최서해 소설의 변모과정과 그 내적 논리를 중심
　　　　으로」, 문학사와비평연구회 편, 『한국 근대문학 연구의 반성과 새로운
　　　　모색』, 새미, 1997.

_____, 「한국 아나키즘문학 연구: 최서해 소설의 아나키즘적 특성」, 『현대소설
　　　　연구』 31호, 2006.

刘雪芹, 「西方文学真实性内涵的现代发展」, 『求索』 5, 2002.

肖　巍, 「女性的道德發展: 吉利根的女性道德發展理論評述」, 『中國人民大學學報』
　　　　6. 1996.

Anderson, Benedict, 윤형숙 역, 『상상의 공동체: 민족주의의 기원과 전파에 대한
　　　　성찰』, 나남, 2002.

Freud, S., 김정일 역, 「가족 로맨스」, 『성욕에 관한 세 편의 에세이』, 열린책들,
　　　　1996.

Gelfert, H. D., 정인모·허영재 역, 『소설 어떻게 해석할 것인가?』, 새문사, 2002.

西蒙娜·德·波伏娃, 陶鐵柱 역, 『第二性』, 北京: 中國書籍出版社, 1998.

Yalom, M., 이호영 역, 『순종 혹은 반항의 역사: 아내』, (주)시공사, 2003.

강경애의 만주 인식과 사회주의 이념

이해영

(중국해양대학교)

1. 기타 간도 체험 작가와의 차이

강경애는 그의 처녀작 「파금」이 ≪조선일보≫ 부인문예란에 발표되던 1931년, 남편 장하일과 함께 간도로 이주하여 그의 마지막 소설이기도 한 「검둥이」를 『삼천리』에 발표하는 1938년까지, 중간에 일본군의 간도토벌과 병 치료 때문에 잠간씩 귀국한 것 외에는 그의 창작기의 절대 대부분을 간도에서 보냈다. 또한 비록 건강악화로 활발한 동인 활동을 펼치지 못하고 1939년 귀국하였지만 1935년에는 안수길, 박영준 등과 더불어 간도문학의 구심체인 '북향회'[1])의 동인으로 참여하였으며, 『북향』 창간호에 수필도 발표하였다. 그의 작품의 대

---

1) 1932년, 간도 용정에서 안수길·모윤숙·이주복 등이 문학 동인회를 만들고 간도 땅이 간도 이주민의 제2의 고향으로 된 상황에서 이곳에 문학을 이룩하자는 취지아래 그 명칭을 '북향회'라고 불렀다. 1935년 첫 동인지 『북향』이 발간되며 문학동인회 북향회의 설립과 그 동인지 『북향』의 발간은 재중 조선인 문단 활동의 효시, 즉 재중 조선인 문단의 본격적인 형성을 의미한다. 장춘식, 『해방전 조선족이민소설 연구』, 민족출판사, 2004, 23~24쪽 참조.

부분은 간도의 역사적 현실을 형상화하거나 간도를 배경으로 하고 있다.[2]

그러나 그의 간도 체험 문학은 식민지 시기 기타 간도 체험 문학 내지 이주민문학과는 뚜렷이 변별되는 다른 양상을 보이고 있는데,[3] 그의 문학은 간도 체험 문학 혹은 이주민문학의 대명사처럼 되어있는 정착의지, 제2의 고향 건설, 향수, 실향의식, 망향의식, 원주민과의 갈등 등의 내용을 다루지 않았으며, 그는 비록 북향회의 동인이었고 초기 골간 멤버였지만,[4] 그의 작품은 북향회의 설립 취지이기도 했던 북향정신[5]과는 거리가 먼 것이었다. 오히려 그의 문학의 대부분은 간도 이주민의 빈궁한 삶과, 치안부재와 이념갈등의 혼란 속에서 겪게 되는 그들의 피눈물의 수난사를 핍진하게 그려냄으로써 오족협화와 왕도낙토를 부르짖던 만주국의 실체를 고발하고 그에 저항하는 사회주의자들의 항일무장투쟁을 직간접적으로 그려내는데 바쳐지고 있다.[6] 또 다른 대표적인 간도 체험 작가 안수길이 제2의 고향 건설과 북향정신을 전면에 내세우면서 만주국의 건국이 간도 이

2) 강경애의 창작에서 간도 체험의 절대성은 가령 다음과 같은 논자의 논지에서도 충분히 표현된다. "이처럼 강경애 소설은 간도의 현실을 집약적으로 형상화할 뿐만 아니라, 서사 전개와 다소 무관하게 간도를 끌어들이는 경우가 빈번한데, 이것은 간도가 단순히 물리적인 공간에 그치는 것이 아니라 작가의 주제의식과 직결되어 있음을 의미한다." 정현숙, 「강경애 소설과 디아스포라(diaspora)」, 『아시아문화』 24호, 2007, 52쪽.

3) 이상경, 「강경애의 삶과 문학」, 『여성과 사회』 1호, 1990, 350쪽.

4) '북향회'는 1932년에 만들어졌으나 동인지의 발간에까지는 이르지 못하였고 1935년경, 안수길이 『조선문단』에 소설로 데뷔하고 박영준, 김국진이 교원으로 취임해 오고 강경애가 참여함으로써 이민지에서의 첫 동인지 『북향』을 발간하기에 이르렀다. 장춘식, 앞의 책, 24쪽.

5) 간도를 우리 민족 이주민의 제2의 고향으로 건설하자는 정착의식을 뜻하며 이는 북향회의 설립 취지이기도 했고 재만 조선인 문학의 주된 내용이기도 했다.

6) 이런 측면에서 강경애의 간도 체험 문학은 단순하게 간도 이민의 빈궁한 삶 자체를 소설 속에 담는 다른 '간도 체험' 작가들의 작품과는 차원을 달리하는 것이다. 이상경, 앞의 글, 350쪽.

주 조선인의 정착에 가져다준 변화를 긍정적인 측면에서 형상화하여 폐쇄적이고 역사적 안목 없는 소박한 낙관주의에 근거해 있다[7]는 비판 내지는 친일 문학의 논란이 일었던 것을 염두에 둘 때, 이는 결코 간과할 성격의 문제가 아니다. 특히 강경애는 1934년 8월부터, 식민지 시기 최고의 리얼리즘 소설이자 장편 노동소설로 평가받고 있는 그의 대표작 『인간문제』를 ≪동아일보≫에 연재하기 시작했고, 이 해에 「소금」이라는 중편을 통해 재만 지역의 동북항일 혁명세력, 그 가운데서도 사회주의 무장운동 세력의 활동상을 소설의 전면에 부각시키기도 하였다.

그런데 이 시기 조선 문단의 전반적인 상황이 어떠했는가 하면, 일찍이 카프의 지도적인 이론가로 자처했던 회월 박영희의 「최근 문예이론의 신전개와 그 경향」(≪동아일보≫, 1934.1.2~11)이라는 장문의 평문을 기점으로 바야흐로 문학인들의 사상전향과 천황제 파시즘체제에의 투항이 그야말로 봇물을 이루기 시작했고, 한편에서는 '구인회'로 상징되는 모더니즘 문학이 조선 문단의 주류로 대두되고 있던 시점이었다.[8] 만주에서는 일제가 만주사변을 일으키고 만주국을 설립하였으며 오족협화와 대동단결을 그 이념으로 내세웠는데, 이러한 만주국의 허상을 좇아 많은 작가들이 만주에서의 이상촌 건설을 부르짖었는가하면 혹자는 자의에 의해서 혹자는 타의에 의해서 친일과 협력의 길을 걷게 된다. 이런 일련의 상황 속에서 오히려 강경애의 문학은 그 역방향에서의 창작활동을 시작했던 셈이 된 것이다.[9] 이것이 강경애의 간도 체험 문학이 다른 간도 체험 작가들의 문학과

---

7) 김종호, 「1940년대 초기 만주 유이민소설에 나타난 '정착'의 의미: 「대지의 아들」과 「북향보」를 중심으로」, 『국어교육연구』 25권, 국어교육학회, 1993, 221~225쪽 참조.
8) 이명원, 「강경애 소설에 나타난 젠더와 민족주의」, 『성평등연구』 11집, 2007, 28쪽.
9) 위의 글, 28쪽.

구별되는 특이성이자 간과해서는 안 될 중요한 지표이다.

이 글은 이러한 맥락에서 강경애의 간도 체험 작품을 중심으로 그가 어떻게 만주국의 허상과 실체를 고발하고 사회주의자들의 반만항일무장투쟁을 보여주었는지, 그리고 그 전향과 친일, 체제협력의 시대에 그것이 가능했던 원인이 무엇인지, 그리고 덧붙여 그의 글이 검열을 뚫고 조선 국내에서 발표될 수 있었던 그 불가사의[10]의 원인이 무엇인지도 함께 살펴보고자 한다.

2. 일제의 간도 토벌과 민족의 수난

강경애의 간도 체험은 1931년의 만주사변과 1932년의 만주국 건국과 함께 시작되었는데, 이에 맞서 사회주의자들은 중공만주성위의 영도하에 1930년 5월 ≪붉은 5월 투쟁≫, ≪5.30 폭동≫ 등을 일으켰고 8월에는 ≪8.1≫ 길돈 폭동을 일으켰으며 1931년에는 감조감식 투쟁, 추수 투쟁, 춘황 투쟁 등을 일으켰고 항일무장대오를 조직하고 항일무장투쟁을 벌였다.[11] 일제는 만주국을 건립 한 후, 사회주의자와 기타 반일역량을 탄압하기 위하여 '치안숙정공작'이라는 이름으로 간도 전역에 대해 대대적인 토벌을 감행하고 무고한 군중들을 대량 학살하였는데, 일제가 간도에서 조작한 가장 큰 학살사건 중의 하나인 '해란강대학살사건'[12]에서만 혁명자와 무고한 군중 1,700명

---

10) 위의 글, 40쪽 참조.

11) 최성춘, 『연변인민 항일투쟁사』, 민족출판사, 1999, 78~135쪽; 김준엽·김창순, 『한국공산주의운동사』 제4권, 청계연구소, 1986, 225~400쪽 참조.

12) 1930년대 초에 중국공산당 동만의 당 조직에서는 해란강과 부르하통강의 합수목 동북쪽에 있는 화련리에다 중공해란구위를 세웠다. 해란구의 중심지인 화련리 등지를 눈에 든 가시로 여기던 일제는 일본군경과 위만자위단을 출동시켜 화련리를 비롯한 해란구에 참혹

이 살해되었다. 이러한 간도의 참상을 강경애는 수필 「간도를 둥지면서, 간도야 잘 있거라」에서 간도로부터 오는 피난민 행렬과 그와 대조되는 일본군의 보무당당한 행진을 통해 간접적으로 보여주며, 그 군대를 환영하는 군중들과 일장기를 든 천진한 어린애들의 모습을 통해 식민지 조선인의 마비된 정신을 날카롭게 비판하고 있다.

……그러자 이켠 뒷객차에서는 수백 명의 중국인들이 남부여대(男負女戴)하여 밀려나온다. 이들은 조선을 거쳐 중국 본토로 가는 간도의 피난민이다. 나는 한참이나 멍하나 그들의 이 모양 저 모양을 바라볼 때 무어라고 말로 옮길 수 없이 가슴이 답답함을 느꼈다.

나는 얼결에 구외(構外)로 밀려 나왔다. 군대는 행렬을 정돈하여 유랑(嚠喨)한 나팔소리에 맞춰 보무당당(步武堂堂)히 군중 앞으로 걸어간다. 우렁차게 일어나는 만세소리! 그 중에서도 천진한 어린 학생들의 그 고사리 같은 손에 잡혀 흔들리는 일장기(日章旗)! 그 까만 눈동자!

햇볕에 빛나는 총검에서 피비린 냄새가 나는 듯, 동시에 ××당의 혐의로 무참히도 원혼으로 된 백면장정(白面壯丁)의 환영이 수없이 그 위를 달음질치고 있었다. 나는 발길을 더 옮길 용기가 나지 않았다.

……

수없는 피난민들은 군대의 행보하는 것을 얼빠지게 슬금슬금 바라보며 보기만 해도 무섭다는 듯이 그들의 몸을 쪼그린다. 정든 고향을 등지고 생명의 보장이나마 얻어볼까 하여 누더기 보따릴 짊어지고 방향도 정(定)치 못하고 밀려나오는 그들…… 아니 그들 중에는 백의 동포도 얼마든지 섞여 있다.[13]

한 대토벌을 감행하였는데 1932년부터 1933년에 이르기까지 94차례에 걸쳐 1,700명의 혁명자와 무고한 군중을 살해하였다. 「해란강대학살사건」, 『연변당사 사건과 인물』, 연변인민출판사, 1988, 95쪽 참조.

수필에서 피난민의 행렬과 일본군의 살기등등한 모습을 통해 간도 토벌의 참상을 우회적으로 보여주었다면 소설 『유무』(『신가정』 2월호)에서 강경애는 '나'의 윗집 단칸방에 세 들어 살던 복순 아버지의 꿈 이야기를 통해 일제의 간도 토벌의 참혹한 장면을 적나라하게 폭로한다. 2년 전 식구들을 데리고 갑자기 어디론가 사라져 버렸던 복순 아버지는 어느 날 저녁 때 갑자기 '나'를 찾아와 날마다 악몽에 시달린다고 하며 꿈 이야기를 한다. 복순 아버지는 날마다 괴악스럽게 생긴 인간들(B들)에게 붙잡혀 어떤 암흑의 천지로 가는데 거기에서 자기의 동무들과 많은 사람들이 B들에게 학살당하는 장면을 목격한다.

그때 '으악' 하는 소리에 나는 흠칫하며 눈결에 그곳을 바라보았소. B들은 어린애기를 칼 끝에 끼워 들었수. 애기는 다리 팔을 팔팔팔 날리우.
'어마 엄!마!'

애기는 제 어미를 부르오. 제 어미라는 여인은 바보같이 멍하니 애기를 바라만 보았소. 애기는 흑! 흑! 하고 기를 쓰오……

……

차에 오른 B들은 손짓을 하우. 그러고 엔진을 틀었수. 차는 달아나우. 그 동무는 살겠노라 두 팔을 바람개비 날리듯 하며 따라가우. 그러나 몇 발걸음 나가지 못해서 푹 거꾸러지는 모양이우. 그러고 땅을 쓰는 소리와 같이 자동차는 뿌옇게 사라지우.14)

당시 정세의 발전과 변화에 약간이라도 관심을 가진 사람이라면 복순 아버지가 날마다 꿈에서 본다는 이런 무시무시한 학살 장면이

---

13) 이상경 편, 『강경애 전집』, 소명출판, 1999, 723~724쪽.
14) 위의 책, 487~488쪽.

일제가 간도에서 저지른 간도 대토벌의 만행임은 미루어 짐작할 수 있거니와 복순이와 복순 어머니가 어찌되었는지 모른다는 복순 아버지의 말을 통해 그들 가족 역시 일제의 토벌을 피해 산지사방으로 흩어졌으며 서로 생사를 확인할 길이 없음을 보여준다. 또한 작가는 "그런 일이 혹 현실에 실재해 있을 것 같우?"라는 복순 아버지의 말을 통해 현실에서 있을 수 없는 참혹한 일들이 간도에서는 날마다 악몽처럼 반복되고 있음을 역으로 드러낸다. 작가는 복순 아버지의 꿈 이야기라는 은유적 수법을 통해 검열을 뚫고 일제의 간도 토벌의 만행을 조선의 대중들에게 알리고자 했으며, 만주국은 결코 왕도낙토와 희망의 땅이 아니라 일제에 의해 피비린 대살육이 감행되고 있는 지옥임을 고발하고 있다.

3. 일제의 아편점금 정책의 허위성

「마약」(『여성』, 1937.11)은 강경애의 소설 중에서 그다지 주목 받지 못했던 소설이다. 아편 중독자로 전락된 남편에 의해 중국인에게 팔린 여인이 아들과 남편을 걱정하여 중국인의 집에서 목숨을 걸고 도망쳐 집으로 오는 길에 피를 너무 많이 흘려 죽는다는 줄거리를 가진 이 소설은 대개는 대표적인 여성 수난사로 알려져 있는 「소금」과 같은 맥락에서 여성 수난기 내지는 모성의 서사, 가족주의 등으로 간략하게 언급되어 왔다. 그러나 이는 소설의 핵심을 파악하지 못한 결과이다. 이 소설은 다소 지루할 정도로 길고 핍진하게 아편 중독자인 남편에 의해 중국인에게 팔린 보득 어머니의 반항과 탈출과정을 보여주고 있지만, 또한 그래서 위의 평가들이 가능하기도 했지만 그러나 이 소설의 제목이 '마약'으로 되어 있다는 것에 주목할 필요가 있다.

소설은 "나는 등록하였수!"라는 아편 중독자 보득 아버지의 외침으로 시작되어 "……홍 제, 남편은 어찌될 줄 알고 이제 등록한 아편장이가 될지 어떨지…… 고요히 숨이 끊어지고 만다"로 끝난다. '등록한 아편장'이란 무엇을 말하는가. 이는 일본이 만주국을 건립한 후 실시한 아편정책의 내용과 그 실상과 연관되는 부분이다. 일본은 만주국 건국 후, 만주 지역에서 대만, '관동주'와 마찬가지로 漸禁主義에 근거한 아편정책을 추진하였다.[15] 漸禁主義에 근거한 아편정책이란 이미 대만과 '관동주'에서 시행했던 것과 같이 일반인에게는 아편의 흡연을 엄금하고 오직 중독자에게만 치료상 흡연을 인정하는 정책을 가리키는 것인데, 斷禁 정책이 아니라 漸禁정책을 주장하는 이유로 "위만은 지역이 광대하고 아편의 흡연이 오래도록 만연되어 있었기 때문에 행정력이 완전하지 못한 상황에서 일시에 아편의 흡연을 금지하는 단금정책을 쓰는 것은 실효를 거둘 수 없다"[16]는 것을 내세우고 있다. 그러나 실제로 엄금정책을 실시하지 않고 점금주의에 근거한 아편정책을 선택한 데는 또 다른 이유가 있었다. 만주지역에서 엄금정책을 실시할 경우 경비와 동원 인원이 대만에 비해 훨씬 규모가 클 수밖에 없었고, 위만 건국 직후, 일본은 공장 설비와 관영화 사업의 추진으로 정부 자금의 여유가 없는 상황이었다. 따라서 엄금정책의 시행은 정부의 경비 부담을 가중시킬 우려가 컸고 반면 점금정책의 경우 아편전매에서 따른 이익을 동반함으로써 자금이 부족한 일본에게 매력적일 수밖에 없었다. 이는 위만 건국 초기 전체 세입 6,400만 엔 가운데 아편전매 수입이 1,000만 엔을 차지하였다는 사실이 증명해 주고 있다고 하겠다.[17] 그러므로 일본이 내세우는 점

---

15) 박강, 『중일전쟁과 아편: 내몽고지역을 중심으로』, 지식산업사, 1995, 64쪽.
16) 박강, 「滿洲國'시기 在滿 韓人과 아편마약 밀매」, 『국제학술대회』 제16기, 2006, 266쪽.
17) 위의 글, 267쪽 재인용.

금정책의 이면에는 실은 점금정책의 추진 일환으로 아편소매 제도를 아편전매 제도로 개편함으로써 그에 따르는 경제적 이익의 추구라는 보다 본질적인 것이 은폐되어 있었다. '등록한 아편장이'는 바로 이러한 일본의 아편 점금정책의 일환으로 실시된 아편 흡식 허가제도의 존속과 흡연 허가증의 존속, 중독자 등록 제도를 통한 흡연자 파악 등 실상을 보여주고 있다.

요는 강경애가 이러한 일제의 아편 점금정책의 이면을 꿰뚫어보았다는 것이다. '등록한 아편장이'가 된 보득이 아버지는 원래 성실한 가장이었는데 실직 후, 고민을 이기지 못해 자살하려다 아편을 입에 대게 되었으며 결국 아내를 중국인에게 팔아넘기는 파렴치한으로 타락하고 만다. 보득이 아버지의 타락을 통해 강경애는 만주사회가 어떻게 건강한 사람을 아편중독자로 전락시키고 있는지를 보여주며 아편 중독자의 등록제도와 아편 전매제도 등으로 특징지어지는 일제의 아편 점금정책의 허위성과 그 실체를 고발한다. 이런 맥락에서 소설의 서두에 나타나는 "무슨 딴 수작야 계집을 죽인 놈이. 가자 너 같은 놈은 법이 용서를 못해"라는 순사의 말은 재음미해볼 필요가 있는데, 일제가 허용하는 아편 중독자 등록제도에 의해 등록한 아편장이가 된 보득이 아버지가 아편 흡연을 위해 아내를 중국인에게 팔아넘겨 아내가 죽음에 이르게 한다는 이 설정은 결국 경제적 이익의 추구를 위해 아편 점금정책을 실시하고 대량의 아편 중독자를 양산해 내는 일제야말로 진정한 살인자임을 고발한다고 하겠다. 이는 같은 아편을 주제로 다룬 현경준의 『유맹』이 만주국의 아편금지 국책을 수행하는 보도소장의 헌신적인 노력과 아버지와 같은 사랑을 통해서 중독자들이 회개하고 갱신하는 과정을 그림으로써 친일 문학 내지는 국책 문학으로 비판받고 있는 것과 비길 때, 강경애의 역사적 안목이 돋보이는 부분이라고 할 수 있겠다.

4. 검거와 사회주의자의 투쟁

　강경애의 간도 체험 소설에는 사회주의자에 대한 검거와 투옥 사건이 유난히 많이 나타나는데 특히 1934년을 기점으로, 이후의 거의 모든 소설은 일제의 검거를 작품의 배경으로 삼거나 혹은 주인공의 경력으로 언급하거나 하다못해 서사적 전개 중의 한 이야기 거리로 제공하기도 한다. 그런데 특이한 것은 강경애의 소설에서 그렇게 자주 빈번하게 등장하는 검거는 단 한 번도 그 자체로서 서사의 대상이 되지 못했는바, 그의 소설은 대개 검거 그 사건을 대상으로 경위를 다루거나 하는 것이 아니고 검거가 끝난 뒤의 사실들을 그 서사의 주된 내용으로 삼거나 검거가 가져온 삶의 파장 내지는 그에 대한 대응을 주된 내용으로 삼고 있다.

　「모자」와「어둠」은 일제의 검거에 가장을 잃은 사회주의자 가족이 부딪친 시련과 냉대 등을 보여주고 있다. 「모자」에서 승호 어머니는 사회주의자였던 남편이 일제의 검거로 죽자 생계를 위해 남의 집 보모로 들어가게 되는데 승호가 백일해에 걸려 주인집에서 쫓겨나고 친정집과 시댁에서도 박대를 당하고 눈 속에서 헤매는 이야기를 쓰고 있다. 「어둠」은 4차 간도 공산당 사건을 다룬 것으로 높이 평가되고 있다. 그러나 이 작품 역시 4차 간도 공산당 사건 자체를 그 서사 대상으로 다룬 것이 아니고 그 사건에서 오빠를 잃은 영실이가 동지이자 연인이었던 의사의 배반으로 현실의 중압을 이기지 못하고 미치게 된다는 이야기를 쓰고 있다. 여기서 주인공의 삶에 큰 파장을 가져다 준 4차 공산당 사건은 정작 신문의 호외로 간단히 언급되며 소설은 이 소식을 접한 영실의 심리묘사로부터 시작하여 그가 미치기까지의 하루의 일상을 자세히 그리고 있다.

　「번뇌」와「검둥이」는 일제의 검거로 옥살이를 한 사회주의자가 출옥한 뒤 겪은 일들을 쓰고 있다. 「번뇌」는 사회주의자 R이 감옥에서 출옥한 뒤 동지의 아내로 인해 겪게 되는 심리적 갈등을 보여주고 있는데, R의 회고를 빌어 사회주의 운동 고조 당시 간도의 드높았던 항일무장투쟁의 기세를 잠간 서술하기도 한다. 「검둥이」는 일제의 검거에 의해 투옥되었다가 형기가 차 석방된 K선생이 변화된 간도의 현실 속에서 일제 당국과 전향한 사회주의자인 최교장으로부터 시국 강연을 강요당하나 굴하지 않고 완강히 버티고 있는 이야기를 쓰고 있다.

이처럼 강경애는 위의 소설들에서 하나같이 일제에 의한 사회주의자의 검거나 투옥 등 사건을 작품 속에 끌어들이면서도 그 사건에 대한 직접적 서술은 회피하고 그 사건 이후, 투옥되었다가 출옥한 사회주의자가 겪게 되는 현실적 갈등이나 가장의 검거와 투옥으로 남겨진 사회주의자의 가족이 겪게 되는 고통과 시련을 보여주는데 서술의 중점을 두고 있다. 작품 속에 사건을 제시하여 독자들의 주의를 환기시키고 정작 그 사건 자체에 대한 서술은 피해 사건 이후를 보여주는 것, 이를 두고 우회적 글쓰기라고 할 수 있겠는데, 이것이야말로 작가 강경애가 간도 사회주의자의 항일무장투쟁을 일제의 검열을 뚫고 한반도안의 독자에게 알려주기 위해 사용한 그만의 글쓰기 전략이었다. 실제로 강경애는 간도에서 반만항일투쟁을 벌인 사람들의 삶의 실상을 검열을 피해 가며 한반도 안의 독자에게 알리는 것을 작가로서의 자신의 의무로 생각했다. 그래서 "붓을 들고 쓰지 못하는 이 가슴! 입이 있고도 말 못하는 이 마음!"이라고 안타까워하고, "오냐, 작가로서의 사명이 뭐냐, 이 현실을 누구보다도 똑똑히 보고 또 해부하여 가지고 작품을 통하여 일반 대중에게 나타내 보이는 데 있는 것이 아니냐"라고 자기다짐을 하기도 했다.[18] 이는 강경애의 치열한 작가정신에 다름 아니다.

5. 체화된 사회주의 이념과 지식인의 자의식

이제 남겨진 문제는 1934년을 좌우한 조선 문단의 전향과 친일의 시점에서, 그리고 간도에서는 사회주의운동과 항일무장투쟁이 저조기에 들어갔던 그 시점에서, 왜 강경애만이 여타의 작가와는 뚜렷이 구별되는 저항적 글쓰기가 가능했는가 하는 것이다.

그 하나는 강경애의 궁핍했던 어린 시절로부터 체화된 계급이념과 사회주의적 시각의 확보 때문으로 볼 수 있거니와 여기에 대해서는 많은 연구자들이 대체적으로 비슷한 견해를 보이고 있다. 강경애의 사회주의적 시각과 전망의 확보는 크게 두 가지 경로를 통해 이루어지는데 하나는 근우회 활동을 통해서이고 다른 하나는 남편 장하일을 통해서이다. 그가 신간회의 자매단체랄 수 있는 근우회에 뛰어들어 활동한 적이 있다는 것은 이미 사실로 확정되었다. 근우회는 신간회의 창립에 따라 종래의 비혁명적 계몽주의와 사회주의적 여성해방 노선의 대립과 같은 파쟁적 경향을 청산하고 통일된 여성운동단체를 만들고자 1927년 4월에 발기총회를 갖게 된 데서 시작된 것이다. 강경애는 근우회 제2회 전국대회에 장연지회 대표로 출석19)하기도 하는 등 근우회 활동을 통해 자기의 이념체계를 수립해 갔던 것 같다. 강경애의 남편 장하일에 대해서는 알려진 바가 거의 없지만 강경애의 자전적 소설 「원고료 이백원」에 의하면 그는 단순히 교사였던 것 같지는 않고 간도 사회주의 운동에 깊이 간여했던 것 같다. 그러므로 강경애는 남편 장하일을 통해 사회주의 사상을 접하고 사회주의자들과 접촉하면서 사회주의적 시각과 전망을 확보해 갔던 것 같다.

---

18) 이상경, 「1930년대 후반 여성문학사의 재구성: 강경애의 「어둠」을 중심으로」, 『페미니즘 연구』 5호, 2005, 22~23쪽.
19) 조남현, 「강경애의 『인간문제』, 그 종횡」, 『작가세계』 통권 제5호(1990~05), 223~224쪽.

다른 하나는 강경애가 지식인의 관념성과 허위의식을 경계하면서도 지식인의 자의식에 투철하여 시종 지식인의 시각에서 이주민의 삶을 관찰하고 작품화했다는 데 그 원인이 있다. 강경애의 작품에 자주 등장하는 작중화자인 글쓰는 사람 '나' 역시 이런 맥락에 놓인다고 할 수 있다. '이주자-내부-지식인의 시선'이 바로 작가 강경애의 글쓰기가 놓여있는 지점이다. 이는 만주국의 테두리 내에서 북향정신을 내세웠던 작가 안수길의 '이주자-내부-농민의 시선'[20]과는 뚜렷이 구별되는 이질적인 차원이다. 이러한 지식인의 시각이라는 글쓰기의 지점이 강경애로 하여금 이주 농민의 시각에 함몰되어 만주국의 국책 이데올로기를 그대로 수용하는 것을 경계하도록 하였으며 비판적 시각을 확보하도록 하였다.

---

20) 한수영, 「친일문학 논의와 '재만조선인문학'의 특수성」, 『재일본 및 재만주 친일문학의 논리』, 역락, 2004, 122~126쪽 참조. 여기에 의하면 '이주자-내부-농민의 시선'이란 재만조선인의 특수성을 이해하기 위해 연구자가 고안한 일종의 도구적 개념이다. 우선 '이주자-내부의 시선'이란 '이주자의 삶'을 '이주자'의 주체적 시선으로 파악한다는 것을 뜻한다. 안수길에게 '이주자-내부의 시선'에 '농민의 시선'을 덧붙이는 것은 안수길이 신문기자로, 작가로 도시적 삶을 살면서도 창작에서는 시종 이주자 내부 농민의 시각을 끝까지 이어가고자 애썼기 때문이라고 연구자는 설명하고 있다.

참고문헌

김종호, 「1940년대 초기 만주 유이민소설에 나타난 '정착'의 의미: 「대지의 아들」
　　　과 「북향보」를 중심으로」, 『국어교육연구』 25권, 국어교육학회, 1993.

김준엽·김창순, 『한국공산주의운동사』 제4권, 청계연구소, 1986.

박　강, 『중일전쟁과 아편: 내몽고지역을 중심으로』, 지식산업사, 1995.

_____, 「'滿洲國'시기 在滿 韓人과 아편마약 밀매」, 『국제학술대회』 제16기,
　　　2006.

이명원, 「강경애 소설에 나타난 젠더와 민족주의」, 『성평등연구』 11집, 카톨릭대
　　　학교출판부, 2007.

이상경 편, 『강경애 전집』, 소명출판, 1999.

_____, 「강경애의 삶과 문학」, 『여성과사회』 1호, 1990.

_____, 「1930년대 후반 여성문학사의 재구성: 강경애의 「어둠」을 중심으로」, 『페
　　　미니즘 연구』 5호, 2005.

장춘식, 『해방전 조선족이민소설 연구』, 민족출판사, 2004.

정현숙, 「강경애 소설과 디아스포라(diaspora)」, 『아시아문화』 24호, 2007.

조남현, 「강경애의 『인간문제』, 그 종횡」, 『작가세계』 통권 제5호(1990~05).

최성춘, 『연변인민 항일투쟁사』, 민족출판사, 1999.

한수영, 「친일문학 논의와 '재만조선인문학'의 특수성」, 『재일본 및 재만주 친일
　　　문학의 논리』, 역락, 2004.

「해란강대학살사건」, 『연변당사 사건과 인물』, 연변인민출판사, 1988.

만주 여행과 모순된 욕망의 문학적 재현[※]

: 함대훈의 장편소설 『북풍의 정열』을 중심으로

한홍화

(중국해양대학교)

1. 『북풍의 정열』이 갖는 문제성

함대훈은 한국문학사에서 잘 알려져 있지 않은 작가이다. 그것은
그가 소설가로서보다는 신문사나 잡지사의 기자 또는 편집자로서,
그리고 유치진과 함께 국민연극운동을 이끌어 나간 주도자로서 그
명성이 더욱 널리 알려져 있었던 사실과도 관련이 있겠거니와, 그의
문학이 지닌 짙은 '통속성' 문제와도 밀접히 연관되어 있을 것으로
짐작된다.

러시아문학을 전공하고 졸업하자마자 신문사에 취직을 하여 창작
보다는 번역이나 작가연구, 문예사조 소개에 주력한 한편, 극예술연
구회란 연극단체의 동인으로서 조선 연극운동에 몰두[1]했던 함대훈
은 소설 창작에서는 자신이 기대했던 만큼의 성과를 거두지 못하였

※ 이 글은 2013년도 정부(교육부)의 재원으로 한국학중앙연구원(한국학진흥사업단)의 지
원을 받아 수행된 연구(AKS-2009-MB-2002)입니다.

1) 함대훈, 「踏步」, 『박문』 12, 박문서관, 1939.10.

다. 이 점은 함대훈이 작가생활을 회고하는 자리에서, "작가가 되어야겠다"는 다짐과 "野心있는 作品을 써 보려는" 포부를 품고 있었지만 "時間의 制限"과 "才能의 不足"으로 우수한 작품을 내놓지 못한 것에 대해 스스로 아쉬움2)을 드러내는 데서도 감지할 수 있는 부분이다.

그가 그동안 발표한 「첫사랑」(1933), 『폭풍전야』(1934), 『순정해협』(1937), 『무풍지대』(1938) 등 여러 편의 소설들조차도 짙은 통속성으로 인해 "俗衆의 생각이나 理想을 그대로 얽어노하" "테마로부터 作家의 題材處理法과 樣式手法에 이르기까지 純然한 通俗化의 길에서 만들어 진 것"3)이라는 혹평을 받으며 문단의 관심을 끌지도 못했던 것이 사실이다. 만주를 소재로 한 장편소설 『북풍의 정열』(1943)이 주목받지 못한 이유도 작가의 이러한 주요활동 경력과 그의 소설의 지닌 '통속성'에 대한 선입견으로 인해 작품의 문학적 가치를 충분히 인정받지 못했기 때문인 것으로 보인다.

그럼에도 불구하고 이 글에서 함대훈과 그의 소설 『북풍의 정열』에 주목하는 이유는 일제 말기 만주를 방문한 함대훈의 여행 체험의 성격이, 같은 시기에 만주 여행을 다녀온 여타 작가들과는 변별적인 차이를 지닌다는 점과, 그러한 체험에 기반을 두고 창작된 『북풍의 정열』이 함대훈의 만주 인식과 재만조선인들의 삶의 방향에 대한 작가 나름대로의 고민을 진실하게 담아내고 있다는 점에서, 일제 말기 만주를 여행 체험한 식민지 조선 작가들의 만주 공간을 통해 펼쳐지는 상상력과 욕망의 한 단면을 엿볼 수 있는 자료로서 중요한 가치를 갖는 것으로 판단되었기 때문이다.

---

2) 위의 글.
3) 임화, 「俗文學의 擡頭와 藝術文學의 悲劇」, ≪동아일보≫, 1938.11.27.

실제로 이 시기에는 함대훈을 제외하고도 유진오·이태준·이효석·이기영·정인택·채만식 등을 비롯하여 많은 작가들이 만주를 여행 체험한 경험이 있었으며, 자신의 체험을 기행문에 담아내거나 소설로 형상화해 내기도 했다. 이들의 만주행은 혹자는 개인적인 호기심이나 사정으로 인해서, 혹자는 문학의 소재를 구하기 위해서, 혹자는 시찰단의 일원으로서 시찰임무를 수행하기 위해 이루어졌으며, 이들은 여행의 목적과 동기 및 방식이 다름에 따라 만주를 바라보는 시각과 인식 상의 차이를 드러냈다.

이 글에서 다루려는 함대훈 역시 예외가 아니다. 잡지사 편집기자의 신분으로서 조사 및 취재의 목적을 갖고 만주를 방문하였다는 데서 함대훈은 위의 작가들과 변별되는 만주 여행 경험을 갖고 있으며, 이러한 체험에 근거하여 인식한 만주의 모습과 그 속에서 구상한 재만조선인들의 삶의 방향에 대한 대안을 『북풍의 정열』을 통해 제시하고 있다.

그동안 위의 작가들의 만주 관련 서사에 대한 연구 성과에 비해 함대훈의 소설 『북풍의 정열』은 거의 연구가 이루어져 있지 않은 상황이다. 더군다나 조선 작가들의 만주 인식에 대한 연구에 있어 종종 자료적 근거로써 언급되고 있는 함대훈의 기행문 「남북만주편답기」(1939)에 비해 만주방문 체험을 소설로 형상화해 낸 『북풍의 정열』이 그다지 주목받지 못한 것은 의외적이다. 함대훈의 만주인식은 기행문 「남북만주편답기」를 통해서만이 아니라 장편소설 『북풍의 정열』까지 함께 살펴볼 때 온전한 해석이 가능해질 것이다. 기행문 「남북만주편답기」에서 나타나 있지 않은 또는 읽어낼 수 없는 것들, 즉 일제 말기 동양의 담론 속에서 만주를 바라보는 작가의 시각과 만주를 통한 작가의 공간적 상상력 및 그 속에 투영된 개인적 욕망 등 미세한 틈새들을 소설 『북풍의 정열』이 잘 메워주고 있기 때문이다.

따라서 이 글은 함대훈이 기자로서 만주를 어떻게 체험, 인식하고 있으며 이러한 체험 방식이 작가의 만주인식에 어떠한 영향을 미치고 있는지, 또 그러한 인식을 바탕으로 작가는 만주를 통해 무엇을 상상하였으며 어떤 욕망을 드러내고 있는지를 그의 소설『북풍의 정열』을 중심으로 살펴보고자 한다.

2. 파편적인 여행체험과 학습된 만주

1930년대에 이르러 만주 철도의 확장과 더불어 만주에 대한 관심이 증폭되면서 이 시기는 '만주붐'의 시대로 불리게 된다. 조선 내 각 지방에는 여행 안내소, 관광협회 등과 같은 관광관련 단체가 설립·확충되고 조선인들의 대륙개척사업의 시찰과 견학을 위한 환경이 마련됨으로써 조선인의 만주 여행이 활발하게 이루어졌다.

특히 1937년 중일전쟁의 발발을 기점으로 이듬해 국가총동원법이 제정되면서 조선의 지식인 및 문인들의 만주행은 국책으로서 적극 독려되었다. 이는 물론 만주국이 표방하는 이데올로기를 선전하고 당시 조선에서 대폭적으로 전개되었던 조선개척민의 모집을 비롯한 만주이민정책을 뒷받침하려는 일제의 계획적인 여행정책 하에서 이루어진 것이다. 일제는 조선인 지식인들에게 일본이 건설한 만주의 근대 문명도시와 안전농촌 및 집단부락을 중심으로 보여주고 그들이 본 풍경과 감상을 보고서, 기행문의 형식으로 기록하거나 또는 작품으로 형상화하여 조선 내에 소개·선전하도록 요구하기도 하였다. ≪삼천리≫ 잡지 1940년 3월호와 ≪조광≫ 1939년 7월호, 1941년 6월호에서 마련된 만주특집은 일제의 이러한 기획과 의도를 단적으로 보여준다.

함대훈의 만주행은 ≪조광≫4)에 만주 문제 특집호를 내려는 계획5) 하에 이루어진다. '만주국' 건국 이후 '조선인문제가 중대화'됨에 따라 조선인의 만주생활의 변화와 이에 대한 시국의 관심이 집중되어 있는 가운데 함대훈 개인에게 있어서 "만주를 한번 본다는 것은 크게 의의 있는 일"6)로 여겨졌다. 하지만 한편으로는 편집국장과 동료들의 환송 속에서 편집 기자의 신분으로 길을 떠나게 된 함대훈의 이번 여행은 한 여행자의 호기심으로부터 오는 희열이나 흥분보다는 편집인의 사명감에서 오는 긴장감과 책임7)이 더욱 컸을 것으로 짐작된다. ≪조광≫ 만주 문제 특집호를 통해 독자들에게 만주 풍토와 문화 및 재만조선인의 실정을 광범위하게 소개·전달해야 하는 심리적 부담감이 강렬하게 작용하였을 터이기 때문이다.

그리하여 함대훈은 1939년 5월 13일 경성에서 출발하여 조선에 돌아오기까지 10일도 안 되는 짧은 여행기간 동안 봉천, 신경, 할빈 등 '만주국'을 대표하는 3대 도시의 주요 여행지와 현지의 관공서를 일일이 방문하였고, 회로에 공주령에 들려 안전농촌까지 둘러봄으로써 풍부한 자료와 정보를 수집하는 등 기자로서의 역할을 성실히 수행

---

4) ≪조광≫은 1935년 11월에 창간되어 1944년 12월까지 110호가 발행된 종합 잡지이다. 발행소는 조선일보사 출판부, 발행인은 방응모, 편집인은 함대훈, 김내성이며 채색 표지에 국판으로 400여 쪽 내외로 발행되었다. 초기에는 정치·사회·역사·예술 등 다양한 주제의 논단과 시·소설·수필 등의 문예작품을 실었고 다양한 계층을 대상으로 한 기사를 게재하였다. 1940년대를 전후하여 기사 수 및 수록면수가 급감하였으며, 내용에 있어서도 일문(日文)과 일제의 침략전을 지지, 찬양하는 작품·논문 등을 실어 친일잡지가 되었다(김봉희, 「일제시대의 출판문화: 종합잡지를 중심으로」, 『한국문화연구』 14, 이화여대 한국문화연구원, 2008, 198~199쪽 참조).
5) 함대훈, 「남북만주편답기」, ≪조광≫, 1939.7. ≪조광≫ 잡지는 1939년 7월호와 1941년 6월호 두 차례를 걸쳐 만주특집을 마련한다.
6) 위의 글.
7) "이번 ≪조광≫에 만주문제 특집호를 내려는 계획과 아울러 만주의 일반문화를 한번 보고 오라는 사명(社命)을 받고 나는 한편 기쁘면서도 또 한편 책임이 중대하여 희열과 긴장 속에 하룻밤을 지내고"(위의 글).

한다. 그런 점에서 함대훈의 만주체험은 개인적인 의지와 목적하에 만주를 방문한 이태준[8]이나 이효석[9]의 경우와는 달리, 조선일보의 협찬[10] 혹은 척무과(拓務科)의 의촉[11] 하에 만주를 방문한 이기영이나 정인택의 경우처럼 귀국 후 시찰보고를 전제로 한 공적 여행으로서의 성격을 띠게 되는 것이다.

공적 여행의 가장 두드러진 특징은 여행자가 제한된 시간 내에 이미 정해진 일정이나 코스에 따라 움직인다는 것이다. 이런 외부환경이 가져다주는 갖가지 제약적 조건들과 자신이 떠맡은 공적 임무를 수행하기 위한 정신적 압박감에서 여행자는 크게 자유롭지 못하다. 이기영이나 정인택 역시 이러한 상황적 조건의 제약을 받았을 것임은 마찬가지였겠지만, 함대훈이 이기영이나 정인택과 다른 점은 주어진 짧은 시간 내에 만주의 보다 많은 곳을 둘러보기 위해 촉박한 시간 속에서 "피곤한 몸을 쉴 새도 없이"[12] 바쁘게 움직이고 있었다는 점이다. 그의 기행문 「남북만주편답기」에서 쉽게 발견되는 "일초가 귀하다", "곤한 몸을 쉴 새도 없이", "더 길게 두유(逗留)할 시간도 없고", "앞길이 총총하여", "분초도 쉬지 않고", "다시 피로를 풀 여지도 없이", "시간이 없어 긴 말을 못하고" 등등의 표현들은 그가 여행하는 동안 내내 시간의 제한을 받고 있었음을 명징하게 보여준다.

만주에 머물고 있는 짧은 기간에 그는 봉천의 국립박물관, 동선당, 북릉 등 명승고적들과 할빈에서 유명하다는 키타이스카야 거리, 외

---

8) 이태준은 조선이주민들의 생활상을 알아보기 위해 만주를 떠나는데, 명분이 없어서 만선 척식회사나 국책적으로 운영되는 집단부락을 방문하지 못했다는 사실은 그의 만주행이 사적인 차원에서 이루어졌음을 알 수 있다.
9) 이효석은 오래전부터 백계러시아인들에 비상한 흥미를 갖고 있었고, 1940년 1월 부인에 잇달아 차남까지 잃게 되자 심한 상실감과 고독감을 달래기 위해 만주를 여행한다.
10) 이성렬, 『민촌 이기영 평전』, 심지, 2006, 443쪽.
11) 정인택, 「개척민 부락 현지 좌담회」, 《조광》, 1942.10.
12) 함대훈, 앞의 글.

인묘지, 송화강 등 관광지를 돌아보고, 조선이 경영하는 기업회사와 조선인 집거지를 참관하며, 만선, 협화회, 개척총국, 내무국의 유지들을 만나는 등 빡빡한 일정을 힘겹게 소화하면서 자신의 공적인 임무를 충실하게 이행해 나갔던 것이다.

시간에 쫓겨 한 장소에 오래 머물러 있지 못하고 이동하기에만 바빴던 함대훈의 만주 여행은 그런 점에서 파편적인 체험이라고 할 수 있다. 그에게는 만주의 문화를 보다 세밀하게 관찰하고 깊게 이해할 만한 여유가 없었고, 그가 본 만주의 풍경들은 눈앞에 보이는 장면 그대로 받아들여지며, 그 과정에는 작가의 주관적인 의식 같은 것이 들어설 틈이 별로 주어지지 않는다.

재만조선인의 실정에 대한 이해도 대체적으로 현지 관리들과의 면담이나 그들이 제시한 통계적 자료의 기초 위에 이루어진다. 기행문에서 명확히 밝히고 있는 것처럼 함대훈은 조선이민문제에 대해 알아보기 위해서 만몽산업주식회사 사장 공익(孔瀷)씨와 개척총국 윤상필 과장을 만나며, 만주내 조선인 교육문제를 조사하기 위해 내무국참사관 진학문씨를 찾는다. 또한 조선인의 생활 형태를 알기 위해 협화회 조선인 분회장 황의명씨와 부분회장 송의순씨도 만난다. 그리고 봉천의 조선인 교육기관의 관련 인사들과 만주척식주식회사의 금자소장(金子少將), 공주령 농장의 유지들을 이번 기회에 만나지 못하게 된 점에 대해서는 유감과 아쉬움을 드러내기까지 한다.

이처럼 자신의 직접적인 체험과 견문이 아니라 관공자료와 현지 관리계층들의 언술에 의지하려 했던 만큼 재만조선인의 실정에 대한 함대훈의 이해는 능동적인 참여와 관찰을 통한 깊은 통찰이 아니라 순수한 기록을 통한 수동적인 학습에 의해 형성된다. 가장 전형적인 예로 조선인의 집거 지역인 서탑에 대한 소개를 들 수 있다. 봉천시 조선인들의 밀집해 살고 있는 서탑 지역에서 함대훈은 조선인의 상점, 시장, 여관을 구경하면서도 봉천의 중학교와 조선인 교육 현황에 대한 지국장의 설명에 귀를 기울이며, 봉천 재주 조선인들의 생활상태를 소개함에 있어서는 "대개 유족한 편"이라는 지국장의 말을 빌어서 상황을 전달한다.

당국자의 말과 자료에 의거하고 있는 만큼 함대훈은 만주에 대해 낙관적인 인식을 갖게 된다. 함대훈은 "만주국 내에서 민족협화가 점차 순조로히 진행될 것"이라는 예감과 "영농에 있어서 만주는 낙토"이며, 따라서 "농민의 만주이주는 유리할 것"이라는 확신과 "조선인의 이상은 만주에서 어느 정도까지의 실현을 볼 수 없을까"[13]라는 재만조선인의 미래에 대한 희망까지 품게 된다.

그러나 함대훈이 여행 과정에서 학습을 통해 인식한 만주의 사정과 실제현실 사이에는 일정한 괴리가 존재하는데, 당국자의 말을 그대로 따름으로써 생겨난 이러한 괴리는 소설『북풍의 정열』에서는 '일본인'과 '국민' 두 개의 정체성을 동시적으로 추구하는 작가의 모순된 욕망으로 나타난다.

3. 개척의 공로와 국민으로 인정받기

함대훈의『북풍의 정열』이 중요한 것은 재만조선인이 '만주국'의 '국민'으로서 인정받으려는 욕망과 '일본인'이 되려는 욕망을 하나의 작품 속에 동시에 담아내고 있다는 점 때문이다. 재만조선인들의 삶의 대안으로 제시된 것이기도 한 이 두 가지 길은 그 중 어느 하나를 선택할 수 있는 문제로 나타나는 것이 아니라 서로 중첩되어 나타난

---

13) 위의 글.

다. 한편으로는 '만주국' 협화회의 정신적 지도 밑에서 재만조선인들에게 '국민'의 자격으로 살아갈 것을 강조하면서도 다른 한편으로는 '일본인'이 될 것을 요망하고 있는 것이다.

『북풍의 정열』에서 조선인의 만주이주와 수전개척, 재만조선인들의 삶의 모습은 주인공 인동철의 20일간 만주시찰 체험과, 만주 공주령에서 농장을 경영하는 사공진의 재만체험을 바탕으로 소개된다. 여기서 만주는 민족협화, 왕도낙토 등 '만주국' 건국 정신의 실현이 가능한 이상적인 공간으로 묘사되고 있다. 즉, 만주는 "정신적으로나 경제적으로나 상당히 발전"14)되어 있는바, 정신적으로는 '민족융화'가 이루어져 있고, 경제적으로는 "도박을 하지 않고 또 주색에도 과히 빠지지 않는다면 십년이면 조그만 부자가 될"(86쪽) 수 있는 '낙토'15)로 등장하는 것이다. 만주는 조선에서 땅을 잃은 농민들에게는 희망을 가져볼 수 있는 기회의 공간이며, 인동철과 같은 지식인이나 사공진과 같은 사업가에게는 "이상을 실천할 수 있"(156쪽)는 자유로운 공간인 것으로 나타난다.

"……지금(소화십삼년) 만주국내에서 생산되는 쌀이 四百만석인데 지금 시세로 한섬에 십류원이니 일년 六천二백만원의 생산액이란말야. 이것이야말로 상당한 금액이 아닌가? 지금 다만 문제가 되는 것은 만인 지

---

14) 함대훈, 「북풍의 정열」, 『한국근대단편소설대계』 32, 태학사, 1988, 85쪽. 아래의 인용문은 쪽수만 표기하기로 한다.

15) '낙토'는 만주국 건국 이래 신문이나 잡지 등 매체의 만주 관련 기사에서 무수히 언급되었던 기표였고, 당시 식민지 조선인들도 만주를 '낙토'의 이상향으로 간주하였다. 특히 만주를 방문했던 조선 작가들의 문학작품에서도 만주가 '낙토' 이미지로 형상화되기도 했는데, 예컨대 정인택과 이기영의 만주서사의 경우가 그러하다. 그러나 함대훈을 비롯하여 이들 소설에서 만주의 '낙토' 이미지가 내포하는 구체적인 의미와 작가들의 만주 인식은 각각 미세한 차이를 드러낸다. 이에 대한 좀 더 세부적인 고찰은 다른 지면을 통해 진행하기로 한다.

주와의 싸움인데 이것인 만인과의 계약이 불충분해서 그런 쟁의도 있지만 그건 다 좋게 해결이 될껄세.”(85~86쪽)

“……더구나 토지값이 조선보다 xx다는데 수입되는 것도 많은편입니다. 토지가로 보면 논 한평에 십오전 내지 이십전인데 비료도 쓰지 않고 기음으로 xxx의 수확은 된다 합니다.”(107쪽)

“정현이와 사랑하기 위해서도 나는 조선을 떠나자! 만주로 가자! 자기의 이상은 실천할 수 있고 정현이에 대한 사랑을 마음껏 표시할 수 있는 만주로 나는 가자…….”(154쪽)

만주에 대한 작가의 낙관적인 인식은 조선인의 만주 이주를 적극적으로 권장하게 되는 동력으로써 작용한다. 만주 특집호를 내기 위한 목적으로 만주 시찰을 떠난 인동철은 이번 여행을 통해 ‘만주국’ 건국 이후 만주의 발전된 모습과, 친구 사공진의 성공적인 수전개척 사업을 확인하고 조선인의 만주 이주의 필요성을 절실히 느낀다. 조선농민과 만인 지주와의 토지 쟁의 문제, 재만조선인 아동들의 이중교육문제, 도시주민들의 주택난 등 문제가 병존하기도 하지만 이는 장차 좋게 해결되어 갈 것이라는 믿음과 함께 동철은 조선인들의 만주진출을 현재 중요한 과제로 간주하게 된다. “값싼 토지에서 많은 생산을 얻을 수 있다면 농토 좁은 조선에서 하필 싸울 것이 없”으며, “지주나 농민은 모두 만주에서 영농할 필요가 있”(108쪽)다는 것이 동철의 주된 생각이었던 것이다.

조선인의 만주 이주는 만주특집호를 만드는 정신으로 강조되기 까지 하는데, 조선인의 만주 이주에 대한 동철의 확고한 주장은 당국의 이민정책에 대한 작가의 믿음과 기대에서 기인한 것이다.

지금까지의 조선이민은 막연히 자유로 이민했지만 금년부터 일년 정식
으로 이민을 하리라합니다. 이것은 개척총국(開拓總局) 판사처(辦事處)에
서 지도하게 되는데 지금까지 이민에는 집단(集團), 집합(集合), 분산(分
散)의 세 종류의 이민이 있었다는 것입니다.

(…중략…)

그런데 작년 즉 소화십삼년십이월에 만주에 이주해오는 조선이민정책
을 재검토하기 위해서 관동군(關東軍)을 중심으로 이민국책(移民國策)을
세우려고 각방면에 대해서 여러 기관을 총동원해가지고 거듭거듭 회의를
하고 또 십사년 一월 오륙 양일동안 현지안을 작성하여 일만회의(日滿會
議)를 열고 다시 오월에 동경에 이민국책에 대한 회의가 있었는데 이 회
의 결과로서 조선이민을 국책이민으로 바로 결정이 되었다는 새 소식을
알고 왔습니다. 지금까지 분산적으로 막연히 가든 이민들이 국책이민에
의해서 이제부터 그들을 집단적으로 이민을 하게 되고 이에 따라 재만
조선이민의 대우도 점차로 나허가게 되었습니다. (105~106쪽)

위의 인용문은 동철이가 만주 시찰 보고 강연 회의에서 만주이민
정책을 전달하는 대목이다. 여기서는 작가가 만주 여행 중 개척총국
윤상필 과장과의 면담 내용을 중복한 것이지만 여기에는 종래의 분
산이민16)이 국책으로서 집단이민으로 결정 난 것에 대한 기쁨과 이
민의 형태시설, 토지제도의 변혁 등에 대한 기대의 뉘앙스가 담겨
있음을 보아낼 수 있다. 그것은 예전에는 막연히 떠나던 분산이민만
존재하던 것이 지금은 국책이민으로 인해 얼마만큼의 보조금의 지급

---

16) '분산이민'은 자유개척민으로서 개척총국 혹은 지방행정기관에서 취급하는 것이고, '집
단이민'은 만선척식회사에서 전문적으로 취급하는 것, '집합이민'은 회사에서 사실상 개척
지를 주선하는 외에 정부의 위촉을 받아 지방금융회에서 소요 자금을 융통하며, 각종 지도
원조를 하는 것이다(손춘일, 「滿洲國」에서 日帝의 對朝鮮人 新規入植政策과 朝鮮人開拓民의
入植實態」, 『한국민족운동사연구』 21, 한국민족운동사학회, 1999, 197쪽).

과 보다 나은 대우를 받을 수 있게 되었다는 당국자의 말을 굳게 믿고 있었기 때문이다.

실제적으로도 자작농화한다는 원칙하에 실시된 집단이민17)이 아무런 보조금도 없이 막연히 생계유지를 위해 떠나던 분산이민에 비해 유리한 위치에 있었던 것은 사실이다. 그러나 현실적으로 봤을 때 집단이민은 조선 내 인구의 과잉, 일본 이주민과의 갖가지 충돌 등 문제의 해결과, 조선인에 대한 효과적인 통제와 관리 등 일본의 식민지배적 수요와 필요에 의해 시행된 정책이었으며 조선인은 어디까지나 희생자에 불과하였다. 일본의 이러한 식민지 지배의 전략적 의도를 작가가 간파하고 있었는지는 분명하지 않지만 확실한 것은 일본이 시행한 이민정책에 얼마만큼의 기대와 희망을 걸고 있었다는 것이다.

조선인의 만주 이주의 필요성과 정당성을 주장하기 위해 강조되는 것이 바로 조선인의 만주 개척사이다. 만주는 옛 조선인이 개척한 땅으로서 조선과 역사적으로 깊은 관계를 맺고 있으며 따라서 조선인은 만주 진출에 대해 두려움을 가질 필요가 없다는 것이 동철의 주장이었다.

조선 사람의 수전개척의 공노를 생각하고 동철인 또 만주와 조선의 인연이 깊은 것을 생각하지 않을 수가 없었다.

이 만주, 여기 조선사람이 이백만이 있다하지만 그들은 이 만주를 불모(不毛)의 땅 비적만이 사는 땅이라 경멸했고 무서워 하지 않았는가. 여기가 옛 조선인의 개척의 땅이라는 것을 알고 오기나 했든가? 오족협화와 만선일여가 역사에 근거를 두고 만주의 건국의 진심인 것을 여기 흩어진

---

17) 윤휘탁, 「'뿌리 뽑힌 자들의 방랑지!': 조선인에게 비쳐진 만주국 사회상」, 『한국민족운동사연구』 66, 한국민족운동사학회, 2011, 277쪽.

조선동포들은 알 것인가? 부즐없이 만주를 경멸히 하든 조선사람들이 만일 여기가 옛 조선인의 개척해 온 땅인 것을 안다면 만주를 간다는 것을 그렇게 눈물에 저저 압록강을 건느지 않았을 것이 아닌가? (84쪽)

여기서 동철은 여태껏 만주를 '불모의 땅'이고 '비적의 땅'으로만 생각하며 '경멸'과 '공포'의 대명사로만 간주해 온 조선 사람들의 관념적인 인식에 대해 지적하고 있다. 현재 이백만 명의 조선 사람이 살고 있는 만주가 "옛 조선인이 개척해 온 땅인 것을 안다면 만주로 간다는 것을 그렇게 눈물에 젖어 압록강을 건너지 않았을 것이 아닌가?"라는 반문은 '만주는 옛 조선인이 개척한 땅일진대 만주로 이주하는 것은 결코 슬퍼할 일이 아니며 정당한 일이다'라는 동철의 낙관적인 인식을 말해 주고 있다. 이는 결국 만주와 조선은 '국경'을 사이에 둔 두 나라이기보다는 만주는 조선인의 '고토'이며 조선의 '연장'이라는 함축적 의미를 내포하는 것이다.

동철의 이러한 사고는 만주로 간다는 것은 "마치 경상도 사람이 함경도로 살러 가는 격"이며, "우리가 살던 땅을 도로 찾아가는 것"[18]이라는 당시 조선 지식인들의 인식과 같은 것이다. 문제는 조선인의 만주 이주의 필연성과 정당성을 위해 제시된 만주와 조선의 깊은 '인연'에 대한 그의 주장이 일제의 지배 이데올로기인 '선만일여론'의 주장에로 이어지게 된다는 점이다.

1936년 10월 29일 선만 수뇌의 도문회담을 계기로 미나미 총독이 제기한 '선만일여론'은 내선일체와 일만일체를 매개하는 역할로서 조선과 만주국이 밀접한 관련성을 지니고 있음[19]을 강조하는 일제

---

18) 「滿洲가서 돈 벌나면?, 諸 權威 모혀 圓卓會 열다」, ≪삼천리≫ 8권 8호, 1936.8.
19) 송규진, 「일제하 '선만관계'와 '선만일여론'」, 『한국사연구』 146, 한국사연구회, 2009, 261쪽.

의 선전 이데올로기이다. 재만조선인의 입장에서 '선만일여' 슬로건은 자신들의 불안한 지위가 개선될 수도 있다는 희망의 메시지 혹은 재만조선인의 지위 향상과 보호를 위해 조선총독부와 만주국 정부가 적극 협력하고 있음을 선전하는 문화 정치 그 다름이 아니었다.[20] 태평양전쟁 이후 조선에서 징병제도를 실시하기로 결정되면서부터 '선만일여'는 '내선일체' 방침과 함께 더욱 강화되어 재만조선인들을 전쟁에 동원하는데 적극 이용되기도 하였다.

『북풍의 정열』에서 제기되고 있는 '선만일여'론이 작가의 자발적인 친일적 사고와 행위에서 비롯된 것인지는 좀 더 면밀한 검토가 필요하겠으나, 이러한 주장이 결과적으로 일본이 노리는 바를 선전하는 효과를 발생시키는 것 또한 사실이다. 하지만 분명한 점은 작가는 만주에로의 진출이 조선인의 출로인 것으로 판단하였고 만주 이주의 정당성과 필요성을 주장하기 위한 근거로써 '선만일여'를 내세웠다는 것이다. 그리고 그 밑바탕에는 언제나 만주를 개척한 조선인의 공로가 전제로 깔려 있었다.

조선인의 만주 개척의 공로는 재만조선인에게는 또한 '만주국'의 당당한 '국민'으로서 인정받을 수 있는 유력한 증좌로 유용하게 활용된다.

여러분 나는 이번 만주여행 이십일 동안에 느낀 것은 조선 사람들이 만주에 있어서 큰 공을 세운 사실을 발견한 것입니다. 그건 조선인의 수전 개척 사업입니다. 내 친구 중의 한사람이 공주령서 수전 개척 사업에 성공한 것을 내 눈으로 목도하고 왔습니다만 조선농민의 지나간 날의 만주개척의 공은 만주국 정부로도 인증하는 사실로 소화 십삼년 현재 류천

---

20) 정안기, 「1936년 선만 수뇌의 「도문회담」과 「선만일여」」, 『만주연구』 12, 만주학회, 2011, 200쪽.

이백만석의 쌀을 생산하고 있는 것입니다. (105쪽)

동철은 만주에서 수전개척 사업에 성공한 친구 사공진의 사적을 예로 들어 재만조선인의 개척의 공로를 높이 평가한다. 사공진은 "만주에 있는 조선동포를 위해, 커-다란 사업을 하는 사업가"이며, "건국에 큰 힘을 쓴 사람"(74쪽)이다. 그가 농장을 경영하는 가장 큰 이유는 "재만조선인의 생활의 기초를 세워주려는"(34쪽) 꿈을 실천하기 위한 데 있었고, 그의 성공적인 농장개척은 "결국 만주건국에 중요한 식량이 되고 또 장래 일만공영의 열쇠가 되"(34쪽)는 까닭이다. 그동안 조선인이 개척한 수전에서 거두어들인 엄청난 쌀 생산량을 보더라도 조선인의 공로는 만주국의 인정을 받을 수밖에 없는 것임을 작가는 위의 인용문을 통해 역설하고 있다.

중일전쟁 이후 쌀은 군수(軍需)와 관계되는 작물로 등장하면서 중시되기 시작하였으며,[21] 태평양전쟁의 발발과 더불어 일제는 '만주국'을 식량공급기지로 건설한다는 목표를 수립하였다.[22] 특히 1937년과 1939년 조선에 수해와 한해 피해로 식량생산량이 크게 줄어들자, 이를 해소하기 위해 재만조선인들의 수전경작능력이 더욱 독려되었고[23] 그리하여 이 시기는 조선남부 수전지대의 도작(稻作)농민이 국책 이민의 주요 대상이 되었다.[24] 조선인은 만주에서 식량생산에 대대적으로 동원됨으로써 '농업전사'[25]로서의 중대한 역할을 수

---

21) 김영, 『근대 만주 벼농사 발달과 이주 조선인』, 국학자료원, 2004, 199쪽.

22) 김태국, 「만주지역 한인의 도시 거주지 형성 과정」, 『근대 만주도시 역사지리 연구』, 동북아역사재단, 2007, 171쪽.

23) 김윤미, 「일제의 '만주개척' 정책과 조선인 동원」, 『한일민족문제연구』 17, 한일민족문제학회, 2009, 43쪽.

24) 1937~1939년 사이에 입만한 집단, 집합이민의 약 90%가 조선 남부지방 출신이었다(위의 논문, 185쪽).

25) 위의 논문, 43쪽.

행하게 되는 것이다.

과학적으로 수전을 개발한다고 학자와 기사들이 모두 모여서 계획하고 실천한 수전개발이 실패로 돌아간 데 비해 "조선농민은 담뱃대 하나를 물고도 훌륭한 수전"(107쪽)을 개발했다는 에피소드는 동철에게 조선농민이 지닌 뛰어난 수전개척기술과 수전경작능력에 대해 자부심을 느끼게 한다. "조선농민은 그만치 만주 땅을 잘 알고 또 수전개척에 자신이 있다"(107쪽)고 한 동철의 말 속에는 만주에서의 수전개발에 있어서 조선인이 점하는 중요한 위치, 좀 더 구체적으로 말한다면 "일본내지인을 중핵체로하고 만(滿), 선(鮮), 몽(蒙), 로(露)의 오개민족으로 국가를 형성하고 있"(113쪽)는 '만주국' 건설에 있어서 조선농민은 결코 없어서는 안 될 중요한 동반자적 존재라는 뜻이 암시되어 있다.

『북풍의 정열』은 이처럼 '만주국' 건설에 있어서 재만조선인의 중요한 역할이 강조되면서 '만주국'으로부터 이를 인정받고 '만주국'의 당당한 '국민'이 되어야 한다는 작가의 목소리를 담아내고 있는 것이다.

4. 동양정신과 일본인 되기

『북풍의 정열』에서 일본인이 되기 위한 실천적 노력은 재만조선인을 황민화 시키기 위한 선전단체기구의 설립 및 문화정치운동을 통해 이루어진다. 재만조선인을 '황민화'시키기 위한 운동은 만주 공주령에서 농장개척 사업에 성공한 사공진에 의해 주도되는데, 그가 만주에서 수전농장을 경영하는 주요 목적도 사실은 부자의 꿈을 이루기 위해서가 아니라 만주의 조선인들이 "잘 살 길을 개척하는데 커-

다란 힘을 키우려는"(33쪽) 데에 있었다. 농장경영에 성공함으로써 재만조선인의 생활에 경제적 기초를 세워줄 만한 '힘'을 키우는 것을 주된 목표로 삼았던 사공진이 '황민화' 정치운동에 적극 뛰어들게 된 것은 그가 경영하던 농장이 만척에 매수되면서부터이다. '만주국' 정부의 수요에 의해 농장을 매수당한 사공진은 농장을 판 자금으로 조선인을 '황민화'시키기 위한 문화정치운동을 적극 추진해 나가기로 결심한다.

"우리 농장은 수원이 튼튼하니깐 물염려는 없는데 다른 문제가 하나 생겼어."

"뭐인데?"

"그농장을 만주국에서 매수한다는거야."

"매수?"

"만척(滿拓)에 팔라는거야."

"그건 어찌된 일인가?"

"말하자면 우리농장을 가저야 개척사업에 편리하다거든."

"그럴수가 있나? 그렇다고 남의 피땀을 흘려만든것을 그렇게 무모하게 뺏을수가 있나?"

"아—니 그런게아냐. 북만 안가(安家)쪽으루 좋은 농장을 준다는거야. 그래 이기회에 나는 생각 할게있어."

"어떻게"

"그만 팔어버려 가지구 현금화하고 싶은 생각이야."

"현금을 맨드러?"

"글세 그런 생각으루 자네와 상의두할겸 조선엘왔어."

"현금화하면 그걸루 뭘하나?"

"자금"

"무슨?"

"운동자금"

"무슨운동?"

"무슨 운동이겠나 우리네야 문화운동이나 정치운동이지."

"정치운동?"

"그래."

"어떤 형태루?"

"나야 어니메나 조선사람이 황민화 운동이지?" (282~284쪽)

　위의 인용문은 사공진이 자신이 경영하던 농장을 매수당한 후 인동철을 찾아와 '황민화' 운동을 전개할 데에 대한 자신의 계획을 털어놓는 대화 장면이다. 공주령의 농장을 매수하는 대신 북만 안가에 좋은 농장을 주겠다는 만척의 제안을 마다하고 사공진은 기어코 '황민화' 운동을 결심한다. "만주국에 있어서 조선사람이 살길은 오직 황민으로서 만주에서 활동하는 길"(33쪽)이라는 확고한 판단에 의해서였다. '일본인'으로 사는 길은 사공진이 예전부터 견지해 온 생각이었고 이번 농장매수 사건은 그가 자신의 주장을 실천에 옮기게 된 결정적인 계기로 작용하였던 것이다.

　사공진은 조선인의 황민화를 위해 선전성과 계몽성이 짙은 출판업과 연극업 그리고 문화, 예술연구소 등 단체기구의 설립에 아낌없는 경제적 지원을 하며, 동철과 R여전문과 교수였던 이구 등 주변 인물들은 이에 적극 협조한다. 동철은 "우리일본의 입장을 더욱 선명히"(326쪽) 하는 책을 출판하는 데 주력하였으며, 이구는 일본의 동양평화 정신을 찬양하는 국민연극 창작에 몰두하였다. 이들은 일본인의 시각에서 일본의 입장을 표명하는 것으로 스스로를 '일본인'과 동일화시키고 있다. 그리고 이런 '일본인'과의 동일화가 가능할 수 있었던 것은 그 근저에 "동양인의 동양, 아세아인의 아세아"(181쪽)라는 동양 중심적 사고가 작용하고 있었기 때문이다.

이런 동양 중심적 사고는 서양과의 대립 속에서 서양의 물질 숭배주의와 개인주의에 대한 비판을 통해 더욱 뚜렷하게 나타난다.

> 동양의 여성은 아름답고 곱게 지키는 것 이것이 전통이였나이다. (…중략…) 지킨다는 것, 자기의 문화와 전통과 제몸을 지킨다는 점 이것이 얼마나 아름다워요? 비단옷 속에 쌓인 기생이나 매소부와 무명옷 속에 쌓인 농부의 안악네와 비교할 때 겉모습으로 보면 기생이나 매소부가 더 모양이 곱고 아름다울지 모르지만 순박하고 순진하고 깨끗한 그 농사꾼의 안악네의 정절지킨 모습에 어찌 비교나 하오리까 옷이 화려하다고 얼굴이 이쁘다고 그것만으로 미인이라는 관념 그것을 이저버렸나이다. 아름다운 것은 순수한데, 순진한데, 제것을 지키는데 있는것을 이몸이 더렵펴 진뒤에야 알았어요! 참말로 그것을 느끼고 알고 울어보고서야 더잘 알았어요. (175~176쪽)

위의 인용문은 순영이가 개인회사를 운영하고 있는 돈 많은 사장과의 결혼을 선택한 것에 대해 참회하고 있는 장면이다. 순영이가 갑자기 결혼을 결심하게 된 것은 비록 옛 연인 동철에 대한 오해로 인한 것이기도 하지만 그녀의 내면에 깊숙이 자리 잡고 있던 "사치에 대한 꿈과 돈에 대한 욕망"(178쪽)이 작용한 결과이기도 하다. 순영은 물질적 조건에 의해 맺어진 결혼생활의 불행한 체험을 직접 겪게 되면서 돈보다 영혼과 정신의 중요성을 깨닫게 된다. 순영의 참회의 과정은 사치와 돈으로 표상되는 서양문명 대한 비판과 순수성, 전통성 등으로 표상되는 동양정신에 대한 찬양으로 연결되는데, 이는 위의 인용문에서 화려한 비단옷을 걸친 기생보다는 깨끗한 무명옷을 입은 농부의 아낙네가 더 아름답다는 순영의 주장을 통해서도 알 수 있다. 순영의 혼인실패는 결국 서양의 실패와 동양정신의 승리를 상징하는 것이다.

작품에서 문명/전통, 물질/정신의 대립으로 나타나는 서양/동양의 이분법적 사고방식은 서양에 대한 무조건적인 배척과 함께 일본의 중국 침략 전쟁에 대한 역사적 사실을 왜곡하기에 이른다. 말하자면 일본이 발동한 중일전쟁은 "영미가 장개석을 충동이질 하여 일으킨 전쟁"(58쪽)인 것으로, 중국 측의 항일은 "자주적인 반항이 아니요 영미에 의한 책동"(237쪽)인 것으로 포장된다. 사실상 미국은 미국의 적극적인 전쟁 개입을 이끌어 내려고 한 장개석 국민정부의 노력에도 불구하고 태평양 전쟁이 폭발되기 직전까지 중일 양국에 대해 중립적 태도와 정책을 견지하였다.26) 오히려 미국은 중국에 대한 도의적 지지를 표시하면서도 군사물자의 대일본 수출 금지 조치를 요구하는 중국의 요구에 반하여 대일본 전쟁무기 수출을 계속해 왔던 것이다.27) 역사적 사실에 대한 이 같은 왜곡적인 서술은 서양을 대립 항에 놓고 '동아신질서'의 수립을 표방한 제국 일본의 입장을 직접 대변하는 것이며 이는 작가가 '일본인'과의 동일시를 상상함으로써 가능한 일이었다.

그러나 현실적으로 재만조선인에게 있어서 '일본인'으로 되는 길은 "만주국의 민족협화의 대이상"(149쪽)과는 서로 상충되는 것이다. 엄밀히 말해서 민족협화의 구성원으로서 '만주국'의 '국민'이면서 동시에 '일본'의 '신민'으로 될 수는 없는 것이다. 『북풍의 정열』이 독특한 점은 바로 여기에 있다. 즉, 그것은 '공존공영', '민족협화'의 현실

---

26) 김지환, 「중일전쟁기 중경국민정부의 대미외교」, 『중국사연구』 42, 중국사학회, 2006, 233쪽.
27) 이사카와 요시히로, 손승희 역, 『중국근현대사』 3, 삼천리, 2013, 208쪽.

적 실천을 요구하며 '만주국'의 '국민'으로서의 정체성을 거론하고 있는 한설야의 『대륙』이나, '조선인'의 정체성을 유지하기 위해 '만주국'도 '일본'도 배제한 조선인만의 공동체를 상상한 이기영의 『대지의 아들』과는 달리 함대훈의 경우 '조선인'으로서의 정체성은 삭제되고 '만주국 국민'과 '일본인'이라는 서로 모순되는 두 개의 정체성을 동시에 요구하고 있다는 것이다. 그 모순이란 곧 제국 일본이 내세운 '민족협화'와 '내선일체' 이데올로기 사이의 모순으로 귀결된다.

1932년에 건립된 '만주국'은 '민족협화'를 건국이념으로 내세운 한편 재만조선인에게는 1937년 치외법권이 철폐되기 전까지 '일본제국 신민'의 지위를 지속적으로 부여해 왔다. 치외법권이 철폐되자 재만조선인은 '만주국'의 '국민'으로서의 지위를 요구받게 되며, 태평양전쟁 이후 징병제의 실시와 더불어 '내선일체'의 방침이 강화되면서 '황민화'를 강요받게 된다. 이처럼 '만주국'에 있어서 제국 일본의 재만조선인 통합 방침은 '민족협화'를 담당하는 하나의 민족으로 간주하면서도, 한편으로는 재만 조선인='일본 신민'이라는 애매한 이중성을 견지했다.28)

『북풍의 정열』에서는 이처럼 '국민'으로서의 자격과 '일본인'으로서의 지위를 동시에 추구함으로써 '만주국'의 모순이 그대로 노출되고 만다. 그러나 이는 함대훈이 '만주국' 이념사이의 모순을 간파한 결과로서의 의도적인 발로이기보다는 오히려 그가 만주를 체험하는 과정에 당국자의 이데올로기를 그대로 받아쓰고 학습한 결과로서 나타난 무의식적 효과라 할 수 있다. 만주 여행 체험을 통해 함대훈 자신은 분명 만주를 '만주국'의 이상을 현실화할 수 있는 '낙토'로 인식하였고, 이러한 가능성이 열려 있는 공간 속에서 재만조선인이 잘

---

28) 신규섭, 「국제질서의 재편과 근대로의 이행: '만주국'의 치외법권철폐와 재만 조선인에 대한 인식」, 『대동문화연구』 43, 성균관대학교 대동문화연구원, 2003, 69쪽.

살 수 있는 길은 '국민'으로서 인정을 받으면서 '일본인'이 되는 길이라고 믿고 있었던 것이다.

5. 모순된 욕망과 그 한계

『북풍의 정열』은 당시 일본에 의해 생산된 '동양' 담론의 틀 속에서 만주를 바라보는 작가의 시각과 만주를 통한 작가의 공간적 상상력을 엿볼 수 있는 중요한 자료로서 가치를 지닌다. 이 글의 목적은 바로 함대훈의 만주 여행 체험의 방식과 그 속에서 형성된 작가의 만주에 대한 인식이 소설『북풍의 정열』을 통해 어떻게 체현되는지를 살펴보는 데에 두었다.

『조광』에 만주 문제 특집호를 내려는 계획하에서 편집기자의 신분으로 떠난 함대훈의 만주 시찰 여행은 빡빡한 일정 속에서 이루어졌다. 만주 여행 기간에 함대훈은 주로 만선, 협화회, 개척총국, 내무국 등 관공서에 있는 관리들과의 면담을 통해 만주의 사정 및 재만조선인들의 실정을 성실하게 기록하는 데 치중한다. 그는 자신의 직접적인 체험과 견문이 아니라 관공자료와 현지 관리계층들의 언술 내용의 학습을 통해 만주를 인식하게 되는데, 재만조선인의 실정에 대한 함대훈의 이해는 현실과의 괴리를 초래하게 되고, 이러한 괴리는『북풍의 정열』에서 두 개의 정체성을 동시에 추구하는 작가 모순된 욕망의 표출로 나타난다.

『북풍의 정열』에는 '만주국'의 '국민'으로서 인정받으려는 욕망과 '일본인'이 되기 위한 실천적 노력이 동시에 존재하고 있다. '만주국'의 '국민'으로 인정받기 위해 조선인의 만주 개척의 공로와 수전경작 기술이 근거로 마련되었다면, '일본인'과의 동일화를 위해 동양정신이 강조되었다. 그러나 재만조선인이 '만주국'의 '국민'이면서 '일본'의 '신민'이 된다는 것 자체가 모순을 안고 있는 것이며, 이 두 가지 정체성을 재만조선인들의 존재방법의 대안으로 제시한 함대훈은 결국 자체모순에 빠져 버린다.

참고문헌

김경일, 『동아시아의 민족이산과 도시』, 역사비평사, 2004.

김봉희, 「일제시대의 출판문화: 종합잡지를 중심으로」, 『한국문화연구』14, 이화여자대학교 한국문화연구원, 2008.

김 영, 『근대 만주 벼농사 발달과 이주 조선인』, 국학자료원, 2004.

김윤미, 「일제의 '만주개척' 정책과 조선인 동원」, 『한일민족문제연구』17, 한일민족문제학회, 2009.

김지환, 「중일전쟁기 중경국민정부의 대미외교」, 『중국사연구』42, 중국사학회, 2006.

김태국 외, 『근대 만주도시 역사지리 연구』, 동북아역사재단, 2007.

민족문학사연구소, 『일제말기 문인들의 만주체험』, 역락, 2007.

서영인, 「일제말기 만주담론과 만주기행」, 『한민족문화연구』23, 한민족문화학회, 2007.

손춘일, 「'滿洲國'에서 日帝의 對朝鮮人 新規入植政策과 朝鮮人開拓民의 入植實態」, 『한국 민족운동사연구』21, 한국민족운동사학회, 1999, 173~211쪽.

송규진, 「일제하 '선만관계'와 '선만일여론'」, 『한국사연구』146, 한국사연구회, 2009.

신규섭, 「국제질서의 재편과 근대로의 이행: '만주국'의 치외법권철폐와 재만 조선인에 대한 인식」, 『대동문화연구』43, 성균관대학교 대동문화연구원, 2003.

윤휘탁, 「'뿌리 뽑힌 자들의 방랑지!': 조선인에게 비쳐진 만주국 사회상」, 『한국민족운동사 연구』66, 한국민족운동사학회, 2011.

이사카와 요시히로, 손승희 역, 『중국근현대사』3, 삼천리, 2013.

이상우, 「1940년대 현대극장과 친일극 연구」, 『한민족어문학』38, 한민족어문학회, 2001.

장영우, 「만주 기행문 연구」, 『현대문학의 연구』 35, 한국문학연구학회, 2008.

정안기, 「1936년 선만 수뇌의 「도문회담」과 「선만일여」」, 『만주연구』 12, 만주학회, 2011.

함대훈, 『북풍의 정열』, 『한국근대단편소설대계』 32, 태학사, 1988.

중국해양대학교 한국연구소 총서 06

한국문학 속의 중국 담론
The discourse on china in korean literature

ⓒ 중국해양대학교 해외한국학 중핵대학 사업단, 2014

1판 1쇄 인쇄__2014년 04월 01일
1판 1쇄 발행__2014년 04월 15일

엮은이__중국해양대학교 해외한국학 중핵대학 사업단
主　編__李海英(이해영)·韓紅花(한홍화)
펴낸이__양정섭
펴낸곳__도서출판 경진
　　　　등록__제2010-000004호
　　　　블로그__http://kyungjinmunhwa.tistory.com
　　　　이메일__mykorea01@naver.com

공급처__(주)글로벌콘텐츠출판그룹
　　　　대표__홍정표
　　　　편집__김현열 노경민 김다솜 디자인__김미미 기획·마케팅__이용기 경영지원__안선영
　　　　주소__서울특별시 강동구 천중로 196 정일빌딩 401호
　　　　전화__02-488-3280 팩스__02-488-3281
　　　　홈페이지__http://www.gcbook.co.kr

값 25,000원
ISBN 978-89-5996-259-4 93910